"十二五"国家重点图书出版规划项目

21世纪普通高等教育法学精品教材

海 商 法

◆ 主 编 张丽英

◆ 撰稿人

（以撰写章节先后为序）

张丽英 范晓波 祁 欢

焦 杰 李伯轩

（第五版）

中国政法大学出版社

2021·北京

图书在版编目（CIP）数据

海商法/张丽英主编. —5版. —北京：中国政法大学出版社，2021.2
ISBN 978-7-5620-9848-5

Ⅰ. ①海… Ⅱ. ①张… Ⅲ. ①海商法－高等学校－教材 Ⅳ. ①D996.19

中国版本图书馆CIP数据核字(2021)第034029号

出 版 者	中国政法大学出版社
地　　址	北京市海淀区西土城路 25 号
邮寄地址	北京 100088 信箱 8034 分箱　邮编 100088
网　　址	http://www.cuplpress.com (网络实名：中国政法大学出版社)
电　　话	010-58908435(第一编辑部) 58908334(邮购部)
承　　印	固安华明印业有限公司
开　　本	720mm×960mm　1/16
印　　张	25.5
字　　数	458 千字
版　　次	2021 年 5 月第 5 版
印　　次	2021 年 5 月第 1 次印刷
印　　数	1～5000 册
定　　价	76.00 元

作 者 简 介

张丽英　中国政法大学法学教授、博士生导师，法学博士。多伦多大学、香港大学、安特卫普大学、美国天普大学、英国牛津大学等访问学者。海商法研究中心主任，中国海事仲裁委员会仲裁员，中国律师协会注册律师，中国海商法协会常务理事，中国国际经济法学会常务理事，中国法学会 WTO 研究会常务理事。研究领域包括海商法、国际经济法和 WTO 法律制度。所著《海商法学》及主编的《海商法》被评为北京市精品教材，主讲的《海商法》获得北京市精品课程。先后在国内外权威和核心期刊发表过多篇论文。主持或参加了国家社科基金项目、司法部、教育部、交通部等省部级以上科研项目 10 余项。

范晓波　中国政法大学教授，法学博士，中国政法大学国际经济法研究所所长。美国杜肯大学访问学者。兼任中国国际经济法学会常务理事，中国法学会 WTO 研究会理事，北京国际经济法学会理事，北京国际法学会理事。研究领域包括海商法、国际金融法、国际经济法。发表"各国对《船舶司法出售国际承认公约草案第二稿》的评论"等论文 20 余篇，出版教材和著作 10 余部。主持司法部、教育部、中国法学会等项目 10 余项，所参编教材曾获司法部全国法学教材和科研成果二等奖。

祁　欢　中国政法大学教授，法学博士。现任中国政法大学国际法学院副院长，反垄断和投资研究中心主任，海商法研究中心副主任，兼任中国国际经济法学会常务理事。在法国巴黎第一大学"中法欧洲法项目"中获得第三阶段学位。德国弗莱堡大学访问学者，中国对外经济贸易大学访问学者。研究领域包括国际经济法、海商法、国际投资法、竞争法、WTO 法律制度。先后在国内外权威和核心期刊发表过多篇论文。主持或参加了教育部、商务部、国务院等多项科研项目。

焦　杰　中国政法大学副教授，法学博士。加拿大蒙特尔大学法学院访问学者。现任中国政法大学中加法律研究中心主任，海商法研究中心副主任，公证法研究中心副主任，加拿大蒙特利尔大学法学院国际商法及贸易法研究中心研究员。研究领域包括国际经济法、海商法、国际贸易法。2011 年曾获蒙特利尔大学法学院颁发的杰出贡献奖章和奖状。先后在国内外法学刊物和国内核心期刊发表过多篇论文，并参加多部教材的编写。此外，还主持或参加了多项科研项目。

李伯轩 中国政法大学国际法学院讲师，法学博士。中国政法大学海商法研究中心成员、中加法律研究中心成员。兼任北京市法学会国际经济法学研究会常务理事、加拿大蒙特利尔大学法学院国际贸易和商事法律中心客座研究员。研究领域包括海商法、国际贸易法、国际经济法。发表论文 10 余篇，参与撰写多本专著，承担多项各级、各类课题。

出 版 说 明

　　"十二五"国家重点图书出版规划项目是由国家新闻出版总署组织出版的国家级重点图书。列入该规划项目的各类选题，是经严格审查选定的，代表了当今中国图书出版的最高水平。

　　中国政法大学出版社作为国家一级出版社，有幸承担规划项目中系列法学教材的出版，这是一项光荣而艰巨的时代任务。

　　本系列教材的出版，凝结了众多知名法学家多年来的理论研究成果，全面而系统地反映了现今法学教学研究的最高水准。它以法学"基本概念、基本原理、基本知识"为主要内容，既注重本学科领域的基础理论和发展动态，又注重理论联系实际以满足读者对象的多层次需要；既追求教材的理论深度与学术价值，又追求教材在体系、风格、逻辑上的一致性。它以灵活多样的体例形式阐释教材内容，既推动了法学教材的多样化发展，又加强了教材对读者学习方法与兴趣的正确引导。它的出版也是中国政法大学出版社多年来对法学教材深入研究与探索的职业体现。

　　中国政法大学出版社长期以来始终以法学教材的品质建设为首任，我们坚信"十二五"国家重点图书出版规划项目的出版，定能以其独具特色的高文化含量与创新性意识成为集权威性与品牌价值于一身的优秀法学教材。

中国政法大学出版社

第五版说明

　　《海商法》教材的本次修订针对《中华人民共和国民法典》（以下简称《民法典》）的通过，船员相关法规的修改，与定期租船、光船租船相关的标准合同格式的修订等情况，对本教材相关部分进行了修订。另外，对各章的拓展阅读部分进行了更新。在修订过程中，十分感谢曾长期从事租船业务的肖钧文博士和徐曦哲博士给予的专业性协助。修订的具体内容如下：

　　1. 依《民法典》，对涉及已废止的《中华人民共和国民法通则》（以下简称《民法通则》）部分进行修改。

　　2. 由于《中华人民共和国物权法》（以下简称《物权法》）的内容并入《民法典》物权编，对相关船舶所有权、船舶抵押权、船舶留置权的内容进行了调整。

　　3. 依 2020 年修订的《中华人民共和国船员条例》（以下简称《船员条例》），在船员一章进行了相应的修改。

　　4. 依《中华人民共和国海员外派管理规定》（以下简称《海员外派管理规定》）（2019 年 11 月 28 日修订），对船员外派部分的内容进行了修订。

　　5. 在定期租船方面，加入了定租租船纽约土产格式 NYPE2015 的修订。

　　6. 在光船租船方面，加入了光船租船标准合同格式"贝尔康"（BARCON）2001 年版和 2017 年版的相关内容。

　　7. 在共同海损方面，加入了 2016 年的《约克—安特卫普规则》的内容。

　　8. 在海事诉讼法方面，与民诉法的相关内容进行了协调，加入了 2017 年《最高人民法院关于审理海洋自然资源与生态环境损害赔偿纠纷案件若干问题的规定》、2015 年《最高人民法院关于扣押与拍卖船舶适用法律若干问题的规定》等相关司法解释的内容，并结合近期的典型案例，对海诉法的条款进行了释析。

　　本教材由张丽英主编，各章分工如下：

　　张丽英：第一章至第七章，第九章第一节至第五节，第十三章原版部分。

　　范晓波：第八章、第十一章、第十二章。

　　祁　欢：第十章。

　　焦　杰：第九章第六节。

　　李伯轩：第十三章修订部分。

张丽英

2020 年 7 月 29 日于北京果岭里

第 四 版 说 明

由中国政法大学出版的《海商法》教材已再版多次，本次修订主要体现在船舶部分，加入了 2014 年《关于外国船舶司法出售及其承认的国际公约草案》（以下简称《北京草案》）的相关内容。另外，对各章的拓展阅读书目进行了更新。

本教材由张丽英主编，各章分工如下：

张丽英：第一至七章，第九章原版部分，第十章第一节，第十三章修订部分。

范晓波：第八章、第十一章、第十二章。

焦　杰：第九章修订部分。

祁　欢：第十章第二节、第三节。

张丽英

2015 年 1 月 20 日

于法大

第 三 版 说 明

由中国政法大学出版社出版的《海商法》教材已再版多次，本次编入 21 世纪系列教材。一方面在体例上与该系列进行了统一，另一方面，在内容上进行了修改，主要涉及以下内容：

1. 关于《物权法》对《海商法》的影响。考虑到《物权法》的实施对船舶法律性质及船舶物权上的影响，对船舶不同于一般动产的特殊性、船舶物权、船舶共有、船舶抵押权等与《物权法》相关的内容进行了调整。增加了船舶留置权的内容。

2. 关于船舶登记。考虑到近年来船舶登记方面的发展，对方便旗的相关内容进行了调整，并增加了有关第二船舶登记制度，以及中资方便旗船"特案免税登记政策"的内容。

3. 在船员方面，增加了有关《船员条例》及相关配套规章的内容，以及外派船员的相关内容；增加了有关《海员协议条款公约》的内容等；增加了《海事诉讼特别程序法》（以下简称《海诉法》）及最高人民法院《关于适用〈中华人民共和国海事诉讼特别程序法〉若干问题的解释》（以下简称《海诉法司法解释》）有关船员工资纠纷不需要劳动仲裁前置程序的内容。

4. 在货运方面，对海上货物运输合同的当事人进行了重新梳理。增加了有关 2009 年最高人民法院通过的《关于审理无正本提单交付货物案件适用法律若干问题的规定》的内容，以及 2008 年 12 月 11 日通过的《鹿特丹规则》的内容。

5. 在旅客运输方面，增加了《2002 年海上旅客及其行李运输雅典公约》的相关内容。

6. 在船舶碰撞方面，增加了 2008 年最高人民法院通过的《关于审理船舶碰撞纠纷案件若干问题的规定》的内容，以及《海诉法》和《海诉法司法解释》有关船舶碰撞程序、证据等方面的内容。

7. 在海难救助方面，增加了劳氏救助格式合同在 2000 年的修改中涉及特殊补偿的 SCOPIC 条款的内容，并修改了中国适用的救助格式合同部分。

8. 在共同海损方面，增加了 2004 年《约克—安特卫普规则》的内容以及《海诉法》和《海诉法司法解释》中有关共同海损的内容。

9. 在责任限制方面，加入了 1994 年修订公约的内容以及《海诉法》和《海诉法司法解释》中有关责任限制程序的内容。

10. 在海上保险部分，依 2009 年修订的《中华人民共和国保险法》（以下简称《保险法》）在内容上进行了调整，并加入了 2006 年最高人民法院《关于审理海上保险纠纷案件若干问题的规定》（以下简称《保险若干规定》）的相关内容以及《海诉法司法解释》有关代位求偿的内容。

11. 第十三章增加了《海诉法司法解释》的相关内容。

本教材由张丽英主编，各章分工如下：

张丽英：第一至七章，第九章原版部分，第十三章修订部分。

范晓波：第八章、第十一章、第十二章。

焦　杰：第九章修订部分。

郭　瑜：第十三章原版部分。

张丽英

2010 年 9 月 29 日

于法大

|目 录|

第一章

绪　论

本章学习目的与要求

　　本章的教学目的是使学生理解海上运输关系和船舶关系的含义，海商法的适用范围，以及中国海商法的特点。了解海商法作为一个法律部门，其渊源的多样性。要求学生明确海商法作为一个法典的性质属于民法特别法。

本章关键词

　　海商法　海上运输关系　船舶关系　适用范围　民法特别法　海商法的渊源

■第一节　海商法的概念和性质

一、海商法的历史

　　海商法作为一个独立的法律部门是伴随着航海贸易发展起来的。航海贸易在以前是指商人航海"自运自销"，即以前的船货是不分家的，船主就是货主。船主在某地装货后，即随船而行，到达目的地后将货卖出，再在当地办货后继续航行。如果在中途航行经费发生困难，船主就会将船舶抵押以取得现金继续航行。这种经营方式是与当时低下的科技发展水平分不开的。由于海上风险大，通讯又受到限制，航海实际上是一种冒险，不能形成一个行业。在轮船出现以后，航海产生的风险比帆船时代大大地降低了。无线电的出现，使得船主再也不用随船而行了，他可以在岸上通过无线电同时控制几条船，这就使得航海发展为一个行业成为一种可能。据记载，公元前9世纪，罗得人和腓尼基人已开始在欧、亚、非三洲从事海上贸易，其在航海活动中形成的习惯经过日久的汇集即形成了后人称为"罗得法"的习惯法。[1] 在中世纪，随着航海贸易的不断发展，在欧洲相继编纂了适用于不同区域的《奥列隆惯例集》（Lex Oleron）、《维斯比海法》（Rules of Wisby）和《康索拉多海商法典》（Lex Consolato），三大海法均由私人编纂，适用的效力极为有限。近代第一部海商法是法国国王路易十四 1681 年颁布的《海事敕令》。1808 年的《法国商法典》又将该"敕令"的内容收入，成为商法典的第二编。此后，许多国家都制定颁布了海商法。

近代欧洲各国的独立及民族主义的影响使以国家的名义立法成为一种趋势，并形成了内容广泛的综合性大法典。该时期的立法活动由于受到了中央集权制的影响表现出航海贸易国际化和海事立法国内化的矛盾。1897 年，国际海事委员会在比利时的安特卫普成立，标志着现代海商法时代的开始。该组织的宗旨是"通过各种适当途径和行动在所有领域统一海商法，为此，推动建立国家海商法协会，并与其他国际组织合作"。在同一时期，联合国在伦敦成立了政府间海事协商组织（后改名为国际海事组织；International Martime Organization，IMO）。联合国贸发会议也积极参与了海商法统一的运动。在这 3 个主要的国际组织的促动下，许多关于国际海事的国际公约得以制定。

新中国成立前，国民党政府也曾于 1929 年制定了海商法。1949 年新中国成立以来，中国政府颁布了一系列海商单行法规，并批准参加了一些国际公约。从 1952 年我国就开始了海商法的起草工作，并于 1963 年完成了第九稿。"文化大革命"中，立法工作停顿了下来，后又于 1981 年重新开始了起草工作。1992 年 11 月 7 日第七届全国人大常委会第二十次会议通过了《中华人民共和国海商法》（以下简称《海商法》），该法于 1993 年 7 月 1 日施行。我国海商法从开始起草到通过共经历了 40 年的时间，它是新中国成立以来第一部以国际条约为基础的立法。

《海商法》实施以来，在规范我国海上运输关系和船舶关系、促进海上运输等方面发挥了重要作用。但随着我国国民经济贸易形态、航运产业结构、国内外法律环境等发生了巨大变化，特别是在当前中国"一带一路"倡议已形成共识的大背景下，现行《海商法》已在很多方面滞后于航运和贸易的发展，不能适应新发展的需要，亟需进行全面修订。于是，2017 年在交通部的牵头下，启动了《海商法》的修改工作。2018 年，海商法（修改）列入十三

---

　　〔1〕 一般认为古代第一部海事习惯法是公元前出现的调整地中海沿岸海上商业活动的《罗得法》（Lex Rhodia），原文虽已无法查找，但从散见于罗马法学家的著作中可发现对于共同海损、海上保险等方面规定的遗迹。

届全国人大常委会立法规划。[1]《海商法》修改的必要性主要表现在：首先，现行海商法已难以适应航运和贸易的新发展；其次，现行海商法已滞后于国际海商立法的新发展；再次，修订海商法是响应"一带一路"倡议和推进"交通强国"等国家战略实施的需要；最后，修订海商法是协调完善其与一般法关系的需要。[2] 目前，《海商法》的修改工作正在进行中。

二、海商法的概念

（一）广义海商法和狭义海商法

对海商法的定义因广义和狭义的角度不同而有所不同，广义的海商法常常是从海商法这一法律部门的角度对海商法进行界定。海商法作为一个独立的法律部门，目前在国际上没有统一的定义，学者的观点也不尽相同。有观点认为："广义的海商法是以与海上运输和船舶有关的社会关系为调整对象的一切法律规范的总和。"[3] 从调整关系的性质上说，广义的海商法既调整平等主体之间的横向民事关系，又调整纵向的行政关系。从规范上说，广义的海商法包括民商事法律规范、海运行政规范和涉及海运的刑事法律规范。从渊源上说，广义的海商法包括国内立法及相关司法解释、国际惯例、国际条约，在普通法国家还包括国内判例。狭义的海商法则只调整海上运输关系和船舶关系中平等主体之间的横向民商事关系。我国海商法法典采用了狭义海商法的表现形式。

（二）中国海商法的概念

依《海商法》第 1 条的规定，海商法是调整海上运输关系和船舶关系的法律规范的总和。从该条规定可以看出，我国海商法主要调整两大法律关系，即海上运输关系和船舶关系。"海上运输关系"主要指承运人、实际承运人和托运人、收货人或旅客之间，船舶出租人和承租人之间有关船舶运输的法律关系。这类关系属于横向的民事或商事关系，具体体现为各种合同关系，例如，以提单为书面表现形式的班轮运输合同、旅客运输合同、航次租船合同、定期租船合同、海上拖航合同等。"船舶关系"指船舶所有人、船舶经营人、出租人与承租人之间、船舶抵押人与受押人之间、保险人和被保险人之间、救助人与被救助人之间、海上侵权行为所涉及的当事人之间以船舶作为财产

---

〔1〕"海商法（修改）列入十三届全国人大常委会立法规划"，载 http://www.cmac.org.cn/news-activity/haishangfaxiugai/4763.html，最后访问时间：2020 年 7 月 26 日。

〔2〕中国海事仲裁委员会："《中华人民共和国海商法》修订说明"，载 http://www.cmac.org.cn/news-activity/haishangfaxiugai/5242.html，最后访问时间：2020 年 7 月 26 日。

〔3〕司玉琢：《海商法专论》，中国人民大学出版社 2007 年版，第 6 页。

形成的法律关系。这类法律关系又可概括为三类：①合同关系，例如，保险合同、海难救助合同、船舶建造合同、船舶抵押合同、光船租赁合同等。②海上侵权关系，主要指船舶发生碰撞时产生的有关当事人之间的关系。③因海上特殊风险而产生的法律关系，例如，共同海损、责任限制等。

三、海商法的性质

海商法有其古老的渊源，它是由中古时代的航运惯例发展而来。在其形成与发展的过程中，对海商法的性质一直争论不休。学者对于海商法的性质，从陆法与海法、公法与私法、国内法与国际法、行政法与民商法等角度提出了各自的看法。有人认为其属于民法，有人认为应将其归入商法，还有人认为应将其归入经济法。从各国的情况看，在民商分立的国家，基本上将海商法归入商法或商法特别法的范畴；而在民商合一的国家中，则基本将其纳入民法特别法的范畴。

（一）广义的海商法是一个独立的法律部门

从海商法这个法律部门来说，其调整的内容较多，既有私法的内容，又有公法的内容，既有民商法的内容，又有航港行政的内容，很难在性质上将其归入传统法律部门的某一类中，它实际上已发展形成了一个独立的法的部门，独立成为一个体系。海商法虽然属于海法，但区域不限于海上，许多陆上的活动因为与海上航行有关也受海商法的支配。海商法虽然属于私法，但船舶登记、航海文书、船舶国籍这些航港行政的内容也应属于海商法调整的范围。因此，海商法律部门以私法为主，但也兼具公法性质。再者，海商法是商法，但诸如船舶碰撞、海员雇用等在性质上非属商法的内容也应适用海商法的规定。因此，广义地说，海商法作为一个法律部门包括了调整一切因航海而发生的权利义务关系的法律规范，它并不以商事为限，也不以私法性质为限。海商法法典是国内法，而海商法律部门则具有相当的国际性，国际条约和国际惯例均是海商法律部门的渊源。

（二）狭义的海商法是具有较强国际性的民法特别法

仅从法典的角度来分析，海商法调整的范围限于横向的民事关系，其性质也基本能统一到民法特别法上来。海商法作为一个法典是具有较强国际性的民法性质的特别法。在我国《海商法》的起草过程中，曾经有一稿由于包括了各个方面的内容而长达350条。后将海商法定位在民法性质的特别法这一基点上，其他方面的内容就相应被删除了。例如，有关行政法的内容，如"港航行政"一章、"船员资格"一章均被取消，有关船舶检验、船舶登记、海上交通安全等行政管理的内容均未作规定，将来由交通部制定专门的行政法规。关于船长救助人命的刑事处罚问题属于刑法的内容，应在刑法中规定。

有关海事诉讼程序的内容，应在程序法中规定，于是取消了"程序规范"一章。此外，对于已有专门性规定的部分，海商法也未作规定。例如，因为我国已有《中华人民共和国海上交通安全法》（以下简称《海上交通安全法》）和《中华人民共和国海洋环境保护法》（以下简称《海洋环境保护法》），因而取消了"油污的责任"一章。

现在的海商法所调整的是海上运输关系和船舶关系。这些关系均为平等民事主体之间的横向财产关系和经济关系，属于民事法律的范畴。但海商法又与民法有许多不同之处：①尽管两者均为国内立法，但海商法具有较强的涉外性，具体表现在，海商法的渊源除了国内立法外，还包括国际条约和国际惯例；在海商法的效力范围上，其效力可及于本国海域的外国船舶、外国海域的本国船舶以及外国海域的外国船舶。②两者调整的社会关系也有一定的区别，民法调整的是财产关系和人身非财产关系，海商法调整的是海商和海事关系，虽然这些关系均属于横向的民事法律关系，但后者具有较强的技术性和专业性，许多问题是民法中没有涉及的。③由于在海商领域存在的特殊风险，因而海商法采用了与民法不同的责任制度和赔偿制度。在责任制度上，民法采用的是严格的责任制度，而海商法采用的是不完全的过失责任制度。在赔偿上，民法采用的是按实际损失赔偿的原则，而海商法则采用了法定的责任限制，因而称海商法为特别法。可见，海商法是具有较强国际性的民法特别法，其与民法在法律适用上的原则应该是：当海商法与民法有不同规定时，适用海商法的规定；海商法没有规定的，适用民法的规定。例如，海商法对船舶碰撞进行了专门的规定，但对于船舶与码头设施相撞等情况海商法没有规定，有关后者的损害赔偿应当适用《民法典》关于侵权行为损害赔偿的规定。

四、海商法的适用范围

（一）"水域"的范围

依海商法的规定，海商法在水域上适用于海洋和沿海（有些章节不适用于沿海），依我国《海商法》第2条之规定，《海商法》所称海上运输，是指海上货物运输和海上旅客运输，包括海江之间、江海之间的直达运输。海商法属于海法，其许多内容是针对海上特有的风险的；因此，海商法的适用在地域上一向有一定的要求，一般也会对海与非海有一个界定，例如，英国过去以江河入口处的第一道桥梁作为海与非海的界线，因为海船较大，一般不能从桥梁下通过。

因为海商法的重心在"海"，从海上伸入内陆的"水"，应以海船能达到的"水"为标准，适用海商法，海船不能达到的地方是海的止境，即使其上游变宽变深又可供海船航行了，如江河湖泊地带，仍不能视其为与海相通的水域，这些区域也不应适用海商法。当然，可供船舶航行也不是绝对的，如在海边的浅滩部分或海湾处，虽然其深度不能供海船航行，但仍是海的一部分，如在这些地方发生船舶碰撞、共同海损、救助、船舶搁浅等事件，仍应适用海商法的规定。而对于一些本来不能供海船航行的地带，但由于洪水等临时性的原因而使海船可以航行了，仍不能使其变为海商法中的"水"，因而不能适用海商法。

（二）"船舶"的范围

"船"是从事海上活动的必要物，海商法中的"船"不是一般意义上的船舶，依我国《海商法》第3条的规定，《海商法》所称船舶，是指海船和其他海上移动装置，但是用于军事的、政府公务的船舶和20总吨以下的小型船艇除外。

依《海商法》的规定，总吨位未满20吨的船舶为小船。不足上述吨位的船舶不适用海商法。军用船舶是供作战用途的船舶，而不是商船，不适用海商法的规定，公务船舶指专用于公务目的的船舶，此类船舶的使用不是以营利为目的，其地位也与商用船舶不同，因此也不适用海商法的规定。

（三）"事项"的范围

"事"指"海商法调整的事件"，在事件上，适用于海商法的"事件"要求是与船舶航行、经营和管理等法律活动有关的事件，这些事件主要属于"商事"，但又不限于商事。并非发生在海上的事件就一定由海商法调整，例如，在公海上的船舶上发生的犯罪视为陆上的犯罪，应由刑法来调整，而不是海商法来调整。在船上发生的事件也并不一定适用海商法，例如，在海上航行中的船舶上订立的婚约不是海上契约，仍应适用婚姻法的有关规定，而不适用海商法的规定。而一些不是发生在海上的事件，如船舶登记、船舶检验、船员雇用、海上商业事件、航海商务等，虽然没有发生在海上或与海相通的水域，但仍应适用海商法，因为这些"事件"是海商法调整范围之内的事件。

■第二节　中国海商法的特点

海商法所调整的特定社会关系决定了它与其他法律部门所不同的特点：①海商法具有较强的涉外性，从事国际的航海业必须遵守国际上共同遵从的一些原则，这就使得海商法这一国内法在立法时就不得不考虑国际公约与国际惯例的规定。②海商法具有较强的专业性，其立法也应反映当今科技的发展，而不能滞后于科技的发展。③海商法所涉及的许多制度具有明显的特殊风险性，其法律规定也往往表现出与一般的法律原则所不同的特点，例如，民法中的损害赔偿责任一般是没有责任限制的，而由于海上航行的特殊风险，有关国际公约规定了海事索赔责任限制制度。中国的《海商法》在立法过程中考虑到了上述的特点，在《海商法》的立法方式及立法的内容上显示了下述突出的特点。同时，在我国《海商法》于1992年通过后，在十几年的实施过程中也发现了一些需要完善的地方。

一、中国海商法是一部以国际条约和国际惯例为基础的法律

海商法虽然是国内法，但由于海上运输具有较强的国际性，各国在制定其国内的海商法时不得不参照国际条约及国际惯例，以求得与国际海运中所遵循的法律原则的相对统一性。我国以往的国内立法在对国际条约的态度上主要是以参照为主，更强调我国的特色，对将国际条约中的实质性条款全部引入国内立法持非常谨慎的态度。我国的海商法第一次创设了在我国立法上将国际条约融入国内立法，将国际惯例引入国内立法的做法。其具体表现为：

1. 以国际条约为基础。有关如何将国际立法纳入国内立法的问题，我国在海商法之前没有相应的立法实践。在海商法的起草过程中，立法者曾采用了有选择地列入国际公约中的关键性条款的做法。但在咨询外国知名的海商法专家时，却被理解为列入的条款是准备接受的条款，未列入的则是不准备接受的。而实际上立法者的本意并非如此。最后，考虑到国际公约本身条款之间具有严格的逻辑性，我国海商法采用了在有些部分将公约的实质性条款全部引入，在有些部分有选择地引入的方法。例如，海上旅客运输合同一章，海商法基本上是参照《1974年海上旅客及其行李运输雅典公约》（以下简称《1974年雅典公约》）制定的。船舶碰撞一章是参照《1910年统一船舶碰撞某些法律规定的国际公约》（以下简称《1910年碰撞公约》）制定的。在海事赔偿责任限制上，海商法是参照《1976年海事赔偿责任限制公约》制定的。结合中国的国情，选择引入国际公约的规定这一特点在海上货物运输合同一章中表现最为突出。关于国际海上货物运输，国际上有三个现行有效的公约，即《1924年统一提单的若干法律规则的国际公约》（以下简称《海牙规则》）、《1968年修改统一提单的若干法律规则的国际公约的议定书》（以下简称《维斯比规则》）和《1978年联合国海上货物运输公约》（以下简称《汉堡规则》）。立法者在制定海商法时，结合了我国的实际情况，根据上述三个公约的不同特点，分别就不同的问题引入了不同公约的规定。

2. 以国际惯例为基础。国际惯例指在长期反复实践中形成的，为大多数国家所接受的，具有一定法律拘束力的行为规则。国际惯例只有在当事人表示选择适用时，才对其产生法律约束力。在国际航运中有很多国际惯例，最有名的一个就是《约克—安特卫普规则》。该规则是由国际海事委员会制定的，自1860年制定，1877年定名为《约克—安特卫普规则》以来，该规则经历了1890年、1924年、1950年、1974年、1990年和1994年的多次修改。规则属于民间性质，目前已成为各国普遍接受的国际惯例。我国《海商法》的"共同海损"一章是以我国有关共同海损的实践为基础，参照1974年的《约克—安特卫普规则》制定的。该章有关共同海损的构成要件、共同海损的牺牲和费用、共同海损的分摊、共同海损的理算等方面均采用了《约克—安特卫普规则》的规定。

二、中国海商法在立法内容上在当时具有一定的超前性

我国海商法不但具有较强的国际性，而且在吸收国际立法方面在当时还具有一定的超前性。我国海商法吸收了当时国际立法、国际惯例和国际海运实践的最新成就。在国际立法上，《海商法》吸收了一些我国尚未加入或尚未生效的公约，表现了一种将国际立法纳入国内法的超前意识。例如，在海上救助方面，吸收了在我国海商立法当时尚未生效的《1989年国际救助公约》（以下简称《1989年救助公约》）的内容（该公约于1996年7月生效）；在海事索赔责任限制方面，吸收了我国尚未加入的《1976年海事赔偿责任限制公约》的内容；在海上货物运输方面，采用了我国未加入的《汉堡规则》的某些规定；在有关租船合同的实践方面，《海商法》关于光船租赁合同的规定参考了1989年的光船租赁标准合同的内容。

在超前性方面表现最突出的是对《1989年救助公约》的引入。例如，目前在国际立法中，只有《1989年救助公约》对船长有代表船舶所有人订立救助合同的权利作出了规定，我国海商法也作了相同的规定。《1989年救助公约》有关涉及环境污染的救助的特殊补偿的规定是海上救助制度上的一项最新发展，传统的救助制度采用"无效果，无报酬"（No Cure No Pay）的原则，该原则已不能适应现代出现的一些新情况，特别是在救助有潜在污染环境危险的船舶时，救助人面临的风险越大，救助成功的机会就越小，获得救助报酬的机会也越少。如果在涉及污染的救助上继续采用"无效果，无报酬"的原则，就很难鼓励救助人去救助那些受到污染威胁的船舶。于是公约将防止和减轻污染列为救助的间接标的，即使救助不成功，救助人也能获得一定的补偿。在涉及污染的救助中采用了"无效果，也给予补偿"（No Cure Some Pay）的原则。我国海商法基本引入了有关特殊补偿的规定。依我国《海商法》第182条的规定，救助人在防止污染有效果时可以从船舶所有人处获得特殊补偿，特殊补偿可以达到救助费用的30%，受理争议的法院或仲裁机构认为适当的，可以进一步增加特殊补偿至救助费用的 100%。

三、采用强制性条款和非强制性条款相结合的方法调整合同关系

我国海商法所调整的关系中绝大部分为合同关系，依一般的原则，调整合同关系的法律为任意性的规范，当事人在合同中有约定的依当事人的约定，当事人没有约定的才依法律的规定。而在班轮运输方面，由于班轮运输的承运人为公共承运人，班轮运输中的承运人已形成了垄断的局面，这使得班轮运输合同的另一方当事人货方在谈判时无法与承运人处于平等的地位，为了防止承运人利用其占优势的谈判地位无限制地免除其责任，而使货方处于不利的境地，各国及国际上均有立法对承运人的责任进行强制性的规定。这就使得在有关班轮运输合同的法律规定中出现了强制性的规范。我国《海商法》中有关合同关系的规定共有 130 个条款，其中强制性的规定有 16 条，当事人不得以协议加以变更。例如，我国《海商法》中引入的《海牙规则》《维斯比规则》《汉堡规则》等公约的规定多属于强制性的规定。非强制性的规定当事人可以通过协议加以改变。《海商法》中共有 114 条规定为非强制性的规定，这些规定主要涉及航次租船合同、船舶租用合同、光船租船合同、共同海损、船舶抵押权、海上拖航合同、海上保险合同。对于这类合同，《海商法》规定的有关条款只有在合同没有约定的情况下才适用。《海商法》妥善地处理了有关合同的规定中强制性规定与非强制性规定的关系，使法律的适用更加明确。

■第三节 海商法的渊源及法律的适用

一、海商法的渊源

海商法的渊源分为实质上的渊源和形式上的渊源，形式上的渊源指法律规范的表现形式或出处。海商法的形式渊源即由国家机关依法制定的具有不同效力的有关海商与海事的规范性文件的表现形式。实质上的渊源指海商法的由来或其法源，从这种意义上讲，各国的海商法均或多或少采用、吸收或承袭了古代罗得海法、奥列龙法、维斯比海法及罗马法中有关海商事项的规定。

海商法作为一个法律的部门，其形式渊源具有多重性，分为国际渊源和国内渊源。国际渊源又包括国际立法和国际惯例。国内渊源主要指国内立法和相关司法解释，在英美判例法国家中，国内海商与海事判例也是海商法的渊源。

1. 国际立法。海事国际立法是由两个或两个以上的国家协商一致缔结的

有关海上运输、航运安全、船舶管理及赔偿责任等方面的条约。国际条约只在缔约国之间有效，但通过当事人的选择或冲突规范的指引，有些条约在非缔约国的当事人之间也会产生法律效力。例如，《海牙规则》可以通过合同中的首要条款而对非缔约国当事人适用。《1989 年救助公约》规定，只要有关救助的诉讼在缔约国提起，就适用该公约，而不论当事方的船旗所属国是否为缔约国。对于国内立法与国际条约的规定不统一时应如何处理的问题，国际上有不同的做法。一种做法是直接将国际条约转化为国内法，韩国即采用此种做法；另一种做法是采用二次立法的方法，依国际条约制定国内法，英国即采用此种做法。我国宪法目前尚未规定国际条约在国内适用的方式，以及国际条约与国内法在地位上的相互关系。但在民商事领域，已废止的《民法通则》规定了国际条约适用及其地位的原则，《民法通则》第 142 条第 2 款规定："中华人民共和国缔结或参加的国际条约同中华人民共和国的民事法律有不同规定的，适用国际条约的规定，但中华人民共和国保留的条款除外。"依上述规定，我国缔结或参加的民商事领域的国际条约，无须转变为国内法，而是当然纳入国内法，可以直接适用。[1]《民法典》删除了此项规定，2018年 8 月 27 日，全国人大常委会首次审议民法典各分编草案时，就已明确《民法典》不宜设立涉外民事关系法律适用编。[2] 关于条约和惯例的适用，《海商法》第 268 条与已废止的《民法通则》第 142 条有基本相同的规定：中华人民共和国缔结或者参加的国际条约同本法有不同规定的，适用国际条约的规定；但是，中华人民共和国声明保留的条款除外。中华人民共和国法律和中华人民共和国缔结或者参加的国际条约没有规定的，可以适用国际惯例。这表明在海商法领域，在我国参加的国际条约与国内立法冲突时，应优先适用国际条约，保留除外。条约没有规定的，可以适用国际惯例。

2. 国际惯例。海事国际惯例是在航海贸易及航运中形成的，经过长期反复实践被当事人普遍采用和遵守的海事习惯。国际海事惯例有些是不成文的，不成文惯例的缺陷在于其含义不明，在不同的地区或不同的港口有不同的解释，容易造成法律关系的不稳定。另一些惯例则通过整理和编纂成为成文的规则，如有关共同海损理算的《约克—安特卫普规则》。该规则经当事人的选择适用而对当事人具有约束力。国际惯例对国际立法和国内立法起着重要的补充作用，依我国《海商法》第 268 条第 2 款的规定，在中国法律和中国参

---

〔1〕 高晓力："关于国际条约在我国涉外民商事审判中适用的调研报告"，载万鄂湘主编：《涉外商事海事审判指导》（第 1 辑），人民法院出版社 2008 年版，第 208 页。

〔2〕 马志强："民法典编纂背景下国际私法的立法方向"，载《当代法学》2020 年第 3 期。

加的国际条约没有规定的情况下，可以适用国际惯例。

3. 国内立法。海商法的国内渊源主要指国内立法。国内立法是国家以法典形式或单行法规的形式颁布的有关航运及海商贸易的各种法规的总和。我国立法机关制定的有关海商与海事的国内立法主要有《海商法》、《民法典》、《中华人民共和国民事诉讼法》（以下简称《民诉法》）、《海上交通安全法》《海洋环境保护法》等。国家行政部门制定的主要为一系列的海商与海事单行法规。例如，2002 年国务院发布的《中华人民共和国内河交通安全管理条例》，1983 年国务院发布的《中华人民共和国防止船舶污染海域管理条例》，1979 年国务院批准、交通部发布的《中华人民共和国对外国籍船舶管理规则》等国家行政部门发布的规则、命令及指示等。国家立法机关制定的法律的效力要高于国家行政机关制定的规则或单行法规的效力。

4. 国内判例和司法解释。在英美普通法系国家中，国内判例也是一个重要的国内法律渊源。但在大陆法系及其他成文法国家中，判例不是国内立法，不能作为法院审理案件的法律依据。在我国国内，判例虽然不是国内法的渊源，但国内最高司法机关在司法实践中所进行的解释对下级法院的司法实践却起着指导的作用。我国属于成文法国家，虽然成文法具有稳定、明确、易于遵守等优点，但也存在着过于概括、缺乏灵活性的缺点。当遇到成文法中未予规定或规定的内容不完善的情形时，通过修改法律的方法进行完善是比较困难的，因为为了保证法律的严肃性，法律的修改往往需要相当长的时间。而司法机关的解释则可以弥补这一不足。我国的最高法院在适用法律的过程中针对某些案件作出的司法解释等对下级法院的司法实践起到了积极的指导作用。

二、海商法与其他法律的适用关系

上述各法律渊源在法律适用上的次序为：作为海商海事特别法的船舶法、船舶登记法等优于海商法适用。海商法作为民法特别法，优于民法适用。海商法与民法规定不同的，适用海商法的规定；海商法没有规定的，才适用民法的规定。当然在大原则上，特别法又不能违背一般法。

【本章小结】

海商法是调整海上运输关系和船舶关系的法律规范的总和。海商法作为一个法典是具有较强性质的民法特别法。海商法的渊源具有多重性，分为国际渊源和国内渊源，国际渊源又包括国际立法和国际惯例。国内渊源指国内立法、司法解释，在英美法系国家还包括国内判例。

【思考及练习】

1. 试述海商法的性质。

2. 海商法与民法的关系是什么？

3. 我国海商法的哪些规定体现了以国际条约为基础的特点？

4. 我国海商法中的非强制性条款主要涉及哪些方面？

5. 试述海商法的渊源。

6. 请辨析下列哪几项应由我国海商法调整。（　　　）

A. 发生在公海上中国籍船舶上的犯罪行为

B. 上海至汉堡的旅客运输合同

C. 在海上航行中的中国籍客轮上订立的婚约关系

D. 天津新港至温哥华的货物运输合同

【拓展阅读】

1. 司玉琢、张永坚、蒋跃川编著：《中国海商法注释》，北京大学出版社2019年版。

2. 司玉琢：《海商法专论》，中国人民大学出版社2018年版。

3. 李海："关于海商事国际公约的适用问题——从《海商法》第268条的规定说起"，载《中国海商法研究》2018年第4期。

4. 胡正良、孙思琪："论《民法总则》对《海商法》修改之影响"，载《中国海商法研究》2018年第1期。

5. 侯伟："关于将内河船舶纳入《海商法》调整范围的立法建议"，载《中国海商法研究》2018年第1期。

6. 司玉琢、李天生："论海法"，载《中国海商法研究》2017年第4期。

7. 王淑梅、侯伟："关于《海商法》修改的几点意见"，载《中国海商法研究》2017年第3期。

8. 侯伟："关于将内河货物运输纳入《海商法》调整范围的立法建议"，载《中国海商法研究》2017年第3期。

9. 司玉琢、李天生："中国海法典编纂论纲"，载《中国海商法研究》2015年第3期。

10. 初北平、曹兴国："海法概念的国际认同"，载《中国海商法研究》2015年第3期。

11. 李连君、罗天恩："伊朗制裁相关法律对航运业的影响及对策"，载《中国海商法研究》2014年第3期。

12. 朱曾杰："《海商法》的回顾与展望"，载《中国海商法研究》2013年第3期。

13. 汤喆峰、司玉琢："论中国海法体系及其建构"，载《中国海商法研究》2013年第3期。

14. 高晓力：“关于国际条约在我国涉外民商事审判中适用的调研报告”，载万鄂湘主编：《涉外商事海事审判指导》（第1辑），人民法院出版社2008年版。

15. 朱曾杰：“初论实践与海事立法的关系”，载吴焕宁主编：《海商法论丛》（2007），中国商务出版社2007年版。

16. 吴焕宁：“我国海商法的昨天、今天和明天”，载吴焕宁主编：《海商法论丛》（2007），中国商务出版社2007年版。

17. 傅廷中：《海商法论》，法律出版社2007年版。

18. 张永坚：“多元化世界的国际货物运输与一元化的国际运输公约的努力”，载吴焕宁主编：《海商法论丛》（2007），中国商务出版社2008年版。

19. ［加］威廉·台特雷：《国际海商法》，张永坚等译，法律出版社2005年版。

20. 司玉琢主编：《国际海事立法趋势及对策研究》，法律出版社2002年版。

21. ［美］G. 吉尔摩、C. L. 布莱克：《海商法》，杨召南等译，中国大百科全书出版社2000年版。

22. 吴焕宁主编：《海商法学》，法律出版社1996年版。

23. Baatz, Yvonne（ed. ），Maritime law, Routledge, 2018.

24. William Tetley, International Maritime and Admiralty Law, Éditions Y. Blais, 2002.

第
一
章

第二章

船　舶

本章学习目的与要求

　　本章的教学目的在于使学生了解船舶的概念、船舶的分类、船舶吨位、船舶国籍与方便旗、船舶检验、船舶所有权、船舶抵押权和船舶优先权的内涵，理解海商法中船舶概念及船舶的性质，了解船舶所有权取得、转让和消灭的法定程序和有关船舶共有的规定，及《物权法》对船舶物权的影响。理解有关具有船舶优先权的海事请求的规定，有关船舶优先权的受偿顺序的规定，有关船舶优先权随船而行的规定。

本章关键词

　　船舶　船舶吨位　方便旗　船舶检验　船舶物权　船舶优先权

■第一节　船舶概述

一、船舶的定义

　　船舶的定义分一般意义上的概念和法律意义上的概念，在一般意义上，船舶指一种水上浮动装置。"水上的"指水面和水中，水中的潜水艇也是船舶。"浮动的"指该装置应能漂浮并能航行，因此，固定的水上仓库、浮船坞等虽然能漂浮，但由于不能航行，所以不是船舶。"装置"指一定的构造物。木排、水上滑行器、冲浪板等虽然能漂浮，也能行走，但它们不是构造物，因此不是船舶。在海商法意义上，由于各国海商法对各类船舶的适用范围不同，对船舶所下的定义也不尽相同。有的定义较宽，有的定义则较窄。纵观各国各地区的有关立法，一般均对海上船舶与内河船舶适用不同的法律，如依英国法的规定，海上运输适用1924年公布的《海上货运法》，该法对内河运输则不适用，美国也是区分海上运输和内河运输而适用不同的法律。这种分别适用的主要原因是海上航行远比内河航行危险，因此，在海上航行的船舶特别关注船舶的适航性；而内河航行的船舶其标准就可以略低于海上航行船舶的标准，以利于降低内河运输的成本，促进内陆经济的发展。我国《海商法》第3条从可航性、吨位、目的、区域等几个方面对《海商法》适用的船舶进行了定义。

中国《海商法》第3条规定："本法所称的船舶是指海船和其他海上移动式装置，但是用于军事的、政府公务的船舶和20总吨以下的小型船艇除外。前款所称船舶包括船舶属具。"从该定义可以看出，中国《海商法》从下列四个方面界定了适用于该法的船舶：

1. 可航性。可航性是指海船或海上移动装置应具有海上航行能力或海上自航能力。这里的海船包括了机动船和非机动船，海上移动装置如海上钻井平台等具有自航能力的装置。可见，"可航性"具体讲的是海上的可航性，因此，海商法适用的船舶是海船而非河船，河船的法律关系适用民法的有关规定。另外，"可航性"还指实际的航行能力，如果一个失去海上航行能力的船舶被用作仓库，则该船舶就不能适用海商法的有关规定。被固定在港口的船舶，如桥船、灯船、仓库船等，虽然有船形，也能浮在水上，但由于不以航行为目的，也不是海商法上的船舶。但如果原来是海商法意义上的船舶，只是临时被用作码头或因特别事故而暂时被固定在陆地上的暂时性不可航船舶，并不因此而失去海商法意义上的船舶的地位。"供航行"并不以"正在航行"为要件，船舶如暂时停航，仍属于海商法上的"船舶"，例如，船舶因修缮进船坞而暂被解体，仍可视为是船舶。船舶一时沉没而有被捞救或修复的可能时，仍不失其船舶性，只有无捞救或修复可能的废船或沉船才完全丧失其船舶属性。

关于水上飞机是否为船舶，有"肯定说"和"否定说"之分。"否定说"认为，水陆两用飞机，虽具有水上航行能力，但仍不能视其为船舶。[1] "肯定说"则认为水上飞机当其在水面航行时视同船舶，应适用海商法的规定。水上飞机在水面航行时如不遵守海上航行的规则，可能会造成重大的事故，因此，海商法的规定应适用于在水上航行的飞机，一些调整海事关系的法律即采用了"肯定说"，如《1972年国际海上避碰规则公约》（以下简称《1972年避碰规则》）第3条即规定，"船舶"一词，指用作或者能够用作水上运输工具的各类水上船筏，包括非排水船筏和水上飞机。我国1983年的《海上交

---

[1] 梁宇贤：《海商法论》，三民书局1987年版，第42页。

通安全法》[1] 及最高人民法院的有关司法解释均将水上飞机归入了船舶的范畴。[2] 当然，在飞机飞离水面时，其所有活动即应适用航空法的有关规定，不再适用海商法。

2. 吨位。我国《海商法》不适用于总吨位 20 总吨以下的船舶。该吨位须由主管部门依法进行丈量，取得吨位证书。海商法的立法原意一方面在于减轻航海的风险，鼓励投资航运业，因此一些对海船优惠的规定不适用于小型船，因为小型船对远洋航运业的发展并无助益。另一方面，从安全的角度讲，《海商法》中有关航海安全的一些规定主要适用于在海上航行的大型船只，如要求主要航行内河或沿海港湾的小型船也符合这些要求，将是一种浪费。

3. 目的。海商法意义上的船舶应用于商业或民用目的，军事的、政府公务的船舶（如海关缉私船、水上警察船、检疫船、灯船、测量船、气象船等）是非营利的用于公共事务的船舶，这两类船舶均不适用海商法的规定。公务船舶应受行政法的支配。

4. 区域。在区域上，适用于海商法的船舶须在海上及与海相通的水面或水中航行，水面不能供上述船舶航行的区域不是海商法中的"水"，在其上航行的船舶也不是海商法中的船舶。对于什么是与海相通的水面，有广义说和狭义说之分。广义说认为，如其"水"能直接或间接地与海相通，并可供 20 总吨以上的船舶行驶的，就可以视其为海商法所规定的水面，在其上航行的船舶也就是海商法上的船舶。

二、船舶的法律性质

（一）船舶不同于一般动产的特殊性

船舶是可以移动的物，因此，在一般意义上船舶应属于动产。但由于船舶的价值巨大，在法律上往往将其作为不动产来对待。在 2007 年《物权法》颁布以前，对于船舶属于动产还是不动产，法律没有明确的规定。理论界有观点认为，船舶、飞行器和汽车因价值超过一般动产，在法律上应被视为不动产，其物权变动要以登记为公示方法。[3]《物权法》将船舶置于"动产交付"一节中，表明《物权法》已明确将船舶列入动产范畴。既然船舶是动产，

---

〔1〕 我国 1983 年《海上交通安全法》在"附则"中规定："船舶，是指各类排水或非排水船、筏、水上飞机、潜水器和移动式平台。"

〔2〕 我国最高人民法院 1995 年 10 月 18 日发布的《关于审理船舶碰撞和触碰案件财产损害赔偿的规定》第 16 条在解释"船舶"时也包括了水上飞机。

〔3〕 参见吴焕宁主编：《海商法学》，法律出版社 1996 年版，第 25 页；梁慧星：《中国物权法草案建议稿》，社会科学文献出版社 2000 年版，第 109 页。

则除非《物权法》《海商法》等法律有特别规定，《物权法》有关动产的规则应适用于船舶。2020 年通过的《民法典》是在各民事单行法的基础上编纂而成的，其中物权编的编纂依据的是《物权法》，《民法典》物权编对《物权法》中有关不动产物权的规定进行了多方面的补充、修改和完善。但在涉及船舶物权方面，基本没有变化。

《民法典》物权编和《海商法》对船舶不同于动产的特别规定主要体现在物权和担保上。在物权上，船舶采用登记公示主义。《民法典》第 225 条规定："船舶、航空器和机动车等的物权的设立、变更、转让和消灭，未经登记，不得对抗善意第三人。"该条规定与《海商法》第 9 条的规定相一致，均在船舶物权上采用了登记公示主义，未经登记的，不得对抗第三人。既区别于一般动产的交付转移所有权，又区别于不动产的登记生效主义。该规定意味着当事人有关船舶所有权的转移未经登记的，并不影响依法订立的船舶所有权转让合同的效力，尽管当事人之间的此种船舶所有权变动不得对抗第三人。在担保上，依民法原理，一般对动产是设定转移占有的质权，对不动产则是设定抵押权。船舶作为担保物多用于船舶融资，如债权人为担保而转移船舶的占有，则影响船舶的营运，也使船舶融资失去意义。因此，在担保上，对船舶是设定不转移占有的抵押权。

（二）船舶的人格化

船舶是产权的对象，但人们在法律上常常将船舶视同自然人或法人，学者称其为船舶的"人格化"。[1] 船舶的人格化所强调的是船舶的法律属性，人格化使船舶从客体的地位上升为船舶自然人的地位。船舶与自然人有许多相似的特征，例如，船舶有国籍、船名、船籍港、船龄和吨位，船舶的生存期是从下水起到失去航行能力为止的一段期间。船舶的人格化使船舶的法律地位发生了与一般物不同的变化。在英美法中，船舶可以产生责任，因此，也就出现了以船舶作为当事人一方的"对物诉讼"，即将船舶作为诉讼的主体。[2] 这种诉讼的传票不必送达船舶所有人，只需贴在船舶的桅杆上，就视为适当地送达了当事人。船舶还可以承担责任，"由船舶造成的人身伤害或财产损失须由船舶自身负责赔偿，即过失方是船舶，而不是其所有人"[3]。海事优先权制度也带有船舶人格化的色彩，某些法律规定的请求受海事优先权的担保，在船舶转让后，原债权人仍可以申请扣押该船，并从拍卖所得的价

---

〔1〕 吴焕宁主编：《海商法学》，法律出版社 1996 年版，第 26 页。
〔2〕 司玉琢主编：《新编海商法学》，人民交通出版社 1991 年版，第 70 页。
〔3〕 Christopher Hill & Julius Starforth, *Arrest of Ships*, Lloyd's of London Press, 1985, p. 3.

款中优先受偿，似乎债务人是"船舶"，而不是原船舶所有人。船舶的人格性具体表现如下：

1. 船舶的名称。与自然人和法人一样，船舶也有船名，船名经主管机关登记后，不能任意变更，如需变更应有正当理由，并经主管机关许可。通常出现本船与他船船名相同、船舶所有权发生转移等情形可以作为更改船名的理由。船名须标志于船体上，动力船的船名应标明在船艏左右两舷上或船艉中央明显部位，非动力船船名应在船艉部两舷明显部位。

2. 船舶的国籍。船舶的国籍与自然人与法人的国籍一样，是区别本国船和外国船的依据。自然人可以无国籍或具有双重国籍，但船舶则不可以无国籍，也不可以具有两个以上的国籍。无国籍的船舶被视为海盗船，任何国家均可以对其进行捕获。

3. 船舶的住所。如同自然人和法人有住所一样，船籍港即为船舶的住所，船籍港是船舶业务活动所涉及的法律关系的中心。

4. 船舶的生存期。船舶的生存期始于船舶下水，终于船舶不可逆转地丧失在水面或水中航行的能力。船在其生存期期间，因碰撞、搁浅等海损事故而临时丧失航行能力，仍视其为船舶。船舶沉没、灭失、报废等为船舶生存期的终止，应办理注销登记。

（三）船舶是合成物

船舶是合成物，船舶是由本体、设备与属具等独立物结合而成的合成物。船舶这一合成物主要分为三大部分：

1. 船体。船体即船舶本体，由龙骨、甲板、船壳和轮机构成。

2. 设备。设备指船舶上的一切设施，船舶设备一般指下列各项：①救生设备。②救火设备。③灯光、信号及旗号设备。④航行仪器设备。⑤无线电信设备。⑥居住及康乐设备。⑦卫生及医药设备。⑧通风设备。⑨冷藏设备。⑩货物装卸设备。⑪排水设备。⑫操舵、起锚及系船设备。⑬帆装缆索设备。⑭危险品及大量散装货物的储藏设备。⑮海上运送的货柜及其固定设备。

3. 船舶属具。船舶属具指航行上及营业上必需的附属于船舶的能移动的各种用具或机械，如锚、罗经、绞盘、探测仪、海图等。船舶设备与属具的区别是前者为船舶的一部分，而后者则有相对的独立性，但两者有时很难区分。

合成物有主物和从物之分，船舶属具是船舶的从物。上述船舶本体是主物，船舶设备和船舶属具为从物，依民法中有关"主物的处分及于从物"的原则，船舶的处分也应及于船舶设备及属具，因此，船舶设备和属具应与船舶本体共命运。所以有关船舶所有权、海事优先权、船舶保险、船舶委付、船舶抵押等的效力应及于船舶设备和船舶属具。但该原则也可以通过约定加以限制,如约定其处分不及于从物。这也体现了从物的可分性。

【案例研习】船舶买卖合同案(涉及船舶合成物的特点)[1]

"金海洋"轮案是关于船舶买卖合同的案例。1995年1月20日,货运公司与金洋公司签订了由金洋公司向货运公司转让"金海洋"轮的船舶买卖合同。双方认定的对船舶及其备件的交付范围以货运公司于1995年9月29日最后勘验船舶的时间确定,依现状交船,属于该船的所有技术证书、设备、备件、物料和技术资料等(除船员私人物品及海关监管的用品、烟、酒和租用气瓶等需要由金洋公司依有关规定退下外)无论在船在岸均应随船交给货运公司。两公司于1996年1月25日在黄埔交船完毕。后双方因存放于广州远洋运输公司物资供应站仓库的主机备件及存放于林鸿光住所的辅机备件是否属于"金海洋"轮的应交付的备件发生争议,货运公司认为存于远洋仓库的主机备件原是作为"金海洋"轮备件购买的,依合同该轮的备件不论在船在岸均应交付,而金洋公司则认为这些备件是"金海洋"轮的经营人购买的,且是于船舶被勘验明确了交付范围后才在香港交付运输的,有关争议诉诸广州海事法院。

关于这两处存放的备件是否应交付的问题,法院判决认为:存放于广州远洋公司物资供应站仓库的主机备件是于1995年10月22日在香港交付运输的,依《民法通则》第72条的规定,财产所有权从财产交付时起转移,因此,金洋公司取得主机备件所有权的时间应是在备件交付运输之时或之后,而不可能在交付运输之前,故认定金洋公司取得该批备件的时间不在确定交易范围之前,因此,金洋公司无须向货运公司交付主机备件。而扣押在林鸿光住所的辅机备件是在1995年9月29日之前交付运输的,故取得该备件所有权的时间应认定在1995年9月29日确定交易范围之前,所以,金洋公司应向货运公司交付该辅机备件。

三、船舶的种类

船舶按其性质、功能及用途可有多种分类,并具有不同的法律地位:

1. 依国籍的不同可将船舶分为本国船和外国船。船舶的国籍是船舶通过登记而取得的与登记国之间的固定法律联系。在国内法上,具有本国国籍的船舶享有在本国领海及内海的航行权,并能享受政府给予本国船的各种优惠,同时也受到本国法的约束。在国际法上,悬挂一国国旗的船舶有权在公海航行,并能受到船旗所属国的保护和监督。悬挂两个以上国旗的船或未悬挂任

---

〔1〕 参见黄伟青:"'金海洋'轮买卖合同纠纷案",载《海事审判》1998年第1期。

何国家国旗的船均为无国籍的船，不能受到国际法的保护。

2. 依航行的区域可将船舶分为海船和非海船。海船为在海上航行的船舶。非海船是指在内河航行的船舶。我国海商法的大部分规定主要适用于海船。由于我国的国情，内河航运及沿海运输一直与远洋运输分别实行不同的制度，因而区分海船和非海船就显得尤为重要了。

3. 依船舶的功能可将其分为客船和非客船。按照《国际海上人命安全公约》（以下简称《海上人命安全公约》）的规定，客船除须具备一般船舶应有的船舶文书外，还须具备"安全证书"和"无线电报安全证书"。

4. 依船舶的用途可将其分为商业船舶、专用船舶和公务船舶。商业船舶指用于海上货物运输、旅客运输、海上救助、捕捞作业、资源开采、海上拖带及其他海上服务的船舶。专用船舶指用于科学研究、文化娱乐、体育运动等专用目的的船舶。公务船舶指由政府部门使用的，用于检疫、海关、消防、测量等公务目的的船舶。商业船舶、专用船舶和公务船舶的法律地位是不同的，一般海商法只适用于各类商业船舶。

四、船舶吨位

《海商法》规定不适用于总吨位 20 总吨以下的船舶，是从船舶的重量上界定了海商法的适用范围。船舶的重量可依不同的标准来表示，各种吨位的表示均有不同的用途和法律意义。

1. 总吨位。总吨位是船上所有围蔽空间以 100 立方英尺为一个吨位的丈量总和。总吨位反映船舶的建造规模。港口费及码头停泊费的计算一般依据总吨位。

2. 净吨位。净吨位是衡量船舶营运能力的数值，一般指船内能够运载旅客或货物的空间总和。海关吨税的收取一般依据净吨位来计算。

3. 排水吨。排水吨是船舶满载时的排水重量。船舶满载的标志是船舶载货吃水至载重线。载重线是船舶在当时所处的区带、区域和季节的情况下，最大程度装载时所达到的吃水线。如载货吃水没过了载重线，就会使船舶的航行安全受到威胁，船东和船长会因此而受到处罚。

4. 载重吨。船舶满载排水吨与空载排水吨的差额是载重吨。船体、机器和船上设备的重量称为空载排水吨。由于空载排水吨不包括燃油、消耗品、淡水等的重量，因此，上述消耗性供应品的重量应计入载重吨。所以载重吨并不表示船舶能够运输货物的重量。货物的载重吨应以载重吨减去燃油等消耗品的重量计算。

5. 巴拿马运河吨和苏伊士运河吨。巴拿马运河吨和苏伊士运河吨是分别由巴拿马运河和苏伊士运河管理局丈量的船舶吨位。运河吨位是收取运河费的依据。巴拿马运河和苏伊士运河管理局均不接受其他国家对船舶吨位的丈量。当船舶通过上述两个运河时，必须出具以运河管理局认可的方法丈量取得的巴拿马丈量证书或苏伊士丈量证书。否则，该船就必须等待运河当局丈量后方可通过。运河吨一般大于各国丈量的吨位。

五、船舶登记与船舶国籍

我国《海商法》第 5 条第 1 款规定："船舶经依法登记取得中华人民共和国国籍，有权悬挂中华人民共和国国旗航行。"船舶登记是确定船舶所有权及船舶国籍的必经程序，只有取得某一国国籍并悬挂该国国旗的船舶才能取得在海上的航行权。

1. 船舶登记政策。对于通过船舶登记取得船舶国籍的条件，各国有宽严之分，一些国家采用限制登记的政策，这些限制包括船舶所有人须为本国人或在本国有住所等。另一些国家则采用开放登记政策，规定即使是外国人所有的船舶也可以在该国登记，而且，这些国家往往对登记为其国籍的船舶很少监管。这就使得船舶所有人在雇用船员、船舶买卖、运输等方面能获得一定的"方便"，因此，这种船舶被称为"方便旗船"。

2. 方便旗船。"方便旗船"又称开放登记船，开放登记国对于申请登记的船舶，只要在航行安全技术条件上满足相关国际公约的要求即可登记，船舶所有人不必与登记国有真正的联系。以这种方式取得国籍登记的船舶又称"方便旗船"。由于方便旗国与船舶之间并无真正的联系，使方便旗船在安全航行、环境安全、船员管理及权益的保护、航海贸易与管理等方面存在难题。国际社会为解决方便旗问题进行了努力。《联合国海洋法公约》在船舶国籍上确立了"真正联系原则"和"有效管辖和控制原则"，[1] 这两项原则在《联合国船舶登记条件公约》中得到了具体化，但后者至今没有生效。国际海运劳工联盟（ITF）曾提出了两项建议，以限制或消灭方便旗船。建议的第 1 项为：迫使方便旗船东与该会签订协议，按条件改善雇佣船员的待遇；第 2 项为：对未与该联合会签订协议的方便船予以抵制，使其不能装卸货物。联合国贸易发展会议航运委员会也曾经提出"将开放登记转为正常登记"的建议，并通过了一项决议，要求船旗国与船舶间在各个方面有"真正的联系"，每个国家应对悬挂该国旗帜的船舶有效地行使行政、技术及社会事项上的管辖和控制。该建议由于海洋大国及实行开放登记的国家的反对，有关"真正联系"的具体内容的立法未能通过，这使得对方便旗船的管理和控制问题成了一个空洞的概念。方便旗船的问题也未能得到解决。

〔1〕《联合国海洋法公约》第 91 条和第 94 条。

第
二
章

　　方便旗船的存在主要有政治和经济的原因：①在政治上，历史上敌对的国家之间的商船往来往往需要借助悬挂方便旗船来实现。②在经济上，在一些严格登记国家和地区，船舶登记和检验时的费用远远地高于开放登记国，一些严格登记国的船员工资，所征收的税费也大大地高于开放登记国。基于上述船舶营运成本上的原因，虽然国际社会进行了努力，但依相关统计，主要航运国家的船舶悬挂方便旗的比例仍然非常高，约占世界商船总吨位的1/2。[1] 这一高比例的客观事实，也使国际社会在检讨传统船舶登记制度是否存在弊端。

　　一些国家在严格登记和开放登记之外，又发展出了折中的第二船舶登记制度，目前已有挪威等24个国家设立了第二船舶登记制度。[2] 该制度依注册地不同可分为两种形式：①离岸登记制度（Offshore Ship Registration，OSR），即在本土之外的开设境外登记处；②国际船舶登记制度（International Ship Registration，ISR），即在本土开设专门针对本国国际航行船舶的国际船舶登记处。该制度在保证本国登记的基本条件基础上提供了诸多的优惠政策，如允许船公司雇用外籍船员或是在税收方面可享受类似方便旗船的优惠等，并与传统船舶登记制度并行。因此，又称第二船舶登记制度。

　　3. 我国的船舶登记。我国规定的船舶登记应具备的法定条件比较严格。依1995年1月1日起实施的《中华人民共和国船舶登记条例》（以下简称《船舶登记条例》），在中国登记的船舶须由中国人（包括法人和自然人）拥有，中国企业法人的注册资本中有外商出资的，中方投资人的出资额不得低于50%。且中国籍船舶上的船员应当由中国公民担任，确需雇用外国籍船员的，应当报国务院交通主管部门批准。

　　依《船舶登记条例》的规定，船舶所有人申请船舶国籍的，除应当交验船舶所有权登记证书外，还应当交验由法定船舶检验机构签发的有效船舶技术证书，包括国际吨位丈量证书、国际船舶载重线证书、货船构造安全证书、货船设备安全证书、乘客定额证书、客船安全证书、货船无线电报安全证书、国际防止油污证书、船舶航行安全证书及其他有关技术证书。从境外购买的具有外国籍的船舶，在申请船舶国籍时，还应提供原船籍港船舶登记机关出具的注销原国籍的证明书。船舶登记机关经核准后发给船舶国籍证书，船舶国籍证书的有效期为2年。

〔1〕 ISL: Shipping Statistics Yearbook 2008, Institute of Shipping Economics and Logistics, 2009, p. 27.

〔2〕 赵爽："第二船舶登记制度比较研究及对我国之启示"，载《中国海事》2006年第11期。

船舶所有人在下列情况下应办理临时船舶国籍证书：①向境外出售新造船舶的；②从境外购买新造的船舶的；③在境外建造船舶的。在境内异地建造船舶，需要办理临时船舶国籍证书的，船舶所有人也可提出申请。临时国籍证书的有效期为 1 年。

依联合国贸发会的相关统计，我国船队悬挂方便旗的比例在 2008 年为 59.53%。[1] 为吸引悬挂方便旗的中资船舶回国登记，2007 年 6 月，交通部发布了《关于实施中资国际航运船舶特案免税登记政策的公告》（以下简称"特案免税登记政策"），对符合条件的中资外旗国际航线船舶进口，免征关税和进口环节增值税，鼓励回国登记，悬挂五星红旗航行。[2] 后国务院将中资方便旗船"特案免税登记政策"的执行截止日期由 2009 年 6 月 30 日延长至 2011 年 6 月 30 日。[3] 该政策使我国实行的严格船舶登记制度出现了松动。

六、船舶检验

船舶检验依其性质可分为法定检验、入级检验和公证检验。

1. 法定检验。法定检验是由国家主管机关或经其授权的船舶检验机构依船旗国的法律及其参加的国际公约的规定对船舶实施的强制性技术监督检验。船舶法定检验依据的国际公约主要有《1966 年国际船舶载重线公约》《1969 年国际船舶吨位丈量公约》《1974 年国际海上人命安全公约》及其 1978 年议定书等。依《1974 年国际海上人命安全公约》和《1966 年国际船舶载重线公约》进行的检验有四种，即初次检验、定期检验、年度检验和期间检验。初次检验适用于船舶投入营运前的检验。定期检验依检验的内容及对象的不同而不同。

2. 入级检验。入级检验是船舶所有人为了使其所有的船舶获得船级而向船级社提出申请，并由船级社对船体、船机、设备等进行的检验。入级检验是非强制性的，但由于入级的船舶易于为保险公司所接受，融资上可以享受一些优惠，租船上也有一定的优势，并且在货运、客运等方面也有一定的好处，因此，世界上大部分船舶均自愿申请某个船级社的检验。船级社是为办理船舶技术状况检验业务而成立的行业组织。在西方国家中，该类团体为政府承认的民间组织。历史最为悠久的船级社是英国劳埃德船级社。其他著名的船级社有：法国船级社、意大利船级社、美国船舶局、挪威船级社、德意

---

[1] UNCTAD: Review of Maritime Transport 2008.
[2] 财政部《关于中资"方便旗"船回国登记有关进口税收政策问题的通知》（财关税［2007］47 号）。
[3] 财政部《关于延长中资"方便旗"船回国登记进口税收政策问题的通知》（财关税［2009］28 号）。

志联邦共和国劳埃德船级社、日本海事协会、希腊船级社等。船舶所有人的入级是自愿的,同时,也有选择到哪个船级社入级的自由。实际上,船东们不得不选择威望较高的船级社入级,否则,在船舶保险、融资等方面可能会遇到麻烦。英国劳埃德船级社是目前吸收船舶入级吨位最多的船级社。英国籍船舶吨位的 90% 以上和世界船舶吨位的 1/3 以上均选择在劳埃德船级社入级。

3. 公证检验。公证检验是证明船舶当时状况或在发生海损后的状况的检验。该检验通常由船舶所有人、租船人、保险公司等有关方提出申请。在中国办理公证检验业务的团体是 1986 年成立的"中国船级社"。公证检验的结果往往成为解决海事争议的证据之一。

■第二节　船舶所有权

一、船舶所有权

我国《海商法》第 7 条规定:"船舶所有权,是指船舶所有人依法对其船舶享有占有、使用、收益和处分的权利。"该规定与我国《民法典》中有关财产所有权的规定是一致的。这里的船舶所有人可以是法人,也可以是自然人。由于我国是社会主义的公有制国家,于是就涉及国有船舶的所有权问题。众所周知,依国际法原则,平等者之间无管辖权,因而国家和国家所有的财产均享有司法豁免权,对国家所有的船舶不能进行扣押和强制执行。国有航运企业如果教条地坚持该观点,则在国际航海贸易中就不能与他国的航运公司处于一个平等的地位上,这样就会丧失贸易伙伴,最终损害国家的经济利益。为此,我国《海商法》参照了《1969 年国际油污损害民事责任公约》中有关国有企业的规定。该公约规定,如果船舶是国家所有的,则经营船舶的企业就是该船舶的船舶所有人,可以对其主张权利,并采取司法强制措施。我国《海商法》第 8 条规定:"国家所有的船舶由国家授予具有法人资格的全民所有制企业经营管理的,本法有关船舶所有人的规定适用于该法人。"该条规定体现了我国国有企业所实行的所有权与经营权相分离的原则。

二、船舶所有权与船舶登记

《海商法》第 9 条规定:"船舶所有权的取得、转让和消灭,应当向船舶登记机关登记;未经登记的,不得对抗第三人。船舶所有权的转让,应当签订书面合同。"船舶所有权的取得可以分为原始取得和继受取得。原始取得主要是通过建造船舶等原因而取得。继受取得可以因买卖、赠与、互易等原因而取得。无论是以上述哪种方式取得船舶,均应进行登记,否则,不得对抗第三人。该项规定改变了旧的"海船登记规则"中有关"未经登记的,不发生法律效力"的规定。"不发生法律效力"意为对诸如买卖合同中的相对人亦无效。而依《海商法》的规定,在船舶买卖合同成立后,如未经登记,则在不涉及第三者的情况下,合同对买卖双方具有约束力。如在登记前卖方将船舶另行卖给一善意第三方,并进行了登记,则原合同的买方就不能取得对该船舶的所有权,但该原买方对原合同的卖方的债权依然存在。该项新规定与目前国际上多数国家的规定是一致的。我国1995年实施的《船舶登记条例》已将其改为"未经登记的,不得对抗第三人",以便与《海商法》保持一致。

在进行船舶所有权登记时,船舶所有人应当向船籍港船舶登记机关交验足以证明其合法身份的文件及船舶所有权的证明文件,例如,购买取得的船舶的购船发票或船舶买卖合同,新造船舶的船舶建造合同和交接文件,建造中的船舶的船舶建造合同等,以及有关船舶技术资料文件。船舶所有权的第一次登记叫原始登记。在船舶的所有权转移或其他事项发生改变时应进行船舶的变更登记。在船舶所有权消灭、船舶失踪、船舶沉没、船舶拆毁等情况下,应办理船舶的注销登记。对于因失踪而注销登记的船舶,如该船又被找回,则应进行再登记。在中国受理船舶登记的机关是各港口的港务监督机关。船舶所有人办理船舶所有权登记的港口为船籍港。

三、船舶共有

由于经营船舶的投资较大,因而往往会产生多人投资的情况,形成对一船的共有关系。我国《海商法》有关船舶共有的规定并不完备。《海商法》第10条规定的船舶共有可以是两人以上的法人共有,也可以是两人以上的自然人共有。该条还规定,船舶共有的应当向船舶登记机关登记,否则不能对抗第三人。《船舶登记条例》第14条规定,船舶为数人共有的,还应当载明船舶共有人的共有情况。有关船舶共有的具体内容,我国《海商法》没有具体规定,应适用《民法典》物权编的相关规定。在共有船舶抵押权的设定上,《海商法》第16条只涉及了按份共有的情况,该条规定:"船舶共有人就共有船舶设定抵押权,应当取得持有2/3以上份额的共有人的同意,共有人之间另有约定的除外。船舶共有人设定的抵押权,不因船舶的共有权的分割而受影响。"上述规定未涉及船舶共同共有的规定。而船舶的共同共有可能存在于婚姻、家庭、继承、合伙等共有关系中。有关船舶的共同共有得适用《民法典》物权编的相关规定。

■第三节 船舶抵押权和船舶留置权

一、船舶抵押权

船舶抵押权是海上运输业者向金融机构融资以取得贷款，用以建造或购买船舶的有效方法。依民法原则，抵押权是抵押人以其不动产向抵押权人提供的债务担保。船舶是动产，按理不能作为抵押的标的，但如前所述，由于船舶价值较大，其所有权的转移并不频繁，且适用与不动产相仿的登记制度，因而在法律上常按不动产处理，这就使得将船舶作为抵押权的标的成为可能。

（一）船舶抵押权的概念

我国《海商法》第11条规定："船舶抵押权，是抵押权人对于抵押人提供的作为债务担保的船舶，在抵押人不履行债务时，可以依法拍卖，从卖得的价款中优先受偿的权利。"船舶抵押权是一种担保物权，设定抵押权的船舶与设定抵押权的不动产相同，不必转移对抵押物的占有。不转移占有的原因：一是为了使船舶能投入营运，以保证抵押人能赚取用于清偿债务的资金；二是为了让更具专业知识的抵押人对船舶进行维护，以保全船舶的价值。在抵押人不履行债务时，抵押权人可依抵押合同依法占有船舶，或依《海商法》的规定拍卖船舶，从卖得的价款中优先受偿。在这里，占有船舶为抵押权人的权利，而非抵押权成立的条件。船舶抵押权在设定后，未经抵押权人的同意，抵押人不得将被抵押船舶转让给他人。船舶优先权随其所担保的债权的转让而转移，并随被抵押船舶的灭失而消灭。

在船舶抵押权的实现方式上，依《海商法》第11条的规定，船舶抵押权的实现方式只有一种，即依法拍卖。而《民法典》第410条在规定一般抵押权的实现方式上则涉及了拍卖、变卖等多种方式。那么船舶抵押权是否可以依《民法典》的规定采用更多的方式实现呢？本书认为船舶抵押权作为意定担保物权，是抵押合同双方当事人意思表示一致的产物，法律不必干预过多，应尊重当事人的意思。因此，船舶抵押权的实现也可以采用一般抵押权的实现方式，除拍卖外，还可以用变卖、折价等方式实现。

（二）船舶抵押涉及的当事人

船舶抵押权的当事人为抵押人和抵押权人。依《海商法》第12条的规定，抵押人为船舶所有人及其授权的人。根据我国目前各种所有制并存的状况，全民所有制企业、集体所有制企业、私营企业及中外合资经营企业的船舶所有人均可作为船舶抵押权的抵押人。对国有船舶设定抵押的，其抵押人为对该船舶进行经营管理的具有法人资格的全民所有制企业。船舶共有人就共有船舶设定抵押权的，应当取得持有 2/3 以上份额的共有人的同意，但共有人之间另有约定的除外。

抵押人的主要义务及权利限制：①权利限制，《海商法》第 17 条规定："船舶抵押权设定后，未经抵押权人同意，抵押人不得将被抵押船舶转让给他人。"②履行债务。③对被抵押船舶进行投保。《海商法》第 15 条规定："除合同另有约定外，抵押人应当对被抵押船舶进行保险；未保险的，抵押权人有权对该船进行保险，保险费由抵押人负担。"④保全被抵押船舶的价值。

船舶抵押合同的另一方当事人为抵押权人或称受押人，具体讲就是提供资金的商业银行或其他金融机构。抵押权人的权利主要是回收权，即在抵押人未能依合同的规定到期偿还贷款时，抵押权人可依其收回权占有、扣押以至拍卖被抵押的船舶，并从卖得的价款中优先受偿。

（三）船舶抵押权的标的

船舶抵押权的标的是船舶抵押权的主体享有的权利和承担的义务所指向的对象。船舶抵押权的标的主要是船舶，至于是否任何船舶均可作为船舶抵押权的标的，各国的规定不同。英美法系国家规定得比较宽，某些非海商法意义上的船舶也可以成为船舶抵押权的标的。而另一些国家则规定，只有海商法意义上的船舶才能作为船舶抵押权的标的。关于这一点，我国《海商法》没有明文规定，一般认为只有海商法意义上的船舶才能作为船舶抵押权的标的。因为船舶被视为不动产的处理也只限于海商法意义上的船舶，非海商法意义上的船舶在设定抵押权时可依民法有关动产抵押担保的规定办理。

关于对建造中的船舶是否能设定抵押权的问题，存在着不同的观点。一种观点认为，船舶的生命期是从下水开始，建造中的船舶在安置龙骨以前并不具有船舶的形态，只是一些造船的建造材料，而不是海商法意义上的船舶，因此，应按民法中设定担保物权的规定办理。《中华人民共和国海船登记规则》（以下简称《海船登记规则》）也没有将建造中的船舶纳入船舶抵押权的标的范围中。而在实践中，船舶抵押常用于在造船时的筹资安排。对建造中的船舶设定抵押权以获取银行的贷款也是世界上通行的做法。为此，我国《海商法》已经改变了《海船登记规则》的做法，《海商法》第 14 条第 1 款明确规定："建造中的船舶可以设定船舶抵押权。"

关于船舶灭失后是否还有物上代位的问题，《海商法》第 20 条规定："被抵押船舶灭失，抵押权随之消灭。由于船舶灭失得到的保险赔偿，抵押权人有权优先于其他债权人受偿。"这表明，船舶抵押权在船舶灭失后的代位物为保险赔偿。值得注意的是，《民法典》第 461 条有关担保物权代位物的范围大于《海商法》代位物的范围，包括保险金、赔偿金或补偿金等。相信两者的不同在实践中仍会导致争议的出现。

（四）船舶抵押权的登记

我国《海商法》在船舶抵押权上采用了登记公示主义，《海商法》第 13 条第 1 款规定："设定船舶抵押权，由抵押权人和抵押人共同向船舶登记机关办理抵押权登记；未经登记的，不得对抗第三人。"即船舶抵押权的生效不以登记为条件。登记只涉及船舶抵押人和抵押权人与第三人之间的效力。依《海商法》第 13 条的规定，船舶抵押权登记包括的主要项目有：①船舶抵押人和抵押人的姓名或者名称、地址；②被抵押船舶的名称、国籍、船舶所有权证书的颁发机关和证书号码；③所担保的债权数额、利息率、受偿期限。建造中的船舶因为尚不具有海商法意义上的船舶的地位，不具备船舶所有权证书，因此，以建造中的船舶设定抵押的，应向船舶登记机关提交船舶建造合同。船舶抵押权转移时，抵押权人和承转人应当持船舶抵押权转移合同到船籍港船舶登记机关申请办理抵押权转移登记。船舶抵押权登记的目的是为了公示，以便公开查询，使拟设定抵押权的抵押权人能明白自己的抵押权所处的位置，从而决定应如何进行抵押安排。

（五）船舶抵押权的受偿顺序

船舶抵押权的受偿顺序涉及船舶抵押权与其他权利的受偿顺序和各船舶抵押权之间的受偿顺序。关于前者，依《海商法》第 25 条的规定，首先为船舶优先权，其次是船舶留置权，再次为船舶抵押权。各船舶抵押权之间的受偿顺序的产生是由于法律并不禁止对同一船舶设定多个抵押权，但抵押权所担保的主债总额不能大于被抵押船舶的价值。依我国《海商法》第 19 条的规定，对同一个船舶，可以设定两个以上的抵押权，抵押权人的受偿顺序以登记先后为准。同日登记的抵押权，按照同一顺序受偿。又依《海商法》第 13 条的规定，设定船舶抵押权未登记的不得对抗第三人。这里的第三人是否包括未设立任何担保物权的普通债权人并不明确，海商法界存在争议。对此，《民法典》第 414 条有更加明确的规定，该条有关一般抵押权的清偿顺序为：①抵押权已登记的，按照登记的先后顺序清偿；②抵押权已登记的先于未登记的受偿；③抵押权未登记的，按照债权比例清偿。该条明确了如同一财产上有两个以上债权人抵押的，此抵押权又未办理登记，则按照债权比例受偿。按照物权优先于债权的原理，作为担保物权的船舶抵押权应优先于普通债权得到清偿。

二、船舶留置权

（一）船舶留置权与一般海上留置权

《民法典》对一般留置权进行了规定，《民法典》第 447 条第 1 款规定：

"债务人不履行到期债务，债权人可以留置已经合法占有的债务人的动产，并有权就该动产优先受偿。"我国《海商法》涉及的留置权实际上有狭义船舶留置权与广义的一般海上留置权。《海商法》第25条规定的只是狭义的船舶留置权，该条第2款规定："前款所称船舶留置权，是指造船人、修船人在合同另一方未履行合同时，可以留置所占有的船舶，以保证造船费用或者修船费用得以偿还的权利。船舶留置权在造船人、修船人不再占有所造或者所修的船舶时消灭。"该船舶留置权的狭义表现在下列限制上：①行使留置权主体的限制，第25条规定的留置权行使主体限于造船人和修船人，并不包括其他也有可能占有船舶的救助人等；②留置权针对客体的限制，第25条规定的留置权针对的客体只限于造船合同或修船合同项下的船舶。

《海商法》涉及的一般海上留置权散见于有关拖航合同、海难救助等相关规定中。关于海上拖航，《海商法》第161条规定："被拖方未按照约定支付拖航费和其他合理费用的，承拖方对被拖物有留置权。"关于海难救助，《海商法》第188条规定："被救助方在救助作业结束后，应当根据救助方的要求，对救助款项提供满意的担保。在不影响前款规定的情况下，获救船舶的船舶所有人应当在获救的货物交还前，尽力使货物的所有人对其应当承担的救助款项提供满意的担保。在未根据救助人的要求对获救的船舶或者其他财产提供满意的担保以前，未经救助方同意，不得将获救的船舶和其他财产从救助作业完成后最初到达的港口或者地点移走。"对后一种涉及救助人的权利，虽然没有称其为"留置权"，但结合第190条有关通过拍卖处理获救财产的规定，实则属于一种留置权。此类留置权的客体不限于船舶，可以是被拖船或被救助的船舶、也可以是被拖物或被救助的财物。

（二）船舶留置权的实现

《海商法》并无关于船舶留置权实现的规定，有关船舶留置权的实现可以适用《民法典》的相关规定。《民法典》第453条规定："留置权人与债务人应当约定留置财产后的债务履行期间；没有约定或者约定不明确的，留置权人应当给债务人60日以上履行债务的期限，但是鲜活易腐等不易保管的动产除外。债务人逾期未履行的，留置权人可以与债务人协议以留置财产折价，也可以就拍卖、变卖留置财产所得的价款优先受偿。留置财产折价或者变卖的，应当参照市场价格。"可见，留置权人在债务人逾期未履行时可以与债务人协议以留置物折价，或拍卖、变卖留置物，并从所得的价款中优先受偿。

（三）船舶留置权的受偿顺序

依《海商法》第25条的规定，船舶优先权先于船舶留置权受偿，船舶抵押权后于船舶留置权受偿。这里的船舶留置权并不包括广义的一般海上留置权。对于因拖航费产生的对被拖物的一般海上留置权,《海商法》没有规定其法律地位以及实现方式,从《1993 年船舶优先权和抵押权国际公约》的相关规定看,公约以为船舶融资提供更好的法律条件为原则,此类一般海上留置权应后于船舶抵押权,但先于一般债权受偿。对于因救助款项产生的留置权,同样也属于船舶优先权保障的债权项目,可依船舶优先权的顺序受偿。

■第四节　船舶优先权

船舶优先权是海商法赋予某些特定的海事债权人所享有的一种特权。船舶优先权是海商法上一种特有的法律制度,其产生和发展与海上运输业的特殊性息息相关。船舶优先权最初是随着船货抵押贷款而发展起来的。随着航线的不断增长,船长为了应付航次中无法预见的对资金的需要,保证船舶续航,而不得不在中途港筹措资金,与贷款人签订冒险贷款合同。在这种情况下,贷款人很难了解遥远的船舶所有人的真实情况,于是就渐渐地形成了以船舶作为具有真实利益的实体,以其本身价值来确保偿还贷款的商人习惯。这种习惯通过法律的形式固定下来就形成了现在的船舶优先权。

一、船舶优先权的法律性质

关于船舶优先权的法律性质在国内外颇有争议,有人认为它是一种程序性权利,英国的某些案例即体现了该主张。有人认为它是一种实体性权利,加拿大的某些案例即体现该观点。在认为它是一种实体权利的国家中,一些大陆法系国家认为它是担保物权,而另一些国家则认为它是一种特殊的债权。国内学者的观点也不尽相同,有的认为它是一种优先的债权,有的认为它是一种担保物权,还有的认为它是一种海商法中的特殊权利。

1. 程序权利说。英国的一些判例认为,优先权的实现,有赖于迫使船舶所有人出面诉讼,由法院通过船舶扣押进行对物诉讼,直至对船舶进行拍卖,从卖得的价款中债权人得以实现其优先受偿的权利。因此优先权是一种程序性的权利。英国 1980 年的 The Halcyon Isel 一案[1] 将船舶优先权识别为程序性的权利。在该案中,一英国银行于 1974 年 5 月向当事船舶英籍 The Halcyon-Isel 轮发放了船舶抵押贷款,从而享有船舶抵押权,一个美国公司因于 1973 年 3 月对同一当事船提供修理服务未得到修理费而依美国法享有船舶优先权。1974 年 9 月 5 日,两个债权人同时在新加坡高等法院申请扣押了该船。1975 年 3 月 6 日,该船被新加坡法院强制出售,但所得的价款不足以清偿船舶抵

---

[1] The Halcyon Isel (1980), 2 Lloyd's Law Rep. 325.

押贷款和修理费。依修理美国法，修理人对船舶享有优先权，应先于船舶抵押权人受偿。而依英国法，修理人不享有船舶优先权，修理人必须进行占有留置，否则，只能提起对物诉讼请求权利，且须排在船舶抵押权之后。新加坡高等法院裁定船舶抵押人优先受偿。修理人上诉，新加坡上诉法院裁定船舶修理人优先受偿。船舶抵押权人再上诉至英国枢密院司法委员会。枢密院以 3∶2 的多数认为，船舶优先权是程序性权利，程序性问题应用法院地法来识别，依法院地法英国法，船舶抵押人应优先受偿。该案将船舶优先权识别为程序性问题的做法并不反映国际上的主流，连英国的学者也对此案产生了非议。英国学者克里斯托弗·希尔（Christopher Hill）认为，船舶优先权是基于特定的海事请求而产生的，它追及船舶而存在。如果视船舶优先权为程序性权利而依法院地法来确认的话，这本身就是对上述原则的否定。[1]另一位英国学者托马斯（Thomas）则指出，英国的这一做法与国外海事法院将船舶优先权作为一种实体性权利而适用其准据法的大趋势形成了一个尖锐的对立。

2. 实体权利说。认为船舶优先权是实体权利的学者认为，船舶优先权是实体权利的一部分，它与船舶抵押权一样，都是一种有限的实体权利，实体性权利问题应根据冲突规范来确定其准据法，而船舶优先权的优先位次是程序性问题，应适用法院地法。认为船舶优先权是程序性权利的观点在英国也不占有绝对的优势。在上述案例中，该观点只占了微弱的多数。英国的斯科特（Scott）法官早在 The Tolten 一案[2]中即表明，船舶优先权是一种实体权利，是实体权利的一部分。实体性权利问题应根据冲突规范来确定其准据法，而船舶优先权的优先位次是程序性问题，应适用法院地法。我国一些学者也主张船舶优先权为实体性权利，认为船舶优先权是法律为保护债权人的利益而设立的，是法律为债权人规定的一种优惠，其本质上是一种权益。[3]也有的学者通过比较法律关系的三要素与程序法律关系的三要素，认为海事优先权是一种实体法律关系，而非程序法律关系。[4]

3. 物权说。主张船舶优先权为物权的学者认为，海事优先权基本具备物权的法律特征。物权是一种对物的直接管领和支配，并排除他人干涉的权利。船舶优先权的物权性首先表现为它的支配性。英国的罗伯特·高夫（Robert

---

〔1〕　Christopher Hill & Julius Starforth, *Arrest of Ships*, Lloyd's of London Press, 1985, p. 7.

〔2〕　The Tolten (1946), 2 Lloyd's Law Rep. 135.

〔3〕　吴焕宁："论船舶留置权的定义、性质与特征"，载《远洋运输》1985 年第 6 期。

〔4〕　李海："论船舶优先权的识别"，载《海商法论文集》，学术书刊出版社 1989 年版，第 171 页。

Goff）法官在 1984 年 The Barenbels 一案[1]中，在描述船舶优先权的支配性时指出：一旦船舶被扣押，无论他对导致该船被扣押的海事请求是否负有责任，所面临的选择只有两个，要么提供足额担保以求放船，要么听任船舶被拍卖。一旦未提供担保，请求人就必然会寻求法院强制卖船以满足其请求。这正体现了船舶优先权的支配性。其次，物权有追及效力。物权的标的物不论转入何人之手，物权人均可追及其物而主张权利。船舶优先权的追及力表现在船舶优先权追及船舶且可就该船强制实施，而无论船舶所有权变更与否。船舶优先权是在船舶上设立的一种负担，除非船舶被法院通过司法程序出售外，在合理的期间内不会因船舶所有权变更而废除。在船舶优先权存续期间，只要债权人就受船舶优先权保护的海事请求在任一具有海事司法权的法院起诉，附有优先权的船舶便被扣押。民法学者梁慧星教授也赞成海事优先权为物权的一种，认为船舶优先权属于物权的一种，其权利人不但可以对第三人主张其权利，甚至可以对抗所有权人的非法干涉。[2]

反对优先权为物权的学者认为，优先权享有人不具有物权的那种对物直接支配的权能。受优先权保护的债权人既不能也无权占有，更无法处分债务人的财产，他唯一可以对债务人采取的行动，就是在有管辖权的法院提起诉讼。因而它仅是一种请求法院扣船，并在受偿程序上得以优先的请求权。船舶优先权有追及效力，但它的追及效力与物权的追及效力有着根本的区别。物权的存在是明确的、公开的，须依法律规定的形式进行公示。动产的公示为占有，不动产的公示为登记。而船舶优先权不必登记，不必公示，更不必占有。物权关系的存续期间是不固定的、长期的，物权不因义务人履行其义务而消灭。而法律却规定了优先权的有效期限，如债权人在规定的期限内未先行使其权利，则该项权利可能先于债权而消灭。[3]

4. 债权说。认为船舶优先权是债权的理由：在对人诉讼的理论下，船舶被转手，这属于债务转让。船舶优先权的义务主体变更为新的船舶所有人，债权人对新的船舶所有人提出船舶优先权的请求，船舶优先权的义务主体的特定身份仍未改变。[4] 反对者则认为上述义务转让说不能成立。因为依民法中债的理论，如果船舶优先权作为债权，那么当船舶被转手时，如其义务主

---

〔1〕　The Barenbels（1985），1 Lloyd's Law Rep. 531.

〔2〕　参见梁慧星主编：《中国物权法研究》，法律出版社 1998 年版，第 71~72 页。

〔3〕　汪杰："论优先请求权的法律性质和法律适用"，载《海商法论文集》，学术书刊出版社 1989 年版，第 142 页。

〔4〕　傅廷忠："也谈海事优先权的法律性质"，载中国海商法协会主办：《中国海商法年刊》，大连海事大学出版社 1990 年版。

体发生变更，义务主体债务的转让必须经其债权人的同意，否则，这种转让无效。而实际上，在船舶所有人转让船舶时，他没有义务，也不可能通知船舶优先权享有人并征得其同意。从法律关系上看，债权是一种对人权，不仅其权利主体是特定的，其义务主体也是特定的。而船舶优先权的义务主体却非常复杂，船舶优先权所担保的海事请求不仅针对船舶所有人，还针对光船租船人、其他租船人、船舶经营人、船舶管理人。船舶优先权的义务主体不仅可以变化，而且还会不断增加。可见，船舶优先权的义务主体是不明确、不具体、不特定的。再者，依债权平等原则，同一债务人有几个债权人时，全部债权人从债务人的总财产中可以平等地得到清偿。当债务人的财产不足清偿时，应按比例清偿。而优先权则不然，它除了优先于普通债权外，受优先权保护的各债权之间是不平等的，只有高位次的优先请求权全部受偿后，下一位次的才能对余下的财产受偿。[1]

5. 担保物权说。加拿大海商法教授威廉·泰特利（William Terley）认为，海事优先权是海商法中独有的一种担保物权，认为优先权是一种物上负担，是担保物权的一种。[2] 司玉琢教授在对海事优先权下定义时也采用了担保物权的主张，即船舶优先权"是某些法定的特殊海事债权人所享有的一种以船舶为主要标的，具有很高位次的担保物权"[3]。我国多数学者采纳此观点。

本书亦赞同该观点。担保物权是物权的一种，是以确保债务清偿为目的，在债务人或第三人的特定之物或权利上设定的一种物权性质的权利。海事优先权的目的也是为了确保受其担保的债权得以清偿。海事优先权基本符合担保物权的特征：①担保物权是一种他物权，担保物权是在债务人或第三人的特定物或权利上设定的物权，而海事优先权则是在债务人的特定船舶上设定的，它也具有对世性、追及性等物权的特征。②担保物权是一种价值权，担保物权是以担保债权的实现为目的，以标的物的价值和优先受偿为内容的，原则上它追求的不是物的使用价值，而是其交换价值，因而担保物权具有价值性。海事优先权也是一种价值权，海事优先权的债权人多数也不是追求船舶的使用价值，而是通过海事优先权程序，从拍卖船舶的价值中获得优先受偿的权利。③担保物权具有随附性，担保物权具有从属于被担保债权的属性，海事优先权也具有随附性，海事优先权随其担保的债权的产生而产生，随其

〔1〕 汪杰："论优先请求权的法律性质和法律适用"，载《海商法论文集》，学术书刊出版社1989年版，第143页。

〔2〕 William Tetley & Brain G. Mcdonough, *Maritime Liens and Claims*, Business Law Communications Ltd, 1985, p.4.

〔3〕 司玉琢主编：《新编海商法学》，大连海事学院出版社1991年版，第87页。

消灭而消灭，随其转移而转移。当然，船舶优先权因其有效期间的限制可能先于它所保护的债权而消灭，但此点并不违背担保物权的随附性特征。这实际上是法律为保护这种特殊的法律关系而作出的特别规定。实际上，一般担保物权也有可能先于其担保的债权而消灭。担保物权分为法定担保物权和约定担保物权。在约定担保的情况下，债权人完全有可能随着对债务人资信的了解而与债务人协商在主债尚存的情况下解除该担保。约定担保物权并不是指当事人对担保物权本身性质和构成的约定，因为任何物权都是基于物权法定主义而由法律来规定的。约定担保指当事人决定是否成立担保或成立何种可供约定选择的担保。[1] ④担保物权具有物上代位性，当担保物权客体的价值形态发生变化时，并不影响担保物权的存在，此时，担保物权就以变形物为客体。[2] 海事优先权也带有物上代位的色彩。⑤海事优先权符合优先性担保物权的特征。有学者依设定担保时是否移转担保物的占有状态将担保物权分为优先性担保物权和占有性担保物权。优先性担保物权以获得债权的优先受偿为满足，并不要求移转担保物的占有状态[3]，海事优先权也不转移船舶的占有，其目的就是优先受偿。

二、船舶优先权的定义及其法律特点

我国《海商法》第 21 条规定："船舶优先权，是指海事请求人依照本法第 22 条的规定，向船舶所有人、光船承租人、船舶经营人提出海事请求，对产生该海事请求的船舶具有优先受偿的权利。"此条是关于船舶优先权定义的规定，该规定明确了优先权的主体、客体以及优先权的特殊性。从上述定义以及有关的著述中可以看出船舶优先权的下列法律特点：

1. 船舶优先权的法定性。船舶优先权是法律赋予某些海事请求人的一种特权。船舶优先权的项目、标的及受偿的位次均须依法律的规定。船舶优先权是根据法律发生的，而不是由当事人约定的。船舶优先权的实施也必须经过法定的程序。

2. 船舶优先权的追及性。船舶优先权的追及性表现为不论当事船舶航行于何地，船舶所有权有何变更，船舶优先权享有人均可追及并主张其权利。船舶优先权一经产生，即黏附于船舶之上。《1926 年统一船舶优先权和抵押权某些规定的公约》（以下简称《1926 年公约》）第 8 条规定："不论船舶转入何人之手，由船舶优先权所担保的请求，都随同船舶的转移而转移。"《1967

---

〔1〕 参见马俊驹、余延满：《民法原论》，法律出版社 1998 年版，第 464~465 页。

〔2〕 梁慧星主编：《中国物权法研究》（下），法律出版社 1998 年版，第 804 页。

〔3〕 孙鹏、肖厚国：《担保法律制度研究》，法律出版社 1998 年版，第 16 页。

年统一船舶优先权和抵押权某些规定的国际公约》（以下简称《1967年公约》）第7条第2款规定："除第十一条另有规定外，凡是由船舶优先权所担保的第四条所述请求，不论船舶所有权或登记事项发生任何变更，都随同船舶的存在而存在"当然，船舶优先权的追及性也有一定的局限性，主要表现在它可能因时效或权利主体的"懈怠"而消灭。为了促使优先权人及时行使其权利，也为了适当保障善意第三方的利益，法律规定了船舶优先权的有效期，《1926年公约》和《1967年公约》规定的有效期为1年，我国《海商法》规定的有效期亦为1年。依英美法中的"懈怠"原则，如债权人不及时行使其优先权，则船舶优先权即告丧失或消灭。

3. 船舶优先权的秘密性。船舶优先权不必登记即可对抗第三者，因而是秘密的。正如英国学者托马斯（Thomas）指出的：船舶优先权是一种特权性的权利主张或质押性权利。它在导致诉因产生的事件发生之时就秘密地、无条件地附于海上财产之上。

4. 船舶优先权的优先性。船舶优先权的优先性主要表现在：受船舶优先权担保的债权先于一般债权受偿；受船舶优先权担保的债权在清偿时先于受普通担保物权担保的债权受偿。

三、船舶优先权的标的

关于船舶优先权的标的，有些国家仅规定了船舶，例如，我国《海商法》第21条规定的船舶优先权的标的为"产生该海事请求的船舶"。依《海商法》第3条的规定，"产生海事请求的船舶"亦应包括船舶属具。另一些国家除了船舶以外，还规定了船舶属具、运费及从属权利或利益。作为优先权标的的运费应以本航次内所取得的运费为限。运费应除去必要的开支，即航行费用。所以更确切地说，运费仅指本航次所应挣得的运费。"从属权利或利益"指船舶所有人因本航次中船舶受损害或运费损失而获得的赔偿，船舶所有人在本航次应得的共同海损摊款，船舶所有人在完成航次前对第三者实施救助而应得的报酬。关于上述从属利益中的赔偿金，如船舶及应得运费由于第三者的侵权行为而丧失，则优先权即存在于这些替代的赔偿金上。共同海损的分摊额为优先权的标的是由于如在海难中因保全船货的利益而使船舶牺牲方取得的分摊额为该船舶或受损部分的替代。作为优先权标的的救助报酬应扣除船长和船员应得的部分。

四、船舶优先权的项目

船舶优先权的项目指能导致产生船舶优先权产生的海事请求。由于各国的情况有所不同，因而在有关船舶优先权的项目上的规定也千差万别。因为船舶优先权是无需登记的，而且是随船而行的，一个不知情的船舶买者，有可能买回一条满身附有船舶优先权的船舶，甚至优先权索赔的数额有可能超过船价。在这里，法律规定的优先权项目越少，可能附于船上的海事请求就越少，船舶的新买者也就越安全。依我国《海商法》第22条的规定，具有船舶优先权的海事请求包括：①船长、船员和在船上工作的其他在编人员根据劳动法律、行政法规或者劳动合同所产生的工资、其他劳动报酬、船员遣返费用和社会保险费用的给付请求；②在船舶营运中发生的人身伤亡的赔偿请求；③船舶吨税、引航费、港务费和其他港口规费的缴付请求；④海难救助的救助款项的给付请求；⑤船舶在营运中因侵权行为产生的财产赔偿请求。上述第①项的"在编人员"指船舶在编人员，排除随船押运人员、随船修船人员、验船师等非在编人员。第②项中的"人身伤亡"既包括合同内的旅客人身伤亡，也包括因船舶碰撞等侵权行为引起的人身伤亡。第③项在港口发生的费用包括船舶吨税、船舶港务费、引航费等，但不包括诸如装卸费一类的服务费。第④项的"救助款项"依《海商法》第172条第3项的规定应包括救助报酬、酬金和特别补偿。第⑤项的"财产赔偿请求"应是由于船舶营运中的侵权行为所产生的，而不是由于侵犯合同权利所产生的。

五、船舶优先权的顺序

船舶优先权的顺序涉及三方面的问题：①受船舶优先权担保的债权与其他债权的受偿顺序；②受船舶优先权担保的各债权之间的受偿顺序；③受船舶优先权担保的数个同类债权之间的受偿顺序。在上述债权受偿之前，依《海商法》第24条的规定，应当先从船舶拍卖所得的价款中先行拨付下列费用：①因行使船舶优先权产生的诉讼费用；②保存、拍卖船舶和分配船舶价款产生的费用；③为海事请求人的共同利益而支付的其他费用。上述第②项和第③项所称的费用和开支，为自扣押船舶之日起发生的船舶维修保养费用、船员生活费、看守费、保存费等。这些费用在有些国家中将其规定为船舶优先权担保的债权，并排在优先受偿的首位。英国和美国即采用此种做法。另一些国家则规定上述费用不受优先权的担保，但在受偿时，可排在优先权之前受偿，我国《海商法》即采用了此等做法。两者的规定虽有不同，其结果却是一样的。

关于受优先权担保的债权与其他债权之间的受偿顺序，依我国《海商法》第25条的规定，首先为船舶优先权，其次是船舶留置权，最后是船舶抵押权。这里的船舶留置权指造船人、修船人在合同另一方未履行合同时，为保证造船费用或修船费用得以偿还而留置所占有的船舶的权利。这种留置权以占有为条件，当造船人或修船人不再占有所造或所修的船舶时，该留置权即消灭。该项留置权又被称为占有留置权。

我国《海商法》第 22 条所排列的顺序所反映的确定受船舶优先权担保的各类债权之间的受偿顺序的基本原则为：①因船员雇佣合同产生的债权优于其他债权受偿；②因侵权产生的债权优先于因合同产生的债权受偿；③人身伤亡的债权优先于财产损害的债权受偿；④为其他债权的受偿创造条件的债权优先于其他债权受偿。我国《海商法》第 22 条所排列的顺序即反映了上述原则。同时，在第 23 条的但书中又规定，《海商法》第 22 条第 1 款第 4 项海事请求后于第①~③项发生的，应先于第①~③项受偿。之所以有这样的规定，是因为如果没有后发生的第④项救助款项，船舶就会因未得到救助而灭失，第①~③项船舶优先权也得不到受偿，因此，它属于为其他债权的受偿创造条件的债权，应优先受偿。

对于受同类优先权担保的海事请求之间的受偿原则为：同类债权，不分先后，同时受偿；不足受偿的，按比例受偿。但对于第④项有关救助的债权，则采用"时间倒序原则"，以后发生的先受偿，其理由是后一次救助对已存的债权起到了保全的作用，没有第二次救助，船舶就有可能灭失，则先产生的债权也无从受偿。

六、船舶优先权的行使及消灭

船舶优先权在英美法国家是以对物诉讼的方式来行使的，由法院通过船舶扣押进行对物诉讼，直至对船舶进行拍卖，债权人从卖得的价款中实现其优先受偿的权利。我国《海商法》第 28 条规定："船舶优先权应当通过法院扣押产生优先权的船舶行使。"在《海诉法》颁布以前，我国行使船舶优先权的程序主要是依据 1994 年最高人民法院《关于海事法院诉讼前扣押船舶的规定》（以下简称《诉前扣押船舶的规定》）和 1994 年最高人民法院《关于海事法院拍卖被扣押船舶清偿债务的规定》。1999 年《海诉法》吸收了上述两个规定的主要内容，并在总结多年实践的基础上，对相关问题进行了规定。为了使海事诉讼程序更具可操作性，最高人民法院审判委员会又通过了《海诉法司法解释》，并于 2003 年 2 月 1 日起开始实施。我国《海诉法》及《海诉法司法解释》对实现船舶优先权涉及的船舶扣押、船舶拍卖、权利登记、价款分配等四个主要环节进行了明确的规定。

船舶优先权具有随船而行的特点，它不因船舶所有权的转移而消灭。这一特点使无法知道船舶是否附有优先权的旧船购买人处于一种很不稳定的地位。为了保护旧船购买人的利益，以利于商船队的发展，各国一般都规定了船舶优先权消灭的情形。概括地讲，船舶优先权可能因下列原因而消灭：

1. 因所担保债权的消灭而消灭。作为担保物权的船舶优先权具有从属性的特征，它随主债的产生而产生，随主债权的消灭而消灭。

2. 因法律规定的时效届满而消灭。各国规定船舶优先权的时效一般为1年，英国和美国的法律没有规定固定的时限，而是采用"急慢原则"。船舶优先权人在行使其优先权时，应有"合理的谨慎"，否则该优先权便会消灭。何为"合理的谨慎"取决于每个案件的特定事实。美国除了采用"急慢原则"外，对于某些海事请求规定了具体的时效。例如，海难救助索赔应在自产生之日起2年内行使；货物索赔应在1年内提出；有关海上人身死亡的诉讼应在3年内提起。我国规定的船舶优先权时效亦为1年。

3. 因拍卖而消灭。拍卖是指经法院强制出售。拍卖具有公开性，这使得优先权人有主张其权利的机会，如优先权人怠于行使其权利，则法律不应给予过分的保护，因此规定船舶优先权可以通过法院的拍卖而消灭。但如有下列情况，优先权人在拍卖后仍可提出异议：①拍卖者无管辖权的；②拍卖不合程序的；③拍卖中有恶意串通情形的；④拍卖的标的错误的。

4. 船舶灭失。船舶灭失指船舶在物质上的消灭。在认定何为船舶灭失的问题上，各国有不同的做法，学者也有不同的认识。有的认为，即使船舶在损失后尚有残余部分，优先权仍存在于该残余部分。如船舶拆散的，则船舶优先权人对拆散的材料有优先权。有的则认为，既然海商法明确规定了船舶的概念，则在船舶被拆散时，就不再构成海商法意义上的船舶了，也就不应将其作为船舶优先权的标的了。依我国《海商法》有关船舶的定义以及实践中的做法，后一种主张似乎更站得住脚。

5. 公告消灭船舶优先权。依《海诉法》第124、125条的规定，船舶优先权的催告期间为60日，在船舶优先权催告期间，船舶优先权人主张权利的，应当在海事法院办理登记，不主张权利的，视为放弃船舶优先权。

■第五节　有关船舶的公约

有关船舶抵押权和船舶优先权的国际公约主要有《1926年公约》和《1967年公约》，此外，还有尚未生效的《1993年船舶优先权和抵押权国际公约》（以下简称《1993年公约》）。尽管船舶优先权和船舶抵押权制度早已为各海运国家的法律所承认，但由于各国政治、经济背景及所属法系不同，各国有关船舶抵押权和优先权的具体规定也各有不同。而在海上运输中发生的船舶优先请求权和抵押权多为涉外的法律关系，这就使得在以船舶作为担保物方面遇到困难。因此，国际法协会和国际海事委员会多年来一直在努力制定国际统一的规则。1924年8月25日，一些国家签订了一个关于船舶优先权和抵押权的公约，并在布鲁塞尔开放签字，另一些国家则对该公约提出了某些反对意见，这些反对意见被提交到 1926 年海洋法国际会议上，《1926 年公约》即包括了对 1924 年公约的修改和补充。

在船舶司法出售方面，由于近年来经司法出售的船舶数量的不断激增，而各国对于承认经其他国家司法出售的船舶的问题上往往有着不同规定，这会导致船舶在一国被司法出售后在其他国家仍存在着较大的不确定性，因此国际社会普遍期待制定一个有关船舶司法出售法律效力问题的统一国际规则。为此，国际海事委员会组织起草并于 2014 年 6 月通过了《北京草案》。

一、《1926 年统一船舶优先权和抵押权某些规定的国际公约》

在国际海事委员会的多次努力下，在 1926 年 4 月召开的第 4 届海商法国际会议上通过了《统一船舶优先权和抵押权某些规定的公约》，由于该公约是在布鲁塞尔签订的，所以又称之为《1926 年布鲁塞尔公约》。批准和加入该公约的国家有 26 个，但主要海运国家均未加入，中国也未加入该公约。《1926 年公约》的主要内容有：

1. 缔约国之间相互确认抵押权及质权等的登记。《1926 公约》第 1 条规定："根据船舶所属缔约国的法律正式设定的，并且在船籍港或中央机关的公共登记的船舶抵押权、质权或该船承担的其他类似义务，应在所有其他缔约国视为有效，并且受到尊重。"

2. 对船舶、运费以及航次开始以来船舶和运费的附属权利可实行优先请求权的各种项目。《1926 年公约》第 2 条规定的项目包括：①诉讼费用，为债权人的共同利益保存船舶或将船舶出售并分配价款而支付的费用、船舶吨税、灯塔费、港务费及其他公共税收和费用、引航费等；②船长、船员及其他人员因雇用契约引起的债权；③救助报酬及该船在共同海损中的分摊额；④碰撞及其他航行事故造成损害的赔偿，旅客和船上人员伤害赔偿，货物或行李灭失或损害赔偿；⑤船舶驶离本国港后，船长在其本职范围内，为保存船舶或继续航行所需，而签订的契约或所为的行为引起的债权（又称"船长合同"债权）。上述船舶和运费的附属权利指：就船舶所受未经修复的物质损失，应付予船舶所有人的赔偿金，或运费损失的赔偿金；就船舶所受未经修复的物质损失或运费损失，应付与船舶所有人的共同海损分担额；在航次终了前的任何时期提供救助的报酬中，应付予船舶所有人的部分，但分配给船长或船上其他工作人员的部分不包括在内。

3. 船舶优先权的受偿顺序。船舶优先权的受偿在船舶抵押权之前。关于各船舶优先权所担保的各债权项目之间的受偿顺序，《1926 年公约》第 5 条规定，船舶优先权所担保的同一航次的债权按第 2 条列举的债权项目顺序受偿；如款项不足以支付同一顺序的债权时，按比例支付；救助报酬、共同海损分摊及船舶在中途为保存船舶或继续航行签订契约所引起的债权，应以后发生者优先受偿。

4. 船舶优先权的时效。《1926 年公约》第 9 条规定，除各国国内法另有规定外，优先权的时效为 1 年，船舶在途中为提供船上供应品而引起的优先请求权，应在不超过 6 个月内继续有效。各类优先请求权时效的起算如下：担保船舶救助方面债权的优先请求权，自该项服务结束之日开始；对于碰撞或其他事故，以及关于人身伤亡的债权，自损害发生之日开始；对于货物或行李所受灭失或损害的请求，自货物或行李交付之日或应当交付之日开始；对于修理、供应和船长为完成航行而引起的其他债权，自债权发生时开始。在其他情况下，时效自该项债权付诸实现之时开始。

二、《1967 年统一船舶优先权和抵押权某些规定的国际公约》

《1926 年公约》得到了 26 个国家的批准或加入，但主要海运国家却未参加，因而也未取得实际效果。特别是到了 20 世纪 60 年代，随着通信技术的发展，船舶在途中遇紧急情况时，为继续航行而需订立的合同可以由船舶所有人及世界各地的代理以船舶所有人的名义签订，因而减弱了"船长合同"的重要性。为船舶所有人提供抵押贷款的银行也纷纷要求取消"船长合同"的优先请求权，提高船舶抵押权的地位。美国为了鼓励银行发放船舶抵押贷款，已通过法律创设了一种优先于部分船舶优先权的优先船舶抵押权。1963年国际海事委员会成立了专门小组，开始起草和制定新的船舶优先权和船舶抵押权公约。新公约于 1967 年 5 月 27 日在布鲁塞尔召开的第十二届海商法国际会议上通过，于 1987 年 5 月 12 日由于第五个国家的批准而生效。公约的缔约国为：丹麦、挪威、瑞典、叙利亚和芬兰。中国没有加入该公约。《1967 年公约》减少了对船舶优先请求的项目，取消了《1926 年公约》中第 2 条第 5款中列明的请求项目和对货物、行李灭失和损坏的赔偿，改变了《1926 年公约》中有关优先权的清偿顺序，明确了强制售船的程序。该公约共 25 条，其主要内容为：

1. 可以通过对船舶行使优先请求权而得到保证的债权。这些债权主要包括：船长、高级船员及其他船员的工资及其他款项；港口、运河及其他水道费用以及引航费用；直接涉及船舶营运而发生的财物灭失或损害，而向船舶所有人提出的请求；与船舶营运有关的财产灭失或损害，根据侵权行为而不可能根据契约向船舶所有人提出的请求；救助报酬、清除船舶残骸的费用以及共同海损的分摊。在上述优先请求权担保的债权项目中，取消了《1926 年公约》列明的"船长合同"债权。

2. 船舶优先权和船舶抵押权的受偿顺序。船舶优先权在船舶抵押权之前，船舶抵押权在一般债权之前，船舶优先权各债权项目之间的受偿顺序依《1967 年公约》第 4 条在列举各债权项目时的顺序，有关救助、清除船舶残骸和共同海损的债权，应以后发生者优先受偿，造船厂、修船厂的占有留置权或滞留船舶权应排列在所有船舶优先权之后，但可列在登记的抵押权之前。

3. 船舶优先权的时效。《1967 年公约》第 8 条规定，优先请求权自其所担保的债权发生 1 年后即告消失，该 1 年期限不得中断或中止，但行使优先权的人依法被阻止扣押该船的期间，不计算在内。

4. 船舶强制出售程序。《1967 年公约》第 10 条规定，在一缔约国内强制出售船舶之前，该国主管当局应就出售时间及出售地点向下列各方发出为期至少 30 天的通知：抵押权及质权的拥有人；船舶优先权拥有人；船舶登记所在登记机关的登记人员。强制出售船舶的价款，首先应支付为出售船舶而发生的司法费用，其余部分依次在各船舶优先权请求拥有人、留置权拥有人及已登记抵押权及质权拥有人之间进行分配。船舶在强制出售时，法庭或具有管辖权的其他主管当局应在购船人请求下开具证明书，表明该船已是不负任何债务的船舶。在出示证明书的同时，登记处应注销所有登记的抵押权及债权，并以购船者的名义登记该船，或为注销该船而开具注销证明书。

三、《1993 年船舶优先权和抵押权国际公约》

《1926 年公约》和《1967 年公约》虽然均已生效，但批准和加入的国家并不多，世界主要航运国及我国均未加入这两个公约。这表明国际社会对上述公约的不满态度。为此，联合国贸发会议航运立法工作组和国际海事组织联合成立政府间专家组，从 1986 年起举行多次会议，对现行的各项船舶优先权和船舶抵押权公约进行了审查，提出了一套新的公约草案。1993 年 4 月 19日在联合国贸发会议和国际海事组织在日内瓦召开的外交大会上，审议通过了《1993 年公约》。65 个国家的代表团和 15 个国际组织的观察员参加了大会。我国代表亦出席了大会，并签署了会议通过的最后文件。该公约共 22条，其对前述公约的修改表现在：

1. 关于船舶优先权的项目和顺序。《1993 年公约》遵循减少优先权项目、为船舶融资提供更好的法律条件的原则，减少了船舶优先权的项目，取消了《1926 年公约》第 2 条第 5 款中列明的请求项目和对货物、行李灭失和损坏的赔偿。将"就救助费提出的索赔"改为"就船舶的救助报酬提出的索赔"，明确了不包括"特别补偿"。对于油污损害索赔，不论按公约或国家法律，只要规定了强制保险与严格责任制的，均排除在优先权之外。由于有些国家，如美国、法国、加拿大、希腊等国，除一般的优先权外，还规定了其他项目的船舶优先权，作为折中。《1993 年公约》第 6 条允许各国另行规定其他的优先权，但其顺序应排在该公约第 4 条规定的优先权和符合第 1 条规定的已登记的抵押权、质权或担保物权之后，以免影响船舶的融资。

2. 关于船舶优先权的时效。《1993 年公约》规定船舶优先权的时效为 1 年，对于船员工资、遣返费及其社会保险费等的索赔，自其从船上离职之日起算；对于人身伤亡，船舶的救助报酬、港口、运河及其他水路规费和引航费以及根据侵权行为提出的索赔，自所担保的索赔产生之时起算。这一期限不得中止或中断，应连续计算。其他船舶优先权的时限为 6 个月，如善意出售的，自出售登记之日起 60 天消灭。

3. 关于转让和代位。《1993 年公约》增加一项内容，规定保险赔偿金不得由优先权索赔人代位求偿，即抵押权人可据此优先受偿，以保护其利益。

4. 关于强制出售的通知。《1993 年公约》规定的被通知方增加了船舶所有人。在强制出售前至少 30 天发出有关出售时间和地点及强制出售程序的通知，在无法确切决定强制出售时间和地点的情况下，可先发出预期通知，但在其确切的出售时间和地点确定后，还应在出售前 7 天再发通知。除书面通知外，应在强制出售的国家报刊上公告，如该当局认为适当，也可在其他出版物上公告。

5. 关于出售所得的价款的支付。《1993 年公约》第 12 条规定，从船舶强制出售所得款中，首先支付的费用应包括船舶被扣押时引起的维护保养费和船员生活费。对公共当局为航行安全和保护海洋环境而清除搁浅或沉没船只的费用，各国可在本国法律中规定在支付船舶优先权之前首先支付上述费用。

《1993 年公约》涉及了船舶所有人、保险人、抵押权人、救助人以及港口、运河等各方面的权益，它是经过了各方的激烈争论后通过的妥协性案文，因而使与会各方均比较满意。《1993 年公约》的目的是统一船舶优先权和抵押权方面的法规，减少船舶优先权项目，以便为船舶融资提供更好的条件。《1993 年公约》的内容与我国《海商法》有关船舶优先权和抵押权的规定基本吻合。《1993 年公约》将在第十个国家表示同意接受公约之日起 6 个月后生效。

四、2014 年《关于外国船舶司法出售及其承认的国际公约草案》

鉴于各国司法出售上的不同规定会导致在一国司法出售的船舶在另一国仍存在不确定性，有必要制订有关船舶司法出售国际承认的公约，为此，在国际海事委员会（以下简称 CMI）中国执委李海教授的力主下，CMI 在 2007 年将该问题纳入了其工作计划，并成立了船舶司法出售国际承认问题的国际工作组，经过向各国海商法协会发放问题单，起草公约，反复讨论等过程，在 2012 年 CMI 北京会议上，各国海商法协会对草案讨论和修订后形成了《北京草案》。此草案《北京草案》于 2014 年 6 月 17 日正式通过。

《北京草案》分为十个部分，即序言、定义、适用范围、司法出售的通知、司法出售的基本要求及效力、司法出售证书的签发、船舶登记、司法出售承认与拒绝承认的情况、保留条款、该条约与其他条约的关系。其主要内容如下：

1. 序言和适用范围。序言中表明《北京草案》的原则是在司法出售中为买船人提供充分的保护，保证其获得清洁物权。促进船运业以及船舶融资的发展，减少司法出售的不确定性，促进船舶司法出售国际承认规则的统一性。

《北京草案》适用于在一缔约国完成而在另一个缔约国寻求承认的船舶司法出售。在签署、批准、加入本公约时，缔约国可以在互惠的基础上做出如下保留声明：仅将公约适用于在某一缔约国完成的司法出售，且被出售的船舶必须悬挂某一缔约国的国旗。

2. 定义。在定义部分，《北京草案》对 22 个用语作出了定义，其中包括船舶司法出售、法院、船舶、船东、买船人、买船人的下家、利害关系人等。关于"司法出售"，《北京草案》定义为：在有权机关（Competent Authority）控制下的船舶出售，这种出售是通过公开拍卖、私人协议或者按照出售国法律明确规定的其他适当方式，将船舶的清洁物权给予买方，且债权人可以通过该种出售获得自己的利益。

3. 司法出售的通知。关于司法出售的通知，起草时的争议点主要集中于通知是否需要书面形式作出，及通知的对象。对此，第 3 条明确规定，通知必须以书面的形式作出，且具体规定了通知的送达方式。在通知对象上，规定船舶登记机关、已登记的船舶抵押权人、已知的船舶优先权人、船舶的所有人为通知对象。通知必须在司法出售之前提前 30 天发出，并须包括以下内容：船舶的名称、国际海事组织的编号、注册船东；船舶司法出售的时间、地点及其相关程序事项。

4. 司法出售的基本要求及效力。此部分在起草时的争议主要为司法出售后船舶的原所有权是否完全消灭，以及船舶抵押权、优先权等权利及负担是否消灭，买船人是否可以获得船舶的清洁物权。对此，《北京草案》第 4.1 条规定了船舶司法出售成立的条件：一是船舶实际处于出售国管辖权之下；二是司法出售须根据该国的法律及本公约的规定完成。

关于船舶司法出售的效力，《北京草案》第 4.1 条从两方面进行了规定，在实体方面：船舶司法出售会导致出售前船上的所有权利及利益消灭，出售前附着于该船上的抵押权（买船人认可的除外）、优先权等也随之消灭，买船人获得清洁物权；在程序方面：司法出售并不当然使原船舶登记自动失效，但向有关船舶登记机关出示船舶已被司法出售的文件或证据后，船舶登记机关会注销原船舶登记。

5. 司法出售的承认与拒绝承认。关于承认的条件，依第 7 条有下列几点：一是不属于第 8 条拒绝承认的情形；二是依公约第 5 条已取得司法出售证书。第 8 条规定的可以拒绝承认的情形包括：一是不符合司法出售的基本要求：①司法出售时船舶未在签发司法出售证书的有权机关所在国的实际管辖范围内；②司法出售被出售国的有权法院宣布无效；③承认将违反承认国的公共政策。二是当出售国有权法院正在处理有关司法出售的异议程序并暂停了该司法出售的效力时，缔约国的法院可以暂停承认该司法出售的法律效力。

6. 船舶司法出售异议。《北京草案》第 7.3 条对管辖的法院和异议主体进行了规定：①对司法出售提出异议的管辖法院为司法出售国法院；②提出异议的主体为利害关系人。并规定无论针对被司法出售的船舶，还是善意买船人都不能行使任何救济，以进一步加强对买船人利益的保护。

7. 司法出售证书的签发。《北京草案》第 4 条规定了司法出售证书的签发。规定司法出售船舶之后，实施出售的法院应当依买船人的要求向其签发具有下述效力的证书：①船舶已被司法出售，该出售根据出售地国法律及本公约的规定；该船舶不附带任何经登记的船舶抵押权或类似权利（买船人认可的除外）、船舶优先权或任何性质的负担；②司法出售前的船东所有权已被消灭。

8. 船舶登记。《北京草案》第 6 条规定了船舶的注销登记和重新登记。关于此问题的主要争议为在外国被司法出售的外国船舶是否需要注销先前的域外登记（the previous foreign registration）并提供有关的注销证明（a deletion certificate）作为重新登记的前提条件。《北京草案》规定由买船人出示司法出售证书，船舶登记机关注销所有权登记及抵押权等权利的登记，并进行重新登记或签发注销登记的证明。登记机关可以要求买船人提供司法出售证书的翻译文本和副本。对于光船租赁期间被司法出售的船舶，登记官应该注销该船舶的登记并取消对该船舶临时悬挂该国国旗的许可。

【本章小结】

船舶在物理上属于动产，但它有不同于一般动产的特殊性，船舶是合成物，船舶有的拟人处理使其在某些法律关系中从客体的地位上升为船舶自然人的地位。船舶物权涉及船舶所有权、船舶抵押权和船舶留置权，后两者属于担保物权。船舶优先权的法律性质是有争议的，但主流观点认为其也属于担保物权。

【思考及练习】

1. 试述船舶的法律性质。

2. 在船舶所有权的登记上，"未经登记，不发生法律效力"的规定与"未经登记，不能对抗第三人"的规定有何区别？

3. 你对船舶优先权的法律性质有何看法？

4. 船舶优先权的受偿顺序是如何排列的？

5. 依《海商法》第 19 条的规定，同一船舶可以设定两个以上抵押权，其受偿顺序为下列哪一项？（　　　）

A. 以设定抵押权的先后为准

B. 以签订抵押合同的时间为准

C. 以抵押权担保的数额为准

D. 以登记的先后为准

6. "大昌"轮船东与 A 银行签订了贷款合同，并办理了将该轮抵押的手续并进行了登记，在进入某港时该轮又拖欠了港务费，后又拖欠了船员的工资，在发生了工资和港务费的债项后，该轮遇难，救该轮又发生了一笔救助费。请问依《海商法》的有关规定，下列选项中哪项的受偿顺序及相关陈述哪几项是正确的？（　　　）

A. 发生在工资债项之前救助费应在船员工资之前受偿

B. 如该轮船东将该轮转让，则上述优先权消灭

C. ①救助费；②船员工资；③港务费；④船舶抵押权

D. 船员工资应在第一位受偿

【拓展阅读】

1. 王欣、初北平："研发试验阶段的无人船舶所面临的法律障碍及应对"，载《中国海商法研究》2017 年第 3 期。

2. 李海："国际海事委员会的最新成果：《北京草案》"，载《中国海商法研究》2014 年第 3 期。

3. 於世成、郑丙贵："我国船舶国籍登记制度改革探讨"，载《海大法律评论（2008）》，上海社会科学院出版社 2009 年版。

4. 李天生、韩立新："《中华人民共和国物权法》背景下在建船舶抵押权的实现"，载《中国海商法年刊》2009 年第 4 期。

5. 张丽英："淡化船舶拟人处理对减少扣船管辖冲突的作用"，载《中国海商法年刊》2009 年第 1~2 期。

6. 杨良宜：《造船合约》，大连海事大学出版社 2008 年版。

7. 李志文：《船舶所有权法律制度研究》，法律出版社 2008 年版。

8. 傅廷忠、王文军:"论海事优先权的物上代位性",载中国海商法协会主办:《中国海商法年刊》,大连海事大学出版社 2006 年版。

9. 杨良宜:《船舶买卖法律与实务》,大连海事大学出版社 2004 年版。

10. 张丽英:"船舶优先权法律性质若干学说析",载《比较法研究》2004 年第 4 期。

11. 杨良宜:《船舶融资与抵押》,大连海事大学出版社 2003 年版。

12. 李海:《船舶物权之研究》,法律出版社 2002 年版。

13. John Shijian Mo, Shipping Law in China, Sweet & Maxwell Asia, 1999.

14. Willan Tetley & Brain G. Mcdonough, Maritime Liens and Claims, 2nd ed, Business Law Communications Ltd., London, 1985.

第二章

第三章

船　员

本章学习目的与要求

本章的教学目的是要求学生了解船员的定义、船员的资格、船员任用的方式，有关船员及船长职责等内容。要求重点掌握船长在船上的特殊地位，以及引船员的过失责任承担。特别了解我国参加的有关船员的国际公约的相关规定，以及我国涉及船员的相关立法规定。

本章关键词

船员的资格　船长　船员的任用　船员条例　引航员

我国《海商法》第三章是关于船员的规定，《船员条例》（2007 年公布，2013 年 7 月第一次修订，2013 年 12 月第二次修订，2014 年第三次修订，2017 年第四次修订，2019 年第五次修订，2020 年第六次修订）及配套规章对船员进行了比较具体的规定。在国际公约方面，我国参加了《1978 年海员培训、发证和值班标准国际公约》（以下简称《STCW 公约》），并参加了经1995 年修正的 STCW 公约。依公约的要求，我国交通部和交通部海事局制定了若干有关船员培训、考试和发证方面的规章，是 2020 年施行的《海船船员适任考试、评估和发证规则》（以下简称《发证规则》）。此外，我国还批准了包括《1926 年海员协议条款公约》等 20 多个条约。

■第一节　船　员

一、船员的概念

船员这一概念在各国法律中的含义不尽相同，一种理解为船员指在船上任职的一切员工，包括船长和海员。海员指除船长外的其他服务于船舶上的人员，包括驾驶员、轮机员和其他服务于船舶上的人员。依我国《海商法》

第 31 条的规定，船员是指包括船长在内的船上一切任职人员。该定义中的"船员"采用了比较宽的概念，包括了船长及其他一般船员。"在船上"指船员必须是在船上工作的人员，船舶修理人、船舶代理人、验船师等虽然也为船舶服务，但不是在船上工作，因而不是船员。有些国家船员的定义要宽一些，例如，依美国法，在岸上任搬运劳务的工人也被视为船员。旅客虽然在船上，但不工作，因而也不是船员。"任职人员"指这些人员必须首先具有船员证书，其次还应是与船舶所有人签订船员雇佣合同的人，因为具有船员证书只是任职的资格，受人雇佣才能称为任职。

《船员条例》则从就业资格的角度对船员进行了定义，该条例第 4 条规定："本条例所称船员，是指依照本条例的规定取得船员适任证书的人员，包括船长、高级船员、普通船员。"与原来的《船员条例》相比，该定义删除了"经船员注册取得船员服务簿"的字样，原来的定义为"本条例所称船员，是指依照本条例的规定经船员注册取得船员服务簿的人员，包括船长、高级船员、普通船员"。此次取消以"船员服务簿"作为船员适任证核发的前提，其背景是一系列简政放权、放管结合、优化服务的改革。2019 年 2 月，《国务院关于取消和下放一批行政许可事项的决定》（国发〔2019〕6 号）取消了"船员服务簿签发"许可事项，不再将船员服务簿作为适任证书核发的前提条件，对通过船员适任证书核发审查的船员直接发放船员服务簿，同时将"厨师、服务员等不参加航行和轮机值班的船员"纳入适任证书核发范围。2020 年 3 月 27 日，《国务院关于修改和废止部分行政法规的决定》（国务院令 726 号）对《船员条例》进行了相应修改，删除直接涉及船员服务簿的许可与处罚的内容。

我国的船员依《船员条例》第 4 条指依该条例取得船员适任证书的人员，包括船长、高级船员、普通船员。船长是依该条例取得船长任职资格，负责管理和指挥船舶的人员。高级船员是指依该条例取得相应任职资格的大副、二副、三副、轮机长、大管轮、二管轮、三管轮、通信人员以及其他在船舶上任职的高级技术或者管理人员。普通船员指除船长、高级船员以外的其他船员。

二、船员的资格

（一）船员适任证书

为了保证船舶的航行安全，各国一般均对船员的资格进行严格的限定和管理。主要的办法就是实行船员考试发证制度，经考试合格者，发给相应的职务证书，才能在船上担任相应的职务。国际海事组织制定的《STCW 公约》是针对船员考试和发证的，我国在加入该公约后制定了《发证规则》以规范船员资格的取得。《船员条例》也对适任证书的取得进行了规定，依《船员条例》第 6 条的规定，申请船员适任证书，可以向任何有相应船员适任证书签发权限的海事管理机构提出书面申请，并附送申请人符合本条例第 5 条规定条件的证明材料。对符合规定条件并通过国家海事管理机构组织的船员任职考试的，海事管理机构应当发给相应的船员适任证书及船员服务簿。

依《船员条例》第 7 条的规定，船员适任证书应当注明船员适任的航区（线）、船舶类别和等级、职务以及有效期限等事项。适任证书的持有人应在适用范围内担任职务或担任低于适用范围的职务。船员适任证书的有效期不超过 5 年。《船员条例》第 8 条又规定，"中国籍船舶的船长应当由中国籍船员担任"。第 9 条规定，"中国籍船舶在境外遇有不可抗力或者其他特殊情况，无法满足船舶最低安全配员要求，需要由本船下一级船员临时担任上一级职务时，应当向海事管理机构提出申请。海事管理机构根据拟担任上一级船员职务船员的任职资历、任职表现和安全记录，出具相应的证明文件"。

为进一步深化海船船员市场供给侧结构性改革，拓宽船员就业渠道，促进和保障船员就业，2020 年《船员条例》在以下方面进行了修改和完善：其一，适当缩短船员服务资历、适任培训时间。在保证培训质量前提下，将三副、三管轮晋升二副、二管轮的服务资历及非航海类大专以上学员参加适任培训时间从 18 个月缩短至 12 个月，以缩短船员成长周期，吸引非航海类学生投身航海事业。其二，扩大高级船员任职范围。适当减少二副、三副、二管轮、三管轮等高级船员适任证书等级，增加高级船员上船任职机会，满足航运事业发展需求。其三，优化适任证书再有效申请要求。申请时间上，由目前的适任证书有效期届满前 12 个月内放宽到有效期届满后 3 个月内；申请条件上，在同一技术要求的船员中认可担任低级别职务作为其原职务适任证书再有效的任职资历（船长、轮机长担任大副、大管轮或者二副、二管轮担任三副、三管轮的资历可用于申请适任证书再有效）。其四，优化船员适任考试和船上见习的安排。规则改变船员必须理论考试和评估全部通过后方可进行船上见习的原规定，仅要求船员船上见习前必须通过理论考试，对于是否通过评估没有限制，有利于校企合作开展船员培养，增加船员船上实践机会，提升船员适任能力。其五，完善承认签证制度。根据公约规定以及国际海事组织相关履约强制性审核要求，进一步明确船员证书互认协议和船员申请承认签证的条件。同时将外国船员适任证书承认签证的签发由部海事局调整至直属海事局，方便签证的办理。其六，拓宽公务船和小型海船船员就业渠道。考虑到此类船舶在船员适任能力方面与本规则要求的运输船舶有诸多相同之处，此次修订打通这类船员换证的"堵点"，明确在原有的培训和考试的基础上，通过补差培训和考试后，可取得本规则规定适任证书。其七，优化航海类学生参加船员适任考试。一是允许全日制航海类中职/中专毕业生直接参加无限航区三副、三管轮、电子电气员适任考试；二是取消两年制船员培训学员可以参加无限航区三副、三管轮、电子电气员适任考试的规定，规范航海类船员教育培训，保证船员培训质量；三是将航海类学生在校期间参加值班水手、值班机工、电子技工适任考试的时间限制从"毕业或者结业前6个月"调整为"毕业或者结业前12个月"，为学生尽快取得支持级船员适任证书提供便利。

（二）船员服务簿

关于船舶服务簿，2020年的《船员条例》有比较大的改变，即不再将船员服务簿作为适任证书核发的前提条件，对通过船员适任证书核发审查的船员直接发放船员服务簿，将船员服务簿功能由许可证件调整为船员档案并记录船员履职情况，规定在初次核发适任证书同时配发船员服务簿。

依《船员条例》第6条的规定，对符合规定条件并通过国家海事管理机构组织的船员任职考试的，海事管理机构应当发给相应的船员适任证书及船员服务簿。如上所述，2020年《船员条例》将船员服务簿功能由许可证件调整为船员档案并记录船员履职情况，条例第7条规定了"船员服务簿应当载明船员的姓名、住所、联系人、联系方式、履职情况以及其他有关事项"。同时，规定"船员服务簿记载的事项发生变更的，船员应当向海事管理机构办理变更手续"。《船员条例》第18条规定，船长管理和指挥船舶时，应当在本船船员的船员服务簿内如实记载船员的服务资历和任职表现。船员服务簿记载的事项发生变更，船员未办理变更手续的，未在船员服务簿内如实记载船员的履职情况的等会受到相应的行政处罚。

（三）海员证

除高级船员必须取得适任证书外，所有船员还必须具有证明自己身份的证件，即海员证。依《海商法》第33条的规定，从事国际航行船舶的中国籍船员，必须持有中国港务监督机关颁发的海员证。《船员条例》第11条具体规定了海员证的申请和条件："以海员身份出入国境和在国外船舶上从事工作的中国籍船员，应当向国家海事管理机构指定的海事管理机构申请中华人民共和国海员证。申请中华人民共和国海员证，应当符合下列条件：①是中华人民共和国公民；②持有国际航行船舶船员适任证书或者有确定的船员出境任务；③无法律、行政法规规定禁止出境的情形。"

三、船员的任用方式

（一）聘任制与雇用制

在船员的任用上，各国的方式不同，主要有雇用制和聘任制两种形式。在聘任制下，对普遍船员采取直接聘任，对高级船员须先通过考试取得适任证书，再决定是否聘任并委任相应的职务。凡决定聘任的，即由船员与船公司签订长期的劳动合同，船员成为该公司的长期职工，从事船上服务。

在雇用制下，船员不是某一特定公司的长期员工，而是自由职业者，船员通过与船东或其他雇主签订非长期的船员雇用合同从事船上服务。我国的船员在计划经济时代主要以隶属某一公司为任用方式。中国加入世贸组织后，随着服务业的开放和船员劳务市场的迅速形成，船员的就业方式发生了很大的变化，船员越来越多地通过雇用合同就业。在具体操作上，一般是由船员向劳动服务机构提出申请，再由劳动服务机构与船舶所有人或经营人直接签订船员劳务合同。

在国际上，通常船东是通过船员劳务市场雇用船员的，而船员一方则往往通过海员公会或船员劳务公司与船东订立雇用合同。依英美法，船员雇用合同为一种集体签名的文书，但在法律上仍为分别的契约。这种合同的一方当事人为船舶所有人，另一方当事人为特定的船员，合同在船长签字以前，已签字的海员仍能自由退出，只有在合同双方均签字后，合同才能生效。如果船员是在航行中或中途港被雇用的，其待遇及雇用条件与在出发港雇用的船员相同。由海员公会或船员劳务公司和船东订立的船员雇用合同一般会约定，公会或劳务公司一方有义务提供包括船长、驾驶员、轮机员及其他船员在内的全套合格船员或合同约定的部分船员。

（二）《海员协议条款公约》

为了保障船员的合法权益，国际劳工组织在 1926 年通过了《海员协议条款公约》，该公约于 1928 年生效，我国也加入了该公约。该公约涉及海员协议的内容主要包括：

1. 海员协议的签订。海员协议条款应由船舶所有人或其代表人与海员双方签订。在签字之前应给予海员及其顾问审查协议条款的便利，为使海员了解其权利和义务范围，国家法律应规定采取措施，将协议所列条件张贴在海员易见的场所，或采用其他适当方法使海员能了解雇用条件；海员应依国家法律规定的条件签订协议，以保证主管机关的适用监管。

2. 协议的内容。协议可以是定期的，也可以是订明一个航程的航程合同。如国内法许可，也可订立不定期的协议。不定期协议可由任何一方当事人在任何一个装卸港口声明终止合同，但事先必须发出协议中所规定的预告，此项预告期不得少于 24 小时。协议中应载明双方的权利与义务,此外还必须载明下列各项:海员姓名、出生日期或年龄及其出生地;订立协议的地点及日期;海员从事服务的船舶的名称;如为国家法律所规定时,还应注明船员的人数;如能在订约时决定,应载明承担的航程;海员所担任的职务;如属可能,海员须报告上船服务的地点及日期;如国家法律未另有规定时,应载明海员给养的标准;工资数额;合同的终止及其条件;带薪休假;国家法律规定的其他项目。

3. 协议的终止。无论是上述哪种协议,在下列情况下均应自然终止:①双方同意;②海员死亡;③船舶灭失或完全不适于航海;④国家法律或该公约规定的其他原因。协议无论因何种原因终止,均应在有关文件及船员名单上登记。此种登记如经任何一方的请求,应由主管机关核准。

由于各国背景的不同,公约不可能在海员协议涉及的所有方面达成一致,因此,公约在多处规定应由国内法来解决的内容。例如,海员应依国家法律规定的条件签订协议,国内法应规定适当的措施,以使海员了解协议的内容,只有在国内法许可的情况下才能签订不定期的协议,终止协议的预告方式由国内法确定,海员雇用文件的格式、内容和登记方式等均应由国内法规定。船员雇用合同中的强制性内容主要涉及劳动法、社会保障、环境保护法等方面的内容,如果雇用合同违反有关国家的强制性规定将会导致合同无效。

(三) 船员外派的方式

船员外派的方式从不同的角度有不同的分法,从向外国雇主派出全套船员还是部分船员的角度,可分为全套船员外派和部分船员外派。

1. 全套船员外派。全套船员外派即由我国外派船员主体向外国雇主的船舶配备整船的船员。其中,外派船员主体通常为我国的航运公司或其专门成立的船员公司,此种模式通常涉及下列协议:①我国外派船员公司与外派船员签订的"外聘船员劳动协议",协议涉及船员外派期间的工作时间和内容、履约方式、劳动报酬、休假、社会保险等内容。②我国外派船员公司与外国雇主之间的"船舶配员协议",内容涉及外派船员公司与外国雇主有关下列问题的责任划分:包括船员的选任、船员的资质、船员雇用期限、船员工资及加班费的支付、船员的替换、保险的损害赔偿等。为保证该协议的顺利履行,该协议既要符合我国的法律规定,又要符合外国雇主本国法的规定。③外派船员与外国雇主之间的"海外雇主与外派船员协议",该协议主要涉及船员在船上的服务期限、上下船时间及船员保证遵守船上纪律及管理规定等。该协议实际上并非合同,因为外派船员与外国雇主之间并不存在劳动合同关系。船员的工资仍然是由外派机构支付的,船员违约也是由外派机构依"船舶配员协议"对外国雇主承担违约责任的。

2. 部分船员外派。部分船员外派指由中国外派机构向外国雇主外派一位或几位船员上船服务。外派的船员可以是本公司的船员，可以是其他公司的船员，也可以是自由船员。部分船员外派的主体主要是劳动中介机构，其方式是：首先由船员与中介机构签订"聘用合同"，再由中介机构与外国雇主签订"船员供应合同"，内容涉及中介机构为外国雇主提供一定数量、一定条件的船员，以及与此相关的权利义务等。船员与外国雇主之间并不存在直接的雇用合同关系，尽管司法实践中常认定其有事实上的合同关系。外国雇主与船员之间是否有合同关系是一个两难的问题，如果有合同关系，在出现外国雇主已依协议向中介支付了工资，而中介却拖欠船员工资的情况时，则外国雇主仍有义务向船员支付工资，支付两份工资显然是站不住脚的。如无合同关系，则当中介机构拖欠工资时，船员又不能通过行使船舶优先权来保护自己的权利，因为是中介机构在拖欠工资，而不是外国雇主在拖欠工资。

依是否需要外派机构，以及外派机构担任的角色不同又可以分为：其一，由船员与船舶所有人签订劳务合同。在这种情况下，船员是劳务合同的主体，所有劳务合同的内容都是由船员与船舶所有人双方协商的。在国外，船员可以直接与他国的船舶所有人签订船员雇佣合同。由于我国的船员外派必须通过船员外派机构进行，因此，我国的船员外派不能采取此方式。其二，船员与外派机构是劳动合同关系，船员通过其所属公司安排到他国籍船上工作。这种类型又分为两种情况，一种是其所属航运公司安排外派，另一种就是船员管理公司安排外派，船员管理公司经营的业务就是招募船员，然后将他们外派到他国籍的船舶上从事船员职务。其三，外派机构担任中介的角色，将社会上的船员通过劳务中介机构外派到他国籍船上工作。

（四）船员外派的合同关系

依我国法律，船员外派必须通过船员外派服务机构办理，由于通过外派机构外派时会依不同的情况担任不同的角色，也引起外派机构的法律地位定位上的争议。居间说认为，船员外派机构应该是一种中介机构，外派机构只是为船员和境外船东提供信息，在船员外派法律关系中处于居间人地位。用人主体说则认为船员外派机构本身并不仅仅发挥了中介性质的作用，其程度完全可以达到"参与至船员外派法律关系中的用人单位"之中。如果外派机构只是居间人，则其对船员的责任过小，不利保护船员的利益。折中说认为船员外派机构并不必须只具有一种法律地位，它可以在不同情形下兼有不同的法律地位。船员外派机构完全可以被认为是中介服务机构和用人单位机构，只是在适用法律的过程中应该依据不同的情况适用不同的法律规范，而这些不同法律适用之间并不必然互相排斥，完全可以兼容。[1]

2019 年修订的《海员外派管理规定》采用的是"海员外派机构"的描述。其第 23 条规定："海员外派机构为海员提供海员外派服务，应当保证外派海员与下列单位之一签订有劳动合同：①本机构；②境外船东；③我国的航运公司或者其他相关行业单位。外派海员与我国的航运公司或者其他相关行业单位签订劳动合同的，海员外派机构在外派该海员时，应当事先经过外派海员用人单位同意。外派海员与境外船东签订劳动合同的，海员外派机构应当负责审查劳动合同的内容，发现劳动合同内容不符合法律法规、相关国际公约规定或者存在侵害外派海员利益条款的，应当要求境外船东及时予以纠正。"依该规定，外派船员可与外派机构签订劳动合同，也可直接跟境外船东签订合同。在前一种方式下，外派机构地位就相当于用人单位。在后一种方式下，海员外派机构应当负责依法审查劳动合同的内容，不妥之处应当要求境外船东及时予以纠正。单看第 23 条的规定，外派机构在此种情况下属于中介的角色。但如果结合后面的规定，外派机构有比中介重得多的责任。依第 24 条的规定，海员外派机构应当为外派海员购买境外人身意外伤害保险。第 25 条和第 26 条对海员外派机构与境外船东签订船舶配员服务协议及应当包括的内容进行了规定。不得与存在安全风险的船舶建立外派关系。第 32 条禁止海员外派机构与列入"黑名单"的船舶建立派遣关系，该条从保护海员合法权益、降低外派风险的角度出发，明确不得向在港口国监督检查中被列入"黑名单"的船舶、非经中国境内保险机构或者国际保赔协会成员保险的船舶、未建立安全营运和防治船舶污染管理体系的公司外派船员。鉴于以往船员外派中的乱象，以及侵害船员利益的情况，在吸收他国经验的基础上，第 30 条规定，海员外派机构不得因提供就业机会而向外派海员收取费用，不得克扣外派海员的劳动报酬，也不得要求外派海员提供抵押金或担保金等。

（五）船员外派机构的监管

在船员外派机构的监管上，我国在相当一段时间存在管理职责交叉、市场管理不到位等问题。海员外派由商务部门作为对外劳务合作一类来进行管理，并与交通运输管理部门审批的国际船舶管理公司中船舶配员职能并存。《船员条例》的颁布明确了国务院交通运输主管部门对包括提供船舶配员在内的船员服务业务的管理职责。2010 年 5 月 5 日，商务部、交通运输部联合下

---

〔1〕 王亚男："船员外派机构法律定位之再考量"，载 http://www.iolaw.org.cn/showNews.aspx?id=59942，最后访问时间：2020 年 7 月 28 日。

发了《关于加强外派海员类对外劳务合作管理有关事宜的通知》[1]，在"平稳过渡、责权一致"的前提下，实现了外派海员管理职责分工的合理调整。调整后，商务部负责制定对外劳务合作总体规划、制定对外劳务合作相关法律法规和政策措施等工作。交通运输部负责所有赴外籍船舶或港澳台地区籍船舶工作的外派海员类劳务人员的管理。自 2010 年 5 月 5 日起，各级商务主管部门不再受理外派海员类对外劳务合作经营资格的申请。此后，为了有效履行海员外派管理职责，交通部起草制订了《海员外派管理规定》于 2010 年 12 月通过，2011 年 7 月 1 日起正式施行。《海员外派管理规定》以海员外派机构的管理及外派海员的权益保障为中心，设置了资质制度、年审制度、退出制度和应急管理四项主要制度。[2]

1. 海员外派机构的资质制度。《海员外派管理规定》第 5 条明确规定为外国籍或者港澳台地区籍船舶提供配员等船员服务活动机构的资质条件主要体现在三个方面：其一是人员要求。要求海员外派机构的专职管理人员中，应有 2 名以上具有国际航行海船管理级船员任职资格的人员和至少要有 3 名具有两年以上海员外派相关从业经历的工作人员。同时，为避免出现"皮包公司"欺诈海员的情况，还要求其必须具有 100 人以上的自有外派船员。其二是资金要求。要有至少 500 万元人民币的注册资金，并具备足额交纳 100 万元人民币海员外派备用金的能力。关于注册资本和备用金的规定，是从海员外派业务的对外经营性质考虑的，基本沿用了商务部原来的规定。其三是管理能力的要求。包括四个方面的基本能力：一是要具有法人资格，这就排除了个体从事海员外派的资格；二是要具有对外派海员进行培训的能力；三是要建立相关管理制度，包括船员服务质量管理制度、人员和资源保障制度、教育培训制度、应急处理制度等相关管理制度；四是要具有良好的商业信誉，近三年没有重大违约行为和重大违法记录等。规定的这些要求是在总结现有海员外派机构情况的基础上，保证外派海员市场的安全的基本条件。

2. 年审制度。为了保证海员外派管理质量，《海员外派管理规定》第 10 条明确了海员外派机构的资质证书有效期为 5 年。在此期间，海事管理机关对海员外派机构的监督管理，主要是通过年审来实现的。依《海员外派管理

---

[1] 商务部、交通运输部："商务部交通运输部关于加强外派海员类对外劳务合作管理有关事宜的通知"，载 http：//www.mot.gov.cn/zhengcejiedu/haiyuanwaipaiglgd/xiangguanzhengce/201510/t20151015_1905319.html，最后访问时间：2020 年 7 月 26 日。

[2] "交通运输部解读中华人民共和国海员外派管理规定"，载 http：//www.china.com.cn/policy/txt/2011-08/03/content_23132644_2.htm，最后访问时间：2020 年 7 月 27 日。

规定》第14条，海员外派机构资质实施年审制度。年审主要是审查海员外派机构的资质条件符合情况及合法经营、规范运作情况，从而保证海员外派机构无论是在从业之初，还是在日常经营中，都符合机构资质许可条件的各项要求，按照机构责任和义务的规定规范运作、诚信经营。

3. 退出制度。退出机制是对海员外派机构实施监督检查的有效手段。依第17条、第45条等规定，对于年审不合格的，海事管理机构责令其限期改正；逾期未改正的，撤销其海员外派机构资质。海事管理机关通过监督检查，对其他不再具备海员外派资质条件的情况，包括利用欺骗手段获取资质的、由于管理原因导致外派海员权益严重受损的问题企业，应当责令其改正，在限期内未改正的，应当撤销其相应资质。建立"退出机制"可以确保我国海员外派行业实现"有进有出"的良性循环。当然，海员外派机构的资质被撤销后，只是停止了海员外派业务的继续经营权，其对原有外派海员的责任义务仍应继续履行。

4. 应急管理制度。为保证海员外派机构提高处理突发事件的能力，提高海事管理部门协调和组织处理海员外派突发事件的水平和能力，《海员外派管理规定》从"备用金管理"和"应当处理"两个方面对"突发事件处理"作了专章规定。

在备用金管理方面，第5条要求海员外派的机构应具有足额交纳100万元人民币海员外派备用金的能力；第20条规定海员外派备用金实行专户存储，专款专用。第37条规定海员外派备用金动用后，海员外派机构应当于30日内补齐备用金。备用金制度的设置主要是为了应对在发生突发事件时，常遇到船员被搁置海外，由于责任方拒绝履行其义务得不到应有的救济的情况。在这种情况下，备用金制度就显示出其重要的作用，可以动用海员外派备用金，用来支付外派海员回国或者其他紧急救助所需费用。为了保证备用金经常处在足额状态，在备用金动用的30日之内，海员外派机构应当补齐。

在应急处理方面，第34条和第35条明确了对境外突发事件的处理，要求海员外派机构：一是要建立并及时启动突发事件应急预案，从而实现应急处理过程中"人员到位、资金到位和措施到位"。二是应当及时向海事管理机构报告应急处理情况。三是与境外船东共同做好处置，当境外船东未能全面履行责任时，及时代位处理。

2019年，为了符合《国家发展改革委办公厅商务部办公厅关于进一步取消外资准入负面清单以外领域限制的通知》（发改办外资〔2019〕630号）的要求，取消经批准设立的外资投资职业介绍机构或者中外合资人才中介机构开展招聘海员出境业务提交外商投资企业批准证书和外商投资企业营业执照复印件的限制，对《海员外派管理规定》进行了修订，删除了《海员外派管理规定》第6条第2款有关"企业法人营业执照或者事业单位法人证书，组织机构代码证"的规定。同时，鉴于《中华人民共和国船员服务管理规定》已废止，删除与之相关联的第12条。[1]

四、船员的职责和权利

（一）船员的职责

我国《船员条例》分别规定了船员和船长的职责。在船员的职责方面，《船员条例》第16条规定船员在工作期间应符合下列要求：①携带本条例规定的有效证件；②掌握船舶的适航状况和航线的通航保障情况，以及有关航区气象、海况等必要的信息；③遵守船舶的管理制度和值班规定，按照水上交通安全和防治船舶污染的操作规则操纵、控制和管理船舶，如实填写有关船舶法定文书，不得隐匿、篡改或者销毁有关船舶法定证书、文书；④参加船舶应急训练、演习，按照船舶应急部署的要求，落实各项应急预防措施；⑤遵守船舶报告制度，发现或者发生险情、事故、保安等事件或影响航行安全的情况，应当及时报告；⑥在不严重危及自身安全的情况下，尽力救助遇险人员；⑦不得利用船舶私载旅客、货物，不得携带违禁物品等。

（二）船员的权利

我国《海商法》并没有对船员的权利进行具体的规定，仅规定相关问题适用有关法律、行政法规的规定。我国《船员条例》涉及了船员的工资、工作时间、休假、职业保障、遣返等方面船员的权利。国际劳工组织于2006年通过的《2006年海事劳工公约》（以下简称《劳工公约》）多处涉及船员的权利，该公约是在对有关海员安置公约、船舶配员公约、海员带薪休假公约、海员遣返公约、海员工资及工作时间公约等相关内容编纂的基础上形成的，虽然该公约尚未生效，但公约草案通过时300多票的赞成票体现了各国政府对公约的支持。关于船员的权利有关立法主要涉及下列几项：

1. 取得工资报酬权。依我国《船员条例》第25条的规定，船员用人单位应依船员职业的风险性、艰苦性、流动性等因素，向船员支付合理的工资，并按时足额发放给船员。任何单位和个人不得克扣船员的工资。船员用人单位应向在劳动合同有效期内的待派船员，支付不低于船员用人单位所在地人民政府公布的最低工资。为了对船员的权利加以保护，依我国《海商法》第208条的规定，船员工资的债权不在船舶所有人的责任限制之列，又依该法第

---

[1] "交通运输部关于修改《中华人民共和国海员外派管理规定》的决定"，载 http://www. gov. cn/gongbao/content/2020/content_ 5496771. htm，最后访问时间：2020年7月28日。

22 条的规定，船员的工资属于船舶优先权担保的债权。依《海诉法司法解释》的规定，因船员劳务合同纠纷可直接向海事法院提起诉讼，不适用劳动仲裁前置程序的规定。依《劳工公约》的规定，成员国应保证按不超过 1 个月的间隔向本国船上工作的船员支付应得的报酬。

2. 工作时间、休息时间和休假的权利。依我国《船员条例》第 26 条的规定，船员在船工作时间应符合国务院交通主管部门规定的标准，不得疲劳值班。船员除享有国家法定节假日的假期外，还享有在船舶上每工作 2 个月不少于 5 日的年休假。船员用人单位应在船员年休假期间，向其支付不低于该船员在船工作期间平均工资的报酬。依《劳工公约》的规定，最长的工作时间在任何 24 小时时段内不得超过 14 小时，在任何 7 天时间内不得超过 72 小时。最短休息时间在任何 24 小时内不得少于 10 小时；在任何 7 天内不得少于 77 小时。

3. 医疗、伤病和福利。我国《船员条例》第 22 条涉及了有关医疗和福利的内容，规定船员用人单位应为船员提供必要的生活用品、防护用品、医疗用品，建立船员健康档案，并为船员定期进行健康检查，防治职业疾病。船员在船工作期间患病或者受伤的，船员用人单位应当及时给予救治；船员失踪或者死亡的，船员用人单位应当及时做好相应的善后工作。《劳工公约》通过编纂海员健康保护和医疗公约、船东对伤病海员责任公约、海员福利公约、海员社会保障公约、防止海员事故公约等，对海员的医疗和福利等进行了规定。在医疗权利方面，公约规定沿岸国有义务向船员免费提供健康保护和医疗。船东有责任为船员支付医疗费用。国家法律可将船东支付医疗和食宿费的责任限定在自受伤或患病之日起不少于 16 周。在伤病方面，公约规定船东对船员伤病承担无过错赔偿责任，除非伤病发生在船舶服务之外，或因船员故意行为所致，或船员受雇时隐瞒病情。公约要求成员国通过立法，要求船东为船员提供财务保险，以保证对因工致病、致伤、致残、致亡者提供赔偿。在福利方面，公约规定，成员国有义务开展合作，并在国家安全允许的限度内，向船员提供上岸活动以解除疲劳的机会。

4. 职业保障。我国《船员条例》第 21 条专门涉及船员的职业保障。规定船员用人单位和船员应依国家有关规定参加工伤保险、医疗保险、养老保险、失业保险以及其他社会保险，并依法按时足额缴纳各项保险费用。船员用人单位应为在驶往或者驶经战区、疫区或者运输有毒、有害物质的船舶上工作的船员，办理专门的人身、健康保险，并提供相应的防护措施。船舶上船员生活和工作的场所，应符合国家船舶检验规范中有关船员生活环境、作业安全和防护的要求。船员用人单位应依有关劳动合同的法律、法规和中国缔结或者加入的有关船员劳动与社会保障国际条约的规定，与船员订立劳动合同。《劳工公约》规定在船员社会保障方面原则上由船旗国负责。对于方便旗船，对外国船员只有在船东向该国缴纳保障费用后才提供保障。此点需要船旗国与船员所在国的合作。

5. 遣返。依《劳工公约》，船员有权得到遣返而不向其收取费用。如船东未能为有权获得遣返的船员安排遣返，则船旗国主管当局应安排遣返。我国《船员条例》有多条规定涉及遣返。依《船员条例》第27条的规定，船员在船工作期间有下列情形之一的，可以要求遣返：①船员的劳动合同终止或依法解除的；②船员不具备履行船上岗位职责能力的；③船舶灭失的；④未经船员同意，船舶驶往战区、疫区的；⑤由于破产、变卖船舶、改变船舶登记或者其他原因，船员用人单位、船舶所有人不能继续履行对船员的法定或者约定义务的。《船员条例》第28条规定了船员可以选择的遣返地点：①船员接受招用的地点或者上船任职的地点；②船员的居住地、户籍所在地或者船籍登记国；③船员与船员用人单位或者船舶所有人约定的地点。《船员条例》第29条涉及遣返费用的承担，规定船员的遣返费用由船员用人单位支付。遣返费用包括船员乘坐交通工具的费用、旅途中合理的食宿及医疗费用和30公斤行李的运输费用。《船员条例》第30条涉及船员遣返权利受到侵害时的处理，规定船员的遣返权利受到侵害的，船员当时所在地民政部门或者中国驻境外领事机构，应当向船员提供援助；必要时，可以直接安排船员遣返。民政部门或者中国驻境外领事机构为船员遣返所垫付的费用，船员用人单位应当及时返还。

6. 船舶损失或沉没时对船员的补偿。依《劳工公约》的规定，因船舶损失或沉没导致船员失业时，船东应向船上船员支付补偿费，补偿额可限于2个月的工资。

此外，船员的权利还涉及船员上船工作的最低要求、船员的居住标准、食品和给养、娱乐设施等内容。

■第二节 船 长

依《船员条例》第4条第2款的规定，本条例所称船长是指依照本条例的规定取得船长任职资格，负责管理和指挥船舶的人员。又依第12条的规定，中国籍船舶的船长应当由中国籍船员担任；确需外国籍船员担任的，应当报国家海事管理机构批准。我国《海商法》第40条规定了船长出现意外时的处理，规定船长在航行中死亡或因故不能执行职务时，应当由驾驶员中职务最高的人代理船长职务。在下一个港口开航前，船舶所有人应当指派新船长接任。船长虽与其他船员一样受雇于船舶所有人，但其地位却有别于其他船员。我国《海商法》第三章第二节对船长的职责进行了专门的规定。

一、船长的职责

1. 船长指挥驾驶和管理船舶的职责。依我国《海商法》第 35 条的规定，船长负责船舶的管理和驾驶。船长在其职权范围内发布的命令，船员、旅客和其他在船人员都必须执行。此项职能是船长的基本职责。船上的航行命令由船长发布，船员必须执行。《船员条例》第 18 条第 1~6 款涉及船长履行管理和指挥船舶职责的要求：①保证船舶和船员携带符合法定要求的证书、文书以及有关航行资料；②制订船舶应急计划并保证其有效实施；③保证船舶和船员在开航时处于适航、适任状态，按照规定保障船舶的最低安全配员，保证船舶的正常值班；④执行海事管理机构有关水上交通安全和防治船舶污染的指令，船舶发生水上交通事故或者污染事故的，向海事管理机构提交事故报告；⑤对本船船员进行日常训练和考核，在本船船员的船员服务簿内如实记载船员的服务资历和任职表现；⑥船舶进港、出港、靠泊、离泊，通过交通密集区、危险航区等区域，或者遇有恶劣天气和海况，或者发生水上交通事故、船舶污染事故、船舶保安事件以及其他紧急情况时，应当在驾驶台值班，必要时应当直接指挥船舶。

2. 负责全船人员及财产的安全。《海商法》第 38 条涉及船长负责全船人员及财产安全的职责，规定当船舶发生海上事故，危及在船人员和财产的安全时，船长应当组织船员和其他在船人员尽力施救。在船舶的沉没、毁灭不可避免的情况下，船长可作出弃船的决定，但除紧急情况外，应报船舶所有人同意。在弃船时，船长应采取一切措施首先组织旅客安全离船，然后安排船员离船，船长应当最后离船。在离船前，船长应当指挥船员尽力抢救航海日志、机舱日志、油类记录簿、无线电台日志、本航次使用过的海图和文件，以及贵重物品、邮件和现金。《船员条例》第 18 条第 7~9 款同样涉及上述内容。

二、船长的准司法权

船舶是一个相对封闭的小社会，法律赋予船长一定的准司法权。这种权利表现在：在民事方面，依《海商法》第 37 条的规定，船长应对在船上发生的人员出生或死亡事件进行证明。出生和死亡事件应记入航海日志，并在两名证人的参加下制作证明书。死亡证明书应附有死者遗物清单。死者有遗嘱的，船长亦应予以证明。在刑事方面，船长有责任维持船上的治安，依《海商法》第 36 条的规定，为了保障在船人员和船舶的安全，船长有权对在船上进行违法、犯罪活动的人采取禁闭或其他必要措施，并防止其隐匿、毁灭、伪造证据。船长在采取上述措施时，应制作案情报告书，由船长和两名以上在船人员签字，连同人犯交有关当局处理。

三、船长的代理权

在航行途中及没有船舶所有人的港口，船长得作为船方和货方的代理，处理船舶及货物在航行途中发生的有关事宜。在船舶所有人方面，船长得在船舶航行中作为船舶所有人的代理人管理航行事务，签发提单，订立船舶拖带合同等。在航行中，为了航海的需要，船长得出售船上多余的船舶用品。当船舶遭遇海难时，船长可以代表船货双方与救助人签订救助合同等。

四、船长与引航员的关系

为了保证在港区、狭窄水道、法律规定的其他区域的安全航行，在上述区域内的船舶航行有时需要有引航员证书的人员的引领。引航包括强制引航和非强制引航两种：非强制引航是船长在认为必要时，自愿招请引航员引领的引航；而强制引航则是依法律规定对于进入强制引航区的船舶，不论其船长是否提出引航的申请，均予以强制引领的引航。强制引航主要有两方面的原因：①从安全上考虑，世界上的港口很多，每个港口的航道情况、水文、气象、航行规则均有差异，而且还可能不断发生变化，要使船长熟悉每个港口的情况是很难办到的；②从主权出发，有些国家从国防和国家权益考虑进行强制引航。例如，中国的多数强制引航区是对外国籍船舶的，只有少数强制引航区也适用于本国船舶。中国的强制引航由港务监督负责管理。

【案例研习】"阿加米能"轮船长与引航员的责任案[1]

被告巴拿马波罗的斯船务公司（Proteus Shipping Co. S. A. , Panama）所有"阿加米能"轮（M. V. Agamemnon）于 1984 年 11 月 22 日在引航员的引领下由于拖锚航行，其左锚将水底过江电缆钩断，致使附近部分地区停电，14 家工厂停产。11 月 23 日，原告上海供电局向上海海事法院申请诉前保全，诉称巴拿马波罗的斯船务公司所属"阿加米能"轮因钩断过江电缆，造成申请人设备损失、供电损失、用户因停电造成的损失共计人民币 30 万元。同日，上海供电局向上海海事法院提起诉讼，要求波罗的斯船务公司赔偿经济损失共计人民币 330 023.46 元。1985 年 5 月 29 日，上海海事法院对该案进行公开审理。通过审理认为，被告所有"阿加米能"轮在黄浦江中拖锚航行，损坏原告敷设的"南浦 383"号过江电缆，其行为违反《海上交通安全法》第 10 条和《上海港港章》第 37 条在水线附近上下 100 米禁止抛锚的规定，

---

〔1〕 张丽英：《海商法：原理·规则·案例》，清华大学出版社 2006 年版，第 27 页。

对此引航员是有过失的，"阿加米能"轮应对造成的经济损失应全部赔偿。关于赔偿金额，经核查后认为，原告提出的某些索赔要求不尽合理。据此，1985 年 6 月 19 日，上海海事法院依照《民事诉讼法（试行）》第 111 条的规定，判决被告巴拿马波罗的斯船务公司应赔付原告经济损失人民币 230 264.88 元。

当引航员上船引航时，就会出现船长与引航员的分工问题。依《海商法》第 39 条的规定，船长管理船舶和驾驶船舶的责任，不因引航员引领船舶而解除。船舶在进入引航区时，需要引航员的引领。船长应服从引航员的决定，但引航员不享有独立的指挥权，在特殊情况下，例如，当引航员违反避碰规则时，船长可以推翻引航员的决定。对此各国一般都规定，在引航过程中，不解除被引船船长驾驶和管理船舶的责任。对于因引航员的过失造成海损事故的责任问题，国际上的惯例是引航员不负经济责任，但应承担行政或刑事责任。其原因正如上述规定的，引航员上船工作并不解除船长驾驶和管理船舶的责任，更不是代替船长，他只是作为一名熟悉引航区情况的熟练船员帮助船舶的安全航行。因此，由于引航员的过失引起海损事故的责任，根据"替代责任"原则，应由替代船长负责的船舶所有人负责。船舶所有人对引航员的过失负责，这一原则已被国际普遍接受，即使是在强制引航的情况下也是如此。上海海事法院审理的"阿加米能"案即采用了该原则。该案的损失与引航员有关，但依上述的原则，一方面引航员不负经济责任，另一方面引航员上船并不解除船长驾驶船舶的责任，因此，依"替代责任"原则，该轮的船东承担了损失的赔偿责任。

【本章小结】

船员指包括船长在内的船上一切任职人员，依相关立法船员有取得工资报酬、伤残补助金、休假、遣返、获得保险等方面的权利。船员权利的保护是国际公约及国内立法关注的问题。船长在船舶中的位置至关重要，关系到全船的生命及财产的安全，船长有指挥驾驶和管理船舶的职能、负责全船生命及财产安全的责任。船长管理船舶和驾驶船舶的责任，不因引航员引领船舶而解除。引航员的过失引起的海损事故的责任，依"替代责任"原则，应由替代船长负责的船舶所有人负责。

【思考及练习】

1. 各国法律对船员的概念有几种不同的理解？
2. 外国人是否能参加中国的船员考试，并在中国籍船上任职？
3. 船长的主要职责有哪些？
4. 船长和引航员的关系如何？

5. 某外轮在进入黄浦江航道时由引航员强制引航，因引航员的疏忽损坏了江底电缆，依我国《海商法》的规定，下列关于表述有哪些是正确的？（　　）

　　A. 港务当局应承担电缆的损害赔偿责任

　　B. 该轮船东应对因引航员的疏忽造成的损失承担责任

　　C. 引航员对因其疏忽造成的损失不负任何责任

　　D. 该外轮船长应承担赔偿损失的经济责任

【拓展阅读】

1. 曹艳春、唐树源："中国船员投诉机制研究"，载《中国海商法研究》2017 年第 2 期。

2. 王国华、孙誉清："《2006 年海事劳工公约》国内适用问题研究"，载《中国海商法研究》2013 年第 3 期。

3. 张丽英："从船员雇用方式的变化谈《中华人民共和国海商法》有关船员规定的修改"载《中国海商法年刊》2011 年第 3 期。

4. 胡正良、叶红军："船员立法的最新发展"，载《海大法律评论（2007）》，上海社会科学院出版社 2008 年版。

5. F. Nash Bilisoly, "The Relationship of Status and Damages in Maritime Personal Injury Cases", HeinOnline, 72 Tul. L. Rev. 493, 1997－1998.

6. S. G. Kolius and Edward D. Vickery, "Maritime Employees´ Remedies Against Employers", HeinOnline, 23 Ark. L. Rev. 192, 1969－1970.

7. David G. Davies, "A Survey of Maritime Tort Exposure for Personal Injuries After the 1984 Longshore and Harbor Workers´ Compensation Act Amendments", HeinOnline, 52 Ins. Counsel J. 433, 1985.

8. Frank L. Maraist, Thomas C. Galligan, Jr. Catherine M. Maraist, Cases and Materials on Maritime Law, Thomson West, 2003.

第三章

第四章

海上货物运输合同

本章学习目的与要求

　　本章是全书的重点内容，教学目的是使学生了解海上货物运输合同的基本内容、货物运输合同的种类和合同的订立、合同双方当事人的权利和义务。理解作为班轮运输合同书面证明的提单的法律性质，提单的种类及在跟单信用证机制中的作用，有关提单的四个国际公约的规定。此外，航次租船合同的基本内容，特别是与装卸期间有关的问题，及多式联运中多式联运经营人与实际承运人的责任也是本章要求掌握的内容。除了理解有关的理论问题外，学生应当学会分析有关的案例，并作出正确的判断。

本章关键词

　　海上货物运输　提单　承运人的责任与免责　托运人　海上货物运输公约

　　目前调整海上货物运输合同的公约主要有《海牙规则》、《维斯比规则》和《汉堡规则》。2009 年又通过了《鹿特丹规则》。我国《海商法》第四章有关海上货物运输的内容基本是在参照上述公约有关规定的基础上，并结合我国的实际情况制定的。鉴于我国的沿海运输目前在一些方面仍实行的是计划管理，《海商法》第 2 条明文规定，该法第四章的内容不适用于中国港口之间的海上货物运输。

■第一节　海上货物运输合同概述

一、海上货物运输合同的定义及种类

　　海上货物运输合同是指承运人收取运费，负责将托运人托运的货物经海路由一港运至另一港的合同。合同的当事人为承运人和托运人，承运人包括

与托运人订立运输合同的船舶所有人或承租人。此外，随着近年航运业的变化，承运人的范围也有所扩大，例如，无船承运人也常以承运人的身份出现。托运人指将货物交给承运人运送，并按约定付给运费的人。海上货物运输合同的标的是货物，依《海商法》第42条有关"货物"的定义，"货物"包括活动物和由托运人提供的用于集装货物的集装箱、货盘或者类似的装运器具。

海上货物运输合同按照船舶经营方式的不同，可以分为件杂货运输合同和航次租船合同；按照运输过程和方式的变化，可分为直达运输合同和联运合同。班轮运输是由承运人以固定的航线、固定的航期、固定的运费率组织的将托运人的件杂货运往目的地的运输。由于这种运输的合同多以提单的形式表现出来，所以又被称为提单运输，从班轮运输的货物特征来考虑，班轮运输又被称为件杂货运输或零担运输。航次租船合同是船舶出租人依合同约定的一个航次或几个航次为承租人运输货物，而由承租人支付约定运费的海上货物运输合同。

二、海上货物运输合同的当事人和关系人

班轮运输的当事人是承运人和托运人，承运人即承担运输工作的航运公司，托运人即与承运人订立海上货物运输合同的当事人。此外，海上运输合同还会涉及实际承运人和收货人。

（一）班轮运输的当事人和关系人

1. 承运人（carrier）与实际承运人（actual carrier）。依《海商法》第42条第1款的规定，"承运人"是指本人或委托他人以本人名义与托运人订立海上货物运输合同的人。即承运人是与托运人订立运输合同，并负责履行运输义务的一方当事人。承运人可以是船舶所有人，也可以是船舶经营人，还可以是租船人。承运人可以自己签订运输合同，也可以由其代理人签订运输合同。在班轮运输的情况下，承运人的识别并不困难，承运人一般就是船舶所有人。但在租船运输的情况下，情况就比较复杂，这里的租船人没有限定，应当包括航次租船人、定期租船人和光船租船人，但除了光船租船外，航次租船和定期租船下，船员和运输均在船舶所有人的控制下，提单也往往是由船舶所有人雇用的船长签发的，在此种情况下，船舶所有人是否要对货主承担责任，常引起争议。实践中，有时提单上会加入"承运人识别条款"（也称"光船租船条款"），规定船舶所有人是承运人，但多数国家的司法实践仍会判定租船人为承运人，而非船舶所有人。[1]

〔1〕〔加〕威廉·台特雷：《海上货物索赔》，张永坚等译，大连海运学院出版社1993年版，第200~205页。

《海商法》第 42 条第 2 款是关于实际承运人的概念，依该款规定，"实际承运人"是指接受承运人委托，从事货物运输或者部分运输的人，包括接受转委托从事此项运输的其他人。依该款规定，实际承运人并不是与托运人订立运输合同的当事人，但却实际上从事了合同要求的运输活动。实践中，在租船、转船、联运的情况下，会出现承运人在订约后不是自己去运输，而是将全程运输或部分运输转由他人进行，实际完成运输的人被称为"实际承运人"，也有人称其为"履约承运人"。实际承运人的确定依情况的不同而不同，当船舶所有人以自己的船舶进行运输时，实际承运人为注册的船舶所有人；当船舶由船舶经营人进行营运时，实际承运人为船舶经营人。从表面看，实际承运人并不是海上货物运输合同的当事人，因此，实际承运人常常以此为由推卸其运输责任。《海商法》对实际承运人进行了规定，规定承运人和实际承运人对海上运输的货物都负有赔偿责任的，应当在此项责任范围内负连带责任。

2. 托运人（shipper）与实际托运人（actual shipper）。《海商法》第 42 条第 3 款对托运人和实际托运人进行了界定，依该条规定，托运人有两种情况：①本人或者委托他人以本人的名义或者委托他人为本人与承运人订立海上货物运输合同的人；②本人或者委托他人以本人名义或者委托他人为本人将货物交给与海上货物运输合同有关的承运人的人。前者又称为"订约托运人"，后者又称为"实际托运人"。"订约托运人"是与承运人订立运输合同的当事人；"实际托运人"没有与承运人订立运输合同，而是在装运港实际将货物交付给承运人的人。通常在采用 CIF 和 CFR 价格条件的情况下，从事"缔结合同"及"向承运人实际交付货物"行为的应当是国际货物买卖中的卖方，而在采用 FOB 价格条件的情况下，与承运人订立运输合同的应当为买卖合同的买方，即收货人，而将货物在装运港交给承运人则是买卖合同的卖方，此时，称为"实际托运人"。《海商法》将实际托运人也纳入了法律调整的范围，实际托运人也应遵守托运人应当承担的相关义务，并享受托运人的权利。同时又可以与订约承运人和实际承运人的概念相呼应。北欧国家的海商法已直接采用了"订约托运人"和"实际托运人"的称谓。[1]

3. 收货人（consignee）。《海商法》第 42 条第 4 款对收货人进行了界定，收货人是指有权提取货物的人。《海商法》没有关于收货人定义的规定。对于谁是有权提取货物的人，应视海上货物运输合同的规定及提单的转让情况而

---

〔1〕 郭春风："论对《中国海商法》托运人定义及其相关条款的修改"，载中国海商法协会主办：《中国海商法年刊》，大连海事大学出版社 1998 年版。

定，在航次租船的情况下，如果提单没有发生转让，则货物应向海上运输合同中规定的收货人交付。在签发提单的情况下，如果签发的是记名提单，记名的收货人有权提取货物。在签发不记名提单的情况下，提单的持有人有权提取货物，在签发指示提单的情况下，提单的被背书人有权提取货物。当然，以非正当手段取得提单的提单持有人不能成为真正的收货人，因而无权提货。

（二）航次租船的当事人

航次租船运输合同的当事人是出租人和承租人。出租人即船舶所有人，船舶所有人从租的关系角度是出租人，而从运输的关系角度是承运人，即由船舶所有人运送承租人交来运输的大宗货。因此，航次租船的出租人也应遵守有关承运人的法律规定。航次租船的承租人一般为大宗货的货主，在采用FOB的情况下，承租人为国际货物买卖合同中的买方，在采用 CIF 和 CIR 贸易术语的情况下，承租人应为卖方。

三、海上货物运输合同的订立和解除

（一）海上货物运输合同的订立

海上货物运输合同可以是书面的，也可以是口头的。但航次租船合同应当采用书面的形式。提单运输以口头订立的，承运人或托运人可以要求书面确认合同的成立。电报、电传和传真均具有书面的效力。海上货物运输合同的内容必须合法，尽管法律对合同关系的规定多为任意性的，以当事人的约定为主，但由于班轮运输中承运人实力的强大，往往在提单中加入许多免责条款。为了保护货方的合法利益，法律规定了一些有关承运最低限度义务的条款，这类条款是强制性的，当事人不得以协议变更，违反强制性条款的约定无效。我国《海商法》第41~49条的规定即为强制性规定。承运人不能以合同条款减轻其责任，但依第 45 条的规定，可以在其合同中增加承运人的责任。

班轮运输合同一般以订舱的方式成立。在订舱时，通常由托运人填写订舱单，写明货物的品类、数量、装船期限、装卸港等内容。如承运人接受即在托运单上指定船名并签字，运输合同即告成立。

（二）海上运输合同的解除

依《海商法》第四章第六节的规定，海上运输合同得在下列情况下解除：①在开航前由于托运人的原因而解除，托运人在开航前可以要求解除合同，但除合同另有规定外，托运人应向承运人支付约定运费的一半及装货、卸货和与此有关的费用。②在开航前由于不可抗力而解除，由于不可抗力，双方均可解除合同，并互相不负赔偿责任。运费已支付的，承运人应将运费退还给托运人；货物已装船的，托运人应负担装卸费用；已签发提单的，托运人应将提单退回给承运人。③在开航后的解除，在开航后，由于不可抗力或其他不能归责于承运人和托运人的原因使船舶不能在约定卸货港卸货的，除合同另有约定外，船长可在邻近的安全港口卸货，视为合同已履行。

四、承运人的责任

我国海商法有关承运人责任的内容主要是以海牙—维斯比体系为责任基础，同时，结合我国的实际情况，适当引入了《汉堡规则》的某些内容。

（一）承运人的责任期间

《海商法》第 46 条区别两种情况规定了承运人的责任期间。对于非集装箱装运的货物，该条采用了《海牙规则》规定的责任期间，即承运人的责任期间为从货物装上船时起至卸下船时止，货物处于承运人掌管下的全部期间。也就是通常所说的"钩至钩"原则。由于承运人收货的地点常常为陆地的仓库，而按上述规定，从承运人在仓库收货到装上船这段时间货物在承运人的控制之下，但却不属于其责任期间，这样对货方有欠公平，因此《汉堡规则》已将该期间纳入了承运人的责任范围。我国《海商法》没有采用《汉堡规则》的规定，只是规定，当事人通过协议可以对装船前和卸船后所承担的责任进行约定。"中远提单"的约定是将这两段期间排除在承运人责任期间之外。如当事人没有约定则应依《民法典》的有关规定办理。对于集装箱装运的货物，《海商法》采用了与《汉堡规则》基本相似的规定，即承运人的责任期间从装货港接收货物时起至卸货港交付货物时止，货物处于承运人掌管下的全部期间。

（二）承运人的基本责任

1. 适航义务。我国《海商法》第 47 条规定："承运人在船舶开航前和开航当时，应当谨慎处理，使船舶处于适航状态，妥善配备船员、装备船舶和配备供应品，并使货舱、冷藏舱、冷气舱和其他载货处所适于并能安全收受、载运和保管货物。"依上述规定，承运人的适航责任可概括为下列几点：①在适航的程度上，上述规定采用的是相对适航，即只要承运人能证明在开航之前和开航当时，其已在主观上谨慎处理使船舶适航了，即使船舶由于不能发现的潜在缺陷而在客观上实际上并不适航，承运人仍可以对由此而造成的货损不予负责。而依绝对适航责任，则不论承运人在主观上如何谨慎处理，只要船舶在客观上不适航，承运人就要承担责任。②在适航的时间上，我国《海商法》只要求承运人在开航前和开航时使船舶适航，而不是整个运输期间。在开航以后，船舶又发生不适航的情况而造成了货损的，承运人可以免除赔偿责任。这主要是考虑海上的特殊风险。③在适航的内容上，适航在内容上可以概括为适航、适员和适货。适航指船舶的适航，即船舶各个部分处于正常的运行状态，并能够抵御预定航线的一般风险。适员指妥善配备船员，即船员在数量上应满足船舶正常航行的需要，在质量上则应能胜任工作。此外也要装备船舶和配备船上供应品。适货指货舱适于装载货物。④在适航的主体范围上，谨慎处理使船舶适航不仅是对承运人本人的要求，承运人的受雇人、代理人也应做到谨慎处理。如因为承运人的受雇人、代理人未能做到谨慎处理使船舶适航而使货物受损，承运人仍应承担赔偿责任。

2. 管货义务。我国《海商法》第48条规定："承运人应当妥善地、谨慎地装载、搬移、积载、运输、保管、照料和卸载所运货物。"承运人管理货物的义务贯穿于装载、搬移、积载、运输、保管、照料和卸载7个环节。这7个环节包括了货物从装船到卸船的整个过程。"妥善地和谨慎地"是对承运人管货义务主观上的要求，"妥善"具有技术的意义，指承运人及其受雇人在履行管货的义务时应发挥其通常管理货物的技能，在货方对所运货物有特别要求的情况下，应依其要求采取相应的管货技能；"谨慎"通常指在履行管货义务时主观的认真程度。在实践中，货物的装载、搬移、积载和卸载等工作大多数是由承运人雇用的码头装卸工人完成的，对于码头装卸工人的过失造成的货物的损失，承运人也应承担责任。例外的情况是：如果依承运人与货方的协议，由货方负责装卸，装卸工人也由货方雇用，则承运人对装卸工作进行合理的监督即履行了其义务。但积载、运输、保管和照料则须由承运人承担完全的责任。积载也可由装卸工人完成，但由于积载不当而使货物受损，承运人不能因装卸工人是由货方雇用的而免除其责任。

3. 不得进行不合理绕航。货物运输是通过运载工具使货物产生地理上的位移，所运货物本身并没有发生变化，运输合同从本质上说属于提供服务的合同，运输路线的选择一方面会涉及运费的多少，另一方面会涉及风险的大小。因此，不得绕航即成了承运人的一项义务。我国《海商法》第49条第1款规定："承运人应当按照约定的或者习惯的或者地理上的航线将货物运往卸货港。"依该条规定，承运人首先应依双方约定的航线航行；在没有约定的情况下，依两港之间习惯的航线；在没有习惯航线的情况下，则采用地理上最近的安全航线。法律规定了承运人不得绕航的义务。但合理绕航是允许的，合理绕航一般包括下列情况：①救助或企图救助海上人命或财产；②为了船舶的安全而绕航；③因合同中约定的事由而发生绕航。

（三）承运人的迟延交货责任

关于迟延交货责任，《海牙规则》没有规定，而货方在实践中常常会遇到迟延交货的问题，因而迫切希望在法规中加入有关迟延交货责任的规定。我国《海商法》在部分引入《汉堡规则》有关规定的基础上对此作了规定。

《海商法》第50条第1款规定："货物未能在明确约定的时间内，在约定的卸货港交付的，为迟延交付。"承运人除可以免责的情形外，应对因迟延交货引起的损失负赔偿责任。这种损失包括货物的灭失或损坏和因迟延造成的经济损失，如价格下跌的损失、利息损失、工厂停工待料的损失等。承运人对迟延交货的损失赔偿也可以限制责任，《汉堡规则》将该责任限制在运费的2.5倍以内，而我国《海商法》第57条规定迟延交货的赔偿责任以运费为限。

（四）承运人的免责

在承运人的免责上，《海牙规则》和《汉堡规则》最大的区别是《汉堡规则》取消了航行过失免责。《海牙规则》规定的承运人的免责共有17项，我国《海商法》对此合并和归纳后规定了12项，其内容并无根本的区别。依我国《海商法》第51条的规定，在责任期间货物发生的灭失或者损坏是由于下列原因之一造成的，承运人不负赔偿责任：①船长、船员、引航员或者承运人的其他受雇人在驾驶船舶或者管理船舶中的过失；②火灾，但是由于承运人本人的过失所造成的除外；③天灾，海上或者其他可航水域的危险或者意外事故；④战争或者武装冲突；⑤政府或者主管部门的行为、检疫限制或者司法扣押；⑥罢工、停工或者劳动受到限制；⑦在海上救助或者企图救助人命或者财产；⑧托运人、货物所有人或者他们的代理人的行为；⑨货物的自然特性或者固有缺陷；⑩货物包装不良或者标志欠缺、不清；⑪经谨慎处理仍未发现的船舶潜在缺陷；⑫非由于承运人或者承运人的受雇人、代理人的过失造成的其他原因。

承运人享受上述免责的前提是承运人已尽了其"适航"和"管理货物"的责任。如果发现造成意外的原因是由于承运人未尽到适航的责任，则承运人就不能依海商法享有免责的权利。在免责的举证上，《海牙规则》未作明确规定，我国《海商法》采用了《汉堡规则》的规定，即承运人在主张免除由上列原因造成的赔偿责任时，应负举证责任，只有火灾一项的举证责任在索赔人。依我国《海商法》第58条的规定，有关货物损失的诉讼无论是依合同还依侵权行为提起的，均可以适用限制赔偿责任的规定。承运人的雇用人或代理人经证明其行为是在受雇或受委托范围之内的，也有限制赔偿责任的权利。

（五）承运人对活动物和舱面货的责任

《海牙规则》的货物不包括活动物和舱面货，我国《海商法》中的货物采用了《汉堡规则》的概念，包括了这两种货物。依《海商法》第52条有关活动物的规定，在运输活动物时，只要承运人能证明其已履行了托运人有关运输活动物的特别要求，且活动物的损害或灭失是由于特殊风险造成的，则承运人即可免除其损失赔偿责任。《海商法》第53条规定，承运人依协议、惯例和有关法律可以在舱面装载货物，且对因此种装载造成的损害或灭失不负赔偿责任。但如承运人擅自决定在舱面装载货物的，承运人应对此造成的损失负赔偿责任。

（六）承运人的责任限额

在承运人的责任限额上，我国《海商法》采用了1979年《海牙—维斯比规则》议定书的规定，即承运人对货物的灭失或者损坏的赔偿限额，按照货物件数或者其他货运单位数计算，每件或者每个其他货运单位为666.67计算单位，或者按照货物毛重计算，每公斤为2计算单位，以二者中赔偿限额较高的为准。计算单位为国际货币基金组织的记账单位——特别提款权，采用特别提款权可以免除采用某国货币而引起的贬值风险，使索赔人获得的赔偿具有相对的稳定性。对于集装箱货物或类似器具集装的货物，如提单中载明内装件数的，则依该件数计算赔偿限额。如未载明内装件数的，则视该装运器具为1件或1单位。

（七）实际承运人的责任

《海牙规则》中没有实际承运人的概念，以致在订约承运人委托他人运输的情况下，常常出现订约承运人以自由转船条款对转船后发生的货损不负责任，而受委托的承运人又以非订约承运人为理由而不受理货方的索赔的情况。其结果是货主的损失无从得到赔偿。我国《海商法》参照《汉堡规则》的规定，引入了实际承运人的概念。依我国《海商法》第42条第2款的规定，实际承运人是指接受承运人委托，从事货物运输或者部分运输的人，包括接受转委托从事此项运输的其他人。实际承运人主要出现在下述情况中：①在直达运输下，由于意外而安排转船时，转船运输人为实际承运人；②在租船运输中，如承租人与托运人订立海上运输合同，则出租人即为实际承运人；③在联运的情况下，二程船的承运人为实际承运人。依我国《海商法》第60条的规定，在订约承运人将运输的全部或部分委托给实际承运人时，订约承运人仍应对运输的全程负责。根据《海商法》第63条的规定，如承运人和实际承运人均有责任的，二者应负连带责任。

五、托运人的责任

1. 托运人应保证其提供的货物资料的正确性，依《海商法》第66条的规定，托运人对由于包装不良或所提供的货物资料不正确而造成的承运人的损失应负赔偿责任。

2. 托运人应及时办理货物运输所需的各种手续，包括港口、海关、检疫、检验等方面。如因办理上述手续不及时、不完备或不正确而使承运人的利益受到损害的，托运人应负赔偿责任。

3. 关于危险品的运输，依《海商法》第 68 条的规定，托运人有将危险品的名称、性质及应采取的措施正确地通知承运人的义务，如托运人隐瞒了货物的危险性，承运人得在任何时间、任何地点依情况需要将货物卸下、销毁或使之无害而不负赔偿责任。在托运人已表明了货物危险性的情况下，在货物危及船舶、人员或其他货物时，仍然可以将其卸下、销毁或使之无害而不负赔偿责任。

4. 关于托运人支付运费的义务，《海商法》第 69 条规定，托运人应当按照约定向承运人支付运费。托运人与承运人可以约定运费由收货人支付，但此项约定应在运输单证中载明。在运费到付的情况下，运费由收货人支付，此项支付应在提单中载明，否则就是运费不由收货人支付的初步证据。

六、货物的交付

（一）货物的交付及货损索赔通知

货物到达目的港，承运人应依运输单证的记载将货物交付给提单的持有人。对于承运人是否有交付货物的义务理论界是有争议的，一种主张认为，我国《海商法》规定的承运人的管货义务只列举了运载、照料和卸载等 7 个环节，并未包括交付。此观点也被承运人在无单放货的案件中引用，认为承运人不负交货义务，且合同责任期间届满。法院则认为承运人援引《海商法》第 46 条的规定来否定其交付货物的义务，是对法律的片面理解。此外，《海商法》有关提单的定义直接规定了承运人向正本提单持有人交付货物是承运人承担的一项保证。[1]

如货物有损坏或灭失或迟延的情况，依《海商法》第 81 条和第 82 条的规定，收货人应在下列期间内提交索赔通知：①如在交付时发现有货损，应在交付当时向承运人提出索赔通知。如收货人未将货损的情况书面通知承运人，则此项交付就视为承运人依运输单证将表面状况良好的货物交付给收货人的初步证据。所谓初步的证据，是指即使收货人在收货当时未发出索赔通知，收货人仍有权在日后以相反的证据提出索赔，相反的证据如货物残损单上的注明、货物检验人的报告等。②当货物的灭失或损坏非显而易见时，在货物交付的次日起连续 7 日内提出。③集装箱货物自货物交付的次日起连续 15 日内提出。④迟延交付的，自货物交付次日起连续 60 日内提出。货物由实际承运人交付的，收货人向实际承运人提交的书面通知与向承运人提交的书面通知具有同等效力。

---

〔1〕 司玉琢主编：《海商法专题研究》，大连海事大学出版社 2002 年版，第 160 页。

（二）迟延提货或无人提货

实践中，在目的港，常常有收货人迟延提货或无人提货的现象，目的港无人提货的情况主要出现在集装箱运输中，租船运输很少出现这种情况。无人提货的情况主要发生在"运费到付"的情况及使用冷藏集装箱运输的情况，此类运输有时会导致运费超过货物的价值。此外，买卖合同中的交货迟延、品质问题、行情下跌也常常是目的港无人提货的主要原因。目的港无人提货会造成堵港和承运人的船期损失。为此，《海商法》第86条规定，在卸货港无人提货或收货人迟延提货或拒绝提货的，船长可将货物卸在仓库或其他适当场所，由此产生的费用和风险由收货人承担。

但在无人提货的情况下，收货人已无踪影，有学者主张在此种情况下，订约托运人是运输合同的当事方，应当承担目的港无人提货的民事责任。对此，托运人一方往往以风险转移，托运人已无权支配及处置所托运的货物为抗辩，而学者则认为该观点是将买卖合同与运输合同混为一谈了，运输合同是独立于买卖合同的。[1] 该问题尚处于争论中，有关问题的解决有赖于民法、《海商法》《中华人民共和国海关法》等法律规定的进一步明确。

（三）对货物的留置权

留置权是承运人依合同约定或法律的规定所具有的对其在运输中合法占有的货物，在货方未支付应付费用时，不交付其货物，并加以处置，从处置所得价款中优先受偿的权利。《海商法》第87条规定，当向承运人支付的运费、共同海损分摊、滞期费和承运人垫付的必要费用未付清，又没有提供适当担保的，承运人可在合理的限度内留置其货物。"合理的限度"指所留置的货物数量应当合理，其价值应包括未支付的费用加上可能因诉讼产生的各项费用。这里的"运费"的具体含义，该法没有指明。运费分为预付运费和到付运费，对于未付的到付运费，船东可以主张留置货物的权利，而对于预付的运费，船东是否还有此项权利呢？依英国普通法，只有提单或并入提单的租约中明确写明船东对预付的运费有留置货物的权利，船东才具有该项权利。有关我国《海商法》的学理解释也采用了相同的观点。

关于船东对留置货物的处置，《海商法》第88条进一步规定，当被留置的货物到达目的港的次日起60日内无人提取的，承运人可申请法院拍卖货物，易腐烂的货物可申请提前拍卖。拍卖所得价款不足清偿的，承运人有权向托运人追偿。上述规定的60日为留置期限，该期限各国有不同的规定，依英国法的规定留置期限为90天，如果是易腐货物，该期限为一个合理的时

---

[1]　参见司玉琢主编：《海商法专题研究》，大连海事大学出版社2002年版，第168~174页。

间，何为合理的时间往往是一个事实问题。

■第二节　提　单

一、提单的概念及法律特征

依我国《海商法》第 71 条的规定，提单是指用以证明海上运输合同的订立和货物已经由承运人接收或者装船，以及承运人保证据以交付货物的单据。提单中载明的向记名人交付货物，或者按照指示人的指示交付货物，或者向提单持有人交付货物的条款，构成承运人据以交付货物的保证。从上述定义中可以看出，提单具有下列法律特征：

（一）提单是海上运输合同的证明

关于提单是海上运输合同本身还是海上运输合同的证明是有争议的。多数的意见认为，提单只是运输合同的证明。①从理论上说，合同是以当事人双方意思表示一致为生效的主要条件，而提单只是由一方当事人签发的；②从时间上说，运输合同是在提单签发之前成立的。运输合同在托运人依班轮公司的船期、费率等规定与班轮公司洽订舱位时即成立，而提单通常是在货物装船后才签发的，这时，运输合同实际上已在履行了。已经生效的《汉堡规则》和我国《海商法》均采用了提单是运输合同的证明的观点。英国的Ardennes 一案亦采用了此观点。

【案例研习】提单是运输合同的证明案[1]

在 Ardennes v. Ardennes 一案中，该案的被告与原告约定承运原告的柑橘。依双方的口头约定，被告的货船应直驶伦敦，而提单中载明的条款却规定承运人可任意地经过任何航线将货物直接或间接地运往目的地。被告未依口头约定直驶伦敦，而是先驶向了安特卫普。结果，当原告的柑橘到达伦敦时，柑橘的进口关税提高了，且由于其他中国柑橘也大量到货，使柑橘的价格下降了。原告认为，如货船是依口头约定直驶伦敦的，关税的提高和柑橘价格的下跌都应在该船到达之后发生。原告向法院请求赔偿其受到的损失。被告则以提单未写明应直驶伦敦为由而否认其赔偿责任。英国高等法院判决：被告应依在提单签发前的口头约定运输该批货物，因此，被告应赔偿原告所受到的损失。其依据的理由为：提单并不是合同本身，合同在提单签发之前就已存在了，后者只是由一方签署的，而且是在货物装上船时才将其提交托运人的。该案第一次明确了提单是海上运输合同的证明，而不是运输合同

---

[1]　Ardennes v. Ardennes（1950）84 Ll. L Rep. 304.

本身。

提单是运输合同的证明，只是就承运人与托运人之间的关系而言的。在一般情况下，货物的托运人是货物买卖合同的卖方，卖方在收到船方签发的提单后，会将其转让给买方，买方又有可能将其再背书转让给其他受让人。提单的受让人并非原托运人与承运人运输合同的当事方，他对托运人与承运人之间在订舱时有什么约定并不知情，因此，提单在承运人与提单的受让人之间就不仅是运输合同的证明，而且是运输合同本身。

（二）提单是承运人出具的接收货物的收据

提单是在承运人收到所交运的货物后向托运人签发的单据。提单的正面记载了许多收据性的文字，如货物的标志、货物的包装、数量或重量及货物的表面状况等。如运输合同在开航前解除或于中途终止，托运人可依提单的记载领回货物。

关于在承运人对提单上的记载有疑义时应如何处理的问题，《海商法》第75条规定："承运人或者代其签发提单的人，知道或者有合理的根据怀疑提单记载的货物的品名、标志、包数或者件数、重量或者体积与实际接收的货物不符，在签发已装船提单的情况下怀疑与已装船的货物不符，或者没有适当的方法核对提单记载的，可以在提单上批注，说明不符之处、怀疑的根据或者说明无法核对。"第77条进一步规定，如提单上不进行批注，则承运人签发的提单就是承运人已经按照提单所载状况收到货物或者货物已经装船的初步证据[1]。

提单的证明作用在托运人手中和托运人以外的第三方持有人手中的效力是不同的。如上所述，提单在托运人手中时只是初步证据，但在托运人将提单背书转让给第三人的情况下，对于提单受让人来说，提单就成了终结性的证据。因为提单的受让人是根据提单上的记载事项受让提单的，他对货物的实际情况并不知情，如提单中的记载不实是由于托运人的误述引起的，承运人可以向托运人提出抗辩。但承运人不得以此对抗提单的受让人，这样可以保证提单的流通性。

（三）提单是承运人凭以交付货物的具有物权特性的凭证

1. 关于提单是否为特权凭证的争议。提单是承运人凭以交付货物的凭证

---

〔1〕　初步证据指如承运人有确实的证据证明其收到的货物与提单上的记载不符，承运人可以向托运人提出异议。因为提单中有关货物的记载事项一般是依托运人提供的资料填写的，例如，在收货人根据提单记载发现货物有短少而向承运人请求赔偿时，如承运人能提出足够的证据证明短少的货物并未装上船，则承运人就可以不对短少的货物负责。

是没有争论的，问题是除了交货凭证外，提单是否具有物权性，是否转让提单就等于转让货物，占有提单就取得了货物的所有权。在实践中，占有提单而未取得货物的情况是时常发生的。在提单的物权性上有肯定与否定的争论，一种观点认为，提单的流通性决定了提单所具有的物权凭证的特性。[1] 英国普通法接受提单是物权凭证的观点已有了二百多年的历史了，但是也有人认为这是一个翻译的错误，因为"物权凭证"翻译自"Document of Title"，或译"所有权凭证"，而实际含义更广，其基本特征是权利随着单据走。[2] 英国最早认为提单是"物权凭证"的先例发生于 1787 年，[3] 以后又不断有判例持同样的观点。[4] 提单物权凭证的效力并不是生来就有的，它是随着国际贸易和远洋运输的发展而产生的，并得到了多数国家的立法支持。远途海上货物运输的时间长，提单持有人为了资金的需要，往往会在货物的运输途中将提单项下的货物出卖，这时提单原持有人不可能向受让人交付运输途中的货物。依商业惯例，提单的转让一般即表明货物所有权的转移。如承运人向非提单持有人交付货物，则须承担因此而产生的赔偿责任。我国也有案例采用提单是一种物权凭证的观点。[5] 另一种观点认为，只能将提单视为承运人提取货物的凭证，而不能称其为物权凭证。提单不是物权凭证，只是一种可转让的权利凭证，即据以向承运人提取货物的凭证。在符合贸易合同约定和相关法律规定的情况下，提单持有人享有货物的物权，但并不是毫无例外的，不排除持有提单而不具有货物物权的情况。[6] 因为提单持有人并不是因为持有了提单才成为提单项下货物的所有人，例如，通过欺诈等方法非法持有提单的情况。相反，因为他是提单项下货物的所有人，他才有合法的依据或机会持有提单。

2. 无正本提单交付货物问题。提单交付货物凭证的特性决定了承运人应凭正本提单交付货物，然而，由于船速越来越快，特别是在近海运输中，常常出现船舶已到港而需要通过银行办理结汇手续的提单还未到达收货人手中

---

〔1〕 广州海事法院："粤海电子有限公司诉招商局仓码运输有限公司等无正本提单交货提货纠纷"，载 https：//china.findlaw.cn/info/haiguanfa/hgal/166560.html，最后访问时间：2021 年 1 月 5 日。

〔2〕 余劲松、吴志攀主编：《国际经济法》，北京大学出版社、高等教育出版社 2000 年版，第 92 页。

〔3〕 Lickbarrow v. Mason（1787）2 T. R. 63. 该案是英国早期关于提单是物权凭证的案例。

〔4〕 Sanders v. MaClean（1883）11 QBD 327；Barclays Bank Ltd. v. Commissioners of Custom and Excis（1963）1 Lloyd's Rep. 81 均是关于提单为物权凭证的重要或权威先例。近期的案例还有 The "Houda"（1994）2 Lloyd's Rep. 550。

〔5〕 "兴利公司诉印度国贸公司无单放货案"，载《最高人民法院公报》1991 年第 1 期。

〔6〕 金正佳主编：《中国典型海事案例》，法律出版社 1998 年版，第 307 页。

的情况。如等待提单到达，就会造成货物堵港，也会给当事人带来经济损失。为了解决堵港问题，在实践中，无正本提单交付货物已成为承运人变通交付货物的习惯做法。[1] 由于《海商法》仅涉及提单货物交付中的一般环节，没有涉及无正本提单交付的问题，造成了法院在处理相关案件时适用法律的困难。为此，最高人民法院于 2009 年通过了《关于审理无正本提单交付货物案件适用法律若干问题的规定》（以下简称《规定》），《规定》以弱化提单在运输环节中的物权功能为原则，即在提货环节，持有提单的收货人在向承运人提货时并不涉及提单的物权问题，因为向收货人交货是承运人应当履行的运输合同的义务。其主要内容如下：①关于适用范围，《规定》适用于记名提单、不记名提单和指示提单。对于记名提单下是否也必须以正本提单交付在以前是有争议的，即无论是记名提单还是不记名提单或指示提单，只要正本提单持有人作为收货人在目的港要求承运人交货，此时提单所体现的就是交付货物的凭证。②关于构成要件，规定无正本提单交付货物的构成要件有两项：其一，承运人无正本提单交付货物行为违反了法律规定；其二，承运人无正本提单交付货物损害了正本提单持有人的权利。③关于责任性质，《规定》采用了"竞合责任"的观点，规定正本提单持有人可以要求承运人承担违约责任，或者要求承担侵权责任。这里的侵权责任不同于一般的侵权责任，属于运输合同框架内的侵权，因此，应首先适用《海商法》，《海商法》没有规定的，才适用民法的规定。《规定》第 11 条又规定，正本提单持有人可要求承运人与无正本提单提货人承担连带赔偿责任。④在责任限制上，由于承运人无正本提单交付货物属于故意行为，不存在过失的情形，因此，规定承运人因无正本提单交付货物承担民事责任的，不得享受责任限制。⑤关于赔偿范围，规定承运人因无正本提单交付货物造成正本提单持有人损失的赔偿额，依货物装船时的价值加运费和保险费计算。⑥责任的免除，对于有些国家强制要求承运到该国港口的货物必须交付给当地海关或港口当局的，不视为无正本提单交付货物，承运人不承担赔偿责任。⑦关于实际托运人的诉权，在 FOB 价格下，通常由买方租船订舱，依《规定》第 12 条，虽然在正本提单上没有载明其托运人的身份，如承运人将货物交给非正本提单持有人，实际托运人具有凭正本提单向承运人主张货物的权利。⑧协议不影响诉权，依《规定》第 13 条，在承运人未凭正本提单交付货物后，正本提单持有人与提货人就货款支付达成协议的，在协议款项得不到赔付时，不影响正本提单持

---

〔1〕 刘寿杰："解读《最高人民法院关于审理无正本提单交付货物案件适用法律若干问题的规定》"，载《中国海商法年刊》2009 年第 3 期。

有人要求承运人承担无正本提单交货的民事责任。⑨关于时效，规定无论提单持有人是以违约之诉还是侵权之诉要求承运人承担民事责任，时效期间均为1年，时效中断均适用《海商法》第267条的规定，即时效因提起诉讼、当事人一方提出要求或同意履行义务而中断。

3. 海运单。1990年国际海事委员会通过的《海运单统一规则》及《电子提单规则》试图确立一种不可转让的海运单（Sea Waybill，SWB）。海运单是20世纪70年代以来，随着集装箱运输的发展，特别是在航程较短的运输中产生的一种运输单证。海运单是证明海上运输货物由承运人接管或装船，且承运人保证将货物交给指定的收货人的一种不可流通的书面运输单证。《汉堡规则》第18条"提单以外的单证"应包含海运单，依该条规定，"如果承运人签发提单以外的单证用以证明收到交运的货物，这种单证是订立海上运输合同和该单证中所载明的货物由承运人接管的初步证据"。海运单同样具有合同证明及收据的作用，但海运单不是货物的物权凭证，与提单不同的是，不需要凭单提货，收货人只需证明其身份，即货物的交付不取决于递交海运单，承运人只要将货物交给海运单上所列明的收货人或其授权的代理人就视为已做到小心谨慎地履行其义务了。对于收货人来说，则可以免除因等待提单而导致的延误损失。

海运单的运转程序是：第一步，由承运人依双方同意的条件签发海运单给托运人；第二步，承运人在船舶到卸货港前约一周向收货人发出到货通知；第三步，收货人签署到货通知，并将通知退还船舶代理人；第四步，由船舶代理据以签发提货单给收货人；第五步，在船舶抵达目的港后，收货人凭提货单提货。海运单的内容与提单大致相似。海运单的正面通常注有"不可流通"的字样，其记载的事项主要有：托运人及收货人的名称、通知方的地址、船名、装卸港口、货物标志、货物的数量、运费及其他费用、签发时间和地点及签发人等。海运单的背面通常载有下列条款：承运人的责任期间、义务及免责，装货、卸货与交货，运费及其他费用，留置权，共同海损和新杰森条款，双方有责碰撞条款，法律适用及仲裁，等等。

海运单具有实现快速提货的优点。海运单不具有流通性，不能转让，因此非法取得海运单的运单持有人是无法凭以提货的，从而可以减少欺诈。海运单简便、快捷和安全的特点，使近年来海运单得到了越来越多的运用。为了适应该情况，国际商会《1990年国际贸易术语解释通则》已赋予了海运单与提单相同的法律地位，《2000年国际贸易术语解释通则》保留了有关海运单地位的内容，使其同样可以作为卖方向买方履行交单义务的一种方式。《跟单信用证统一惯例》（UCP600号）第21条也将不可转让的海运单接纳为在信用证项下可接受的单据之列。

二、提单的签发

我国《海商法》第 72 条规定："货物由承运人接收或者装船后，应托运人的要求，承运人应当签发提单。提单可以由承运人授权的人签发，提单由载货船舶的船长签发的，视为代表承运人签发。"提单签发人在签发前，应检查一下提单的内容，以免日后因制单错误而引起争议。提单签发的时间通常是在货物装船后，这种提单叫"已装船提单"。提单签发的日期应为装船的日期，如装船日期晚于买卖合同及信用证中规定的装船期限，买方可以卖方违约为由提出索赔。提单有正本与副本之分，正本提单一般为一式二份或三份。提单签发人应在各份正本提单上签署，副本提单不必签署。提单正本的份数应载于提单的正面。同时还应规定，凭其中一份提单提货后，其他各份提单失效，提单副本是不可转让的，在副本的显著位置上通常加注"副本——不可转让"（Copy Non-Negotiable）的字样。

三、提单的种类

从不同的角度可以对提单进行不同的分类，应说明的是，不同种类的提单是依提单栏目填写的不同而进行的分类，而且各种提单名称是可以重叠的，例如，可以是已装船的、清洁的、直达指示提单，可以是已装船的、清洁的、转船的、不记名的、运费到付提单等。

（一）依货物是否已装船可将提单分为已装船提单和备运提单

1. 已装船提单（Shipped B/L or on Board B/L），指由船长或承运人的代理人在货物装上指定的船舶后签发的提单。已装船提单的正面载有装货船舶的名称和装船日期，表明货物确已装船。这种提单能够在一定程度上保证收货人按时收货，因此，买方在信用证中一般要求卖方提供已装船提单，银行一般也只接受已装船提单。[1]

2. 收货待运提单（Received for Shipment B/L），又称备运提单，指船方在收到货物后，在货物装船以前签发的提单。船方有时由于船期的原因，会在船方指定的仓库预收货物，然后由船方依仓库收据签发备运提单。收货待运提单表明货物已由船方保管，并准备装到即将到港的某船上，而未确认货物已装船。由于收货待运提单无装船日期和船名，不能为买方准时收货提供充分的保障，所以，买方一般不愿接受收货待运提单。银行通常也不愿意接受

---

〔1〕　国际商会 1974 年修订的《跟单信用证统一惯例》规定：除非信用证有不同规定，提单必须表明货物已装上或已装运于指明船只。在实践中，除集装箱运输是在装卸区或货运站接收货物，不便签发已装船提单外，其他海上货物运输一般均采用已装船提单。

收货待运提单作为议付的担保，为托运人提供资金的融通。[1]

（二）依收货人的抬头可将提单分为记名提单、不记名提单和指示提单

1. 记名提单，指提单正面载明收货人名称的提单。在这种情况下，承运人只能向该收货人或向经收货人背书转让的提单持有人交付货物。提单上的收货人是由托运人指定的。依《海商法》第 79 条的规定，记名提单不能转让。在国际贸易中，除了某些金、银、珠、宝等贵重物品的运输外，一般不使用记名提单。

2. 不记名提单，指提单正面未载明收货人名称的提单。不记名提单的收货人一栏中空白不填或填写"持有人"的字样。在签发不记名提单的情况下，承运人应向提单的持有人交付货物。这种提单由于未写明收货人的名称，因此转让十分简便。依《海商法》第 79 条的规定，不记名提单无需背书，只要将提单交给受让人即可转让。这种提单风险较大，因此在实践中也很少使用。

3. 指示提单，指提单正面载明凭指示交付货物的提单。在收货人一栏中填写"凭指示"（To order）字样的提单叫不记名指示提单；在收货人一栏中填写"凭某某指示"（To order of ××）的提单为记名指示提单。记名指示依指示的发出人不同又可分为托运人指示、收货人指示和银行指示三种。在签发凭托运人指示交货的提单的情况下，如托运人作出了指示背书，承运人应向被背书人交货。在签发凭收货人指示的提单时，收货人可以背书换取提货单后提货，也可以经背书转让他人。凭银行指示的提单只有在买方向银行付款后，银行才会将提单背书转让给买方，使买方能够提货。依《海商法》第 79 条的规定，指示提单的转让必须经过背书，其背书方式有两种：①记名背书，又称为专门背书，这种背书应记载被背书人的姓名，同时还应由背书人签字。指示提单经记名背书后就变成了记名提单。该提单的进一步转让须依记名提单的转让规则。②不记名指示，这种背书只须背书人签名，而不填写被背书人的姓名，指示提单经空白背书后就成为不记名提单，其进一步的转让只要依不记名提单的转让规则提交提单即可。指示提单的背书，只须将提单正本一份背书即可，在有多份正本的情况下，应在其余正本上注明"正本已转让"（Original endorsed）的字样。

---

〔1〕 当船舶在某港停泊时间较短，而货物又需要用驳船运到装货港时，如在装船后再签发提单，就限制了托运人尽快取得提单，及时收回货款。由于上述及其他一些原因，在商业上就形成了在船方收货后即签发收货待运提单的习惯。待货物装船后再换取已装船提单，或在原提单上加注"已装船"的字样，并载明装船日期和船舶名称。这时的收货待运提单就变成了已装船提单。目前，收货待运提单多用于集装箱运输。如信用证规定应提供"已装船提单"，就应在集装箱装船以后，换取已装船提单。

（三）根据提单有无批注可将提单分为清洁提单和不清洁提单

1. 清洁提单（Clean B/L），指提单上未附加表明货物表面状况有缺陷的批注的提单。承运人如签发了清洁提单，就表明所接受的货物表面或包装完好，承运人不得事后以货物包装不良等为由推卸其运送责任。在签发清洁提单的情况下，如交货时货物受损，就说明货物是在承运人接管后受损的，承运人必须承担赔偿责任。银行在结汇时一般只接受清洁提单。清洁提单并不是不能加任何批注，有的批注并不会使提单成为不清洁提单。[1]

2. 不清洁提单（Unclean B/L），指在提单上批注有表明货物表面状况有缺陷的提单。船方在货物装船时，如发现货物的表面状况不良，可以在提单上进行批注，以表明上述不良是在装船以前就存在的，从而减轻船方的货损责任。买方一般不愿接受这种提单，因为包装不良的货物在运输中很容易受损。银行除非在信用证规定可以接受该类提单的情况下，一般会拒绝接受不清洁提单办理结汇。卖方为了获得清洁提单以便及时收汇，往往在货物表面状况有缺陷的情况下通过向承运人提供保函来换取清洁提单。

对于海运保函的效力问题应依具体情况区别对待。为取得清洁提单而出具保函的情况实际上有两种：一种情况是在装船时，已发现货物表面状况有问题，仍以保函来换取清洁提单。这种保函具有欺诈因素，应当归于无效。此时，如发货人希望承运人签发不加批注的清洁提单，正确的方法是由发货人修补或更换包装。另一种为取得清洁提单而出具保函的情况是承运人与托运人在货物数量等方面有分歧，又无从查验，这时由托运人出具保函，承运人签发清洁提单，这是一种商业上的变通做法。只要托运人与承运人双方不是恶意串通的，承运人又不能肯定货物确有瑕疵存在，这时出具保函可以减少流通中的一些麻烦，这种保函的效力是应该得到承认的。《汉堡规则》已作出了有关上述第二种非欺诈性的保函在当事人之间有效的规定。

（四）根据运输方式可将提单分为直达提单、转船提单和联运提单

1. 直达提单（Direct B/L），指表明中途不经转船直接将货物运往目的地的提单。

2. 转船提单（Transhipment B/L or Through B/L），指当货物的运输不是由一条船直接运到目的港，而是在中途需转换另一船舶运往目的港时，船方签

---

〔1〕 依国际航运协会在1957年通过的一个决议，认为在提单中加注下列批注的情况下，不能视其为不清洁提单而拒绝接受：①批注未明显说明货物或包装不令人满意；②批注所强调的是承运人对由于货物的性质或包装所引起的风险不负责任的内容；③批注是关于否认承运人知道货物的内容、重量、尺码、质量或技术规格的内容。依上述标准，如提单中加注有"旧桶""不负锈损责任""重量不知"等批注时，仍应视其为清洁提单。

发的包括全程的提单。转船提单往往由第一程船的承运人签发。转船提单在填制时，只记载第一程船的船名，第二程船名不记载，只写上"在某地装上替代船转运"的字样。所不同的是中途港和目的港的填写，转船提单的中途港名称应填写在卸货港一栏中，目的港则应载于最后目的港一栏中。银行只有在信用证中规定可接受转船提单时，才接受这种提单。

3. 联运提单（Combined Transport B/L），指依联运合同签发的提单。分为海上联运提单和多式联运提单。前者指在由一条以上船舶进行海上运输的情况下签发的提单，实际上就是转船提单。后者为以两种以上的运输工具运输时签发的提单。多式联运提单的签发人是多式联运经营人，签发的地点在货物的接收点，而不论该接收点是在装货港还是在发货人仓库。

（五）依是否已付运费可将提单分为运费预付提单和运费到付提单

1. 运费预付提单（Freight Prepaid B/L），指载明托运人在装货港已向承运人支付运费的提单。如运费是预付的，则应在提单的运费一栏中填写"运费预付"（Freight Prepaid）的字样。

2. 运费到付提单（Freight Payable at Destination B/L），指载明收货人在目的港提货时向承运人支付运费的提单。如运费是到付的，则应在此栏中填写"运费到付"（Freight Collect 或 Freight Payable at Destination）的字样。

四、租船合同项下的提单

在租船运输的情况下，由船长或承运人的代理人在收到货物后签发的提单。这种提单多为简式提单。因为在班轮运输中，承运人与货方之间唯一的书面凭证是提单，所以班轮的提单条款订得很详尽，而且班轮提单中所订的承运条件也很少改变。而不定期的租船运输营运方式非常灵活，千变万化，不宜使用固定条款的做法，因此租船运输采用简式提单，有关运输事项应依租船合同的规定。在提单条款与租船合同相冲突的情况下，应以哪个规定为准呢？实践中通过区别不同的关系人来确定提单与租船合同的效力：

1. 当租船人为货物的托运人时，运输关系中只有租船人与船东两方当事人。提单对租船人来说仅是货物的物权凭证和货物的收据。租船合同才是船东与租船人之间的运输合同，提单条款如与租船合同相冲突则应归于无效。

2. 当租船人将提单转让给第三方时，则提单对于受让人来说就不仅是物权凭证和货物的收据，也是运输合同的证明。如货物发生灭失，提单持有人得以提单为依据要求赔偿。此时，租船合同对提单的效力如何，应看提单中是否有将租船合同条款并入提单中的加注。如果提单中注有"一切条款、条件、免责和豁免以租船合同为准"的字样，则提单应受租船合同的约束，否则，不能认为提单并入了租船条款。然而，对于提单受让人来说，让其接受

第四章

不知情的租船合同条款有欠妥之处，因此，提单受让人一般会要求随单附上租船合同的副本，以便查阅。

3. 在定期租船的情况下，船东与租船人的关系受租船合同的约束，船东与托运人之间的关系受提单的约束。但如租船人指示船长签发的提单中所规定的船东义务超出了租船合同规定的范围，则船东可以依租船合同向租船人请求赔偿损失。

五、倒签提单和预借提单

提单中注明的装船日期早于实际装船日期的提单就称为倒签提单。倒签提单有下列几种情况：①由于船舶未及时抵港或发货人未及时备好货物或其他延误的原因，致使装船日期晚于信用证规定的装船期限，提单虽在装船期限之后签发，却写的是与信用证规定的期限一致的日期；②船舶装了部分货物后，因故入坞修理，出坞后续装，提单虽在装毕后签发，但日期却是入坞前的日期；③船舶在同一航次中，两次靠泊同一港口，提单虽是在第二次装船后签发的，而日期却是第一次装船的日期。为了保证收货人能及时收到货物，信用证中一般均规定有装船期限，托运人应在该装船日期之前或当日完成装船，否则，收货人有权拒收货物，并提出索赔。银行也不接受装船期晚于信用证规定期间的提单。基于这个原因，在装船晚于信用证规定的期限时，托运人往往向承运人出具保函，要求承运人按信用证规定的装船期签发提单，以便向银行办理结汇。在国际贸易买卖合同中，交货日期属于合同的要件，而装船日期是一个直接关系到交货日期的因素。承运人应托运人的要求倒签了提单，实际上就隐瞒了迟延交货的责任，构成了对收货人的欺诈行为，日后须对因此而引起的损失负责。

预借提单是当信用证规定的有效期即将届满，而货物还未装船时，托运人为了使提单上的装船日期与信用证规定的日期相符，要求承运人在货物装船前签发的已装船提单。预借提单有下列四种情况：①承运人已收到货物，但船舶还未到达装货物港，就提前签发了已装船提单；②承运人已收到货物，船舶也已抵港，但尚未开始装船，就签发了已装船提单；③船舶已抵港并已开始装船，但同一提单项下的货物未全部装船完毕，就签发了已装船提单；④在集装箱运输中，船舶还未抵港或还未装船，或未装船完毕，承运人在集装箱集散站收货后签发的已装船提单。预借提单在议付时，货物实际还未装运，使信用证对装货这一环节的制衡力丧失，无法保证货物的准时到达。预借提单与倒签提单一样，都掩盖了货物的实际装船日期，从而避开了迟延交货的责任。

关于倒签提单和预借提单的责任属性是有争议的。合同责任说认为，提单是承运人与收货人、提单持有人和提单受让人之间的合同，基于在上述两种提单下，货物最终还是装上了船的事实，因此，承运人的这两种做法违反的是合同法规定的强制性义务。因此，承运人对这种"根本违约"行为所引起的法律后果应承担无效合同责任。承运人倒签提单的行为违反了海上运输合同中的默示义务。[1] 主张竞合责任说的人认为，倒签提单带有双重的法律特征，其行为过程是由违约与侵权行为的结合而形成的，该行为本身侵犯了两种法律关系，引起了两种民事法律后果，因此是违约和侵权的竞合，侵权是其主要特征。对于倒签提单的属性，还有一种主张认为它是一种缔约过失责任。缔约过失责任指缔约人对故意或过失违反订立合同时应遵守的有关公共秩序或诚实信用原则的法律规范所引起的法律后果应当承担的民事法律责任。[2] 由于倒签提单和预借提单均为欺诈行为，因此，在实践中，在信用证即将到期，而托运人又不能如期装船的情况下，正确的处理方法是要求修改信用证。

六、提单的内容

提单分正反两面，提单正面是提单记载的事项及一些声明性的条款，提单的背面为关于双方当事人权利和义务的实质性条款。

（一）提单的记载事项

关于提单正面应记载的事项，我国《海商法》第 73 条作了规定："提单内容，包括下列各项：①货物的品名、标志、包数或者件数、重量或者体积，以及运输危险货物时对危险性质的说明；②承运人的名称和主营业所；③船舶名称；④托运人的名称；⑤收货人的名称；⑥装货港和在装货港接收货物的日期；⑦卸货港；⑧多式联运提单增列接收货物地点和交付货物地点；⑨提单的签发日期、地点和份数；⑩运费的支付；⑪承运人或者其代表的签字。"同时该条还规定，提单缺少前款规定的一项或者几项的，不影响提单的性质。中国远洋运输公司的"中远提单"（"COSCO" B/L）格式是参考了有关国际惯例制成的。在内容上基本上符合国际上的航运习惯。在文字上，除了正面抬头有中文的"中国远洋运输公司"的字样外，提单各栏内容均用英文而无中文译文。中远提单正面记载的事项主要有：

1. 托运人（Shipper）。托运人是委托承运人装运货物的货方，通常是国

---

〔1〕李增力："论预借、倒签提单行为的责任属性"，载中国海商法协会主办：《中国海商法年刊》，大连海事大学出版社 1994 年版，第 49~53 页。

〔2〕徐孝先："再论倒签提单的责任属性——兼论民事责任构成体系"，载中国海商法协会主办：《中国海商法年刊》，大连海事大学出版社 1995 年版，第 1~13 页。

际货物买卖合同的卖方，也是信用证的受益人。因此，在填写托运人一栏时，托运人的名称应与信用证受益人的名称一致。

2. 收货人（Consignee）。收货人是在目的港收受货物的人。收货人一栏的填写必须符合信用证的要求。如信用证规定在收货人一栏填写某人或某公司的名称，则在提单的收货人一栏应填写"交某某公司"（Deliver to ×× Co.，Ltd.）的字样。这种提单称为记名提单，只有收货人一栏中指定的人或公司才能提货。如信用证要求的是不记名提单，则在提单的收货人一栏应空白不填或填写"持有人"（To Bearer）的字样。当货物到达目的港时，承运人应将货物交给提单的持有人。如信用证要求的是指示提单，则应填写"凭指示"（To Order）或"凭某某指示"（To Order of ××）的字样。前者被称为不记名指示，后者被称为记名指示。

3. 通知方（Notify Party）。指承运人在卸货港与之联系的人，一般为进口商的货运代理人。在签发指示提单的情况下，收货人一栏是空白不填的，因此，应在此栏填写通知方的名称，以便承运人到港时与之联系，及时办理报关提货手续。过去在计划体制下，中国对外贸易运输公司（简称外运公司）是我国唯一的外贸货运代理公司，因此，提单上的通知方通常为外运公司。目前，有些进口商仍然习惯性地在通知方一栏填上外运公司的名字，事后又无委托，又不与通知方联系，造成货物到港后找不到真正的收货人。因此，在通知方一栏填写的必须是与进口商有代理关系的货运代理人。

4. 船舶名称（Ocean Vessel）。指装运货物的船舶的名称。如船长签发的是已装船提单，则须记载船名。如签发的是备运提单，则在货物装船后，也须加记船名。

5. 装货港（Port of Loading）、卸货港（Port of Discharge）与最后卸货港（Final Destination）。装货港、卸货港与最后卸货港的填制必须与信用证的规定相一致。在转船运输中，卸货港一栏应填写中途港的名称，最后卸货港一栏才填写目的港的名称。

6. 运费和（其他）费用（Freight and Charges）。如运费是预付的，则应在运费一栏中填写"运费预付"（Freight Prepaid）的字样。如运费是到付的，则应在此栏中填写"运费到付"（Freight Collect 或 Freight Payable at Destination）的字样。其他费用主要指装船费、卸船费、理舱费、港口拥挤费等。船方为了免除支付上述费用的责任，往往要求在提单中加注船方不负担某项费用的条款。这些内容的填写均应严格依信用证的规定，只有在信用证允许的情况下才可以加注。

7. 提单签发的份数（Number of Original Bs/L）。提单的正本一般为一式三份。提单正本多套的原因主要有两个：①为了避免不适当的延迟，可通过不同的途径将提单分别发送收货人，使提单尽可能在货物到达目的港之前到达；②为了避免在提单丢失时，出现无法提货的情况。各正本提单具有同等的效力，其中一份如遗失，仍可凭其他正本提单提货。为了避免重复提货，可在"中远提单"中注有下列声明性的文字：承运人或其代理人已签署的一式各份提单中，如其中一份遗失，仍可凭其他正本提单提货；如其中一份完成提货手续，其余各份失效。

8. 有关货物的事项。由托运人提供的有关货物状况的栏目，其内容包括：标志和件号（Marks & Nos）、包装的件数和种类（Number and Kind of Packages）、毛重（Gross Weight）和尺码（Measurement）。标志的内容包括收货人的名称缩写、目的港、货件的编号等。标志的填写应与信用证的规定，以及发票和包装单上所记载的内容相一致。散装货因为没有包装，所以也没有标志，因此，在填制提单的标志一栏时，可填写 NO MARK 或 N/M（"无标志"）的字样。包装的件数是指包装单位的数额，如箱装中箱的数目、袋装中货袋的数目等，裸装时，包装的件数是货物扎捆的件数。包装的种类指包装用具的性质，如木箱、铁桶等。如一张提单包括了包装种类不同的货物，应分别列明包装的种类和件数。

（二）提单正面条款

提单的正面一般印有一些声明性的条款。"中远提单"的正面右下方的第一段声明性文字中实际上有三项内容，通常被称为三项条款：

1. 装运条款。其内容为："上列表面状况良好的货物（除另有说明外）已装在上述指名船上，并应在上述注明的卸货港或在该船所能安全到达并保持浮泊状态的附近地点卸货。"该条款的含义为：船长或承运人的代理人签发的是已装船提单；货物在装船时的表面状况良好，承运人在接受货物时不可能对货物的内容——查验，而只能对货物的表面状况负责，表面状况主要指货物的外部包装状况；如卸货港或所载货物出现了阻碍承运人在提单中指明的卸货港卸货的情况、承运人可以在附近的安全港卸货，并视为承运人已履行其合同义务。

2. 未知条款。其内容为："由托运人提供的重量、尺码、标志、号数、品质、内容和价值，承运人在装船时未予核对。"该条款声明承运人未对托运人提供的有关货物的事项逐一加以核对。在西方国家中，船方也常常加注与上述未知条款类似的"数量和重量不知"（Quantity and Weight Unknowm）条款，并说明提单记载的数量和重量只作为配舱和计算运费时使用。对于该条款的效力，英国普通法是区别情况加以认定的。在一般情况下，"未知条款"有效，但如船方依事实有一定理由怀疑托运人提供的货物事项的真实性，如依船的吃水，该船所载的货重约 10 000 吨，而提单却写明 15 000 吨，在这种情况下，船方就不得以"未知条款"来免除其责任。依《海牙规则》的规定，如承运人、船长或承运人的代理人有适当的根据怀疑货物的标志、号码、数量或重量不能确切地代表实际收到的货物，或无适当的方法进行核对，便不必在提单上将其注明。

3. 接受条款。其内容为："托运人、收货人和本提单持有人明示接受并同意本提单及其背面所载的一切印刷、书写和打印的规定及免责事项的条件。"由于提单是由一方当事人签署的，该条款表明托运人和其他经背书转让而取得提单的持有人均接受以提单中的规定来处理提单双方的权利义务关系。

（三）提单背面条款

海运提单的背面通常载有关于双方当事人权利和义务的条款。各种提单格式的条款虽不尽相同，但主要内容基本上是一致的。我国中远公司的"中远提单"背面共有 27 个条款，下面结合我国《海商法》的有关规定，介绍一下提单背面的主要条款：

1. 管辖权条款。该条款规定与提单有关的争议应由何国法院管辖。"中远提单"的管辖权条款规定："凡根据本提单或其有关的一切争议均应按照中国法律在中华人民共和国的法院解决或在中华人民共和国仲裁。"该条款包括三项内容：①司法管辖的选择，表明如果通过司法途径解决争议，则应由中国法院管辖；②仲裁地的选择，即如当事人选择通过仲裁解决其争议，则应在中国仲裁；③法律适用的选择，即无论以上述哪个途径解决争议，均适用中国法。提单中的管辖权条款在诉讼法上属于一种协议管辖条款，因为提单虽然是由当事人一方签署的，但依提单正面声明性的接受条款可以推定托运人在选择班轮公司时即接受该项管辖权选择条款。对于提单中的管辖权条款，有些国家尊重，有些国家不尊重，在不尊重此条款的国家中通常以不承认此条款为协议管辖或以诉讼不方便为由否认该条款的效力，代之以本国的管辖权。我国法院在对待此条款的态度上采用的是对等原则。[1]

2. 法律适用条款。又称首要条款，该条款解决有关提单的争议应适用何国法解决的问题。法律适用条款实际上是海上货物运输合同的当事人在法律

---

〔1〕 参见金正佳、宋伟莉："提单争议解决法律机制的比较研究"，载中国涉外商事海事审判网 http：//www.ccmt.org.cn/hs/. Govert Smallegange，最后访问时间：2015 年 2 月 26 日。Govert Smallegange："欧洲法律下的提单管辖权条款"，赵阳等译，载《中国海商法年刊》，大连海事大学出版社 2000 年版。

选择上的"意思自治"的表现，在海上运输中的法律选择不仅仅是选择某一国家的法律，在很多情况下是选择国际公约。《海牙规则》的法律适用条款专门规定了当事人可以通过选择适用《海牙规则》。与管辖权条款不同，法律适用条款在各国的司法实践中一般是受到尊重的。"中远提单"的法律适用规定见于管辖权条款中，规定有关争议适用中国法。由于国际立法及国内立法对提单的强制性调整，使得当事人的选择余地有所缩小。[1]

3. 承运人责任和免责条款。考虑到承运人在提单运输中所处的较强的谈判地位，为了平衡提单运输双方当事人的关系，有关立法通常规定了关于承运人责任的强制性规定。当事人通过协议减轻其责任的约定在法律上是无效的。因此，提单中关于承运人责任的规定通常引用国际条约或国内立法的规定。我国《海商法》第47、48条规定了承运人的两项基本责任：①承运人在船舶开航前和开航当时，应当谨慎处理，使船舶处于适航状态，妥善配备船员、装备船舶和配备供应品，并使货舱、冷藏舱、冷气舱和其他载货处所适于并能安全收受、载运和保管货物；②承运人应当妥善地、谨慎地装载、搬移、积载、运输、保管、照料和卸载所运货物。上述两点是承运人在承运货物时必须承担的两项基本责任。在承运人的免责上，我国《海商法》规定了12项免责。

4. 责任期间条款。责任期间是承运人承担货物灭失或货物损坏的责任期间。"中远提单"规定的承运人的责任期间是从货物装上船起至卸完船止的期间，同时还加注有装船之前和卸货之后承运人不负责任的"前后条款"。我国《海商法》亦承认此种安排。

5. 赔偿责任限额条款。赔偿责任限额是承运人在货物灭失或损坏时，承运人对其进行赔偿的最高限额。承运人的赔偿责任限额应依所适用的国内立法或国际公约的规定确定。我国《海商法》规定的承运人对货物灭失或损坏的最高责任限额为每件或每个货运单位为666.67计算单位，或者按照货物毛重计算，每公斤为2计算单位，二者以高者为准。如果货物的价值低于最高赔偿限额则依实际价值赔偿，如果托运人在托运货物时申报的货物价值高于限额，并依该价值支付了运费，则依申报的价值计算赔偿限额。

6. 特殊货物条款。特殊货物的特征决定了这类货物具有某些一般货物不具有的特殊风险，为此，提单中一般均对特殊货物作出特别规定。"中远提单"特殊货物条款主要包括：①危险品与违禁品。托运人在装船前如未申明

---

[1]　Regina Asariotis, "Contracts for the Carriage of Goods by Sea and Conflict of Laws", *Journal of Maritimes Law and Commerce*, Vol. 26, No. 2, (1995), pp. 207-290.

货物的危险性或属于违禁品，承运人可随时随地将其卸下、抛弃、消灭或以其他任何方法消除危害，而承运人不负任何责任。②舱面货、植物和活牲畜。对于这类具有特殊风险的货物，提单中一般写明该类货物的收受、装载、运输、保管和卸载均应由货方承担责任，承运人对其灭失或损坏不负赔偿责任。③集装箱货物。集装箱常常装在舱面，但仍应视同装在舱内，承运人对此种运输的赔偿责任，仍应按各提单条款处理。④冷藏货。承运人在装货前应取得该船冷藏舱和冷藏机器适于接受、载运和保管冷藏货物的证明书，收货人应在船舶备妥交货时立即接受冷藏货物，否则，承运人得将货物卸在岸上，其风险和费用由收货人或托运人负责。⑤木材。在木材的运输中，提单中有关"表面状况良好"的记载并不表明承运人承认该木材没有沾污、裂缝、洞孔或碎块，承运人对此不负责任。

7. 留置权条款。该条款规定承运人得因未付运费、空舱费、滞期费和其他有关货物的款项对货物行使留置权。如出卖货物的收入不足以抵偿应收款项，承运人仍有权向货方收回其差额。

8. 熏蒸条款。条款规定货物在船上熏蒸造成的损害，承运人不负责任，由此引起的费用由货方承担，除非证实事故的发生是由于承运人的疏忽所致。

9. 共同海损和新杰森条款。该条款包括三项内容：①关于共同海损理算的法律适用，"中远提单"的该条款规定有关共同海损的理算依《北京理算规则》进行。②关于"新杰森条款"。新杰森条款源于美国的"杰森案"，在该案中，美国法院确认，因航行过失引起的海损，货方不得拒绝分摊共同海损，即航行过失引起的海损不由船方单方承担，因而形成"杰森条款"。之后，原"杰森条款"因 1936 年美国《海上运输法》的生效而作出相应修改，变为"新杰森条款"。该款的最后一部分是关于姊妹船的内容，规定同一航运公司两艘船舶之间发生救助时，救助费应如何分担的问题。[1] ③关于姊妹船条款，该条款针对同一航运公司两艘船舶之间发生救助时，救助费应如何分担的问题。该条款规定：救助费用应视为救助工作是由第三者的船舶所施救的一样，应由被救船全额支付，也就是由被救船方和货方共同分担共同海损。

10. 双方有责碰撞条款。双方有责碰撞条款源于美国《碰撞法》，与 1910年公约的规定不同。当两船相撞互有过失时，载货船的货主可以向本船索赔，也可以向对方船索赔。向本船索赔成功的可能性不大，因为本船船东依《海牙规则》的规定可以免除航行过失的责任。所以，货主一般向对方船提出索赔，这种索赔是以侵权行为为依据的。依美国法，无辜的货方也可以向对方

---

〔1〕　The "Irrawddy"（1898）171 U. S. 187；The "Jason"（1910）225 U. S. 32.

船提出 100% 的索赔。[1] 当货主向对方船依侵权行为的连带责任索赔 100% 的赔偿后，对方船又有权向本船索回其责任比例外的金额，这样，本船船东间接地把损失金额付给了本船货主。为了保障承运人依《海牙规则》取得的合法权益，在提单上加入"双方有责碰撞条款"，规定货方应从取得的赔偿款项中将本船船东的赔偿金额，退还给本船船东，以符合运输合同的规定。

以上是提单中的主要条款，此外，提单中还有关于战争、检疫、冰冻、罢工、拥挤、转运等内容的条款。

■第三节　海上货物运输国际公约

涉及海上货物运输的国际公约主要有《海牙规则》、《维斯比规则》、《汉堡规则》和《鹿特丹规则》。在《海牙规则》以前，有一定影响的立法是美国的《哈特法》。在《哈特法》订立以前，英国普通法对世界航运有一定影响，依普通法，承运人须履行保证船舶绝对适航、禁止不合理绕航和尽责速遣的默示义务。在承运人的义务中最重的一项是保证绝对适航的义务。但这是在合同未明确规定时的默示义务。承运人可以利用"契约自由"原则，通过合同中明示的规定改变其默示的义务。19 世纪的航运业已逐渐形成了垄断的局面，弱小的货方很难与承运人对抗，只能在接受承运人提出的各项免责的条件下订立运输合同。承运人谈判实力的强大，使其加入提单中的免责条款越来越多。这使提单的信用也有随之下降的趋势。针对这种情况，代表货主利益的美国于 1893 年通过了《哈特法》（Harter Act 1893）。《哈特法》的目的是防止承运人随意免除自己的责任，该法明确规定了承运人应尽的义务及可免责的范围，并定明提单中免除承运人应尽义务的条款应归于无效。在《哈特法》之后，澳大利、加拿大、新西兰等国相继效仿，使得英国也在考虑制定相应的国际公约及国内法，以便航运业能遵守共同的准则。

一、《海牙规则》

《海牙规则》全称为《1924 年统一提单的若干法律规则的国际公约》（International Convention for the Unification of Certain Rules of Law Relating to Bills of Lading, 1924）。《海牙规则》是在承运人势力强大的历史背景下产生的。如上所述，为了维护美国货主的利益，美国于 1893 年通过了《哈特法》。

---

[1]　The "Atlas" (1876) 93 U. S. 302, 315.

美国《哈特法》订立以后，各海运国家纷纷追随，制定各自的国内法。随着航运国国内立法的发展，货方、船方和保险人均感到了缔结国际航运协议以保证航运业公平竞争的必要。在这种力量的推动下，1921 年在国际法协会所属海洋法委员会召开的会议上草拟了《海牙规则》草案。该草案经多方协商修改，于 1924 年 8 月 25 日在布鲁塞尔签订。由于该公约第一次是在海牙起草的，因此又被称为《海牙规则》。《海牙规则》于 1931 年 6 月 2 日生效，70 多个国家参加了该公约，中国未加入该公约。《海牙规则》是目前在国际航运业影响最大的一个公约。该公约共有 16 条规定，其主要内容有：

（一）承运人最低限度的义务

《海牙规则》规定了承运人的两项最低限度的义务，这两项义务是强制性的，在提单中免除或降低承运人的这两项义务的条款均属无效。

1. 适航义务。第一项义务是承运人应提供适航船舶，《海牙规则》第 3 条规定：承运人在开航前与开航时必须谨慎处理，以便：①使船舶具有适航性；②适当地配备船员、设备和船舶供应品；③使货舱、冷藏舱和该船其他运载货物的部位适宜并能安全地收受、运送和保管货物。

《海牙规则》并不要求船舶在任何时间都必须处于适航状态，仅要求在"开航前和开航时"适航。因为海上风险太大，船舶在航行中可能由于各种原因而变得不适航，如要求船舶在整个航程中均应适航，则承运人的责任过重。"开航前和开航时"指的不是两个点，而是一个时间，指从船舶装货时起到船舶开航时为止的一个时间。承运人在这一期间内如未谨慎处理使船舶适航致使货物受损，就必须承担赔偿责任。

何为"开航"，各案有不同的处理，是一个事实问题。有的判例认为开航时指船舶为了开航而移泊即为航程开始。有的判例认为航程开始于船舶为了驶离而起锚之时。[1] 在船舶挂靠多个港口的情况下，"开航时适航"是指每个港口的"开航"时都要适航呢？还是指提单内所载的港口的"开航"时适航呢？1962 年的 Makedonis 一案判定《海牙规则》中的"开航"仅指提单所载航次的"开航"。[2]

关于"谨慎处理"，《海牙规则》也没有一个确切的定义。一些判例将其解释为"合理的注意"，那么承运人做到什么程度才是"合理的注意"则是一个事实问题，需由法官个案处理。另一方面，承运人本人是不能亲自使船舶适航的，他必须通过其代理人、受雇人等来做到这一点。那么承运人的

〔1〕　The "Neptunus"（1914）4 Camp. 84.

〔2〕　The "Makedonis"（1962）1 Lloyd's Rep. 316.

"谨慎处理"是否也包括了其代理人和受雇人的"谨慎处理"呢?《海牙规则》没有规定。英美判例认为,承运人的"谨慎处理"包括其本人、代理人、受雇人和其他人员的"谨慎处理",承运人本人仅仅雇用了信誉优良的受雇人不足以说明其已做到了"谨慎处理"。著名的1961年"牛舌罐头运输"一案认为承运人的"谨慎处理"包括其本人、代理人、受雇人和其他人员的"谨慎处理"。在"谨慎处理"后仍不能发现的潜在缺点,只要其成因在免责范围内,承运人即可免除货损责任,但须举证,证明其已做到"谨慎处理"了。

【案例研习】谨慎处理使船舶适航案[1]

该案中一批牛舌罐头由悉尼运往伦敦,船在开航前曾入坞进行特检及例行载重线年检。检验时曾将全船31个防浪阀全部打开让劳氏检验人员进行检验,检验完毕将防浪阀盖好。但一名很有经验的工人没有把其中两个防浪阀的螺丝钉旋紧,后开航碰上了恶劣气候,船舶颠簸,海水由未盖好的防浪阀涌入第五舱。到达伦敦时,发现第五舱积水已达15英尺,113箱罐头受损。货方认为,承运人在开航时未能"谨慎处理"使船舶适航。船方认为,"谨慎处理"仅限于其本人,而船方已选择了信誉良好的修船厂和经验丰富的工人来检修船舶,因此已做到了"谨慎处理"。上诉法院判货方胜诉,认为使船舶适航是承运人的责任,如承运人委托他人履行其责任,承运人对其委托的人的过失仍须负责。此案一出曾引起船东们的哗然,他们认为这样解释"谨慎处理"太苛刻了,岂不与普通法中的绝对适航同样了吗?而实际上,"谨慎处理"使船舶适航的责任比绝对适航责任要宽大得多。

《海牙规则》没有给适航下定义。一般认为适航是指船舶的各个方面可经得起预定航线中可能遭遇的一般风险。适航在这里是一个相对的概念。船舶的适航性与预定航线有关,如船舶的预定航线是进行沿海运输,则其适航性的要求就比进行远洋运输的船舶要低。要求一艘渡轮要具备航行于四大洋的能力才算适航是不合理的,也是不现实的。同时,船舶所能抵御的应该是可以预料的一般风险。不同地区的一般风险是不同的,冬季北大西洋的一般风浪在沿海可能就是不可预料的特大风浪了。因此,船舶的适航标准须依其航行的航线不同而不同。

在适当地配备船员上要求配备具有相应证书的船员任职,以未持有职务证书的不合格人员充作合格人员,[2] 或以级别低的船员代替级别高的船员出航均属不适航。对于经过考试取得证书的船员,如其日常表现恶劣,足以影

---

　〔1〕　The "Muncaster Castle" (1961) 1 Lloyd's Rep. 57.
　〔2〕　The "Roberta" (1938) 60 Lloyd's Rep. 84.

响正常的工作，承运人仍不能逃避其不适航的责任。对于船上供应品，也可以采用分段补充的做法，即只备足从起运港到中途港的供应品，待到达中途港后，再继续补充。只要航程中不发生供应品短缺就不构成不适航。[1]

2. 管货义务。承运人的第二项义务是应适当和谨慎地装载、操作、积载、运送、保管、照料和卸载所承运的货物。承运人在上述 7 个阶段均应做到"适当和谨慎"，"谨慎"就是要认真，"适当"则带有技术性及业务水平，例如，通过各种技术控制湿度，以保证货物的完好。

关于"装载"和"操作"，承运人在装船时，应按货物的种类，使用相应的装货工具，谨慎操作，不使货物受损。《海牙规则》没有规定承运人装货责任的开始时间，依惯例适用"钩至钩"原则。货物的装卸是通过码头装卸工人进行的，如果码头工人是由承运人雇用的，则承运人应对其过错造成的货物损失负责。如货物是由托运人自行装载的，承运人可不负责任。

关于"积载"，承运人应适当地配载货物。不适当的配载容易引起货损，这种货损可概括为两类：第一类为货物积载的部位不当，如将食品配置于邻近锅炉的舱间，引起食品的变质，或将较重的货物置于较轻的货物之上等。第二类是将性质相抵触的货物装在一起，如将茶叶与樟脑放在一起，造成串味。由于积载不当造成的损失，承运人应负责。船长在编制积载图时，如能考虑下列因素就可以认为基本做到了适当与谨慎地积载：①根据货物的特点，选择适当的部位载货，如将轻货置于重货之上等；②避免将性质相抵触的货物混装；③考虑船舶的总体安全，避免因配载重心偏离，使船舶丧失稳性，避免超载和不平衡装载而对船体结构强度产生不利影响。

"运送"指承运人应尽速、直接、安全地将货物运至目的地，不得进行不合理的绕航。正常航线依相关案例是指运输合同当事人约定的航线，无约定从习惯，无习惯则为地理上装卸港之间最近的安全航线。[2] 合理的绕航主要包括：救助或企图救助人命或财产；为了航程的需要；为了船货共同的利益；合同条款允许的绕航，如规定允许绕航加油条款等。

关于"保管"和"照料"，承运人在货物运输途中，应适当和谨慎地保管和照料货物，由于管货不周引起的货损，承运人须负赔偿责任。有些货物需要特殊的照料，对于这类货物，除托运人托运时已经申明者外，承运人应依常识进行照料。承运人不具备这类常识，不能成为免除其未适当和谨慎地保管和照料货物责任的理由。

---

[1] The "Newbrough" (1939) 64 Lloyd's Rep. 33.

[2] The "Indian City" (1939) 64 LR. 229.

关于"卸载",承运人只要适当和谨慎地将货物卸在码头上,便是履行了卸货责任。如船舶抵达目的港后不能直接停靠码头卸货,而须将货物先卸往驳船上,再由驳船运往岸边卸货,则承运人的卸货责任直至货物卸到驳船上且驳船准备离开时止。

（二）承运人的责任期间

依《海牙规则》第1条第5款的规定,承运人的货物运输责任期间为从货物装上船起至卸完船为止的期间。这里是否包括了装船和卸货的过程并不清楚,结合上述承运人"装载"和"卸货"的责任可以看出,该两个过程应该包括在内。至于装卸货从哪一点开始到哪一点为止,条文也未明确规定。在实践中,多将其理解为"钩至钩"责任。[1] 在使用岸吊的情况下,以船舷为责任期间的起止点。在使用驳船装卸货时,一般的解释是承运人的责任期间是从货物挂上船上吊钩起,至货物卸至驳船上止的期间。

（三）承运人的免责

《海牙规则》规定的承运人的免责共有17项,依第4条第2款的规定,对由于下列原因引起或造成的货物的灭失或损害,承运人不负责任:

1. 船长、船员、引水员或承运人的雇用人在驾驶或管理船舶中的行为、疏忽或不履行职责。上述"驾驶上的过失"指船舶开航后,船长、船员在船舶驾驶上的判断或操纵上的错误,如船舶碰撞、触礁、搁浅等责任事故,均属驾驶上的过失。"管理船舶的过失"指在航行中,船长、船员对船舶缺少应有的注意。例如,听任污水管闭塞、阀门开启,以致海水进舱等均属管理船舶的过失。值得注意的是,"管理船舶的过失"与"管理货物的过失"很容易混淆,其责任却完全不同。前者承运人可以免责,后者则不能。一般来说,可以行为的对象和目的作为区分这两种过失的标准。如果某一行为针对货物,其目的是管理货物,则该行为属于管理货物的行为;反之,则为管理船舶的行为。当两者都混淆不清的情况下,法院的态度一般是将其认定为"管理货物的过失",而不予免责。

承运人享受该项免责的前提是已经尽到了"谨慎处理"使船舶适航的义务,如发现意外的原因是由于未尽适航义务引起的,则承运人不能享有免责的权利。例如,某轮在途中搁浅,本来在此可依"驾驶的过失"一项免责,

---

[1] 在有关的案例中,"钩至钩"并不应理解为在钩上有一个确切的分界线,判例一致认为,钩至钩责任指承运人要妥善处理整个卸船过程。参见 Goodwin, Ferreira & Co. v. Lamport & Holt (1929) 34 Lloyd's Rep. 192; Pyrene Company Ltd. v. Scindia Steam Navigation Company Ltd. (1954) 1 Lloyd's Rep. 321.

但如发现所用的海图是过时的，就属于承运人在开航前和开航时未"谨慎处理"使船舶适航，承运人不能免责。

2. 火灾，但由于承运人实际过失或私谋所造成者除外。这里的承运人指承运人本人，承运人的雇佣人有过失的，例如，船员不小心烟火引起的火灾，承运人仍可以免责，只有在承运人本人有过失或私谋的情况下才不能免责。承运人本人有"过失或私谋"即承运人本人有实际过失。关于该项过失的举证责任，《海牙规则》没有明确规定，各国的实践也不尽相同。有的是由承运人举证，有的是由货方举证。依美国的火灾法规，举证责任在货方索赔人。另一些国家则是双方均有举证责任，一方面货方应证明损失是由承运人的实际过失所引起的，另一方面，承运人应尽力举反证。[1] 承运人享受火灾的免责时，也必须首先尽到"谨慎处理"使船舶适航的义务。在"Maruienne"轮一案中，在船舶装货期间，船员依船长的命令用吹管烘烤融化水管中的冻冰，结果引起火灾，不得不将船舶凿沉，货物严重受损。法院认为，在该案中，承运人没有"谨慎处理"在开航前和开航时使船舶适航，因此不能免责。[2]

3. 海上或其他可航水域的风险、危险或意外事故。该项免责即通常所称的海难或海上危险免责。"海难"一般指一艘适航的船舶在途中遭遇的灾难或危险超出了该船所能抵御的限度，如暴风雨、浓雾等。按以往的判例要求，海难应当是不可预见的。[3] 承运人引用海难免责的成功率并不高，因为是否为海难要由法庭来判断，"海事声明"中有关海难的记载，也往往由于有夸大的因素而仅能作为参考。

4. 天灾。天灾指直接造成货损的通过合理预期的各种措施仍不能抵御或防止的自然现象，如地震、海啸、雷击等。

5. 战争行为。战争行为指两国或多国之间通过武力、武装冲突或敌对行为解决其争端的行为。

6. 公敌行为。公敌行为指以船旗国为敌的敌人所为的行为。公敌行为比战争行为的含义要窄一些，"战争行为"不管是否与该船旗国作战，均属于战争行为，而"公敌行为"则指与船旗国为敌的行为。例如，在两伊战争中，伊拉克的船舶被伊朗的船舶打沉，这既属于战争行为，也属于公敌行为；而巴拿马的船舶被双方交战中的炮火击沉，则只是战争行为，而不是公敌行为，

---

〔1〕　参见叶伟膂："承运人对火灾造成的损失可否免责"，载《中国船检》2000年第3期。

〔2〕　Marxine Footwear Co. Ltd.　v. Canadian Government Merchant Marine, Ltd. 1959 2 Lloyd's List L. R. 105；1959. A. C. 589.

〔3〕　The "Friso"（1980）1 Lloyd's Rep. 469；The "Tilia Gorthon"（1985）1 Lloyd's Rep. 552；The "Coral"（1992）2 Lloyd's Rep. 158.

因为巴拿马并未与两伊交战。公敌不一定是交战的国家，海盗也是公敌的一种，船舶遭遇海盗的侵害而受损的，也可引用此条免责。

7. 君主、统治者或人民的扣留、拘禁或依法扣押。指因政府或人民由于各种原因而进行的扣留或扣押引起的损失。例如，在两伊战争中就有 70 多条船被封锁，引起有关君主扣押的争议。[1] 这里不包括因商务纠纷引起的扣押和因违反港口的法规而引起的由港务当局采取的禁止行为。

8. 检疫限制。指港口国对来自疫埠的船舶或怀疑船上有疫情的船舶进行的禁止其进港或令其采取适当消毒措施的限制。由于上述限制而引起的货损，承运人可以免责。例如，一船从发生霍乱的高雄港开往日本，日本政府对高雄的来船均要进行熏蒸。该船被熏蒸 8 天，致使船上所载的香蕉全部变坏，承运人对此项货损可以引用检疫限制免责。

9. 货物托运人或货主、其代理人或代表的行为或不行为。指除包装不当和标志不当或不清以外的其他货方的行为或不行为。例如，货物托运人对货物的性质申报有误致使货物受损等。

10. 不论由于何种原因引起的局部或全面的罢工、关厂、停工或劳动力受到限制。当碰到罢工等情形时，承运人对因此而使船舶无法及时装卸货物造成的货物损失不负责任。

11. 暴乱和民变。暴乱指公众骚乱。民变为聚众非法制造混乱的行为。

12. 救助或企图救助海上人命或财产。救助海上人命或财产是船员的法定义务，承运人对因此而造成的货损不负责任。为了救助海上人命或财产而进行的绕航不视为违反运输合同的行为。承运人对因此而造成的货损不负责任。允许承运人为救助人命而绕航是出于人道的考虑，而单为救助财产的绕航是否合理，英国普通法对此是持否定态度的。因为救助财产不涉及道德义务，而且救助者可以从获救的财产中获得一部分利益，这对其他承运货物的货主和保险商是不公平的，因为他们在绕航中也承担了风险，而在救助成功时，他们却得不到任何报酬。与英国普通法不同，《海牙规则》中的合理绕航不仅包括救助人命，也包括了单纯的救助财产。

13. 由于货物的固有瑕疵、性质或缺陷所造成的容积或重量的损失，或任何其他灭失或损害。例如，装载原油时会有部分贴附舱壁，部分结块不能泵出，造成重量的短少；运输谷物时因水分的蒸发而产生不超出正常耗量的损耗，承运人均可免责；货物的固有瑕疵如湿咸鱼的咸度不够造成到港时变坏等。引用此项免责的举证很重要，承运人须证明其已依一般常识适当和谨慎

---

〔1〕 The "Evia" (1982) 1 Lloyd's Rep. 307; The "Bamburi" (1982) 1 Lloyd's Rep. 312.

地照料货物了，且货物的固有瑕疵、性质或缺陷对于不具专门知识的人来说是非显而易见的。

14. 包装不当。货物的包装分为运输包装和销售包装，这里所指的是运输包装。如托运人对货物的包装不适于长途海运，因此而引起的损失承运人不负责任。但如果包装不当是可以从外观上觉察到的，而承运人又签发了清洁提单证明收货时货物的外表状况是完好的，就不能事后轻易依该项来免责了。如货物包装不当可以从外表觉察出来，则承运人就有责任在提单上加注"包装不固"的字样。

15. 标志不清或不当。标志是由托运人依货物销售合同的规定在货物的包装上刷写的收货人的代号、件数、箱号、目的港等。标志不清可能造成交错货物或找不到收货人。标志不当，如没有关于禁止货物上下倒置、防湿等的标志，均可能使货物受损，承运人对此可以免责。

16. 尽适当的谨慎所不能发现的潜在缺陷。依《海牙规则》第 3 条第 1 款的规定，承运人应提供适航的船舶，但依本项免责，如承运人已"谨慎处理"，船舶仍然存在不能发现的潜在缺陷，货物因而受损时，承运人不负责任。该条是对"谨慎处理"使船舶适航的补充。这里的"不能发现的潜在缺陷"是以"谨慎处理"为前提的。"潜在缺陷"指一个有充分技能的人以一般的注意不能发现的缺陷。这种缺陷往往是船舶结构上的缺陷，包括船壳、机器及船舶附属设备的缺陷。未尽适当的注意而不能发现的缺陷不能算是潜在的缺陷。例如，某轮由于喉管破裂造成货损，承运人辩称该喉管破裂属于"谨慎处理"仍不能发现的潜在缺陷，因为该段喉管被一个木箱所覆盖。但法院认为，只要移开木箱即可发现该缺陷，这是进行检查时适当而又合理的正常检查方法。因此，该裂缝不属于"谨慎处理"仍不能发现的潜在缺陷。

17. 不是由于承运人的实际过失或私谋，或是承运人的代理人或受雇人员的过失或疏忽所引起的任何其他原因。但是，要求享有此项免责利益的人应当负责举证，表明有关的货物灭失或损害，既非由于承运人的实际过失或私谋，又非由于承运人的代理人或受雇人员的过失疏忽所造成。此条并不是上述 16 项的归纳，而是适用于非属于上述 16 项的任何原因所造成的货损。该项免责属于上述未列明的承运人的无过失免责。对此，承运人必须举证，证明有关货物的灭失或损坏既非由于承运人的实际过失或私谋，又非承运人的代理人或雇用人的过失或疏忽所致。这里的举证责任使承运人很少引用该项免责。上述 16 项免责，承运人只要证明货物的灭失或损害是由于免责原因所致即可，而无须证明承运人或其代理人和雇员没有过失。

第四章

（四）赔偿责任限额

《海牙规则》第 4 条第 5 款规定，承运人对货物的灭失或损失的赔偿责任，在任何情况下每件或每单位不得超过 100 英镑，但托运人于装货前已申明该货物的性质和价值，并在提单上注明者不在此限。《海牙规则》的每件或每单位可概括为三种情况：其一为包件，如盒、箱、桶、包等。其二为单件，如机床、汽车、游艇等。其三为运费单位计算，散装货物按运费单位，如谷物、矿砂等。

（五）运输合同无效条款

《海牙规则》第 3 条第 8 款规定："运输合同中的任何条款、约定或协议，凡是解除承运人或船舶对由于疏忽、过失或未履行本条规定的责任和义务，因而引起货物或关于货物的灭失或损害的责任的，或以本规则规定以外的方式减轻这种责任的，均应作废并无效。"该条的目的是防止承运人利用自己的谈判地位，随意免除或减轻自己的责任。

（六）托运人的义务和责任

依《海牙规则》第 3 条第 5 款的规定，托运人应对其所提供的资料不正确所造成的损失负赔偿责任。例如，一台机器重 12 吨，托运人为了节省运费，申报的重量为 6 吨，结果造成在装货时用船上可吊 8 吨的吊机来吊该机器，致使船舶及其设备的损失，对此，托运人应当负赔偿责任。对于危险品，如托运人隐瞒货物的危险性，承运人只要发现后可立即将货物抛弃而不需负责，且托运人还应赔偿船东及受害的第三方因载此货而引起的损失。如托运人已表明了货物的危险性，则承运人只有在面临危险的情况下，才可抛弃货物而不需负责。此时，托运人也无需对由运此货而引起的损失负责。

（七）索赔通知与诉讼时效

《海牙规则》第 3 条第 6 款规定，收货人在提货时应检查货物，如发现短卸或残损，应立即向承运人提出索赔。如残损不明显，则应在 3 日内提出索赔通知。如在提货时或提货后 3 日内没有提出索赔通知，就是交货时货物的表面状况良好的初步证据。当然这并不意味着收货人丧失了索赔权，只是日后再行索赔时，其举证责任将加重。在联合检验的情况下，不需出具索赔通知。《海牙规则》并没有规定必须进行联合检验，但一些国家的港口规定货物在船边交接，并由港方、船方及货方联合检验。联合检验后，由港方理货人和船方共同签署短卸或残损报告。如果有了短卸或残损通知，收货人即不需出具索赔通知了。关于诉讼时效，第 3 条第 6 款规定，货方对承运人或船舶提起货物灭失或损害索赔的诉讼时效为 1 年，自货物交付之日起算，在货物灭失的情况下，自货物应交付之日起算。

（八）公约的适用范围

《海牙规则》第 10 条规定："本公约和各项规定，适用于在任何缔约国所签发的一切提单。"第 5 条规定："本公约的规定不适用于租船合同，但如果提单是根据租船合同签发的，则上述提单应符合本公约的规定。"

二、《维斯比规则》

《维斯比规则》全称为《1968 年修改统一提单的若干法律规则的国际公约的议定书》（Protocol to Amend the International Convention for the Unification of Certain Rules of Law Relating to Bills of Lading，1968）。《海牙规则》签订时，承运人的势力强大，使《海牙规则》带有偏袒承运人利益的倾向。20 世纪 70 年代后，越来越多地参与国际事务的第三世界国家强烈要求修改《海牙规则》，以便使承运人与货方的利益达到平衡。就《海牙规则》本身而言，有一些规定比较粗糙，在适用时常常不能适应发展的要求。因此，海运发达国家也认为应对《海牙规则》进行修改。于是，1968 年产生了《维斯比规则》，该规则于 1977 年生效，中国没有参加该议定书。《维斯比规则》的内容主要是对《海牙规则》的补充和修改。该规则的主要内容有：

（一）明确规定提单对于善意受让人是最终证据

依《海牙规则》的规定，提单记载的内容为该提单所载货物的初步证据。初步证据是相对于最终证据而言的，提单的记载事项如仅仅是初步证据，承运人就有提出反证否定提单记载真实性的余地。提单记载对托运人而言是所载货物的初步证据，这一点一般无争议，因为提单上的记载是托运人提供的。但提单对于受让人来说是否也是初步证据却存在着分歧。以往的一些案例多判提单对于提单受让人来说也是初步证据。受让人并不知道提单记载的货物的实情，如提单中记载的内容对他来说仅仅是初步证据，就会降低受让人对提单的信任程度，减弱提单的流通性。有鉴于此，《维斯比规则》第 1 条对《海牙规则》第 3 条第 4 款的内容进行了补充，规定提单对托运人来说是初步证据，而对善意的提单受让人来说则是最终的证据。

（二）责任限制

《维斯比规则》采用了双重责任限额制，即对货物的灭失或损害责任以每件或每单位 10 000 金法郎或每公斤 30 金法郎为限，两者以高者计。双重责任限额给了货方选择的余地，使货方在货物单件较重的情况下能获得较高的赔偿。因为根据计算的结果，当单件货物的重量超过 333.3 公斤时，以每公斤 30 金法郎的标准计算，货方能得到高于 10 000 金法郎的赔偿。在采用货币币种的问题上，《维斯比规则》吸取了《海牙规则》因采用某国货币而引起种种贬值问题的教训，未使用某国的货币单位，而是采用了金法郎。金法郎为含纯度为 900/1000 的黄金 65.5 毫克的计算单位。关于成组运输工具的责任限制问题，《海牙规则》并未涉及，因为当时还没有这种方式的运输。为了适应使用集装箱等成组运输工具运输的发展，《维斯比规则》增加了关于在该类运输中件数的确定方法的规定。该规则规定如果货物是以集装箱、托盘或类似的运输工具集装的，则提单中载明的内装件数就是计算赔偿限额的件数。如提单上未注明内装件数，则以成组运输工具的件数为计算赔偿限额的件数。

由于金法郎是以金作为定值标准的，使得承运人的责任限制金额可能随着黄金价格的涨落而无法保持稳定。鉴于此，1979 年 12 月 21 日在布鲁塞尔的外交会议上通过了修订《海牙—维斯比规则》的议定书，该议定书于 1984 年 4 月生效。该议定书旨在将承运人的责任限制计算单位由金法郎改为特别提款权，按 15 金法郎等于 1 特别提款权计算。依议定书的规定，承运人的责任限制金额为每件或每单位 666.67 特别提款权，或按货物毛重每公斤 2 特别提款权计算，两者之中以较高者为准。

（三）承运人的雇用人或代理人的责任限制

《海牙规则》未明确规定承运人的雇佣人或代理人是否也能享受责任限制的保护。损害赔偿的请求可以通过两个途径进行，即有合同关系情况下的违约之诉和无合同关系的侵权之诉。根据海上运输合同，承运人享有责任限制的保护，货方通过违约之诉往往无法满足其损害赔偿的请求。为了避开合同中关于责任限制的规定，在损失是由承运人的雇佣人或代理人引起的时候，货方不去诉承运人，而是通过侵权行为之诉告雇佣人或代理人。

著名的"喜马拉雅"（Himalaya）案曾确立了一个原则，即承运人的雇佣人不得享受以承运人为当事人的合同所规定的承运人的权利。该案判决以后，承运人为了保护自己的利益，纷纷在班轮提单中加入"喜马拉雅"条款，该条款与该案的判决内容相反，其主旨是使承运人的雇佣人和代理人均能享受责任限制的保护。[1]"喜马拉雅"条款的内容在《维斯比规则》中得到了肯定。依《维斯比规则》第 3 条的规定：①对承运人提起的货损索赔诉讼，无论是以合同为依据，还是以侵权行为为依据，均可以适用责任限制的规定；②承运人的雇佣人或代理人也可以享受责任限制的保护。

---

[1] Midlands Silicones v. Scruttons (1961) 2 Lloyd's Rep. 365; The "Eurymedon" (1974) 1 Lloyd's Rep. 534; The "Elbe Maru" (1978) 1 Lloyd's Rep. 206; The "New York Star" (1980) 2 Lloyd's Rep. 317.

【案例研习】"喜马拉雅"案[1]

在该案中,"喜马拉雅"轮上的一名水手未能将船上的跳板搭好,使一名女乘客在上船时滑倒受伤。事后该女乘客向该轮所属公司提出索赔。但船公司认为,船票上已载明了船公司对乘客跌倒受伤不负责任的条款,因此,应当免责。该女乘客转而以侵权行为之诉告船上水手在搭跳板时的疏忽行为。英国法院判原告胜诉。理由是:船票上的免责条款仅适用于承运人,而不适用于其雇佣人,水手是承运人的雇佣人,而不是合同的签约人,因此,不能援引免责条款。

（四）诉讼时效

《维斯比规则》第1条第2款和第3款对《海牙规则》第6条作了两点修改:①诉讼时效为1年,双方协商,可以延长时效。②对第三者的追偿诉讼,在1年的诉讼时效期满后,仍有3个月的宽限期。依公约的规定,在对第三者的追偿诉讼中,例如,在租船运输的情况下,承运人在向提单持有人赔偿后,还要依租船合同向责任方追讨。这里因为包含了两个诉讼,所以需要的时间较长。《维斯比规则》针对这一情况规定了一个宽限期。只要在受诉法院所在地法律允许的期间之内,即使上述1年的时效届满仍可起诉,但是,准许的时间不得少于3个月,自提出该赔偿诉讼的人已解决对他本人的索赔或从起诉传票送达他本人3日起算。

（五）公约的适用范围

《海牙规则》仅适用于在缔约国签发的提单,《维斯比规则》第5条将其适用范围扩大了,规定有下列情况之一,即可适用该规则:①提单在缔约国签发;②从一个缔约国的港口起运;③提单中列有首要条款。首要条款就是法律选择条款,即合同双方当事人合意选择适用该公约。

《维斯比规则》对《海牙规则》进行了一些有益货方的修改,适应了航运业发展的某些要求,并使承运人与货方的利益达到了某种程度的平衡。但在航行过失免责等问题方面仍然保持着《海牙规则》的体系。因此,发展中国家仍要求对《海牙规则》进行实质性的修改。

三、《汉堡规则》

《汉堡规则》的全称为《1978年联合国海上货物运输公约》（United Nations Convention on the Carriage of Goods by Sea, 1978）。第二次世界大战以后,发展中国家在国际事务中的作用逐步提高,《汉堡规则》正是在发展中国家为在国际航运领域争取建立新的国际经济秩序的斗争中产生的。对《海牙规则》

---

[1] Adler v. Dickson (1955) 1 QB 158.

的修改，海运发达国家与发展中国家的意见不一。在发展中国家的强烈要求下，联合国贸易和发展会议于1968年决定设立国际航运立法工作组。在上述机构的努力下，1976年在贸易法委员会召开的第九次会议上通过了《汉堡规则》最后草案的修正案。1978年3月，该公约在联合国海上货物运输公约外交会议上正式通过。该规则已于1992年11月生效。中国未加入该公约。该公约共34条。公约对《海牙规则》进行了实质性的修改，最主要的特点是扩大了承运人的责任，主要表现在下列几个方面：

（一）承运人的责任基础与免责

《汉堡规则》第5条第1款简明规定了承运人的责任，即承运人对由于货物的灭失、损坏以及延迟交付所造成的损失负赔偿责任，除非承运人能证明，他及他的受雇人和代理人已经为避免事故的发生采取了一切所能合理要求的措施。

在承运人的责任基础上，《汉堡规则》采用了完全的过失责任制。《海牙规则》和《汉堡规则》规定的承运人的责任均为过失责任，但由于《海牙规则》有关于承运人航行过失免责的规定，因此是一种不完全的过失责任制。《汉堡规则》取消了承运人对航行过失的免责，因而是完全的过失责任制。同时，《汉堡规则》还采用了推定过失责任制，即在货损发生后，先推定承运人有过失，如承运人主张自己无过失，则必须承担举证责任。

（二）延迟交货的责任

《海牙规则》没有规定延迟交货的责任，货方因此也很少就延迟交货向承运人索赔，只有个别案例判货方可以向承运人索赔延迟引起的损失。[1] 承运人为了避免货方向其索赔因延迟交货引起的损失，常常在提单中加入延迟交货的免责条款。货方因此也很少就延迟交货向承运人索赔。《汉堡规则》第5条规定承运人应对延迟交货负责。延迟交货指未在约定的时间内交付，或在无约定的情况下，未在合理的时间内交付。第6条第1款b项规定承运人对延迟交货的赔偿责任限额为迟交货物应付运费的2.5倍，但不应超过应付运费的总额。

（三）承运人的责任期间

《海牙规则》规定的责任期间一般理解为"钩至钩"期间，而承运人常常是在陆上收受货物，并在陆上仓库向收货人交货的，在收受货物至装船及卸下货物至交付这两个期间中，货物是在承运人的掌管之下，而依《海牙规则》，承运人对装船前和卸货后的货损又不负责任。发展中国家认为这样对货

---

〔1〕　The "Heron Ⅱ" (1967) 2 Lloyd's Rep. 457.

方很不公平，承运人的责任应适当延长。

为此，《汉堡规则》第 4 条第 1 款规定承运人的责任期间为货物在装货港、运送途中和卸货港在承运人掌管下的期间。与《海牙规则》相比，在《汉堡规则》下，承运人的责任期间由装港和卸港向两头延长了，即承运人"收货"到"交货"的全部期间。[1]

（四）承运人的最高赔偿责任限额

《汉堡规则》第 6 条第 1 款 a 项提高了承运人的最高赔偿限额，规定承运人对货物灭失或损坏的赔偿责任限额为每件或每单位 835 特别提款权（SDR），或每公斤 2.5 特别提款权，以高者为准。《汉堡规则》也采用了对货主有利的双重责任限额。[2] 此外，公约还规定，如货损是由于承运人、其雇佣人或代理人故意造成的，则将丧失责任限制的权利。

（五）关于保函的效力

保函是托运人为了换取清洁提单而向承运人出具保证赔偿承运人因此而造成的损失的书面文书。由于保函常常带有欺诈的意图，以往的惯例通常判保函无效。《汉堡规则》第 17 条第 2~4 款第一次在一定范围内承认了保函的效力，这主要是考虑到在托运人与承运人对货物的数量等有分歧，而又无从查验时，出具保函可以免去许多麻烦，这也是商业上一种习惯的变通做法。但为了抑制保函的作用，《汉堡规则》规定，托运人为了换取清洁提单可向承运人出具保函，保函只在托运人与承运人之间有效。如保函有欺诈意图，则

---

〔1〕《汉堡规则》第 4 条第 2 款规定承运人的责任期间具体为货物在装货港、运送途中和卸货港在承运人掌管下的期间。在下述期间，货物应视为是在承运人的掌管之下：（a）自承运人按下述方式接管货物时起：①从托运人或代表其办事的人（代理人）；或②从货物必须送交待运的当局或其他第三方。依有些装货港的规章，承运人必须从港务局或海关接受货物，此时，承运人的责任从该机关接受货物时开始。（b）直到其按下列方式交付货物时止：①将货物交付给收货人；或②如收货人不提货，则按合同或卸货港法律或商业习惯将货物置于收货人支配之下；或③将货物交付给必须交付的当局或其他第三方。如依卸货港的规章，必须将货物交给港务局或海关等机关时，则承运人的责任至交给这些机关时为止。

〔2〕为了解决货币贬值问题，《汉堡规则》采用特别提款权为计算责任限额的单位。特别提款权是国际货币基金组织创设的一种储备资产和记账单位。创设时，1 特别提款权等于 0.888 671 克纯金。

保函无效，承运人应赔偿第三者的损失，且不能享受责任限制。[1]

（六）货物的适用范围

《海牙规则》不适用于舱面货和活牲畜。关于舱面货，《汉堡规则》规定，承运人依协议、惯例、法律的要求，有权在舱面装货，否则承运人应对将货物装在舱面上造成的损失负赔偿责任。关于活牲畜，《汉堡规则》规定，活牲畜的受损如是因其固有的特殊风险造成的，承运人可以免责，但承运人须证明已按托运人的特别指示办理了与货物有关的事宜。

（七）关于承运人与实际承运人的关系

《海牙规则》只有承运人的概念，没有关于实际承运人的规定，也没有对在转船、联运和租船进行班轮运输的情况下承运人的责任作出规定，以致订约承运人常常以自由转船等条款逃避在部分航程中或全部航程中的货损责任。受委托的实际承运人也可以非订约承运人为由拒绝货方的索赔。《汉堡规则》第10条规定：即使订约承运人将全程运输或部分运输委托给实际承运人，订约承运人仍应对运输全程负责。如承运人和实际承运人都有责任，则两者负连带责任。

（八）索赔通知和诉讼时效

依《汉堡规则》的规定，索赔通知应在收货后的第1个工作日内提交。在损害不明显时，在收货后15日内提交。延迟交付的索赔通知应在收到货后连续60天内提交。公约规定的诉讼时效为2年。自承运人或实际承运人交付货物或交付部分货物，或者自应交付货物的最后一日起算。此外，承运人向收货人赔付后在向第三方追偿时，即使上述时效已届满，仍可在诉讼所在国法律许可的时间内提起诉讼，但所许可的时间，自起诉人已解决对其索赔的案件，或已接到向其本人送达的起诉状之日起算，不少于90天。

（九）管辖权

《海牙规则》没有有关管辖权的规定，一般是依各航运公司在提单中订明有关的条款。这实际上将管辖法院的选择权单方授予了承运人，因而对货方

---

[1]《汉堡规则》第17条第2~4款规定：②任何保函或协议，据此托运人保证赔偿承运人由于承运人或其代表未就托运人提供列入提单的项目或货物的外表状况批注保留而签发提单所引起的损失，对包括收货人在内的受让提单的任何第三方，均属无效；③这种保函或协议对托运人有效，除非承运人或其代表不批注本条第2款所指的保函是有意诈骗，相信提单上对货物的描述而行事的包括收货人在内的第三方，在后面这种情况下，如未批注的保留与由托运人提供列入提单的项目有关，承运人就无权按照本条第1款规定，要求托运人给予赔偿；④如属本条第3款所指的有意诈骗，承运人不得享受本公约所规定的责任限额的利益，并且对由于相信提单上所载货物的描述而行事的包括收货人在内的第三方所遭受的损失负赔偿责任。

是不公平的。《汉堡规则》第 21 条对管辖作了规定，依规定原告得在下列地点之一提出诉讼：①被告主要营业所，或无主要营业所时，其通常居所；②合同订立地，而合同是通过被告在该地的营业所、分支或代理机构订立的；③装货港或卸货港；④海上运输合同中以此为目的规定的其他地点。

（十）公约的适用范围

依《汉堡规则》第 2 条的规定，公约适用于两个不同国家之间的海上运输合同，并且：①提单或作为海上运输合同证明的其他单证在某一缔约国签发；②提单或作为海上运输合同证明的其他单证中载有适用《汉堡规则》或采纳该规则的任何国内法的首要条款；③装货港或卸货港或备选卸货港位于缔约国；④公约不适用于租船合同，但适用于租船合同项下的提单。

四、《鹿特丹规则》

上述公约并没有解决该领域的统一问题，法律的不同导致了处理国际运输纠纷中的法律冲突。且随着全球经济一体化，"门到门"的运输方式迅猛发展，为了解决不同运输方式的衔接问题，最大限度地实现国际货物运输的法律统一，联合国国际贸易法律委员会工作组历时 6 年，制定了《联合国全程或者部分海上国际货物运输合同公约》（UN Convention on the Contracts of International Carriage of Goods Wholly or Partly by Sea），并于 2008 年 12 月 11 日获得联大第 63 届大会审议和通过。公约于 2009 年 9 月在荷兰鹿特丹正式签署发布，故又称《鹿特丹规则》。公约的主要内容如下：

（一）公约的适用范围

1. 适用的运输合同。依公约第 5 条的规定，除第 6 条的规定外，公约适用于收货地和交货地位于不同国家且海上运输装货港和同一海上运输卸货港位于不同国家的运输合同，条件是运输合同约定以下地点之一位于一缔约国：收货地、装货地、交货地、或卸货港。该条规定采用了"双国际标准"：①全程运输要具有国际性，即收货地与交货地位于不同国家；②海运区段具有国际性，即装运港与卸货港位于不同国家。且相关地点之一应当位于缔约国。同时公约第 6 条排除了对租船合同，使用船舶或其中任何舱位的其他合同的适用。公约适用的"运输合同"是一种"海运加其他的合同"，即不要求是单纯的海上运输合同，还可是包括海运在内的多式联运合同。运输方式是从《汉堡规则》的"港到港"扩大到了"门到门"。公约适用的单证包括运输单证电子运输记录。

2. 货物的适用。依公约第 1 条第 24 款规定，货物是指承运人依运输合同承运的任何种类的制品、商品和物件，包括不是由承运人或不是以承运人名义提供的包装以及任何设备和集装箱。公约在货物的界定上采用了广义的概

第四章

念，还扩大适用于非由承运人提供的包装、集装箱等。此外，公约也适用于危险品和舱面货。

（二）承运人的义务

1. 一般性义务。承运人的一般性义务包括：①货物的运输和交付。规定承运人应依公约，按运输合同的条款将货物运至目的地并交给收货人。②承运人的责任期间。规定承运人的责任期间为自承运人或者履约方接收货物时开始，至货物交付时止，体现了"门到门"运输的特点。

2. 特定义务。承运人的特定义务有两项：①管货义务。依第 13 条规定，承运人应妥善而谨慎地接收、装载、操作、积载、运输、保管、照料、卸载并交付货物。该条第 2 款又规定，当事方可约定将某些管货的职能交由货方履行或代表其履行。实际上是为实践中常采用的 FIO 和 FIOS 条款提供法律上的依据；②适航义务。第 14 条规定承运人必须在开航前、开航当时和海上航程中谨慎处理：使船舶处于且保持适航状态；妥善配备船员、装备船舶和补给供应品，且在整个航程中保持此种配备、装备和补给；并使货舱、船舶所有其他载货处所和由承运人提供的载货集装箱能够并保持适于且能安全接收、载运和保管货物的状态。与《海牙规则》不同的是，承运人保证适航的义务延长至海上整个航程中，而不仅是开航前开航时。

（三）承运人的责任

1. 责任基础。规定承运人对货物在其责任期间内发生的灭失、损坏或迟延交付承担完全过错责任，但需由索赔人举证货物的灭失、损坏或迟延交付是在其责任期间发生的。

2. 赔偿责任限额。承运人对违反公约对其规定的义务承担的赔偿责任限额，按每件或每个其他货运单位 875 个计算单位，或按货物的毛重每千克 3 个计算单位，以两者中较高者为准。

3. 海运履约方的赔偿责任。规定海运履约方在满足下列条件下，应承担公约对承运人规定的义务和赔偿责任：①海运履约方在一缔约国接收了货物或交付了货物或履行了与货物有关的活动；②造成损害的事件发生在装港到卸港期间，或货物在海运履约方掌管期间，或海运履约方参与履行运输合同所载任何活动的其他时间内。

4. 迟延交付的责任。第 21 条规定未在约定时间内在运输合同规定的目的地交付货物，为迟延交付。这里没有涉及《汉堡规则》规定的未约定的，未在合理时间交付的情况。第 60 条规定了迟延造成损失的赔偿责任限额，是相当于迟交货物应付运费的 2.5 倍的数额。依第 61 条第 2 款，如索赔人能证明承运人一方存在"故意"造成迟延损失或"明知"可能产生损失而"轻率"

地作为或不作为的，则丧失责任限制权。

（四）免责

第 17 条规定的承运人的免责事项包括：①天灾；②海上或其他可航水域的风险、危险和意外事故；③战争、敌对行动、武装冲突、海盗、恐怖活动、暴乱和民变；④检疫限制，政府、主管当局、统治者或民众的干预或妨碍，包括非由承运人或第 18 条述及的任何人所造成的滞留、扣留或扣押；⑤罢工、关厂、停工或劳动力受限制；⑥船上发生的火灾；⑦虽谨慎处理仍无法发现的船舶潜在缺陷；⑧托运人、单证托运人、控制方或根据第 33 条或第 34 条托运人或单证托运人对其作为承担责任的其他任何人的行为或不为；⑨按照第 13 条第 2 款所述及的约定进行的货物装载、操作、积载或卸载，除非承运人或履约方代表托运人、单证托运人或收货人实施该作业；⑩由于货物固有缺陷、品质或瑕疵而造成的数量或重量损耗或其他任何灭失或损坏；⑪包装不固或标志欠缺、不清，且包装和标志非由承运人或代其行事的人所为；⑫救助或企图救助海上人命；⑬救助或企图救助海上财产的合理措施；⑭避免或企图避免对环境造成的危害的合理措施；⑮承运人行使第 15 条（危险的货物）和第 16 条（为共同海损而牺牲）规定权利之下的行为。免责事项实行对承运人的无过错推定，实质性举证责任由索赔方承担，而"适航义务"由索赔方完成初步举证，承运人负责"谨慎处理"和不适航与货损无因果关系的举证。

（五）其他区段的运输

由于公约的适用范围是"海运加其他"，对于海运以外的其他运输方式下的法律适用问题，公约采取了"网状责任"原则。依第 26 条的规定，如货物的灭失、损坏或造成迟延的事件发生在承运人的责任期间内，但不是海运区段的，则调整该区段的公约优先适用。

（六）托运人的义务和责任

1. 交付运输。第 27 条规定了托运人交付备妥待运的货物的义务，规定除非合同另有约定，托运人交付的货物应处于能够承受预定运输的状态，包括货物的装载、操作、积载、绑扎、加固和卸载，且不会对人身或财产造成伤害。托运人应妥善而谨慎地履行这项义务。

2. 提供信息。第 29 条规定了托运人提供信息、指示和文件的义务。包括照管货物的措施和注意事项等。如果有关当局的法律对货物运输有特殊要求，经承运人请求，托运人应向承运人提供所需的信息，使承运人能履行其法定的义务。第 31 条要求托运人应及时向承运人提供拟定合同事项及签发单证或电子运输记录所需要的准确信息。

3. 托运人对承运人的赔偿责任。关于托运人的责任，以过错责任为原则：第30条规定托运人违反公约的义务造成承运人灭失或损坏的，托运人应负赔偿责任；以严格责任为例外：对于危险货物的运输，公约采取了严格责任，规定托运人违反有关义务，造成承运人灭失或损害的，应承担严格责任。

（七）运输单证和电子运输记录。

1. 签发。第35条规定了承运人签发运输单证或电子运输记录的基本义务。规定有权取得单证的主体是托运人，除非托运人同意向单证托运人签发。这涉及在FOB术语有争议的单证应向谁签发的问题，有权取得单证的主体为与承运人订立运输合同的托运人，即买方，而不是向承运人交付货物的发货人，即卖方，除非作为托运人的买方同意承运人向卖方签发单证，且卖方必须是将自己的名字反映在单证"托运人"一栏中的单证托运人。

2. 合同事项。第36条规定了运输单证及电子运输记录中应记载事项的范围，包括货物的信息、承运人或履约方的信息、收货人及收货地的信息、货物表面状况等。同时，第39条对于合同事项的欠缺又规定，运输单证有效性不依赖于必要记载事项记载与否或准确与否。一份单证是否为公约规定的单证应依公约在定义部分的概念来考查。第40条规定了承运人在何情况下可对托运人提供的信息进行保留批注。关于合同事项的证据效力，依第41条概括为：原则上运输单证或电子运输记录是承运人收到合同事项中所载货物的初步证据；如承运人作出保留批注，则保留涉及的事项不具有证据效力；已转让的运输单证或电子运输记录中记载的事项具有最终证据的效力。

（八）货物交付

1. 收货人接受货物的义务。公约第43条第一次确立了收货人接受交货的义务，规定其有义务在约定时间和地点，或无此约定时，在合理预期的时间、地点接受交付的货物。合理预期的时间和地点须考虑合同条款和行业习惯等确定。

2. 承运人交付货物。公约分几种情况进行了规定：①未签发可转让单证时，承运人应在第43条所述的时间和地点将货物交付给收货人。承运人在交货时有权要求声称其为收货人的人适当表明其确实为收货人。②签发必须提交的不可转让运输单证时，声称是收货人的人按承运人的要求适当表明其为收货人并提交不可转让单证的，承运人应向其交付；如该人不能适当表明其为收货人，承运人有权拒绝交货；如该人未提交不可转让单证的，承运人应拒绝交付。③签发可转让单证的，又分两种情况：其一，正常情况下，在可转让单证持有人提交可转让单证，同时适当表明其身份主张提货的情况下，承运人应向持有人交付货物。其二，可不凭单证交货，第47条第2款规定，承运人可合法不凭可转让单证交付的条件是，"单证本身明确载明无须提交单证便可交付货物"，规定对承运人对"合法无单交付货物"产生的赔偿责任应由指示其无单交货的人补偿并有权要求其提供担保。

（九）控制方的权利

控制权原本是国际贸易法中的内容，公约第一次在海上货物运输法中引入了控制权的概念，目的在于保护卖方的利益。依公约第56条的规定，公约有关控制权的规定是非强制性的，允许当事人通过协议加以背离或限制。控制权主要涉及下列问题：①控制权的行使主体：在未签发任何单证的情况下，托运人为控制方；在签发不可转让运输单证且载明必须交单提货的情况下，托运人为控制方；当签发可转让运输单证时，单证的持有人为控制方，持有人可以转让控制权；当签发可转让的电子运输记录时，该电子单证的持有人即控制方。②控制权权利。控制权限于下列权利：发出与货物有关的但不构成对合同变更的指示的权利，及修改此指示的权利；在货物抵达原定目的地之前，在运输途中的挂靠港或途经地点要求交付货物的权利；变更收货人的权利。后两项权利对未获支付货款的卖方十分重要，卖方在收货人丧失支付能力的情况下，可以指示承运人将货物交付原定收货人以外的人。③承运人执行指示。下达指示的条件：发出指示的人有权行使控制权；此种指示到达承运人时能按其内容合理地执行；此种指示不会妨碍承运人的正常营运，包括其交付货物的惯常做法。控制方应承担对承运人执行指示而产生的额外费用和损失的偿还义务及赔偿责任。承运人合理预计执行指示将产生额外费用、灭失或损坏的，有权从控制方获得担保，未提供担保的，承运人可以拒绝执行指示。

（十）索赔通知与诉讼时效

1. 索赔通知。第23条规定了发生灭失、损坏或迟延时的通知：①货物灭失或损坏明显的，应当在交货前或交货当时提交索赔通知；②灭失或损坏不明显的，在交货后交货地的7个工作日内提交索赔通知；③联合检验的，无需提交通知；④迟延交付的，交货后21个连续日内向承运人提交迟延造成损失的通知。索赔人在前两项未在规定时间内提交索赔通知的，不影响其将来的实质性索赔权。但有关迟延的索赔，索赔人未在规定时间提交索赔通知的，则丧失向承运人主张该损失的权利。

2. 诉讼时效。公约规定的诉讼时效为2年，自承运人交付货物之日起算。在未实际交付的情况下，自应当交付货物的最后一日起算。依第63条，2年的时效不得中止或中断，但可以进行延长，延长的方式是由被索赔人声明，声明可以在时效期间内的任何时候进行，时效可通过多次声明延长。向第三人进行追偿时，其时效有两个选择：①提起程序的管辖地准据法允许的时效期间；②自提起追偿诉讼的人解决原索赔之日起或自收到向其本人送达的起诉文书之日起 90 日内，以时效期间较晚者为准。

此外，公约对管辖权、仲裁、合同条款的有效性进行了规定，为了防止承运人或海运履约方利用其优势地位，减轻公约规定的义务和责任，规定排除或限制承运人或海运履约方在公约下责任的条款、排除或限制赔偿责任的条款、将货物的保险利益转让给承运人的条款无效。公约对货方义务与责任的规定，除公约另有规定，不能通过合同约定的方式增加或减少。

■第四节　航次租船合同

航次租船合同又称为程租（voyage charter）合同，是指船舶出租人向承租人提供船舶或船舶的部分舱位，装运约定的货物，从一港运至另一港，由承租人支付约定运费的合同。它是与班轮运输相对应的不定期运输方式，在航次租船运输的情况下，运输航线、装运港和目的港、运费率以及货物的装卸安排等均由租船双方在合同中约定，航次租船运输适于大宗货物的运输。在航次租船合同下，出租人保留船舶的所有权和占有权，并由其雇用船长和船员，船舶由出租人负责经营管理，由出租人承担船员工资、港口使费、船用燃料、港口代理费等费用。承租人除依合同规定负担装卸费等费用外，不直接参与船舶的经营。《海商法》以"航次租船合同的特别规定"为一节，将其置于"海上货物运输合同"一章中，强调了航次租船运输属于货运合同的特性。

一、航次租船合同的性质及与班轮运输合同的相同点及不同点

（一）航次租船合同的性质

关于航次租船合同的性质问题，历来存在着争议。一种观点认为，航次租船合同属于租船合同的范畴。另一种观点则认为，航次租船合同属于货物运输合同，理由是租赁合同重在使用，而运输合同重在服务。航次租船运输与提单运输一样，均由承运人或出租人负责船舶的营运组织，负责完成运输任务。承租人仅仅要求船舶所有人或出租人把货物运至目的港，船舶所有人通过其所雇用的船长和船员来占有和控制船舶，他并没有把这种权利转移给承租人，承租人取得的并不是使用收益权，他取得的是出租人提供的一种运输劳务服务。因此，航次租船合同不是财产租赁合同。另外，在航次租船下，承租人支付的是运费，而不是租金，因此，航次租船合同从性质上说还是属于货物运输合同。持前一种观点的将运输分为提单运输和租船运输，租船运

输中又包括了航次租船、定期租船和光船租船。持后一种观点的则将航次租船运输纳入了货物运输的范畴。我国《海商法》即采用了后一种主张，将航次租船合同列为第四章"海上货物运输合同"的一节。但是出租人不是班轮运输的承运人，也不是公共承运人，因此，该章以特别规定的形式对航次租船合同进行了规定。与有关提单运输的规定不同，该节的规定除有关适航和不得不合理绕航的规定外，均为非强制性的，只有在航次租船合同中没有约定时或没有不同约定时才适用。

如上所述，航次租船合同虽然名称采用了租船，但它实际上是货运合同的一种，航次租船合同符合海上货运合同的本质特征，即以船方提供运输服务为主。通常情况下，程租合同承租人除负责约定的运费和约定的装卸费用外，包括营运成本、航次成本在内的其他费用均由出租人负责，出租人仍然承担运输货物的合同义务，并负责船舶的管理和航行。因此，具有租船之名的程租合同实际上是货运合同的一种。程租多用于大宗货物的国际海上运输，出租人从运输的角度上讲，实际上处于货物合同承运人的地位，航次租船的承租人多是货运合同中的货方。

（二）航次租船运输和提单运输的异同点

航次租船运输和提单运输既有相同点，又有不同点，其相同点主要表现在：①两者都属于海上货物运输合同；②两者都由船方（承运人或出租人）负责船舶的营运组织，完成运输任务；③两者都由货方（托运人或承租人）支付约定的运费。两者的不同点主要为：

1. 在主体方面，班轮运输中的承运人是公共承运人，而在航次租船下承担运输的是私人承运人。作为班轮运输合同的承运人的班轮公司，如无特殊原因，不能拒绝运送托运人的货物，此种运输以固定航线、固定船期、固定运费率向所有托运人提供运输服务，对所有托运人一视同仁。而程租合同的出租人可以拒绝他人的租船请求，只承运与其签订租船合同的承租人的货载。

2. 在决定货载的权利方面，在班轮运输下，船舱在有剩余空间的情况下，承运人仍可接受其他人的订舱单装货。而在程租中，出租人对于出租的整船或部分舱位在未经承租人同意的情况下，不能将空舱位提供给他人装货，因承租人已约定租整船或船舶的部分舱位，当然，承租人对于空出的舱位需要支付亏舱费。

3. 对船舶的要求上，班轮运输注重货物的性质和数量，而对船舶，只要是适航的，在其他方面一般没有特殊的要求，所以一般都允许使用代替船舶，提单上往往载有代替船舶条款和转运条款。而租船合同则注重船舶的特性，合同中往往都订有船舶说明条款，出租人应按约定提供船舶。

4. 在运费上，班轮运输一般依固定的费率收取运费，订有运价表，按所运货物吨数或体积乘以运价计算运费；而程租合同的运费由双方协议确定。即在程租的情况下是竞争价，在班轮的情况下是垄断价。租船合同的运费按市场供求协商决定，运费计算办法按约定吨位计算或包干运费，前者按约定吨位及每吨约定运价计算，后者只规定一个总金额。

5. 在航线及期间上，班轮运输是定期船，航次租船运输是不定期船，班轮运输托运人没有任意选择航线的权利，而程租则没有定期及固定航线的约束，完全由双方协商决定。

6. 在货物的装卸上，班轮运输一般由班轮公司安排泊位进行装卸，合同一般不对装卸时间及滞期费进行约定。而在程租合同中，由于时间损失在船方，因此有装卸时间和滞期费、速遣费的规定。

7. 在法律关系的调整上，班轮运输由法律调整，而航次租船运输由合同调整。由于班轮运输中托运人往往处于不利的谈判地位，合同条件一般都是承运人拟定的，所以许多国家都通过立法来制约提单条款，规定承运人应承担的最低限度的责任和义务。而租船运输双方的谈判地位则至少在理论上是平等的。因此，我国《海商法》有关航次租船的规定除了两条强制规定外，均为任意性规定。

二、航次租船与买卖合同的关系

承租人可以是国际贸易的买方，也可以是国际贸易的卖方。依国际货物买卖合同约定采用的贸易术语的不同，安排运输的当事人也不同，在采用FOB贸易术语的情况下，由买方负责运输，在采用 CFR 和 CIF 的情况下，是由卖方负责运输。不论是卖方还是买方负责运输，在租船时均应注意与买卖合同的协调，并符合下列要求：

1. 所承租的船要与装货港与卸货港相适应。装卸港在船长、船高、吃水等方面会有某种限制，例如，在"新波罗斯波"一案[1]中，买方所租的船因吃水太深，不能进出可供卖方选择与指定的装货港口。在"尼泽提"一案[2]中，租船人租了一条被装港当局列入黑名单的船，无法承运约定的货物。

2. 所租船舶要与买卖合同规定的付运期一致。在某案中，由于买方承租的船舶没能准时抵达装货港，使卖方不能在付运期内合理地将货物装上船舶，卖方因此中断了合同。[3]

---

〔1〕　The "New Prosper" (1991) 2 Lloyd's Rep. 93.

〔2〕　The "Nizeti" (1960) 1 Lloyd's Rep. 132.

〔3〕　Bunge v. Tradax (1981) 2 Lloyd's Rep. 1.

3. 所租的船应适合运输买卖合同规定的货物。例如，买卖合同涉及的货物对通风设备有要求，负责租船的一方当事人即应承租具备适当通风设备的船舶，否则即属违约。[1]

三、航次租船合同的格式

为了简化租船合同的谈判过程，国际上的航运民间组织制定了一系列的租船合同标准格式。目前，国际上较常用的航次租船合同格式有：

1. 统一杂货租船合同（Uniform General Charter），简称"金康合同"（GENCON），由波罗的海国际航运公会于 1922 年公布，于 1976 年及 1994 年两次修订。程租与期租不同，期租有 95% 使用的是纽约土产标准合同（NYPE），程租标准合同的使用则没有这么高的集中率，但金康合同的使用仍是最多的，特别是在亚洲。

2. 北美谷物租船合同（North American Grain Charter Party），简称 NOR-GRAIN，是由美国船舶经纪人与代理人联合会、波罗的海国际航运公会、北美谷物出口协会等组织于 1973 年公布、1989 年修订的。

3. 油轮航次租船合同（Tanker Voyage Charter party），简称 ASBATANK-VOY，由美国船舶经纪人与代理人联合会制定，其前身是油轮航次租船合同（EXXONVOY 1969）。

4. 澳大利亚航运公会谷物租船合同（Chamber of Shipping Australian Grain Charter 1928），简称 AUSTRAL。

5. 波罗的海木材租船合同（Chamber of Shipping Baltic Wood Charter Party 1973），简称 NUBALWOOD。

四、航次租船合同的主要内容

依我国《海商法》第 93 条的规定，航次租船合同的内容主要包括出租人和承租人的名称、船名、船籍、载货重量、容积、货名、装货港和目的港、受载期限、装卸期间运费、滞期费、速遣费以及其他有关事项。下面结合采用得较多的金康合同的内容阐述航次租船合同的主要内容。

（一）船舶说明（Description of Vessel）

船舶说明是出租人对船舶的情况在合同中所作的陈述。该陈述使船舶特定化，它是承租人决定是否租用该船的重要依据，因此，它是航次租船合同的重要内容。出租人必须保证其陈述的正确性。出租人提供的内容不正确在英美法国家中被称为"误述"，指出租人对船舶的陈述与事实不符。关于"误述"的后果，英国法区分三种情况有不同的处理：①在欺诈性误述的情况下，

---

[1]　The "Ross Isle" (1982) 2 Lloyd's Rep. 589.

承租人可以解除合同，并可以提出损害赔偿；②在疏忽性误述的情况下，承租人可以提出损害赔偿，但对于是否可以解除合同，则由仲裁庭或法院依公平原则来确定；③在无过错误述的情况下，其处理与第二种基本相同，只是误述方如能证明在订立合同时，他有合理的理由相信其所作的陈述是真实的，就可以不负赔偿责任。依美国法，如出租人有误述，承租人可请求损害赔偿，但不能解除合同。但如果误述促使承租人订约，且误述破坏或严重妨碍了承租人租用船舶所要达到的目的，则承租人既可解除合同，又可提出损害赔偿。我国《海商法》对误述没有专门的规定，有关问题应依民法的一般原则。船舶说明的事项主要包括下列内容：船名（vessel's name）、船舶国籍（vessel's nationality）或船旗（vessel's flag）、船级（vessel's class）、船舶吨位（vessel's tonnage）和船舶动态（vessel's position）等项。

在船舶说明方面，金康合同只对船名、总吨位与净吨位、货物载重量三个方面进行了规定，由于总吨位与净吨位主要针对的是港口使费，而该费用在程租下是由船东自己负责的，所以，这两项说明对租船人的意义不大。租船人为了保障自己的利益，应在标准金康合同的基础上，通过附加条款针对合同的具体情况对船舶说明进行补充：

1. 针对装卸港口与地点：在租船合同中加入有关船长、船宽、船高、吃水等的内容，因为租方指定的装卸港口与地点如在这些方面有限制，在租船合同没有订明的情况下，船东不可能依这些限制提供适合的船舶。

2. 针对装卸作业：如果货物的装卸需要使用叉车，则需要船舶出租人保证船舱没有妨碍，并能使用叉车。如卸货需要使用抓斗，则需要船东保证船舱能够适于抓斗的使用。如在这些方面没有适当地安排，会延误装卸时间并产生滞期费、额外装卸费用等损失。

3. 针对船上的装卸设备：如果装卸港都有岸上的装卸设备，则租船人可以不必过多地考虑船上的装卸设备情况；但如果岸上没有装卸设备，货物的装卸就得依靠船上的装卸设备，租船人应注意在合同中加入有关船上吊杆的吊力、吊杆跨距、类型、速度等的内容，否则会引起不必要的损失。如在某案中，由于船上吊杆吊不起货物，岸上又没有岸吊可租用，被迫转港，造成了延误并引起了费用的损失。

总之，租船人应针对买卖合同中涉及的货物情况、装卸港口的情况等，要求在船舶说明中加入适当的内容。

（二）预备航次（Preliminary Voyage）

船舶在上一个卸货港时达成一项租船合同，则船舶驶往下一个租船合同的装货港的空放航次被称为预备航次。预备航次是租船合同的一部分，船方在预备航次中应尽责速遣，否则，船方须对因延迟而造成的承租人的损失负赔偿责任。此外，预备航次还涉及下列两项内容：

1. 受载日。受载日是租船人可以接受船舶并进行装货的最早日期。如船舶在受载日以前到达并已作好了装货准备，租方依合同可以拒绝装货，一直等到最早受载日才开始装货，这就造成了船舶的脱期。租船人可以接受船舶的一段时间就是受载期。一般来说，船方希望受载期订得长些，以免船舶脱期。而租方则希望受载期订得短些，这样容易备货。如船舶未能在受载期到达，则承租人得向出租人索赔因延迟而造成的损失。

2. 解约日（canceling date）。解约日指合同中规定的船舶应到达装货港的最迟日期。船舶如迟于解约日到达装货港，租船人有解除合同的选择权。租船人的解约权是绝对的，不受租船合同中一般免责条款的影响。因不可抗力延期到港，船方可以免责，租方仍有权解除合同，但不能要求赔偿损失。船方因疏忽或过失迟延到达，租船人不但可以解除合同，而且可以要求赔偿损失。即使船方明知不能在解约日前到达，只要租方不提出解除合同，船舶仍应驶往装货港。例如，在某案中，某轮由于在香港修理而不能在解约日前赶到装货港，船舶所有人为了避免空跑一趟，到达装货港仍遭解约，于是询问租船人是否愿意接受该船，本来合同中无质询条款，租船人完全可以不作答复，等船舶到达装货港后再表明是否取消该船。当时租船人正好未备好货，因此就答复船舶所有人不用再来装货港了。该答复使船舶所有人不必空跑一趟，而船舶所有人却向法院起诉，称租船人的复电构成了事前毁约，要求赔偿。法庭结果确实判租船人事前毁约，因为，当时船舶所有人只是问租船人是否取消合同，并没有表示不再履行合同，是租船人首先用明确的语言表明不再履行合同的意图的，因而在法理上构成了事前毁约。

鉴于实践中常常出现此种现象，金康合同中就加入了质询条款（interpellation clause），即规定在承租人接到出租人或船长询问船舶于解约日后抵达是否会取消租船合同时，租船人应在一期限内答复的条款。询问要严格按条款的要求，即船东向租方说明船舶无法赶上解约日，并说明新的估计可装货的日期，并请租船人宣告是否取消租约，或重新确定一个新的解约日。如果没有依条款要求行事，会被视为非条款下的询问，即导致租船人没有回答的责任。[1] 我国《海商法》第97条针对该实践也作出了一条任意性的规定，该规定只有在合同中没有约定时才适用。该条规定："出租人在约定的受载期限内未能提供船舶的，承租人有权解除合同。但是，出租人将船舶延误情况和

---

〔1〕　The "Helvetia-S"（1960）1 Lloyd's Rep. 540.

船舶预期抵达装货港的日期通知承租人的，承租人应当自收到通知时起 48 小时内，将是否解除合同的决定通知出租人。因出租人过失延误提供船舶致使承租人遭受损失的，出租人应当负赔偿责任。"

另一方面，如船舶在解约日前到达，而租船人却因未备好货等原因而造成船舶不合理的延误，此时，船方也可以解除合同。但此项权利必须小心行使，不合理的撤船会被认为是违约行为。

（三）有关货物的条款

1. 货物的类别。合同中应规定货物的货类、货名、包装等内容。如承租人提供的货物与合同不符，出租人有权拒装货物。因提供的货物与合同约定的货物不同引起的损失应由承租人承担。有些货物需要经过适当的处理才能符合合同的规定，如租船人提供的货物未经该适当处理，租船人应对由此引起的损失负责。在某案中，一批经过"抗氧化处理"的鱼粉从秘鲁运往中国，鱼粉在卸货时起火，为了扑灭火，船舶所有人支付了额外的费用，因而向承租人索赔 55 000 美元。仲裁庭认为租船人违反了合同，鱼粉在国际海事组织颁发的《国际危险品运输规则》中列为第九级，鱼粉一旦发生氧化，将释放出大量热量，因而需要经过适当处理才能安全存放。租船人在该案中提供的货物是"非适当处理的鱼粉"，因而不符合租船合同规定的货物品名，租船人负违约责任。租船人不服上诉至英国法院，法院基于同样的理由，驳回了租船人的上诉。[1]

2. 货物的数量。在租船合同中，对于货物的数量通常只规定一个约量，例如，规定"10 000 吨，±5%，船方选择"。在装货前，船长须根据将要履行的航次情况，确定燃油、淡水等的储备量，计算出本航次的净载重量，然后向承租人宣布本航次可以承载货物的数量，船长的这种做法被称为"宣载"。"宣载"的数量不能超出上述规定的范围。如承租人不能提供船方宣布的载货量，不足部分应由承租人向出租人支付空舱费。如载货量不能达到宣布的载货量而造成退装，则出租人应赔偿承租人因退装而引起的损失，包括仓储费、汽车运费、退关费等费用。

3. 积载因数。积载因数是每公吨货物所占的立方英尺的空间。将上一条款规定的货物数量装载到适当的船上并不是一件容易的事，还会涉及积载因数的问题。由于货物是多种多样的，同样重量的货物，轻泡货（如棉花）所需的空间要大于重量货（如钢材）所需的空间。只有了解了积载因数，才能正确地判断船舶在载重吨或舱容上是否适合该货物。由于承租人了解其货物

---

〔1〕 The "Amphion"（1991）2 Lloy's Rep. 101.

的性质，因而积载因数通常是由承租人提供的。一个谨慎的船东会要求保证货物具有一定的积载因数，以保证最低限度的运费收入。因为运费是依货物的重量来计算的，如货物很轻，则一票货物可能在占满舱容的情况下，重量却没有多少，计算出来的运费也会减少。上述提到的亏舱费或短装损失索赔常常是由于积载因数不正确造成的。

（四）装卸港口

1. 装卸港口规定方法。装卸港口的规定方法有两类：①明确订明装卸港的数目和名称，在这种情况下，承租人必须事先能确定装卸港，否则，如果事后要求改港，船东可以索赔损失或拒绝改港。②笼统地规定一个装卸区，例如，规定卸货港为"中国或上海/大连区"，由承租人选择其中的港口。租船人选择港口的时间合同有约定的，应依约定。金康合同对指定装卸港期限没有规定，如租约没有规定，则租船人指定装卸港的期限应在"合理时间内"。合理指时间足够，不会使船东因此受损。过了合理时间没有指定港口，使船方由于等待承租人指明卸货港而造成延迟，船方可以要求承租人赔偿因此而引起的损失。[1] 对于港口应于何时是安全的，只要在指定当时，该港口或地点应是当时及可预见能安全使用的即可。[2]

2. 多个港口指定的顺序。如船方在租船合同中允许租船人使用一个以上的装卸港，应注意订明按地理上的顺序指定。否则会造成船方由于在不同的港口之间来回航行引起的损失。英国曾有案例判租船人有默示责任按地理上的顺序指定港口，但后来的一个伦敦仲裁否定了这个默示条件。[3]因此，船方为了避免争议，应订明依地理上的顺序指定港口。

3. 安全港口。在航次租船合同中，港口可以由租船人指定，也可以在合同列名，这两种情况对港口的安全责任是不同的。对于已列名的港口，安全的风险由船方承担，[4] 而对于租船人指定的港口，其安全由租船人负责。[5] 安全分为实质上的安全和政治上的安全。

（1）实质上的安全。指该港口可供船舶在空载和满载的情况下均能驶进和驶出。这方面的索赔会涉及船舶的损坏、额外费用以及因此带来的对第三者的责任等。多数不安全港口的案例涉及的是实质上的问题。例如，在某案中，船舶在卸载后无法穿过曼彻斯特河道上的桥梁，需要割掉部分桅杆才能

〔1〕 The "Timna" (1971) 2 Lloyd's Rep. 91.
〔2〕 The "Evia" (1982) 2 Lloyd's Rep. 307.
〔3〕 The "Hadjitsakos" (1975) 1 Lloyd's Rep. 536.
〔4〕 The "Houston City" (1954) 2 Lloyd's Rep. 148.
〔5〕 The "A. P. J. Priti" (1987) 2 Lloyd's Rep. 37.

穿过，引致船方索赔因指定不安全港口而引起的损失。[1]

（2）政治上的安全。指船舶可以安全驶进和驶出港口，不会遭受扣留、没收、拿捕等危险。有关政治上安全的案例较少，但由于当今世界上不稳定的因素较多，政治上的安全也应是考虑的因素。美国曾有一案例是关于一船曾去过以色列，后又去了阿拉伯国家港口，该案认为后者是不安全港口。[2]

（五）装卸期间（Laytime）

装卸期间是合同当事人双方约定的货物装船或卸船而无需在运费之外支付附加费的期间。航次租船合同中有装卸期间的规定是因为航次租船下的时间损失在船东。如因不是船舶所有人的责任造成的原因，租船人未能在装卸期间内装货或卸货完毕，则须按超过的时间向船方支付滞期费。如租船人在装卸期间届满前提前完成装货或卸货，则由船方向租船人支付速遣费。滞期费是一种违约赔偿，滞期费只适用于装卸延误的违约，对其他租船人的违约带来延误并不适用。

1. 装卸时间的确定方法。在合同没有规定装卸时间的情况下，租船人只要在合理时间内装完卸毕，即不构成违约，因此，装卸时间的延误风险多数由船方承担，从以往的案例可以看出，港口拥挤[3]、罢工[4]、港口当局干预[5]、天气等自然原因[6]等原因造成延误的时间损失风险均由船方承担。在没有订明装卸时间的情况下，惟一可让租船人承担时间损失风险的是因其违约而导致的延误。例如，由于租船人提供的货物有缺陷造成的延误，再如租船人未备妥货物待装造成延误等[7]。

租船合同约定装卸时间的方法主要有三种：①在合同中规定装卸时间的具体日数或若干时。②规定装卸率，从而求得装卸时间。例如，交运的货物共 40 000 公吨，装率为每天 2000 公吨，则装货时间为 20 天。③按习惯尽快装卸（customary quick despatch）。

在合同中订明装卸时间时，装卸时间的损失风险在租船人。如果由于船方违约造成时间损失，租船人可向船东索赔。如果由于自然灾害或第三方等外来原因引起时间损失，则应由承担时间损失风险一方自负。

〔1〕　The "Innisboffin"（1920）5 Lloyd's Rep. 190.

〔2〕　Pan Cargo Steamship Co. v. U.S. 234 F. Supp. 623.

〔3〕　Postlethwaite v. Freeland（1880）5 App. Cas. 599.

〔4〕　Castlegate Steamship Co. Ltd. v. Dempsey and others（1892）1 QB 854.

〔5〕　Good & Co. v. Isaacs（1892）2 QB 555.

〔6〕　The "Otava"（1922）12 Lloyd's Rep. 63.

〔7〕　The "Dimitrios N. Rallias"（1922）13 Lloyd's Rep. 196.

第四章

2. 装卸时间的表达方法。在用装卸率的方法确定装卸时间时，通常采用下列方法进行描述，例如，"每工作日 1000 公吨""每工作日"是条件，表明仅计算工作日，星期日及假日不计，"1000 公吨"是数量。条件的表示方法主要有：

（1）日或连续日（day or running days），指从午夜至午夜，连续 24 小时的时间。依此种表述，从装卸开始至结束，整个天数包括节日和假日均计入装卸时间。这种计算方法对货方不利。

（2）工作日或连续工作日（working days or running working days），指不包括星期日和法定节假日的港口可以进行工作的日数，影响工作的非晴天工作日也应计算在内。

（3）晴天工作日（weather working days），指不包括星期日、法定节假日和影响工作的非晴天日的港口可以工作的日数。

（4）24 小时晴天工作日（weather working days of 24 hours），指以累计 24 小时为一个晴天工作日，例如，如果港口的一个工作日为 8 小时，则 3 日为一个晴天工作日。

（5）连续 24 小时晴天工作日（weather working days of 24 consecutive hours），指不包括星期日、法定节假日及非晴天工作日的连续 24 小时为一日的日数。依这种表述方法，不论港口的正常工作日规定为几小时，均按 24 小时计算。

3. 装卸期间的计算。装卸期间的计算应自接受准备就绪通知书若干小时后起至装/卸完毕止，但排除合同中订明不计算装卸时间的事件所用的时间。例如，金康合同规定，如准备就绪通知在中午之前递交，装卸期间从下午一时起算；如通知书在下午办公时间递交，装卸期间从下一个工作日上午六时起算。准备就绪通知（Notice of Readiness，NOR）是船方通知租船人船舶已准备就绪，可以开始装货或卸货的通知。该通知书的递交须满足两个条件：

（1）抵达。一般说来，在采用港口租船合同的情况下，船舶一般应到达港口的商业区才算抵达；在采用泊位合同的情况下，船舶应到达指定的泊位。有关什么是"抵达"的判断在实践中不是一件易事。因为一个港口通常会划分为几个区域，如检疫区、法律管辖区、商业区等。商业区一般指有装卸货物设施的区域；一般意义上的法律管辖区指该国法律管辖的区域；行政意义上的管辖区指港口当局管辖的区域。法律管辖区往往大于商业区。有关船舶是否抵达的争议往往出现在"等泊的地点"是否算商业区的问题上。随着航运业的不断发展及港口的使用率的提高，加之船舶造得越来越大，使得港口越来越拥挤。船舶抵港有时要在很远的地方锚泊等候数日。如果"等泊的地点"属于商业区，则等泊造成的时间损失就应算在承租人的身上。如果"等泊的地点"不算商业区，则等待泊位的时间损失就由船舶所有人承担。

英国 1904 年的"莱纳斯（The Leonis）"一案[1]明确了应将商业区作为船舶抵达港口的标准，认为船舶抵达港口内商业区的可开始装卸工作的地点时才能被认定为抵达船，才能开始计算装卸时间。依该标准只要船舶未到达有装卸设备的港区就不能算作是抵达。然而这一标准在港口日益拥挤的今天，就显得对船方极为不利了。因为港口是由租船人指定的，如果租船人指定了一个严重拥挤的港口，船到后无法进港，却要船方承担由此而造成的时间损失，这显然是有失公平的。为此，英国 1973 年的"乔翰娜"（Johanna Oldendorff）一案改变了"到达船"的概念。该案中的船舶需在距港口商业区 17 海里远的锚地等泊，但该锚地在港口的行政界线内。依商业区的标准，英国高级法院和上诉法院均拒绝承认该船为"到达船"，但该案上诉至上议院时，上议院认为船舶的大型化和港口的严重拥挤已使过去的到达船概念很不公平并显得过时，里德法官（Lord Reid）在该案中确立了抵达船的新标准（又称"里德标准"）。[2]依该标准，如果船舶不能马上进入泊位，则该船必须到达港内的某一地点，在那里租船人可以立即而有效的控制该船，这时就可以认定为是"到达船"了。该标准有两个基本要件：①船舶必须在租船人立即而有效的控制之下，此点只要船舶处在通常等候区域内即可；②船舶必须处在港内。有些港口通常的或强制的抛锚区不在港内，就不能算作是抵达了。可见，现在船舶不一定必须抵达有装卸设备的商业区才算抵达。国际航运界在有关"港口"的理解上也趋于放宽，依波罗的海国际航运公会（BIMCO）、国际海事委员会（CMI）、伦敦全国船舶经纪人和代理人协会联合会（FONASBA）、国际干货船船东协会（INTERCARGO）联合颁布的《1993 年航次租船合同装卸时间解释规则》的规定，"港口"是指船舶装货或卸货的区域，而不论是在泊位、锚地、浮筒或类似地点装货或卸货。港口亦包括船舶等待依次进港的惯常地点，以及船舶按指示等待依次进港或必须等待依次进港的惯常地点，而不管该地点与上述区域距离远近。可见，抵达惯常的等待进港的地点即可认为船舶已抵达。

泊位合同是指在租船合同中列明了装卸货物的泊位或码头的租船合同。由于泊位和码头是相对明确的概念，因此问题较少。此类合同对船方是很不利的，因此，船方常常加入其他条款，以便将抵港后不能到达泊位的时间风

〔1〕 Leonis Steamship Co. v. Rank Ltd. (1908) 1 K. B. 499.
〔2〕 The "Johanna Oldendorff" (1973) 2 Lloyd's Rep. 285.

险转移给租船人。在泊位合同下船方加入的条款主要有以下几种：

第一，订明"到达后即可抵靠"（Reachable on her arrival），即租船人保证在船舶到达港口后即提供一个可以利用的装货或卸货泊位，而该装货或卸货泊位在没有偶发事件的情况下，能使船舶安全而不迟延地抵靠。依有关的判例，在订入此条款的情况下，只要船舶抵达而无码头可靠泊，即可认为租船人违约，并应承担因此造成的时间损失。在这里是基本不问造成不能靠泊的原因的，除非此原因已在合同中特别进行了规定，或是船方违约，或是整个航次受阻，除此之外造成的不能靠泊的时间损失均应由租船人承担。

第二，订明"不论靠泊与否"（Whether in berth or not），规定非船方的原因不能靠泊的，仍可递交准备就绪通知。将该段等待的时间算入装卸时间。此条款的运用是要求原因的，如果船舶不能靠码头是由于天气、罢工等非港口拥挤的原因造成的，则船舶即使到达了港内仍不能算做抵达，不能起算装卸时间。可以看出，规定"到达后即可抵靠"比规定"不论靠泊与否"更能保护船方的利益。

第三，订明"等泊损失的时间计为装货或卸货时间"（Time lost waiting for berth to count as loading or discharging），指在无装货或卸货泊位而船舶无法在等候的地点递交准备就绪通知书时，船舶损失的时间如同装卸时间已经起算一样计为装卸时间，如果装卸时间已经届满，则计为滞期时间。这种时间一直计算到有了泊位之时止。此条款适用于船舶还未到达时或无法递交准备就绪通知书时的情况，该条款是一个独立的条款，无须满足"抵达"和"准备就绪"这两个条件，只要事实上符合等待泊位的条件，就可以起算装卸时间，将等待泊位的时间损失转移给租船人。

（2）准备就绪。准备就绪包括两方面的含义：①船舶在物理上准备就绪，指货舱适合装载合同中指定的货物。该准备不是指开航的准备，而是装船的准备，例如，燃料不足是未做好开航的准备，但对装货没有影响。装货的准备一方面是货舱的清洁，另一方面是起货机、吊杆的正常使用。如果船舶只做好了装卸租船合同下部分货物的装卸工作准备是不够的，准备就绪是指对租船合同下全部货物的装卸准备就绪。②船舶在法律上准备就绪，指已办完了各项法律上的手续。这里的手续指影响船舶进行装卸作业的手续，而并非一切法律手续。例如，检疫是一种法律上的手续，在中国海事仲裁委员会作出的裁决中认为，检疫是联检的一部分，而通过联检又是一切外籍船舶进入我国港口的必要条件，因此，检疫不是例行的手续，租方有理由在船舶通过联检后接受准备就绪通知书。而英国的判例曾判对于非来自疫埠的船舶的检疫是一种例行的手续,[1] 并不影响装卸的准备就绪。认为如果检疫在任何时间都可以容易地获得,并且不会延迟装货,在这种情况下,检疫是多余的,获得检疫只不过是一种例行手续,它不影响准备就绪通知书的递交。当然,这种检疫只有在租船合同没有约定的情况下才能成为例行的手续,如果在租船合同中订有船长在检疫之后递交准备就绪通知书的规定,则这时的检疫就不再是例行的手续,而成了递交准备就绪通知书的先决条件。

4. 装卸时间的扣除。如果在合同中没有关于装卸时间扣除的规定,则装卸时间的计算是连续的,不管是否有星期日或假日。租船人为了保护自己的利益,通常会在合同中加入有关装卸时间扣除的规定。装卸时间一般扣除星期日、假日及非晴天工作日。此外,依港口的具体情况,有时租船人还会加入其他的扣除,如扣除噪音污染管制的时间等。

5. 有关计算装卸时间的变通条款。

(1)“不论靠泊与否”(Whether in berth or not)条款。在泊位租船合同下,船舶必须到达指定的泊位才算“抵达”,才可以递交准备就绪通知。有时由于港口拥挤等非船方的原因,船舶很难靠泊。为此,船方常常订入此条款,规定在由于非船方的原因而不能靠泊时,船长仍可以递交准备就绪通知。这样,船方就可以将等待靠泊的时间计入装卸时间,避免船期的损失。

(2)“除非已使用”(Unless used)条款。该条款规定在装卸时间的扣除时间内,仍然进行装卸,应将装卸的小时数计入装卸时间。但将扣除的时间计入装卸时间时,不是以全日计算,而是以实际用来进行装卸工作的时间计算。

(3)“一旦滞期,永远滞期”(Once on demurrage always on demurrage)条款。该条款规定一旦发生或进入滞期,装卸时间的扣除条款即不予适用。装卸工作超过了合同规定的装卸时间就进入了滞期,依上述条款,一旦进入滞期,星期日、假日、非晴天工作日等应在装卸时间内扣除的时间均应计入滞期,而不能扣除。

(4)“滞期非连续计算”(Demurrage runs uncontinuously)条款。该条款规定在进入滞期后,装卸时间的扣除条款仍予适用,即不将装卸时间扣除的星期日、假日和非晴天工作日计入滞期时间。

(5)“可调剂使用装卸时间”(Reversible laytime)条款。该条款允许将装货时间和卸货时间加在一起计算装卸时间,即如租船人在装货港节省了时间,节省下的时间就可以计入可用的卸货时间,使租船人有调剂使用装货与卸货

[1] The "Delian Spirit" (1971) 1 Lloyd's Rep. 506.

时间的权利。

（六）装卸费用条款

如果租船合同没有规定，在装卸费用的划分上，一般租船人应将货物交到船舷，由船方将货物接过来装进船舱内，而在卸港则由船方在船舷将货物交给货方，让后者将货物提走。金康合同第 5 条对装卸费用进行了规定，1994 年的金康合同对旧条款进行了一些修改。1976 年金康合同中给双方两种选择，即船方负担货物的装卸费用（gross terms）和船方不负担装卸费用（free in and out），但由于现在已很少使用 gross terms 的做法了，所以在 1994 年金康合同中已将 gross terms 删除了。航次租船合同有关装卸费用的分担可以采用下列的几种方法：

1. 船方负担货物的装卸费用（gross terms）。在这种条件下，在装货时，承租人负责将货物运到船边船上吊钩所能达到的地方，然后由船方将货物从船边吊装进舱并平舱。在卸货时，船方的责任是用船上吊具将货物从舱内吊起越过船舷卸到船边，然后由货方运走。这种条件的分界在船边。该方式比较适用于包装货，不适用于散装货。

2. 船方不负担装货费用（free in, FI）。例如，从中国租船运货到美国，中国租船人为有效地安排装货，就愿意自己安排装货，但不愿意安排在美国的卸货。这时就可以主张采用 FI 条件。

3. 船方不负担卸货费用（free out, FO）。例如，从中国租船到美国装货时，就有可能采用此种方式，以减少自己的麻烦。

4. 船方不负担装卸费用（free in and out, FIO）。但装卸过程不光是装和卸的费用，在此条件下，船方仍要负责杂货的积载和散装货的平舱费用。此外，如船方不特别注明，吊机手的开支也是由船方负责的。因为传统上吊机都是由船员操作的，船方如希望将此项开支列入承租人的账下，就要特别注明。

5. 船方不负责装卸和积载费用（Free in and out and stow, FIOS）。

6. 船方不负责装卸和平舱费用（Free in and out and trim, FIOT）。

除了上述装卸费用以外，还有一些在装卸港发生的费用，通常在合同中并无约定，在发生了费用时，双方均主张不应由自己承担。法庭的意见有时是看该项费用是为谁的利益发生的，在涉及一方的过失时，则要看该费用是因谁的过失引起的。

【案例研习】卸货检验费争议案[1]

某轮在从墨西哥港口运货往中国港口卸货时，收货人申请卸货港的进出口商品检验局对货物数量进行检验。承租人认为，卸港的货物检验是为了确定经过海上运输后在卸货港所卸货物的数量，检验费是常见的港口费用，应由船舶所有人承担。船舶所有人则认为，该项检验是为了收货人自己的利益进行的，因此检验费应由收货人自负。仲裁庭认为，检验结果表明该轮所卸货物确实短少。同船舶所有人应赔偿承租货物短少损失一样，货物短少的检验费应由船舶所有人负担。该案是依费用的发生与货物短少责任的联系来确定费用的承担的。

（七）运费条款

运费是对出租人提供的服务所支付的报酬。运费的表现形式主要有两种：①运费率（pro-rate freight）。指按所载货物的每单位容积所表现的金额。例如，每公吨 35 美元或每 40 立方英尺 35 美元。②整船包价（lump sum freight）。指按提供的船舶规定的一笔整船运费。例如，包价 100 万美元。在整船包价的情况下，不管实际装货多少，一律照付全部运费。其特点是只要船上有惯常可供装货的空间，或载重吨充分可让租船人使用，货物装多装少均与船方无关，运费均需支付，因此也没有亏舱费的问题。

在以运费率计算运费时，应确定依什么货量计算，因为货物在运输的不同阶段，其重量因装卸操作、途中挥发等原因通常是有出入的。货量可以采用装入量，也可以采用卸出量。装入量是指由发货人在装货港提供并记入提单，经船长核定后签字的提单货量。卸出量是由收货人在卸货港对货物进行称重后确定的重量。

运费的支付方式有两种，即运费预付和运费到付。运费预付一般是在签发提单时支付运费；运费到付一般在船舶到达目的港后支付。

（八）责任终止和留置权条款

该条款规定，在货物装船完毕后，租方对租船合同的责任即告终止。但在合同所规定的运费、空舱费和滞期费等费用未付清之前，船方对货物有留置权。产生该条款的原因是由于在交通及通讯不发达的古代，联络和汇款均十分困难，承租人在装货后认为自己已经履行了买卖合同上的责任，不愿再牵涉到以后对船舶所有人所负的责任中去，因此与船舶所有人约定，有关费用与收货人结算。船舶所有人也认为既然货物在其控制之下，收取这些费用不会太困难，因此也愿意这样安排。在实践中，有些船舶所有人忽视这一条

〔1〕 张丽英：《海商法学》，高等教育出版社 2006 年版，第 195 页。

款，到了目的港即放货给收货人，结果，当其向租船人索取滞期费时，租船人会以责任终止条款为由拒绝支付，而此时船舶所有人已将货放跑，无法对收货人行使其留置的权利。

值得注意的是，租方责任的终止与船方留置权的行使具有共存的特点，即当船方的留置权不能行使时，则租船人的责任也不能终止。例如，在某案中，在卸货港吉大港，由于巴基斯坦政府有紧急法令，不准对该批以政府为收货人的货物进行留置，结果租方的责任也不能终止。[1]

我国《海商法》第78条也规定了承运人的该项留置权。该条规定："收货人、提单持有人不承担在装货港发生的滞期费、亏舱费和其他与装货有关的费用，但是提单中明确载明上述费用由收货人、提单持有人承担的除外。"即船方不能为了装港的费用而留置收货人的货物。英国法律在这一点上与我国的规定不同，依英国法律，如果租约写明可为滞期费留置货物，则包括装卸港的滞期费。[2]

承运人可以行使留置权的债项主要有：

1. 未支付的运费。对于到付运费，有义务支付该笔费用的收货人，同时也是货物的所有人，因此，承运人可以因未支付的到付运费而留置货物。但对于预付运费，一般承运人不能留置货物，因为，有义务交付预付运费的人是托运人，而不是收货人，承运人只能留置债务人的财产，因而对于未付的预付运费，承运人无权留置属于收货人的货物。

2. 未支付的滞期费。我国《海商法》规定承运人有权因未支付的滞期费而留置货物。而依英国法，承运人只能通过合同来赋予承运人因未支付的滞期费留置货物的权利，因而是一种"合同的留置权"。对于承运人因装港和卸港的滞期费是否均能留置货物，各国的做法略有不同。依英美法，只要合同有约定，承运人不论是因装港还是因卸港的滞期费均可留置货物。而依大陆法，只可因卸港的滞期费留置货物，因为装港的滞期费一般是由发货人支付的。但如果承运人在提单中明文规定，因装港的滞期费也可留置，并提醒提单的受让人承运人的此项留置权，则承运人可以为获得该笔费用留置货物。

3. 共同海损的分摊。共同海损是为了航行中船货的共同安全而发生的，因此，货物的所有人有义务进行分摊，承运人自然也可以因未收取的共同海损的分摊额而留置货物。

此外，我国《海商法》还规定承运人因其为货物垫付的必要费用以及应

─────────────

〔1〕　The "Sinoe" (1972) 1 Lloyd's Rep. 201.

〔2〕　The "Anwar al Sabar" (1980) 2 Lloyd's Rep. 261.

当向承运人支付的必要费用未付清，又没有提供适当担保的，承运人也可以在合理的限度内留置货物。留置权的行使以占有为条件，其方式主要有两种，即船上留置和岸上留置。船上留置即不卸货，但有费用产生。岸上留置时，承运人会受到港口场地的限制，如承运人除将货物交收货人外，没有存放货物的场所，则承运人就将因失去对货物的占有而丧失留置权。

（九）出租人的责任条款

租船合同不受《海牙规则》的管辖，因此，航次租船合同中有关货物损害责任的条款，得由出租人和租船人双方协商确定，法律上无强制规定。例如，金康合同所规定的出租人的义务就大大低于《海牙规则》的有关规定。该格式合同第2条规定："对货物的灭失、损害或延迟交付，只有当灭失、损害或延迟是由于货物积载不当或疏忽（托运人、承租人或其装卸工人或受雇人员自行积载的除外），或者由于船舶所有人或其经理人本人未尽适当谨慎使船舶在各方面适航，保证妥善配备船员，装备船舶和配备供应品，或者由于船舶所有人或其经理人本人的行为或不履行职责所致时，船舶所有人才予以负责。"在实践中，更多的做法是删除上述条款，用附加条款说明出租人对货物的责任与免责适用《海牙规则》。

（十）绕航条款

金康合同中有关于绕航的免责条款，又称"自由绕航条款"，其第3条规定：船舶有权为任何目的以任何顺序挂靠任何港口。该条款的措辞看似广泛，而以往的案例还是有一定限制的，如只允许沿着航线的港口挂靠，而不能严重偏离，次序也不应过于颠倒。另外，绕航也不是为了"任何事情"，应只限于为修理、加油、装卸其他货物等原因而绕航，即这些事情须与航次有关。租船运输与班轮运输不同，租船运输没有严格的航线和挂靠港口，该条款主要是从船舶所有人的利益出发，使船方在运输货物时有一定的自由度。但如上所述，司法上的解释并非如文字上所称的可任意航行并以任何顺序挂靠。一般来说，船舶只能挂靠合同规定的或通常习惯的航线上通常挂靠的港口，并应依地理的顺序挂靠。因此，船方仍然有不得随意绕航的义务。

【案例研习】自由绕航争议案[1]

某轮于1991年10月16日从上海装载"龙宫饭店"运往瑞典哥德堡港，于12月16日抵达目的港。承租人认为，该轮大副于1991年10月9日与承租人签署的协议写明："上海港至哥德堡的航行时间大约45天左右。"该轮为避免运河费用未走苏伊士运河，而是绕道好望角航行，结果使航行时间拖长至3

---

[1] 张丽英：《海商法学》，高等教育出版社2006年版，第198页。

个月，船舶所有人应赔偿因该轮晚到目的港使承租人遭受的损失，包括推迟开业的预期利润损失。船舶所有人认为，承运合同并入的金康租船合同第 3 条规定："船舶有权为任何目的以任何顺序挂靠任何港口。"除非承运合同明文规定该轮的航线，航线的选择权在船舶所有人。此外，由于承租人提供的"龙宫饭店"没有通过苏伊士运河的证书，为了船方和租方的共同利益，减少时间和费用损失，船舶选择走好望角航线是适宜的。仲裁庭认为，承运合同并未规定该轮从上海至哥德堡的具体航线和到港的具体日期。并入承运合同的金康租船合同又有"船舶有权为任何目的以任何顺序挂靠任何港口"的规定。在这种情况下，船舶所有人有权选择航线。大副与承租人所签协议中称的 45 天只是个粗略的估计时间，且大副在该协议中并未注明是代表船舶所有人，因而不能被认为是承运合同的补充，从而不能构成承运合同的组成部分。因此，该轮在选择航线上未违反承运合同。

（十一）罢工条款

如果没有此条款的规定，当在装卸港碰上罢工时，罢工引起的时间损失就要由船方承担，为此，船方希望规定此条款来避免有关的时间损失。1994 年金康合同第 16 条罢工条款对装卸时间的计算及解除合同的选择权问题进行了规定。1994 金康合同规定：承租人和船舶所有人对由于罢工或停工而阻碍或延误履行本合同规定的义务所引起的后果，概不负责。如果在装货港发生罢工，船长或船东可以要承租人确认：将罢工时间算作装货时间，或取消合同。当承租人在接到船方通知后 24 小时内不答复时，船方即可行使取消合同的选择权。如果部分货物已装船，则船舶所有人应运送该货物，但有权为自己的利益在中途揽运其他货物。

如在卸货港发生罢工，且在 48 小时内未能解决时，收货人可选择：①让船舶留在原卸货港等待罢工结束，并在规定的装卸时间届满后，支付半数滞期费；②指令船舶驶往没有罢工的安全港口卸货，该指令应在船长或船舶所有人将罢工的情况通知承租人后 48 小时内作出。当替代港的距离超过 100 海里时，运费应比例增加。

（十二）战争条款

1994 年金康合同第 17 条是关于战争条款的规定，依该条规定，如在船舶开始装货前船舶所有人发现船舶将在航次中遭遇战争风险，则有权以信件或电报方式告知承租人解除合同。该条规定允许船长在有战争风险的情况下有充分的裁量权拒绝装货或继续装货，或拒签有关航次的提单等。如全部或部分货物已装船，船长可以将货物卸下，或载货开航并按承租人的指示将货物卸于卸货港附近的安全港口。如船舶所有人在用电报向承租人发出指定港口

第四章

的请求后 48 小时内未收到此种指示，船舶所有人有权将货物卸在任何安全港口，并视为合同已经履行。

（十三）冰冻条款

1994 年金康合同第 18 条规定：①如在装货港发现冰冻，船舶可以不装货而离港，租船合同因此失效；②如在装货中，船长担心船舶被冰封而认为离港更为有利时，可以载运已装船的货物离港，并可为船舶所有人的利益将船舶驶往任何其他港口揽运货物；③如卸货港发现冰冻，收货人可选择使船舶等候至恢复通航，并支付滞期费，或在船长或船舶所有人发出不能抵达目的港的通知后 48 小时内指令船舶驶往一安全港卸货，替代港口的距离如超过 100 海里，则开往替代港交付货物的运费应按比例增加。

五、租船合同项下的提单

（一）简式提单

在航次租船运输的条件下，船长或承运人的代理人仍须签发提单，这种提单被称为租船合同项下的提单。租船合同项下的提单与班轮运输中的提单相比要简单得多，只有提单正面的内容，没有背面的内容，又称为简式提单或短式提单。这是因为在班轮运输中，承运人与货方之间的唯一书面凭证就是提单，因而订得很详尽。又由于班轮运输有固定的航线、固定的挂靠港口、固定的费率，因而班轮提单的条款也很少改变。而租船运输则是相对灵活的，如在港口的选择、装卸率等方面都是千变万化的，不可能像班轮一样用统一的提单格式。因此，租船合同项下的提单只有提单正面的内容，其余的一般是通过"租船合同条款并入此提单"的字样将租船合同的内容并入提单。

（二）提单与租船合同的关系

由于提单是船方印制的，而租船合同是出租人与承租人商定的，有时就会发生提单的内容与租船合同的规定不同的情况。在出现这种冲突时，应以哪个的规定为准呢？在实践中通过区分不同的关系人来确定提单和租船合同的效力。当租船人为货物的托运人时，运输关系中只有承租人（托运人）与出租人两方当事人。提单在这种情况下不具有海上运输合同证明的性质，提单只具有货物的物权凭证和货物的收据的作用。出租人和承租人之间的运输合同是租船合同，提单条款与租船合同冲突的应归于无效。当承租人将提单转让给第三方时，提单对第三方就不仅是货物的物权凭证和货物的收据，还是运输合同的证明。租船合同对提单的效力，视提单中是否将租船合同并入提单而定。如提单中注有"一切条款、条件、免责和豁免以租船合同为准"的字样，则提单应受租船合同的约束，否则，不能认为提单中并入了租船合同条款。租船合同中的详细条款往往通过提单上的批注合并到提单中，所以租船合同项下的提单通常比班轮提单简短。然而对于提单受让人来说，让其接受不知情的租船合同条款是不公平的。因此，提单受让人一般会要求随单附上租船合同的副本，以备查阅。

■第五节　国际多式联运

国际多式联运（international multimodal transport）是联运经营人以一张联运单据，通过两种以上的运输方式将货物从一个国家运至另一个国家的运输。这种运输是在集装箱运输的基础上产生发展起来的新型运输方式。由于海运在我国的多式联运中占有很大的比重，因而我国《海商法》第四章第八节对多式联运进行了特别规定。但我国《海商法》调整的多式联运必须包含海运的方式，即海陆、海陆空或陆海联运方式。我国《海商法》中的此种多式联运具有下列的特点：①由运输双方签订一份多式联运合同，并使用一份全程多式联运单证。该单证应满足不同运输方式的需要，并按单一运费率计收全程运费。②包括至少两种不同运输方式的连续运输，而且其中必须有一种是海上运输方式。③运输的起运地和目的地位于不同国家，即必须是不同国家或不同地域之间的运输。④多式联运经营人须对货物运输的全程负责，对于区段承运人也有责任的，则多式联运经营人须与其一起承担连带责任。

一、《海商法》中的多式联运合同

依我国《海商法》第102条的规定，多式联运合同是指多式联运经营人以两种以上的不同运输方式，其中一种是海上运输方式，负责将货物从接收地运至目的地交付收货人，并收取全程运费的合同。这里的多式联运经营人指本人或委托他人以本人名义与托运人订立多式联运合同的人。包括海运的多式联运，其经营人多为海运承运人，此类多式联运经营人又包括由船舶运输公司担当的多式联运经营人和由无船承运人担当的多式联运经营人两类。无船承运人本身没有船舶，也不直接从事运输活动，但与托运人签订多式联运合同，再与各区段承运人签订各段运输合同，组织全程的运输。无船承运人的业务范围主要是：购买海运承运人的运输服务并以转卖的形式将这些服务提供给其他人；支付港到港或多式联运的运输费用；签发自己的提单或与之相应的运输单据；在直达运输的情况下，安排内陆运输并支付内陆运输费用；向远洋货运代理人支付合法的佣金；租赁集装箱；与起始地或目的地代理建立业务联系，等等。多式联运经营人收取的是全程的运费，也应对全程运输负责。

此外，《海商法》规定的多式联运合同必须包括两种以上的运输方式，且其中一种是海上运输方式，此点与多式联运公约的规定不同，公约没有关于必须包含海运的要求。原因是，我国尚无有关多式联运的专门规定，《海商法》所调整的是海上运输关系，其所针对的也只能是有海运的多式联运。

二、多式联运经营人的责任期间

多式联运经营人接收或交付货物的地点可能在发货人或收货人的内陆货运站或集装箱码头，其责任期间也相应地长于海运承运人的责任期间。依我国《海商法》第103条的规定，多式联运经营人对多式联运货物的责任期间，自接收货物时起至交付货物时止。如果收货人不向多式联运经营人提取货物，按照多式联运合同或交货地点适用的法律或特定行业惯例，将货物置于受货人支配之下，或将货物交给根据交货地点适用的法律或规章必须向其交付的当局或其他第三方时，多式联运经营人的交货责任完成。

三、多式联运经营人的责任

传统的各种运输方式有各自不同的运输责任制度，多式联运的承运人应采用什么责任制度是有争议的，有人主张可先由经营人包下来，再由其与各承运人按各自的责任制度分别处理。也有人提出采用区段责任制度，即由各段承运人分别对其承运区段的货损负赔偿责任。为了解决上述问题，国际商会于1963年制定了《联运单证统一规则》，该规则采用了区段责任制度和统一责任制相结合的制度。即在确知货物损失或灭失的运输区段时，适用区段责任制，由参加联运的各区段实行分段负责，各区段所依据的法律为：公路运输依《国际公路货运公约》或国内法；铁路运输依《国际铁路货运公约》或国内法；海上运输依《海牙规则》或国内法；航空运输依《华沙公约》或国内法。在未能确知货物损失或灭失发生的运输区段时，采用统一责任制，由联运经营人对联运期间任何地方发生的货损对托运人负赔偿责任。

我国《海商法》对多式联运经营人的责任作了类似《联运单证统一规则》的规定，即采用的也是区段责任制与统一责任制的结合。依第105条的规定，当可以确定货物的灭失或损坏发生于多式联运的某一运输区段的，多式联运经营人的赔偿责任和责任限额适用调整该区段运输方式的有关法律规定。第106条规定，当货物的灭失或损坏发生的运输区段不能确定的，多式联运经营人应当依本章有关承运人赔偿责任和责任限额的规定负赔偿责任。也就是统一依我国《海商法》有关海运承运人责任的规定来确定多式联运经营人的责任。该条没有关于多式联运经营人在赔偿了货主以后，如何向其他区段承运人追偿的问题，在货物受损的区段不能确定的情况下，承运人是无法向其他承运人追偿的。为此，《海商法》第104条规定允许多式联运经营人与各区段承运人另以合同约定相互之间的责任。但此项合同不得影响多式联运人经营人对全程运输所承担的责任。

【本章小结】

海上货物运输合同指由承运人收取运费，负责将托运人托运的货物经海路由一港运至另一港的合同。海上运输合同主要分为班轮运输合同、航次租船合同和多式联运合同。海运承运人责任包括适航责任和管货责任。我国《海商法》、《海牙规则》、《维斯比规则》、《汉堡规则》和《鹿特丹规则》对承运人的责任、责任期间、免责、责任限额、拖运人的责任、货物的交付等进行了规定。

【思考及练习】

1. 在承运人的责任期间上，我国《海商法》是如何规定的？

2. 为什么说提单在承运人和托运人之间是运输合同的书面证明而不是运输合同本身？

3. 提单是承运人已按提单所载状况收到货物或者货物已经装船的"初步证据"，这里"初步证据"意味着什么？

4. 加注任何批注是不是都会使提单成为不清洁提单？

5. 试比较《海牙规则》、《维斯比规则》和《汉堡规则》在承运人的责任基础、责任期间、责任限额、免责等方面的不同规定？

6. 试述《鹿特丹规则》与《海牙规则》、《维斯比规则》和《汉堡规则》相比有何新发展？

7. 中国甲公司与德国乙公司于 2002 年 5 月签订了购买一批仪器的合同，由某航运公司的 S 轮将该批货物从汉堡运往中国的上海，S 轮在运输途中遇小雨，因货舱舱盖不严而使部分货物湿损。请问下列选项中哪些选项是正确的？（　　　）

A. 承运人可依《海商法》的规定主张免责

B. 乙公司应当自行承担此项损失

C. 甲公司应当赔偿乙公司的损失

D. 承运人应当赔偿货物湿损的损失

8. 一对货物没有不良批注的提单已填写了下列事项：在收货人一栏写明：to order 字样；在船名一栏写明："玛丽"轮，并注明装船日期为：2006 年 8 月 10 日。在运费一栏注明：运费预付。在港口栏注明：装港为"上海"，卸港为"汉堡"。关于该提单，下列哪几项是正确的？（　　　）

A. 该提单为记名提单

B. 该提单为清洁提单

C. 该提单为已装船提单

D. 该提单为指示运费预付提单

9. 航次租船合同规定装卸时间的意义是什么？

10. 下列是国际货物贸易合同中有关运输的条款，请翻译并解释下列句子：

Article 4.

CIF FO Dalian or Qingdao, China. The buyer shall guarantee one safe berth at discharging port, Master of the carrying vessel shall tender Notice of Readiness in writing or by cable to the buyers nominated agents, whether in berth or not.

The buyers guaranted discharging rate is 1500 metric tons per weather working day, Sunday and holidays excepted unless used. If used, actual time used to count as laytime.

11. 请翻译并解释下列句子：

We are now open for 25 000 metric tons wheat in bulk 10% more or less owners ´ option 1 safe port U. S. gulf loading 1 safe port China discharging, laydays June 2000 tons loading/1500 tons discharging rate idea USD 24. 00 FIO Commission 5% U. S. grain charterparty.

12. 国际货物多式联运承运人的责任形式有哪几种？我国《海商法》对此是如何规定的？

【拓展阅读书目】

1. 林源民："海上货物运输合同再议——兼评《海商法》的修改"，载《中国海商法研究》2020 年第 2 期。

2. 司玉琢："航次租船合同的立法反思——以《海商法》修改为契机"，载《中国海商法研究》2019 年第 4 期。

3. 张念宏：《海上运输索赔与取证实务研究》，法律出版社 2019 年版。

4. 张永坚："仍不应被忽视的《国际货物多式联运公约》"，载《中国海商法研究》2018 年第 4 期。

5. 余妙宏："论海上货运代理人交付提单的义务——兼论《最高人民法院关于审理海上货运代理纠纷案件若干问题的规定》第 8 条的完善"，载《中国海商法研究》2018 年第 3 期。

6. 周烊："中国海上货物运输承运人留置权的实务与创新——兼论《海商法》第 87 条释义"，载《中国海商法研究》2015 年第 1 期。

7. Sir Bernard Eder, et al. , Scrutton on Charter parties and Bills of Lading, 23rd ed. Sweet and Maxwell, 2015.

8. 傅廷中："提单的货物收据功能之辩证"，载《中国海商法研究》2014

年第 3 期。

9. ［美］威尔逊（Wilson, J. ）:《海上货物运输法》，袁发强译，法律出版社 2014 年版。

10. Cooke et al. , Voyage Charters, 4th ed. Lloyd's of London Press Ltd. , 2014.

11. 张丽英等:《〈鹿特丹规则〉对进出口的影响》，中国政法大学出版社 2013 年版。

12. Liying Zhang, The Rotterdam Rules Effect on Chinese Cargo Owners, Asia Pacific Law Review, Volume 21, Number 1, 2013.

13. John Wilson, Carriage of Goods by Sea, Longman, 2010.

14. 刘寿杰:"解读《最高人民法院关于审理无正本提单交付货物案件适用法律若干问题的规定》"，载《中国海商法年刊》2009 年第 3 期。

15. 司玉琢、韩立新主编:《〈鹿特丹规则〉研究》，大连海事大学出版社 2009 年版。

16. 吴焕宁主编:《国际海上运输三公约释义》，中国商务出版社 2007 年版。

17. 胡正良:"《鹿特丹规则》对我国国际海上货物运输业的影响"，载《海大法律评论（2008）》上海社会科学院出版社 2009 年版。

18. 陈波:"控制权的概念及其法律性质"，载中国海商法协会主办:《中国海商法年刊》，大连海事大学出版社 2005 年版。

19. 郭萍:《国际货运代理法律制度研究》，法律出版社 2007 年版。

20. 杨良宜:《提单及其付运单证》，中国政法大学出版社 2001 年版。

21. 邢宝:《海商提单法》，法律出版社 1999 年版。

22. 郭瑜:《提单法律制度研究》，北京大学出版社 1997 年版。

23. 杨良宜编著:《滞期费》，大连海事大学出版社 1995 年版。

第四章

第五章

海上旅客运输合同

本章学习目的与要求

　　本章的教学目的在于使学生了解海上旅客运输合同的概念，海上旅客运输合同当事人的主要权利和义务，《1974 年雅典公约》及《2002 年海上旅客及其行李运输雅典公约》（以下简称《2002年公约》）的内容。重点掌握旅客运输承运人的责任。

本章关键词

　　海上旅客运输　客票　旅客　承运人责任与免责　《雅典公约》

■第一节　海上旅客运输合同的概述

一、海上旅客运输合同

　　海上旅客运输合同指承运人以适合运送旅客的船舶经海路将旅客及其行李从一港运送至另一港，由旅客支付票款的合同。"承运人"指本人或委托他人以本人的名义与旅客订立海上旅客运输合同的人。"旅客"指根据海上旅客运输合同运送的人，此外，经承运人同意，依海上货物运输合同，随船护送货物的人，也视为旅客。"行李"指依海上旅客运输合同交承运人载运的任何物品和车辆，这种行李需由旅客凭客票向承运人办理行李托运手续，在运送期间由承运人保管。"从一港至另一港"既包括中国港口和外国港口之间的旅客运输，也包括中国港口之间的旅客运输。此点与我国《海商法》有关海上货物运输的规定不同，海上货物运输的规定只适用于国际海上货物运输，排除沿海运输。而有关海上旅客运送的规定不仅适用于国际海上旅客运输，也适用于沿海海上旅客运输。只是考虑到我国的实际情况，《海商法》第117条最后一款对沿海旅客运输中承运人的赔偿责任限额进行了例外规定，依该款的规定，我国港口之间的海上旅客运输，承运人的赔偿责任限额，由国务院交通主管部门制定，报国务院批准后施行。

二、客票

旅客的客票是海上旅客运输合同成立的凭证，而不是海上旅客运输合同本身。海上旅客运输合同在承运人接受了旅客提出运送的申请，并收取了旅客的票款时即成立。承运人向旅客签发的客票则是海上旅客运输合同的书面证明。客票载有船名、航次、日期、起运港、目的港、客舱等级、票价等事项。国际海上旅客运输的客票通常还载有承运人的名称及地址、旅客的姓名及地址、海上旅客运输的条件等事项。载明旅客姓名的客票称为记名客票，此种客票不能任意转让。

■第二节　海上旅客运输承运人的责任和权利

一、承运人的责任期间

海上旅客运输承运人的责任期间包括承运人对旅客运输的责任期间和对旅客自带行李及自带行李以外的其他行李承担责任的期间。《海商法》第111条对这几种情况分别进行了规定：

1. 对于旅客运输的运送期间，自旅客登船时起至旅客离船时止。当客轮由于种种原因不能靠岸时，如客票票价中含有接送费用的，则运送期间包括承运人经水路将旅客从岸上接到船上和从船上送到岸上的时间，但不包括旅客在港站内、码头上或在港口其他设施内的时间。例如，旅客到达黄埔港，需要在港外换乘小船，继续航行1~2个小时才能最终到达目的港，此时，旅客虽然已离船，但由于票价中含有此期间的费用，则此期间仍为承运人的责任期间。

2. 旅客自带行李的运送期间与旅客的运送期间相同。旅客自带行李是随旅客而行的，因此其运送期间也与旅客的运送期间相同。

3. 自带行李以外的其他行李的运送期间，自旅客将行李交付承运人或承运人的受雇人、代理人时起，至承运人或承运人的受雇人、代理人交还旅客时止。自带行李以外的其他行李，指不是随旅客而行，而是交承运人托运的行李，因此，其运送期间为从承运人接收行李到承运人交付行李。

二、承运人的基本责任及责任基础

《海商法》第107条要求承运人应以适合运送旅客的船舶运送旅客，这里"适合运送旅客的船舶"是指承运人必须提供适航的船舶。而且，海上旅客运输比海上货物运输在适航上的要求要高，海上货物运输仅要求在开航前和开航时适航，而海上旅客运输要求船舶在整个运输过程中均须适航。

海上旅客承运人的责任基础依第 114 条的规定为完全的过失责任,此点与海上货物运输的规定不同,海上货物运输虽然也是过失责任,但由于有航行过失免责,因此是不完全的过失责任。旅客运输没有有关过失免责的规定,只要在承运人的责任期间内,因承运人或其受雇人、代理人在受雇或受委托的范围内的过失引起事故,造成旅客人身伤亡或行李灭失、损坏的,承运人均应当负赔偿责任。

第 114 条第 3 款和第 4 款还规定了承运人的推定过失责任,依该两款的规定,旅客的人身伤亡或自带行李的灭失、损坏,是由于船舶的沉没、碰撞、搁浅、爆炸、火灾所引起或是由于船舶的缺陷所引起的,承运人或承运人的受雇人、代理人除非提出反证,否则都应当视为其有过失。对于旅客自带行李以外的其他行李的灭失或损坏,不论由于何种事故所引起,承运人或承运人的受雇人、代理人除非提出反证,否则均应视为有过失。该两款从举证责任上加重了承运人的责任,因为上述情况下承运人要证明自己无过失是很困难的。

三、承运人责任的免除或减轻

《海商法》第 115 条和第 116 条对承运人责任的免除或减轻作了如下规定:①经承运人证明,当旅客本人有过失或旅客和承运人有共同过失时,因此而造成的旅客的人身伤亡或行李的灭失,承运人可以免除或减轻其赔偿责任;②经承运人证明,当旅客的人身伤亡或行李的灭失、损坏是由于旅客本人的故意造成时,承运人不负赔偿责任;③承运人对旅客的货币、金银、珠宝、有价证券或其他贵重物品所发生的灭失、损坏,不负赔偿责任。

四、承运人的责任限额

(一)责任限额

我国《海商法》有关承运人责任限额的规定是根据《1974 年雅典公约》及其 1976 年议定书制定的。依我国《海商法》第 117 条的规定,承运人在每次海上旅客运输中的赔偿责任限额为:①旅客人身伤亡,每名旅客不超过 46 666 计算单位;②旅客自带行李灭失或者损坏的,每名旅客不超过 833 计算单位;③旅客车辆包括该车辆所载行李灭失或者损坏的,每一车辆不超过 3333 计算单位;④上述以外的旅客其他行李灭失或损坏的,每名旅客不超过 1200 计算单位。

上述计算单位即国际货币基金组织创设的特别提款权。为了减少小额索赔给工作带来的不便,《海商法》允许承运人和旅客自行约定对旅客车辆和旅客车辆以外的其他行李损失的免赔额,但对免赔的幅度,《海商法》进行了限制,规定对每一车辆损失的免赔额不得超过 117 计算单位,对每名旅客的车辆以外的其他行李损失的免赔额不得超过 13 计算单位。在计算每一车辆或每名旅客的车辆以外的其他行李的损失赔偿数额时，应当扣除约定的免赔额。承运人的受雇人、代理人对向其提出的赔偿请求，只要能证明其行为是在受雇或受委托范围内的，也可享受责任限制的利益。此外，《海商法》又规定承运人和旅客可以书面约定高于上述赔偿责任限额的责任限额。

（二）责任限制的丧失

依我国《海商法》第 118 条的规定，承运人、其受雇人、代理人限制其赔偿责任的权利在下列情况下丧失：当证明旅客的人身伤亡或行李的灭失、损坏是由于承运人、其受雇人、代理人的故意或明知可能造成损害而轻率地作为或不作为造成的，承运人、其受雇人、代理人不得援用责任限制的规定。

（三）沿海运输的责任限额

考虑到我国的实际情况，上述责任限额只适用于国际旅客运输，对于沿海旅客运输承运人的赔偿责任限额，由国务院交通主管部门制定，报国务院批准。1993 年 12 月 17 日，经国务院批准，交通部发布了《中华人民共和国港口间海上旅客运输损害赔偿责任限额规定》（以下简称《责任限额规定》），该规定于 1994 年 1 月 1 日生效。依《责任限额规定》，承运人每次海上旅客运输中的赔偿限额分别为：旅客人身伤亡的，每名旅客不超过 4 万元人民币；旅客自带行李灭失或损坏的，每名旅客不超过 800 元人民币；旅客车辆及所载行李灭失或损坏的，每一车辆不超过 3200 元人民币；旅客其他行李灭失或损坏的，每千克不超过 20 元人民币。该规定主要适用于从事我国沿海旅客运输的承运人，上述责任限额的规定远远低于《海商法》第 117 条规定的限额。确定该限额主要是对比了我国国内其他几种运输方式的相应限额，同时也考虑到了国内航运企业的承受力。

五、承运人收取票款的权利

承运人有权收取票款及行李费，旅客无票乘船、越级乘船或超程乘船，应当按照规定补足票款，承运人可以按照规定加收票款。拒不交付的，船长有权在适当地点令其离船，承运人有权向其追偿。

六、实际承运人

实际承运人指根据接受承运人的委托，从事旅客送送或者部分送送的人，包括接受转委托从事此项运送的其他人。承运人常常将全程运输或部分运输转委托其他的船公司完成，在这种情况下，实际履行运输的承运人为实际承运人，为了防止在这种情况下，订约承运人以运输非由其完成为由，拒绝承担其责任，而实际承运人又以与旅客没有合同关系为由，也拒绝承担运输责任，致使旅客的利益受到损害，《海商法》规定有关旅客运输承运人责任的规定同样适用于实际承运人及其受雇人、代理人。承运人将旅客运输委托实际承运人履行的，承运人应对全程负责。承运人与实际承运人均有责任的，两者应负连带责任。实际承运人及其受雇人、代理人也可以享受限制其责任的利益。

七、索赔通知

《海商法》第 119 条对索赔通知提交的时效进行了规定，依该条规定：①行李发生明显损坏的，旅客应当依下列规定向承运人或承运人的受雇人、代理人提交书面通知：自带行李，应当在旅客离船前或离船时提交；其他行李，应当在行李交还前或交还时提交。②行李的损坏不明显的，旅客在离船时或行李交还时难以发现的，以及行李发生灭失的，旅客应当在离船或行李交还或应当交还之日起 15 日内，向承运人或承运人的受雇人、代理人提交书面通知。旅客未依上述规定提交上述索赔通知的，即为行李完好交付的初步证据，旅客日后再行索赔时需提出反证来证明。③在进行联合检查的情况下，无需提交书面通知，有关的检验报告即可作为索赔的依据。

■第三节　有关旅客运输的国际公约

为了保证海上旅客的人命安全，明确海上客运承运人的责任，适应现代海上旅客运输的发展，国际海事委员会先后草拟并制定了一系列有关海上旅客运输的公约，包括《1961 年布鲁塞尔旅客行李运输公约》《1969 年有关统一海上旅客及其行李运输若干规定的国际公约》。由于赔偿责任限额偏低及其他种种原因，上述公约均未生效。

一、《1974 年雅典公约》

1974 年联合国政府间海事协商组织在上述公约及公约草案的基础上制定了《1974 年雅典公约》。该公约于 1987 年 4 月 28 日生效。我国已于 1994 年 3 月 5 日经第八届全国人大常务委员会第六次会议通过决定加入了《1974 年雅典公约》及其议定书。该公约共 28 条，其主要内容为：

1. 公约的适用范围。公约适用于船旗国为缔约国或在缔约国登记的船舶进行的海上旅客运输，或旅客运输契约在缔约国订立，或起运地或目的地位于缔约国的旅客运输。

2. 承运人的责任。公约采用了推定过失责任制，即如果旅客的伤亡或自带行李的灭失或损坏是由于船舶失事、碰撞、搁浅、爆炸或火灾或由于船舶缺陷引起的，则应推定承运人或其雇用人或代理人有过失或疏忽。

3. 承运人的责任限制。公约对不同的损失规定了不同的责任限额：承运人对每名旅客的人身伤亡赔偿，每次运输不得超过 46 667 特别提款权。同时，公约还规定，缔约国可对身为该缔约国国民的承运人规定一项较高的对每名旅客的赔偿责任限额。承运人对自带行李的灭失或损坏的赔偿，每一旅客每次运输不超过 833 特别提款权。承运人对车辆的灭失或损坏包括车上所载行李的灭失或损坏的赔偿，每一车辆每次运输不超过 3333 特别提款权。对其他行李的灭失或损坏应承担的责任，每名旅客每次运输不超过 1200 特别提款权。承运人可就其赔偿责任与旅客商定免赔额，但每一车辆的灭失或损害的免赔额，不得超过 117 特别提款权，其他行李的灭失或损害的免赔额不超过 13 特别提款权。1990 年《雅典公约议定书》提高了上述责任限额，规定承运人对每名旅客的人身伤亡的赔偿责任限额为 175 000 特别提款权；对旅客自带行李及车辆和其他行李的赔偿限额分别为 1800 特别提款权、10 000 特别提款权和 2700 特别提款权。承运人对旅客每一车辆和车辆以外的其他行李的免赔额，分别为 3000 特别提款权和 135 特别提款权。该议定书尚未生效。上述责任限额不应包括损害赔偿金的利息和诉讼费用。

4. 责任限制权利的丧失。如经证明，旅客的人身伤亡或行李的损坏是由承运人、其雇用人或其代理人故意造成的，则承运人无权享受责任限制的利益。

5. 承运人的免责。如承运人能证明，旅客的伤亡或其行李的灭失或损坏是由于该旅客的过失或疏忽造成的，则可以全部或部分地免除其责任。此外，承运人对货币、艺术品或其他贵重物品的灭失或损害不予负责，除非双方商定将这种贵重物品交由承运人保存。

6. 诉讼时效。公约规定对旅客人身伤亡或行李的灭失或损坏的诉讼时效为 2 年，该时效的起算依下列方式：①人身伤害事件，自旅客离船之日起算；②发生在运输期间的旅客伤亡事件，自该旅客本应离船之日起算；③对发生在运输期间的旅客人身伤害并导致旅客在离船后死亡的事件，自死亡之日起算，但此期限自离船之日起不得超过 3 年；④行李的灭失或损坏，自离船之日或本应离船之日起算，两者以较迟者为准。

7. 管辖权。公约规定原告有权选择向下列法院之一提起诉讼：①被告的永久居住地或主要营业所所在地法院；②运输合同规定的起运地或到达地法院；③原告国籍国或永久居住地国法院，如被告在该国设有营业所；④运输合同订立地法院，如被告在该国设有营业所。

此外，公约第 17 条还对协议管辖作了规定，该条规定在造成损坏的事故发生后，双方可协议将争议提交任何法院或提交仲裁。

二、对《雅典公约》的修改

科学的进步提高了抵御海上风险的能力，与此相对应的却是遭遇海难的旅客得不到足够的赔偿。因此，国际社会要求提高承运人责任的呼声越来越高。为了适应国际海上旅客运输的发展，国际海事组织于 1976 年、1990 年在提高承运人责任限制上对《1974 年雅典公约》进行了修改，其中 1990 年议定书一直未能生效。2002 年在国际海事组织第 13 次外交大会上，终于通过了《2002 年公约》，新公约的修改主要体现在如下四个方面：

（一）承运人的责任基础

《1974 年雅典公约》主要适用的是过错责任原则，《2002 年公约》采用了承运人的双层责任制，一层为严格责任，另一层为过失责任：

1. 第一层为严格责任。严格责任适用于"航运事故"。"航运事故"系指海难、捕获、船舶碰撞或搁浅、船上发生的爆炸或火灾，或船舶缺陷。依第 3 条第 1 款的规定，承运人能够证明事故属于战争行为、敌对行为、内战、武装暴动或特殊的、不可避免的和不可抗拒性质的自然现象所造成的，就"航运事故"导致的旅客人身伤亡造成的损失，承运人对每位旅客每次事故的责任不超过 250 000 计算单位。

2. 第二层为过失责任。该层责任适用于两类情况：①超出第一层赔偿限额的赔偿。依第 3 条第 2 款，除非承运人证明造成损失的事故发生不是由于其过失或者疏忽，对于超过上述责任限制（即 250 000 计算单位）的损失，承运人应继续承担责任。即承运人对旅客的人身伤亡承担了第一层限额的赔偿后，对旅客未获赔偿的部分，承运人在有过失时才承担责任。②非航运事故。依第 3 条第 2 款的规定，对于非由航运事故导致的旅客人身伤亡造成的损失，如果造成损失的事故的原因是承运人的过失或者疏忽，承运人应当承担责任。索赔人对过失或疏忽负有举证责任。依第 7 条的规定，承运人对旅客人身伤亡的赔偿责任，每名旅客每次特定事故不应超过 400 000 计算单位。所谓非航运事故是指除了航运事故之外的一般事故，如在楼梯上摔下、碰伤等。

（二）承运人的责任限额

关于承运人对旅客人身伤亡的责任限额，经过多年的争论，终于在《2002 年公约》中作出了规定：①第一层责任限额。在航运事故方面，依第 3 条的规定，承运人在每位旅客每次事故不超过 250 000 计算单位的范围内承担责任。②第二层责任限额。在非航运事故及超过第一层责任限额方面，依第 7 条的规定，承运人对旅客人身伤亡的赔偿责任，每名旅客每次特定事故不应超过 400 000 计算单位。

（三）强制保险与财务保证

随着赔偿限额的提高，承运人经济压力越来越大，其可能无力赔付，面临破产的风险，这不仅起不到提高赔偿限额、保护旅客合法权益的作用，反而会限制海上旅客运输的发展。为此，《2002 年公约》规定了强制保险与财务保护制度：①强制保险与取得财务保证的义务。依公约第 4 条之二第 1 款的规定，凡属在缔约国登记的船舶，载客人数为 12 人以上，并适用该公约规定的，必须进行保险或取得其他财务保证，以保证所有缔约国的船舶都有足够的保险。强制保险或其他财务担保的限额为每位旅客每次事故不应少于250 000 计算单位。②取得证书。依公约第 4 条之二第 2 款的规定，进行了保险或者有其他财务担保的船舶，经缔约国政府的有关部门认定后，签发保险或财务保证证书。该证书应存放在船上，副本保留在船舶登记处。为实现公约的目的，经一成员国授权颁发的证书应为其他成员国所接受。

（四）直接诉讼

公约第 4 条之二第 10 款规定，依公约在保险或其他财务担保范围内的损害可直接向保险人或其他财务担保人提出。在此种情况下，第 1 款规定的 250 000 计算单位作为保险人或其他财务保险人的责任限制。

《2002 年公约》的修改主要集中在加强承运人的责任上，公约加大对旅客利益保护的意图十分明显。这也正是国际社会对海上旅客运输立法制定与修改的发展趋势所在。

【本章小结】

海上旅客运输合同指承运人以适合海上客运的船舶，负责将旅客及其行李从一国的港口运至另一国港口，而由旅客支付票款的合同。我国《海商法》及《1974 年雅典公约》对承运人的责任、承运人的责任期间、承运人责任限制权利的丧失、承运人的免责等进行了规定。《2002 年公约》提高了对旅客利益的保护，加强了承运人的责任。

【思考及练习】

1. 海上旅客运输承运人的基本责任及责任基础是怎样的？

2. 我国在国际旅客运输与沿海旅客运输承运人的赔偿责任限额上有何不同规定？

3. 试述《雅典公约》的主要内容。

4. 关于国际海上旅客运输国际上有什么新发展？

【拓展阅读书目】

1. 彭先伟、吴亚男："新冠病毒疫情下的邮轮检疫处置问题初探——以国际卫生法为视角"，载《中国海商法研究》2020 年第 1 期。

第五章

2. 向力："中国邮轮产业发展的国际法空间——以 GATS、FTAs 及双边协定中的国际法义务为中心"，载《中国海商法研究》2016 年第 1 期。

3. 郭萍："对邮轮合同法律性质的探究及思考"，载《中国海商法研究》2016 年第 1 期。

4. 李志文："《雅典公约》的最新发展及对我国海上旅客运输承运人赔偿责任限制的影响"，载中国海商法协会主办：《中国海商法年刊》，大连海事大学出版社 2002 年版。

5. Robert Force, Admiralty and Maritime Law, US Federal Judicial Center, 2004.

第五章

第六章

船舶租用合同

本章学习目的与要求

本章的教学目的是使学生明确定期租船合同与航次租船合同的区别，了解定期租船合同格式及定期租船合同的主要条款，重点掌握航区条款、停租条款、合法货物条款、租船人提示条款等内容。在光船租赁方面要求掌握光船租赁合同的性质及光船租赁合同的主要条款。

本章关键词

定期租船　航区　停租　合法货物　租船人指示　光船租船

■第一节　定期租船合同

一、定期租船合同的性质和特点

依《海商法》第 129 条的规定，定期租船合同（Time Charter）是指船舶出租人向承租人提供约定的由出租人配备船员的船舶，由承租人在约定的期限内按约定用途使用，并支付租金的合同。定期租船合同与航次租船合同在许多方面有不同之处：①在营运成本上，在航次租船中由船方负担的航次成本在定期租船下转由租船人承担，因而在定期租船合同中有关于燃油消耗量、航速的规定。②在时间损失上，航次租船的时间损失由船方承担，因此，在航次租船合同中有关于装卸时间的规定；而在定期租船中，时间损失由租船人承担，因此，定期租船合同中有关于停租的规定。③在经营权上，航次租船由船东负责经营，而在定期租船下，船舶的经营权转归租船人，船东为了保证其船舶的安全，就会在合同中加入有关航区、可装运货物范围等航次租船合同中没有的规定。

关于定期租船合同的性质，主要有两种观点。一种观点认为，定期租船合同具有财产租赁合同的性质，其理由是承租人在支付租金后即取得了船舶

第六章

的使用权，船舶的经营权在承租人，承租人负责船舶的调度、营运及船舶的营运费用。另一种观点认为定期租船合同不是财产租赁合同：①从民法理论上看，财产租赁合同的法律特征之一是合同标的物的占有和使用权发生转移。但在定期租船合同情况下，船舶在租期内仍由出租人通过其雇用的船长、船员占有，因此，其不是财产租赁合同。②在大多数情况下，定期租船合同主要是关于货物运输的规定，如船舶载货能力、允许承租人装运货物的种类、船舶可以航行的区域等，可见，定期租船合同的权利义务对象是船舶运送货物的行为。因而，这种合同仍具有海上货物运输合同的性质。

二、定期租船合同格式

目前，国际上常用的定期租船合同格式主要有：

1. 《统一定期租船合同》（Uniform Time Charter），租约代号"BALTIME"，全名为 Baltic and International Maritime Conference Uniform Time Charter，是由波罗的海国际航运公会（BIMCO）制定的，该租约在当今很少使用。BIMCO 全称为 The Baltic and International Maritime Conference，是国际性的商业航运组织，该组织成立于 1905 年，由于是船东的组织，因此，也比较倾向于保护船东利益，其制定的标准合同也较偏向船东。由于自 1973 年后租船市场对船东不利，因此 BALTIME 标准合同的使用逐渐减少，即使使用也会进行较大的修改。

2. 《定期租船合同》（Time Charter），租约代号"Produce Form"（土产格式），由于该格式是由美国纽约土产交易所（New York Produce Exchang，简称 NYPE）制定的，因此又被称为"NYPE"（纽约土产格式，以下简称"纽约土产"）。纽约土产是目前使用最为广泛的定期租船标准合同，有 90% 的定期租船合同使用的是纽约土产合同。

3. 《定期租船合同》（Time Charter Party），租约代号"SINOTIME 1980"（中租 1980），由中国租船公司制定。

三、定期租船合同的主要条款

如上所述，在上述定期租船合同格式中，纽约土产是采用最为广泛的一种，该标准合同最初是由美国纽约土产交易所于 1913 年制定的，并先后于 1921 年、1931 年、1946 年、1993 年和 2015 年进行了修改。下面结合"纽约土产"的内容介绍一下定期租船合同的主要内容。

（一）船舶规范

有关船舶的详细记载称为船舶规范，在定期租船条件下，承租人负责船舶的经营和货运的安排，因此，船舶是否适于货运的要求，船舶的性能是否良好等对承租人来说都是至关重要的。在定期租船合同中，船舶规范主要包括下列内容：

1. 船舶名称。如果出租人提供的船舶不是租船合同中规定的船舶，即使是姐妹船，承租人也有权拒绝接受。

2. 船籍。船籍是船舶的国籍，租船人在选定所租的船舶时，船籍是一项考虑的重要因素，提供与租船人要求的国籍不同的船舶可能影响租船人对船舶的使用。例如，在战时，敌国的船舶可能会遭到拿捕，政治上对立的两国的船舶可能会受到某种歧视等。当然，在订立租船合同时对船籍进行了错误描述的情况是很少见的，但在订约之后，有时船东为了某种目的，例如，为了避开原船籍所属国签署的公约中要求在船上设置防油污设备的规定，而转换成未签署该公约的国家的国籍。而船东在转换国旗时并没有事先征得租船人的同意。这种情况仍属于对租船合同的违反，船东可能会面临租船人的索赔。

3. 船级。如果在签订租船合同时，船舶不能达到约定的船级，承租人有权拒绝接受船舶。船级也有可能在订约以后发生变化，例如，船级社要求老龄船退级，或转入其他的船级社等情况。转入次一点的船级社就有可能导致货主保险费的增加，因此，租船人对订约后出现的船级的变化仍有可能提出索赔，因为在这种情况下，船舶出租人虽然不是在订立合同时误述，但仍可以构成对合同的违约行为。

4. 吨位和容积。承租人通常是结合准备承运的货物来选择船舶的吨位和容积。吨位主要包括净登记吨、总登记吨、总载重吨。租船合同规定的吨位常常是"大约"的数字。这个"大约"的含义是什么，没有公认的解释，所以最好删除"大约"二字，以免引起歧义。船舶的容积主要指船舶的总舱容。如船舶的吨位和容积达不到合同的约定，出租人就会面临承租人的索赔。这种索赔常常以减租金的形式出现。

5. 航速和燃油消耗。船名、船籍、船级等内容在航次租船合同中也有规定，而此项航速及燃油消耗的内容则是航次租船合同中所没有的，因为在定期租船合同下，营运所需的燃料是由租船人负责的，租方希望所租船舶的耗油量较低，因而很关心有关耗油量的规定。该条款的表达方式如下："……该轮可容纳××吨燃料，及在满载、天气良好的情况下耗油量为××吨，并能达大约××节航速。""良好天气"一般指蒲氏（Beaufort）4级以下的风力，浪不超过道格拉斯（Douglas）3级（浪高为3~5英尺）。但该标准不是绝对的，如对超大型船，超过4级仍是正常的，所以最好在合同中订明，"良好天气"指蒲氏4级，以免发生歧义。"大约"一词，在实践中一般解释为航速不超过±

0.5 节,[1] 燃料消耗不超过每天±1 吨。"能达"一般理解为在订立合同时能达到约定的航速，以后随着船龄的增长航速逐渐减慢是合理的，不构成违约。[2] 如果合同的表述为"在整个租船合同期内均能达××节航速"，则只要是在该租船合同期内不能达到约定的航速时，承租人即可以航速减慢为由扣付租金作为航速索赔。

关于上述耗油量，如所耗燃油量超过了规定的耗量，租方可以向船方索赔。由于在船舶使用中加油是租方进行的，如油的质量不好，不但会增加燃油耗量，还会造成机器的损坏，船东为了保护自己，常常在租船合同中加入"燃油质量条款"，这样，如船舶机器因油的质量低劣而受损，船方可以向租方索赔。[3] 航速如达不到合同的规定，即构成误述，租船人有权向船方提出索赔。

6. 有关船舶的其他描述。除上述事项以外，租船人要求的有关船舶的资料还包括船高、船舶的建造日期、船舶的船舱数、各舱的长宽高、舱内有无妨碍物、吊杆的外展程度等内容。各种特殊的要求主要是为了适应不同货物或运往不同地区的特定要求。例如，船舶要去五大湖区装粮，因而必须经过圣劳伦斯水道，水道上的大桥使经过此河的船舶在高度上受到了一定的限制。新奥尔良也有同样的问题，曾经有船在空载经过新奥尔良的一座大桥时，由于无法通过而雇用了直升飞机，将部分桅杆割去，在船通过后又将其焊回。有些船舱的容积是足够的，但货舱的长宽高却可能无法满足超长货物的需要。有些船舱由于有某种设施或澳大利亚梯，而使载货的能力降低。澳大利亚梯是依澳大利亚的法律而建造的，这种梯子为了使船员能够安全地进出货舱，因而有一定的倾斜度（一般的梯子是垂直的），这样也自然会影响到货舱的装载能力。

【案例研习】船舶规范与事实不符争议案

在某案中，租船人租用的船舶有澳大利亚舱，租船人因要装钢材，结果必须将舱内的澳大利亚梯拆掉，双方对因此而引起的时间损失及费用的支付产生了争议。租方认为船方违约，因为在合同中已说明船东所提供的船舶的船舱是无障碍的，而船方则认为，租方明知船舱的长度，而且现在几乎所有的散装货船都有澳大利亚梯，这是一个基本的常识。仲裁员认为，澳大利亚梯是一种障碍，因此船方应负责任。在有关所提供的船舶是否适当的争议中，

---

[1] The "Al Bida" (1986) 1 Lloyd's Rep. 142.

[2] The "Apollonius" (1981) 1 Lloyd's Rep. 53.

[3] The "Evje" (1987) 1 LR. 351.

第六章

对于船方与租方的责任依英美的判例一般认为，租船人所承担的寻找适当的船舶的责任要比船东的责任大一些。因为，对于租船人来说，有关船舶的规范资料在合同谈判时一般很容易得到，而船方却很难知道租船人将来要装什么货物。

（二）交船（Delivery of Vessel）

交船指出租人将处于适航状态的船舶交给租船人使用的行为。出租人应在租船合同中规定的期间内将船舶交给租船人使用，否则租船人有解除合同的权利。交船上的纠纷主要表现在交船的地点、交船时的船舶状态及交船的时间等几个方面。

1. 交船的地点。交船的地点主要依合同来确定。如合同规定了某港内的一个安全泊位，如承租人未提供上述泊位，等泊的时间由承租人来承担。合同规定的交船地点不明确或双方对交船的地点理解有不同，均可能导致双方的争议。例如，合同规定的交船地点是日本以南，这里"日本以南"指的是日本本岛南部还是日本所有领土以南。为了减少船方和租方在交船上的纠纷，国际船东协会（BIMCO）曾就交还船地点进行了专门的解释，例如，将"斯堪的那维亚"解释为"位于挪威、丹麦、瑞典和芬兰，包括位于巴尔的摩海内的岛屿的港口"。国际船东协会的解释并非法律，该解释只能在有关交船纠纷的解决上起有限的作用。关于交船地点，通常有下述几种表述方法：

（1）在指定港口的港区交船。港区的概念在定期租船中并不像航次租船中对港区的解释那样严格，因为定期租船合同中规定"到达港区"是为了将船交给租船人供其使用，而航次租船"到达港区"是为了确定装卸时间的开始。例如，在某案中，船公司依定期租船合同将船驶往安特卫普交船，船舶抵达安特卫普港外，由于天气恶劣不能驶入港内靠泊码头，在港外等了两天，租船人认为该船不算抵达，并引用了港口当局的证明，称只有越过河道上某条界线才算抵达安特卫普港。船方则认为，这是定期租船合同，不能援引航次租船合同对抵达船的严格解释来要求，结果租方作了让步。[1]

（2）在安全泊位交船。这样规定对租方比较有利，因为船舶需到达指定泊位才能交船。有些港口比较拥挤，而租方又坚持要在该港口交船，在这类港口船方有时可能需要在港外等待数天才能靠泊，船方为了避免因不能靠泊而造成自己的时间损失，应在泊位前加上"可靠泊的"的字样，以便将不能及时靠泊的时间损失转嫁给租船人。[2] 在交船的泊位前加上"可靠泊的"的

---

［1］　The "Angelos Lusis"（1964）2 Lloyd's Rep. 28.

［2］　The "Sea Queen"（1988）1 Lloyd's Rep. 500.

字样后，租方就有责任安排一个"可靠泊的"泊位交船。

（3）到达领航站交船（on arrival pilot station，APS）。到达领航站交船对船方比较有利，因为，领航站通常都在外港，外港一般离港区还有一段距离。有的港口没有领航站，租方在订明交船地点为领航站交船时就要特别注意，有案例判定在这种情况下，交船地点为港外最近的第一个领航站，这个领航站可能是另一个港口的领航站。

（4）领航员登船交船（on taking inward pilot，TIP）。该种交船与上一种的区别在于，只要领航员由于种种原因不能登船，船舶就不算交到租船人手中。领航员不能登船可能是由于天气原因、人为原因或港口拥挤等原因。实际上，以往的案例在判有关规定领航员登船交船的案子时，并不是机械地只看领航员是否登船这一简单的事实，由于一般认为港口是由租方指定的，所以租方应对港口拥挤承担责任。在某案中，船舶已到达交船港，但由于港口拥挤无可靠泊的泊位，在等待了7天以后，领航员才登船。仲裁员认为，等待的7天是由于港口拥挤造成的，因此这7天的时间损失应由租船人承担。可见有关案例在判断是否交船时，是将领航员登船这一事实与造成领航员不能登船的原因结合在一起认定的。当然由于港口拥挤以外的原因（如天气原因）造成的领航员不能登船引起的时间损失，判例一般比较一致地判由船方承担损失。

2. 交船时的船舶状态。依租船合同，船方除了要按时将船舶交租方使用外，船舶的状态还应符合租船合同的规定，否则，租方可以不接受该船。由此而引起的时间损失由船方承担。交船时船舶的状态一般需满足下列条件：

（1）船舶在各方面应适于预定航次。依英国的判例，如交船时船舶存在一些主要缺陷，这些缺陷不能及时纠正或影响到了承租人的商业目标，船方即构成严重违约，租方可以解除合同。如船舶在交船时存在一些次要的缺陷，这些缺陷能及时得到修复，且从商业上考虑，不会影响到租船人对船舶的使用，则船方是轻度违约，租方无权解除合同，但可以提出损害赔偿。英国法院在判断船舶的主要缺陷和次要缺陷时，实际上首先考虑的往往是船舶是否适航，主要的缺陷会造成船舶因不适航而被取消。

（2）货舱已准备就绪。在对货舱的要求上，一般认为除非合同另有特别的要求，货舱应该适于装载一般的货物和合法货物。[1] 从所载货物对货舱清洁的程度的角度考虑，货舱是否备妥是有不同的标准的，当租船人准备装载清洁货物时，货舱的清洁标准一般以粮食为准。对于一般的货物，货舱的清

---

[1] The "Tres Flores"（1973）2 Lloyd's Rep. 247.

洁标准是在货舱中不得有超过 25 英尺见方的将要脱落的锈或油漆。对于矿沙、煤炭等不清洁货物，对货舱的清洁性一般就没有什么要求了。在租方拟装载的货物为不清洁的货物时，船方为了防止租方因货舱不清洁而取消合同，就要在合同中注明货舱是适合装载矿沙、煤炭等不清洁货的。当合同订得不明确时往往导致双方产生争议，例如，在某案中，船方所备妥的船舶是可以装载一般货物的，而租方却要装载清洁的货物，合同中又未说明不能装清洁的货物。仲裁员认为在对船舱进行再次清洗的几天时间损失由租方承担，即租方仍需支付这几天的租金，而洗舱的费用则由船方承担。可见，该案例是力争平衡双方的利益来处理纠纷的。租方为了免除这一费用的损失，最好是在合同中订明要装什么货，以免日后双方发生纠纷。

（3）船上所剩燃油的数量应符合合同的约定。由于船上所剩的燃油是由租船人按当时当地的价格购买的，船方不能为了赚钱而在船上剩下过多的燃油。

3. 交船的日期和时间。1993 年修改的"纽约土产"（以下简称"纽约土产 93"）增加了预计交船日期的通知的规定。依该规定，出租人在约定日期之前应向承租人发出预计交船日期的通知，以便于承租人办理联系泊位及其他事宜。如出租人发出通知有误并影响了承租人对船舶的及时使用，有可能导致承租人提出损害索赔。依"纽约土产 93"的规定，如船舶未在应交付之日或之前交付并做好交船准备，承租人有解除合同的选择权。与航次租船合同一样，在实践中，定期租船合同也常常加入"质询条款"，规定当出租人赶不上解约日时，可以向承租人发出关于船舶不能如期到达的通知，并要求承租人在一定时间内宣布是否解除合同。"纽约土产 93"针对该实践增加了有关延期解约的规定。

我国《海商法》第 131 条也对延迟交船进行了规定，依该条的规定，出租人应按合同约定的时间交船。出租人违反上述规定的，承租人有权解除合同。在出租人将延误情况和船舶预期抵达交船港的日期通知承租人后，承租人应自接到通知时起 48 小时内，将解除合同或继续租用船舶的决定通知出租人。因出租人过失延误提供船舶致使承租人遭受损失的，出租人应负赔偿责任。依该规定，船方不能在解约日前抵达，实际上有两种情况，当出租人没有过失时，例如，出租人由于不可抗力而延误，租船人可以解除合同，但不能要求损害赔偿；当出租人有过失时，承租人既可以解除合同，又可以提出损害赔偿。

交船时间的争议主要表现在交船的时间是当地时间还是格林尼治时间。如果是依交船当地的时间，则当船舶航行至国际日期变更线时就会产生一天的差异，往东航行与往西航行穿过国际日期变更线会有几个小时的差别，这就会造成在租金的计算上不是少算，就是多算。英国在 1985 年"阿瑞特克·斯库"（Arctic Skou）一案以后，确定了交还船时间应以格林尼治时间为准的原则。[1] 美国的判例则很不稳定，一半判以当地时间为准，另一半判以格林尼治时间为准。"纽约土产 93"为此增加了一条，规定交船时间应以格林尼治时间为准。这样可以减少有关交船时间的纠纷。

（三）双方承担的事项

1. 出租人承担事项。依纽约土产格式，在定期租船合同中，出租人应当负责船上的供应品、船员的工资、船舶保险费，并使船机、船壳及设备等处于充分有效状态，即出租人维持适航的义务，该义务并非绝对义务，只要出租人尽到合理谨慎提供并维持船舶使之处于适航状态即可。

2. 承租人承担事项。依纽约土产格式，在定期租船合同中，承租人应承担燃油费、港口费、引航费、代理费、手续费、领事费及任何非因船舶驶入一港产生的其他费用。燃油包括重燃油及柴油，但不包括润滑油。润滑油不是燃油的一种，是由船东承担的。如航速慢因船的问题所致，多耗的燃油从租金中扣除；停租时所耗燃油由船东承担；船上自用燃油也应由船东承担。港口费包括警卫费、货物看守费、强制垃圾处理费。与租方业务有关的通信费、引航费、拖航费、代理费（除了为船员所花的代理费）由承租人承担。但如果船舶进港是由于船的责任（而不是由于天气等原因），则因此引起的所有费用由船方承担。在定期租船合同中，装卸货、平舱、积载、加固等工作是由承租人来承担的。

熏蒸费用如果是由船员生病引起的，由船方负责；如果是由货引起的，或由于租约要求去的港口的原因引起的，则由租方承担费用。

（四）租期（Charter Period）

租期是租船人使用船舶的期限。租期可以用日、月或年来表示。由于租期届满很难与租船人安排的最后航次的结束相吻合，常常会出现"超期"还船的现象。

1. 关于租期的表述。主要有下列几种：①默示宽容期：合同只规定期间，如 6 个月，则法院的态度是默示一个宽容期（4~6 个月附加 5 天），[2] 默示宽容期的原因是船期不可能与飞机班期一样准确，通常会有几天的出入。②明示宽容期：在明示宽容期的情况下，租约以严格的表述进行规定，如最

〔1〕　The "Arctic Skou"（1985）2 Lloyd's Rep. 478.
〔2〕　The "Democritos"（1976）2 Lloyd's Rep. 149.

少 3 个月，最长 6 个月。此种措辞对期限的表述是严格的，3~6 个月之间实际上是合同约定的可以还船的期间，法律不会在此期间之外再给补充期。再如，合同在租期外又加了补充期，如 6 个月租期，但可减少或延续 10 天，这也是租约给的明示宽容期，在延续 10 天后，法律不再给补充期了。③明确规定无宽容期，如"承租人保证在 1 年内还船"，在此种情况下，排除在 1 年之外的宽容期。

2. 最后航次。如果最后航次是最后不合法航次，船方可以拒绝执行。①最后合法航次及超期责任。最后合法航次指当承租人在安排租期将届满的最后一个航次时，如能合理地预计到该航次在租期届满时完成的，该航次就可称为"最后合法航次"。在这种情况下，在"皮奥尼亚"（The "Peonia"）一案以前，如在客观上到期不能还船，只要主观上的预计合理，就不能认为其违约，[1] 对于多出的天数，租船人应按合同的规定支付租金，而不考虑超期期间市场的涨落因素。在"皮奥尼亚"一案后，情况有所变化，即不论最后航次合法与否，只要超过租期即属违约，当市场的租金高于合同规定的租金时，船东可以向租船人索赔市场租金。[2] 所不同的只是对于最后合法航次，船方不能拒绝，而对于最后不合法航次，船方则可以拒绝航行。②最后不合法航次。当承租人在安排租船合同将期满的最后一个航次时，如所安排的航次过多地超过租期届满的时间就会被认定为是"最后不合法航次"。在租方安排最后不合法航次的情况下，船方有权不执行该航次，租方如坚持该最后不合法航次，就可能导致船方以租方毁约为由而中止合同。[3] 即使船方执行了该最后航次，特别是在抗议下执行该航次时，船方仍可以向租方索赔超过租期部分的损失，即当时市场的租金与原租船合同所约定的租金之间的差额。

关于最后航次，我国《海商法》第 143 条进行了规定，依该条的规定，承租人经合理计算有权超期还船，以完成最后航次。这里的"合理计算"即要求最后航次为合法航次。对于超期期间的租金，该条规定，承租人应当按合同约定的租金率支付租金；如市场的租金率高于合同约定的租金率的，则承租人应按市场租金率支付租金。

有时租期还未届满，所余下的租期又不长，租方很难找到一笔符合最后航次的货物运输时，租方就会提早还船。此时，船方应当接受还船。因为与

第六章

〔1〕 The "Democritos"（1976）2 Lloyd's Rep. 149.

〔2〕 The "Peonia"（1991）1 Lloyd's Rep. 100.

〔3〕 The "Gregos"（1995）1 Lloyd's Rep. 1.

租方相比，船方有更多的机会来减少损失，例如，可以找下一笔生意。因此，减少这种损失的责任一般在船方，当然，船方可以向租方索赔由于提早还船而造成的损失。

（五）有关租船人指示的条款（Orders and Directions of Charterers）

租船人指示条款又称"受雇及赔偿条款"（employment and indemnity clause），依该条款，船长在合同期间应听从租船人的指示。船长在定期租船合同中扮演着双重角色，一方面他是船舶所有人的雇员，另一方面他又是租船人的代理人。因此，船舶所有人和租船人均会对船长发出指示。租船人的指示只能是在合同规定的范围内发出的与船舶营运有关的指示。我国《海商法》第 136 条亦规定，承租人有权就船舶的营运向船长发出指示，但是不得违反定期租船合同的约定。

1. 租船人指示的局限性。一般来说，租船人不能发出下列指示：①与合同无关的指示。例如，在某案中，租船人指示船长在交船前加满廉价的燃油以便还船时将其卖给船东图利，双方因此而发生争议，法院判船长无须依从该指示，因为该指示与合同无关。②违反合同的指示。例如，合同规定的航行区域除去了战区，而租船人为了赚钱却指示开往战区；合同规定低质煤为除外的货物，而租船人却指示装运密西西比河地区产的低质煤，结果由于煤中含硫成分高及湿度大等原因，煤在离开美国之前因过热而自燃起来，船舶被迫驶往最近的港口，将所载低质煤卸下，由此造成的损失应由租船人承担。③有关航行及船舶安全方面的指示。租船人的指示只能是营运上的，不能扩及航行安全。即使租船人对此发出指示，船长也可以置之不理，且不构成违约。例如，租船人发出不计后果加速前进的指示，租船人发出以船首破冰前进的指示等。④不合理的指示。例如，租船人命令船长进行不合理绕航。当租船人发出不应发出的指示时，船长可以拒绝执行，由此引起的责任由租船人承担。

2. 租方应对船长服从其指示的后果负责。船长须听从租船人依合同发出的指示，但当船长或船员因执行租船人的指示而造成船方的损失时，租船人应承担赔偿责任。例如，船舶因租船人指示在装卸港停留时间过长而造成严重污底，致使航速大减，对此项损失，租船人应当负责赔偿。[1]

3. 船长应在合理时间内依从租方的指示。船长不依从租方正当的命令和指示属于违约行为，船方应对此引起的后果承担赔偿责任。例如，船长没有正当的理由而延迟签发提单；船长没有依租方的安排加足燃油而引起延误或绕航去再加油；在安全许可的情况下，船长拒绝靠泊附近的锚地；等等。

（六）租金支付（Payment of Hire）条款

依以前的纽约土产，租金是按月结算的，但"纽约土产93"第10条规定，已订明租金可按日或按月结算，由双方选择一种计算方式。如果租约没作出选择的话，租金应按日历月计算。如最后一期租金不足1个月，则以每日结算租金。

1. 准时支付租金。租船人须准时支付租金，"纽约土产"要求租方应半个月"预付"一次，如果租方不能准时支付租金，则出租人有权撤回船舶。在租船市场行情看涨的情况下，出租人随时都想寻找时机将船撤回，然后，以比原合同高的租金将船另行出租。法院在准时支付租金上也往往采用比较严格的解释，例如，在一美国租船案中，银行因疏忽而没有及时将租船人的租金汇出，错过了支付租金的日期，结果导致出租人将船舶撤回，租船人损失约200万美元。法院认为，尽管租船人及时将租金交给银行了，由于银行的过失而未能准时付租，船方仍可以撤船，所引起的损失由银行承担。当然，如船方在未准时支付租金的一段合理时间后，仍未行使撤船权，即可认为船方放弃了该权利。船方是否撤回船舶主要看市场的行情。在行情看涨的情况下，船方就会收回该船，以更高的租金另选租船人。租船人为了避免出租人以未准时付租为由随便撤船，常在合同中附加"反技术条款"，约定出租人在撤船前应向租船人发出在一定期间内（如96小时）予以弥补的通知，这一期间又被称为"警告期"，在该期间内租船人仍未付租，出租人才可以撤船。"纽约土产93"第11条（b）款将该实践纳入了条文，规定当由于租船人或其银行的过失或疏忽而未能准时支付租金时，船舶所有人应给租船人一个宽限期间。

2. 如数支付租金。租船人还应如数支付租金，在行情看涨的时候，租船人所付的租金有一点不足就有可能导致船舶所有人撤船，为此，谨慎的租船人为了防止船舶所有人由于微小的差额就撤船，纷纷努力增加附加条款来保护自己。例如，规定租船人所付的租金达全数租金90%时就应认定为是全数付租，船舶所有人不能因此而撤船。当然，这并不排除船舶所有人要求租船人补足不足部分。

【案例研习】是否如数付租案[1]

在该案中，依合同，租船人应于1976年2月22日支付租金，一家挪威银行依租船人的指示于2月21日请其代理行意大利信托银行办理该笔租金的支

〔1〕　The "Chikuma"（1981）1 Lloyd's Rep. 371.

付事宜。次日上午 11 点 41 分，意大利银行向船舶所有人的业务银行圣保罗银行发出了下列电报："请立即给 SPA 航运公司账上转入现金 68 863.84 美元，利息从 26 日起算。"这样，该笔租金就转到了船舶所有人在圣保罗的账户上。似乎租船人已按合同准时并如数地支付了租金，而船舶所有人却认为，依电报，利息从 26 日起算，也就是说如船舶所有人在 26 日以前支取该笔租金，就必须偿付一笔五六十美元的利息。一直在窥伺机会准备撤船的船舶所有人找着了岔子，称租船人未如数付租，结果，船方于 2 月 23 日决定撤回船舶。租船人要求船舶所有人赔偿由于其撤船引起的损失。仲裁庭认为，船舶所有人无权撤回船舶。船舶所有人不服，将案子提交伦敦地方商业法庭。法院认为，船舶所有人在 26 日以前要付息取款，就表明船舶所有人此时还未享有无条件使用这笔款项的权利，所以租船人仍未尽到合同规定的义务，因此，船舶所有人有权撤回船舶。租船人不服提起上诉，上诉法院否决了地方法院的判决，认为船舶所有人无权撤回船舶。上诉法院认为，电报上所述"26 日"一词仅仅是银行之间业务方面的指令，它对船舶所有人无条件使用这笔租金毫无影响。丹宁法官主张应阻止"那些利用吹毛求疵的做法进行投机的人的不良企图"。该租船人几经周折最终胜诉。

3. 租金的扣付。租船人对租金的扣付必须慎重，除停租条款规定的事项和合同中规定的可以扣付租金的事项外，租金不应扣付，否则，出租人就会以未如数付租为由撤船。具体讲，凡影响到租船人使用船舶的期间的，租金均可依租船合同的规定在租金中扣除。例如，载重吨不足[1]、航速索赔[2]等均影响到了船舶的使用，因而可以扣付租金。

4. 撤船（withdrawal of vessel）。

（1）撤船及其行使。撤船是租船中的用语，从法律角度看，"撤船"是一种解约行为，依纽约土产格式的规定，"未能按时、定期支付租金即可撤船"。撤船权行使的前提是承租人没有准时付租，或没有如数付租。如前所述，案例表明，司法实践在准时付租和如数付租上是严格的，为了防止出租人滥用撤船权，承运人往往在合同中加入"反技术条款"，规定在承租人未按时、定期支付租金时，出租人应书面通知承租人可在约定的银行工作日内支付。如承租人未在上述通知中的规定日期内支付租金，则出租人有权撤船。如未准时付租或如数付租是由于承租人明显的违约行为造成的，则承租人还应当赔偿出租人撤船后遭受的损失。

---

[1] The "Teno" (1977) 2 Lloyd's Rep. 289.
[2] The "Nanfri" (1979) 1 Lloyd's Rep. 201.

（2）撤船权的行使。撤船权是一种选择权（option），即出租人可以选择撤船，也可以选择不撤船。出租人如果错误撤船，如过早发出撤船通知等，租船人可请求法院发出禁止令阻止出租人撤船，同时还可以就出租人的错误撤船向其提出损害赔偿请求。撤船的决定应在合理时间内作出，否则即被视为放弃撤船权。

在下列情况下一般视为弃权：①未在合理的时间内发出撤船通知。出租人在未收到租金后一段合理的时间内，仍不行使其撤船权，即为放弃该项权利。超过合理的时间再发出撤船通知是无效的。至于什么是"合理的时间"，没有明确的定义，由法院依个案处理。②接受了过期支付的租金。如承租人过了支付租金的期限才支付，而出租人本人又接受了承租人晚付的租金，则视为出租人放弃了撤船权。如果只是出租人的银行将晚付的租金转至出租人的账号，而出租人已明确表示拒绝接受，则不能认为出租人已接受了晚付的租金。[1] 在承租人连续几个月均未付租的情况下，出租人仍可以撤船，因为出租人的撤船权是针对每一次付租行为的。而租金是按月预付的，前一次的放弃撤船，不等于下一次的放弃。如迟付行为形成了对支付租金日期事实上的改变，则视为原合同在支付时间上的变更，撤船权的行使应以新的支付日为依据。③接受了未如数支付的租金。如承租人未如数付租，而出租人接受了不足额的租金，并不意味着放弃撤船的权利，只有在约定的合理时间内，承租人仍未补足租金，也未说明理由，而出租人却继续履行合同的话，即意味着其放弃了撤船的权利。④出租人的撤船是无效的。如出租人未正式发出撤船通知或撤船是暂时性的。出租人只通知船长要撤回该船，这并不是正式的撤船通知，正式的通知应向租船人发出，否则对其无效。暂时性的撤船并不等于撤船，有效的撤船必须是终局性的，船舶所有人命令船舶停航或中止装卸货物均不能视为撤船。

依我国《海商法》第 140 条的规定，承租人未按合同约定支付租金的，出租人有权解除合同，并要求赔偿因此遭受的损失。这里的解除合同实际上就是撤船。

（七）停租条款（Off-hire Clause）

定期租船合同的时间损失在租船人，租船人是按时间交付租金的，而不是按航次交付租金的，如果租船人将船舶搁置不用，他仍需向船方支付租金。但有时船舶不能使用并非租船人的原因，租船人为了保障自己的利益，就要订入停租条款，规定在发生某些影响租船人使用船舶的情况时，租船人可以

---

[1] The "Laconia" (1977) 1 Lloyd's Rep. 315.

停付租金。停租具有不咎过失性，即使当事人一方有过失，租船人仍可以停租，租船人的过失亦然，但这并不意味着可以免除租船人的过失责任，在租船人停租后，船舶所有人可以向租船人提出损害赔偿请求，包括租金的损失赔偿。

1. 停租事项。可以停付租金的事项由双方协商决定，通常包括下列事项：①船体、机器及设备的故障或损坏。保持船舶的适航性是船舶所有人的基本义务，当船舶机器出现故障时，船舶所有人有责任修复，使船舶保持适航性。由于船舶机器出现故障而引起的租船人的船期损失，租船人可以要求停租。但这里的机器故障必须与船舶正在进行的正常工作有直接关系，例如，船上的起货设备出现故障，在海上航行中并不需要起货设备，因此，航行期间不能停租，租船人只能对影响其起货的那段时间提出停租。②因碰撞、搁浅等海损事故而引起的延滞。这里的延滞必须是海损事故的直接后果，例如，某轮在航行途中遇到了风暴，船舶剧烈摇晃造成舱内货物倒塌，货物倒塌影响到卸货速度，使卸货比原计划多用了 4 天。法院认为，船上卸货设备一切正常，并未影响到租船人的使用。船舶并没有因卸货设备的原因而遭受延滞，所以租船人不能请求停租。③船员或物料不足，等待补充船长、船员或物料的期间。这里的船员必须是在船上工作的在编人员，非在编但在船上工作的人员不在此列。④船舶入坞修理。船舶入坞修理是为了保证船舶的适航性而进行的工作，因此，定期租船合同中一般均规定租船人对船舶定期入坞修理和因船舶所有人的要求而临时入坞修理的期间可以停租。但到达预定的船舶入坞日期，而由于船坞不能及时空出的等待时间，租船人不能停付租金。⑤其他事项。其他事项包括哪些内容，没有明确的解释，在理论上有两种解释：一种认为，"其他事项"依"同类规则"指与约定原因相类似的原因；另一种则认为，应对"其他事项"作较大范围的解释，认为"其他事项"是指任何一个影响租船人完全使用船舶的原因。在一美国仲裁案中，收货人为了要求租船人和船舶对损害赔偿提供担保，采取了扣押船舶的程序，该船被扣 17 天 7 小时，因为租船人没有过失，于是以上述被扣期间不能使用船舶为理由，主张作为停租事项中的"其他事项"而对这个期间停租，并特别指责船舶所有人没有为解除扣押船舶而采取迅速而适当的措施。仲裁庭认为，租船人不能使用船舶是确实的，但合同中并无有关租船人因第三者扣押船舶即可停租的明文规定，"其他事项"是指有关船舶和属具物理上的缺点或船员及货载方面的事由。因此，租船人必须支付上述期间的租金。在这里，仲裁庭采用了较窄的定义来界定"其他事项"。鉴于以往的租船合同格式列出的事项并不详细，法庭在"其他事项"的解释上又趋于严格，"纽约土产 93"针对实践中经常发生争议的事项，新增了一些停租事项。例如，船舶被抵押而延误，但因租船人、其受雇人、其代理人或分合同人应负责的事件被扣押时除外；非由于货物的潜在瑕疵、质量的原因，船舶或货物发生海损事故而造成的延误；船舶在航行中，非由于货物发生事故等原因，船舶违反租船人的指示或命令，发生绕航或返航，等等。

【案例研习】等待军事人员是否可以停租案

某轮为了等待军事人员的护航而延迟开航多日，租船人对此提出停租。法院认为，军事人员不是船员的一部分，缺乏军事人员并不构成船员不足，租船人不能要求停租。物料不足必须是由意外的原因引起的，例如，某轮在北大西洋遭遇恶劣天气，使船舶耗油过多，造成船舶绕航加油引起时间损失，租船人要求停租。法院认为，那时候北大西洋的恶劣天气是可以预料的，租船人不能停付租金。

2. 停租的起算。停租时间的起算必须具备两个条件：一是影响船舶完全使用的事项发生；二是该事项的发生与其不能有效使用船舶之间有因果关系。如果船舶在航行期间起货设备受损，而船员在航行途中将其修好，并未影响船舶卸货，租船人就不能依停租事项的发生要求停租。当两者有因果关系时，停租时间的起算有两种情况：①即时起算，即只要影响船舶完全使用的事项发生，就可以起算停租时间；②限期起算，即在影响船舶完全使用的事项发生一定时间之后（若干小时后，例如 24 小时后）起算。具体采用什么方式起算由当事人双方商定。

3. 停租时间损失的计算。停租时间损失的计算也依租船合同规定的不同而分为两种情况，当合同中订有"净时间损失条款"时，租船人只能对停租事项所引起的实际时间损失提出停租。例如，在某案中，船上共有 3 台起货机，其中 1 台跌落码头损坏，停工 3 个半月。法官认为：如果船上 1 台起货机损坏，就必须了解有无时间损失，如另外 2 台起货机都能工作，并且能做租船人所要求的工作，又没有时间损失，则租金不能停付；如果 2 台起货机所花的装卸时间超过了 3 台起货机所花的时间，即有时间损失，则可依该损失的时间确定租金停付的总额。具体讲，如 3 台起货机卸货需要 10 天，而 2 台则需要 15 天，则多用的 5 天可以停租。当合同中订有"期间停租条款"时，租船人对停租事项发生到该原因结束的期间均可以停租，而无需考虑该段时间的实际时间损失有多少。例如，由于 1 台起货机损坏使卸货用了 15 天的整个期间均可以停租。

关于停租，我国《海商法》第 133 条规定："船舶在租期内不符合约定的适航状态或者其他状态，出租人应当采取可能采取的合理措施，使之尽快恢复。船舶不符合约定的适航状态或者其他状态而不能正常营运连续满 24 小时的，对因此而损失的营运时间，承租人不付租金，但是上述状态是由承租人造成的除外。"该规定只在合同对停租没有约定时适用。出租人在租期内有义务使船舶处于适航状态，当出租人违反上述义务时，租船人无权解除合同，但可以停付租金的形式得到补偿。该条规定的停租期间的起算是在停租事项发生后 24 小时而不是在事项发生的当时。有一点需要注意的是，依该规定，当船舶的不适航或不能正常营运是由承租人造成时，承租人不能停租，即我国《海商法》规定的停租是咎过失的。而依惯例，无论不适航是否由承租人造成，承租人均可停租，但并不妨碍出租人向承租人索赔。这体现了停租的不咎过失性。

（八）转租条款（Sublet Clause）

转租条款是定期租船合同中规定租船人在合同期间可以将船舶转租他人的条款。在当今的租船业务中，转租的情况是很普遍的，例如，租船人完成了一个航次，为了避免浪费一个空放航次，就可能将船转租出去。租船人可将船舶按期租形式转租，也可按程租形式转租。租船人对于次租船人来说是"二船东"，次租船人在索赔时只能向二船东提出，二船东是否能向原船东提出同样的索赔与他无关。因此，租船人在将船舶转租出去时应特别注意转租合同与原合同的一致性。

我国《海商法》第 137 条对转租进行了规定，依该规定，承租人可以将租用的船舶转租，但是应当将转租情况通知出租人，租用的船舶转租后，原租船合同约定的权利和义务不受影响。

（九）运送合法货物（Lawful Merchandise）条款

定期租船合同中规定可以装运的货物被称为合法货物。不准装运的货物通常由双方在合同中列明除外。对于租船人要求装运除外货物的命令，船长可以拒绝。船方接受装运了除外的货物，并不等于弃权，日后船舶所有人仍然可以拒绝装运此类除外的货物。另一方面，因装运了除外货物而引起的船舶所有人的损失也可以向租船人提出赔偿请求。列明除外的货物主要是危险品。此外，一些新船会列明不准装运废铁、盐等货物，因为这些货物会对船舶造成较大的损坏。在租船行情不景气的情况下，船方往往会妥协，准许租方装运危险品，但同时又会加上一个附加条款，以便对危险品的装运加以限制。例如，在附加条款中规定，在 4 年后才能装运危险品，并须支付相应的费用；7 年后才可装运盐，且 1 年中只能装运 2 次，同时，租船人应负责清理舱内的防腐衬油等。

关于运送合法货物，我国《海商法》第 135 条规定承租人应将船舶用于

第六章

运输约定的合法货物，如承租人将船舶用于运输活动物或危险货物的，应事先征得出租人的同意，否则承租人应对违反上述规定而使出租人遭受的损失负责。

（十）航区（Trading Limits）条款

定期租船合同的经营权在租船人，如合同中没有限制性的规定，租船人是可以环球航行的。这样一来，船舶所有人的船舶就要冒很大的风险。因此，合同中一般都规定租船人可以使用船舶的范围，如租方驶离约定的范围而造成船舶的损失，则须承担损害的赔偿责任。"纽约土产93"对此是这样规定的："全球航行，列明航行区除外"，船舶所有人除去的航行区一般有：

1. 战区、类似战区及双方有敌意行为的地区。船舶驶往战区会面临加保战争保险及向船员加付奖金的问题。这可能会给船方造成一笔可观的支出。船方有时会作出让步，允许租方前往战区，但同时会通过附加条款规定，租船人须负责开往战区需要加收的战争保险，并支付船员危险津贴。而且，过于危险的地区仍不能前往。

2. 冰封区。主要指除去波罗的海及五大湖区，这些地区在冬季会产生冰封，危及船舶的航行安全。

3. 不合法贸易区。指驶往某国在法律上或政策上禁止的地区，例如，由于古巴和美国在政治上的对立，使得第三国船往往尽量避免驶往古巴，以免在将来驶往美国时会有麻烦。再如，由于以色列与阿拉伯国家的矛盾，使得第三国船也有可能在驶往以色列后再驶往阿拉伯国家时会受到刁难等。

4. ITF地区。ITF是"国际海运劳工联盟"的英文缩写。ITF地区指国际海运劳工联盟这一组织活动频繁的地区。如，在北欧、澳大利亚等地，当方便旗船驶入时，常常会因为该组织为了船员的待遇问题而抵制该船，如不给其卸货等，使船舶发生延滞。因此，租船人如拟驶往ITF活跃的地区，就不愿意租用方便旗船。作为方便旗船的船东则在出租船舶时，会在航区中除去ITF地区。当然，只注明"排除ITF地区"是不妥当的，因为有ITF支会的地区很多，如果泛泛地排除ITF地区，就可能导致世界上的大部分地区都不能驶往的局面。所以，此条应列明不能去的具体地区，例如，排除澳大利亚、芬兰、英国等ITF活动频繁的地区。

如租船人命令船长开往合同除外的地区，船长可以拒绝此命令。船长也可以在"抗议下"接受此命令，但租船人对因此而引起的船舶的损失须负赔偿责任。

依我国《海商法》第134条的规定，承租人违反有关航区的规定的，出租人有权解除合同，并有权要求赔偿因此受到的损失。

（十一）留置权条款（Lien Clause）

"纽约土产93"第23条规定："船舶所有人为了得到本租船合同规定应付的任何款项，包括共同海损分摊，对所有货物和所有转租船舶的运费享有留置权……"这里的"货物"为所有的货物，也包括了非承租人的货物，因而常常受到批评。我国《海商法》第141条规定的可留置的货物仅限于属于承租人的货物。此外，我国《海商法》还允许留置属于承租人的财产和转租收入。属于承租人的财产在这里主要指属于承租人的燃油，因为，在定期租船下，燃油是由承租人负责的。此种留置只有在船舶所有人撤船时才会发生。转租收入是指当租船人将船转租时所取得的租金或运费收入。此种留置权是通过对二租船人、托运人、收货人发出通知来行使的。通知要求上述人将需留置的运费付给船舶所有人。一般来说，这些人会将运费付给船舶所有人，否则，他可能面临再付一次运费的危险。

（十二）还船（Redelivery of Vessel）

租船人应到期将船舶以良好状态交还出租人。"良好状态"指除自然损耗以外的与交船时基本相同的良好状态。为了比较交船与还船时的船舶状况，双方会在交船时进行一次交船检验（on hire survey），到还船时再进行一次还船检验（off hire survey）。对于租船期间发生的自然损耗，租船人可以不负责任。"自然损耗"（ordinary wear and tear）通常是由双方同意的用途造成的，而非因疏忽引起的损坏。例如，允许用抓斗卸货的船舶在卸货过程中就不可避免地会造成舱壁的刻痕、凹损、刮花等损失。如还船时船舶的损坏超出了自然的损耗，出租人仍应接受还船，但有权请求损害赔偿。依我国《海商法》第142条的规定，船舶未能保持与交船时相同的良好状态的，承租人应当负责修复或给予赔偿。

关于还船的地点，租船人一般愿意规定较广的还船地点，以便其能在卸货港当地还船，省去空载航次的费用。而船舶所有人则愿意将还船地点定得窄一些，以便其在完成一个租约后就近安排船舶的入坞修理等。合同中订明的还船地点往往是双方妥协的产物。还船地点通常规定两个或几个港口，或一个区域，由租船人选择具体的还船地点。此外，租船合同中还规定，租方须在还船前的一定时间内向船方发出还船通知，以便船方能适当地安排下一个租约。通知的时间通常有两个，例如，距还船还有14天时给一个通知，距还船还有7天时再给一个通知。租船人在给通知时，通常会称该通知的还船时间是估计的，不加保留的明确通知可能会由于无法与最后实际的还船时间一致而被认定为是错了通知。租方错给通知、漏给通知或未给通知均会面临船方的索赔。

　　除了上述条款以外，定期租船合同中还有法律适用条款、仲裁条款、共同海损条款、新杰森条款、留置权条款、双方互碰责任条款、佣金条款、战争条款等条款。此外，双方当事人在谈判中还可以另行附加其他的条款。

四、纽约土产格式 2015 年的修订

　　2015 年波罗的海国际航运公会（简称 BIMCO）宣布，该组织与 NYPE 版权人美国船舶经纪人与代理人协会（简称 ASBA）和新加坡海事基金会（简称 SMF），历经 3 年的研讨与商议后，于 2015 年 10 月 16 日共同发布了纽约土产格式 2015 年格式（以下简称 NYPE2015）。这是第一次由 BIMCO、ASBA 和 SMF 共同发布租船合同修订版。这三个组织在修订 NYPE 期间，与全球的航运业界共同商议以确保慎重考量船东和承租人各方的利益，以便制定比以前的版本在利益上更为平衡的标准合同。NYPE2015 主要修改包括下列内容：

　　（一）可选择一般期租或航次期租（Duration/Trip Description）

　　与 NYPE93 相比，NYPE2015 第 1 条（a）明确了租约双方可以选择一般期租（period charter）或是航次期租（time charter trip，简称 TCT）。之前的版本只为船东与承租人提供了一般期租。[1] TCT 以完成一个航次运输为目的，但租金按完成航次所使用的日数和约定的日租金率计算。在装卸港的条件较差，或航线的航行条件较差，难以掌握一个航次所需时间的情况下，这种租船方式对船舶所有人比较有利，因为采用这种租船方式可以使船舶所有人避免难以预测的情况而使航次时间延长所造成的船期损失。在 TCT 期租中租家按合同定时向船东支付租金，除淡水和滑油及因船员所引起的费用由船东支付外，其他费用由租家支付，如：燃油费、拖轮费、强制引水区域的引水费（非强制区域的引水费由船东支付）、加班费、港口使费、代理费（船东委托的保护代理由船东支付）等。而一般期租是船东负责船员工资、船的基本维护成本，将船期租给航方一段时间，由租方负责船的一切的运营成本、燃油、港使费等的租船方式。

　　（二）可选择适用"非始终漂浮但安全搁浅（NAABSA）条款"

　　NYPE 2015 第 1 条（d）款为新增内容，将"非始终漂浮但安全搁浅"（NAABSA，Not Always Afloat But Safely Aground）条款引入。作为一项可选条款，承租人在规定的条件下，有权命令船舶在装卸货期间安全搁浅。NAABSA 条款已经包含在 NYPE46 的第 6 条中，但 NYPE93 将此条款删除。由于在谷物贸易运输中，装货时安全搁浅的情况很常见，所以重新引入该规定，并在

---

　　〔1〕　NYPE 2015-a major revision，2016. 6. 1，available at https：//www. wr. no/aktuelt/publications/shipping-offshore-update-june-2016/nype-2015--a-major-revision/，Last visit：July 3，2020.

（d）款第二段单独增加了赔偿规定[1]，以符合现实谷物运输的需要。

（三）可选择在交船港或第一装货港作出货物装卸准备就绪通知

在以前的版本中，限制船东在船舶适航的条件下，在合同约定的港口或地点交船并接收货物，但是在实践中常见的做法是在一个地方交船而在另一个地方装第一批货。NYPE 2015 针对这一实际情况，将船东在适航条件下交付船舶的义务与货物装卸准备就绪的义务分开。[2] NYPE 2015 第 2 条（c）款中提供两种可供选择的情况，即合同双方可选择同意在交船时作出装卸货物准备的通知，或如果交船港与第一装港不同，船东可在第一装港作出货物装卸准备就绪的通知。[3]

（四）优化还船条款（Redelivery）

英国法院在 2009 年的 The Zenovia 案中判决承租人并不受其还船通知的约束。为了回应此案例，NYPE 2015 第 4 条明确要求承租人要向船东及时通知船舶的行程。承租人在发出还船通知之后，应确保其最后航次指示合法（legitimate final voyage order），从而使船东能够合理期待承租船舶在何时可以交还。此外，船东接受还船并不影响其之后向承租人索偿因其违约而造成损失的权利。[4]

（五）船东应提供或支付的项目（Owners to Provide）

在船东应提供或支付的项目中，NYPE2015 第 6 条规定除 NYPE93 所列的项目外，新加入润滑油（lubricating oil）应由船东提供。此外，新版本中明确规定在租赁期间开始时，要求由船东提供油污的经济责任证明（Certificates of Financial Responsibility for oil pollution-COFR）并在整个租约期间内保持有效状态。[5]

（六）燃油（Bunkers）

NYPE2015 第 9 条燃油条款是一条全新的、详尽的条款，覆盖了一般期租或航次期租下与燃油相关的可能发生的所有问题，包括燃油数量和价格、加

〔1〕 NYPE 2015 Explanatory Notes, page 4, available at https: //www. bimco. org/contracts - and - clauses/bimco-contracts/nype-2015, Last visit: July 3, 2020.

〔2〕 NYPE 2015 Explanatory Notes, page 5, available at https: //www. bimco. org/contracts - and - clauses/bimco-contracts/nype-2015, Last visit: July 3, 2020.

〔3〕 NYPE 2015 - The New Charter Party Form, 2016. 1. 29, available at https: //www. nepia. com/ articles/nype-2015-the-new-charter-party-form/, Last visit: July 3, 2020.

〔4〕 刘洋："新 NYPE 2015 版重点条款分析"，载航运界网 http: //www. ship. sh/news_ detail. php? nid=18576，最后访问时间：2020 年 7 月 20 日。

〔5〕 MAJOR REVISION OF NYPE TIME CHARTER PARTY, 15 October 2015, available at https: // www. bimco. org/news/priority-news/20151015_ nype_ revision_ press, Last visit: July 3, 2020.

油操作和样品检验、燃料试验和低硫燃料。[1]　这些规定是许多期租合同中没有明确的事项，新版本的修改考虑到当今航运市场要求船舶使用不同等级的燃油，而采样和测试是其不可或缺的步骤。[2]

（七）租金支付（Hire Payment）

NYPE 2015 第 11 条租金支付条款中对宽限期、中止以及撤船的规定进行更新和阐明，与近期法律判决保持一致。[3]新版本（b）款中删除了 NYPE93 中的"反技术条款"（Anti-technicality clause），宽限期不再是只因承租人或其银行一方的疏忽、过失或错误而未能准时支付租金才可以享有，2015 版本中承租人无论什么原因未能按时支付运费都应享有 3 个银行工作日的宽限期。（c）款中规定承租人未能在宽限期内支付租金，船东有权撤船并要求赔偿损失。

第 11 条（d）款还引入了船东中止租约项下船舶服务的权利（right to suspend performance）。但是，该条款并未明确说明，在船东行使此项权利之前是否首先需要向承租人发出警告，还是一旦承租人未能及时支付租金船东就有权中止船舶服务。[4]

（八）对航速和性能条款进行细化和阐明（Speed and Consumption）

NYPE 2015 第 12 条新引入了关于速度和性能的责任和赔偿的条款。自交船之日起至整个租约期间，船东应始终保证船舶能够以附录 A（vessel description）中规定的速度和油耗运行，而在之前版本中关于速度和油耗的保证仅适用于交付之日。[5]承租人雇佣气象导航公司来提供航线服务也是通常做法，2015 年版本已将此做法引入。如果出现船舶降速或者燃油消耗增加的情况，第 12 条（d）款明确将船东的赔偿责任限制在预计的时间损失和额外的燃油消耗内。此外，（e）款规定根据该条款任何有关速度和性能的争议可以提交

第
六
章

---

〔1〕　MAJOR REVISION OF NYPE TIME CHARTER PARTY, 15 October 2015, available at https：//www. bimco. org/news/priority-news/20151015_ nype_ revision_ press, Last visit：July 3, 2020.

〔2〕　NYPE 2015 Explanatory Notes, page 8-9, available at https：//www. bimco. org/contracts-and-clauses/bimco-contracts/nype-2015, Last visit：July 3, 2020.

〔3〕　MAJOR REVISION OF NYPE TIME CHARTER PARTY, 15 October 2015, available at https：//www. bimco. org/news/priority-news/20151015_ nype_ revision_ press, Last visit：July 3, 2020.

〔4〕　刘洋："新 NYPE 2015 版重点条款分析"，载航运界网 http：//www. ship. sh/news_ detail. php? nid=18576，最后访问时间：2020 年 7 月 20 日。

〔5〕　NYPE 2015-a major revision, 2016. 6. 1, available at https：//www. wr. no/aktuelt/publications/shipping-offshore-update-june-2016/nype-2015--a-major-revision/, Last visit：July 8, 2020.

给"一个独立的专家或另外一个双方同意的气象导航公司"作出判定。[1]

（九）停租（Off-Hire）

相较于 NYPE 93，新版本第 17 条"停租"最后一句还明确约定，如果在租约项下是由船东提供燃油而承租人支付燃油费，那么在停租期间所消耗的燃油费应该由船东承担。因此，承租人在计算停租金额时应该同时考虑扣除相应的燃油费。

（十）新增了固体散装货物/危险货物（Solid Bulk Cargoes/Dangerous Goods）

NYPE 2015 第 29 条固体散装货物/危险货物条款替代了 93 年版本中的危险货物条款。根据该条款的约定，如果承租人有意装载容易液化的固体散装货物，那么其有责任向船东提供足够的事先提醒，从而使船长可以在装载过程中采取必要的安全措施。[2] 同时，如果承租人没有履行国际海运固体散装货物规则（IMSBC Code）或国际海运危险货物规则（IMDG Code）规定的义务，船长有权拒绝装货，或将已装货物卸下。[3]

（十一）新增船底污损条款（Hull Fouling Clause）

这是 NYPE 2015 引入的新条款。一般而言，在租约存续期间船东有义务确保船体保持全面有效状态（thoroughly efficient state），也就是说船东需要保持船体水下部分是没有污损的。如果船底污损在一定程度上影响了船舶的性能，船东可能会面临承租人相应的索赔。然而在一些情况下，船底污损可能是由于船舶执行承租人的指示在某锚地停留很长时间导致的。那么在这种情况下，该条款的作用是将清除船底污损的责任从船东转移给承租人。[4]

（十二）新增电子提单条款（Electronic Bills of Lading）

NYPE 2015 赋予承租人有权选择使用电子形式签发提单、舱单和提货单等运输单据。但是，该条款免除了因为承租人选择电子提单而可能造成的额外责任，除非相关责任是由于船东过失所导致的。[5]

第六章

---

〔1〕 刘洋："新 NYPE 2015 版重点条款分析"，载航运界网，http：//www. ship. sh/news_ detail. php? nid=18576，最后访问时间：2020 年 7 月 20 日。

〔2〕 NYPE 2015 Explanatory Notes, page 18, available at https：//www. bimco. org/contracts-and-clauses/bimco-contracts/nype-2015, Last visit：July 8, 2020.

〔3〕 刘洋："新 NYPE 2015 版重点条款分析"，载航运界网 http：//www. ship. sh/news_ detail. php? nid=18576，最后访问时间：2020 年 7 月 20 日。

〔4〕 NYPE 2015 Explanatory Notes, page 19, available at https：//www. bimco. org/contracts-and-clauses/bimco-contracts/nype-2015, Last visit：July 8, 2020.

〔5〕 刘洋："新 NYPE 2015 版重点条款分析"，载航运界网 http：//www. ship. sh/news_ detail. php? nid=18576，最后访问时间：2020 年 7 月 20 日。

（十三）新增低速航行条款（Slow Steaming）

NYPE 2015 版引入 BIMCO 在 2011 年推出的期租减速航行条款（SLOW STEAMING CLAUSE FOR TIME CHARTER PARTIES 2011）。该条款允许承租人书面指示船长减速航行，因此，口头指令应视为无效。另外，该条款还提供了两个选择，即减速航行（Slow-steaming）或超慢航行（Ultra-slow steaming），二者择其一。如果船东和承租人在签订租约的时候未明确做出选择，则默认选择了"减速航行"选项。如承租人做出任一选择，即需承担两项责任：首先，确保减速航行并不违反提单项下的相关条款；其次，对于船东可能因此而在提单项下承担的额外责任应该作出补偿。[1]

（十四）新增海盗条款（Piracy）

NYPE 2015 正式引入 BIMCO 在 2013 年推出的期租海盗条款。事实上该条款已经在租船市场上得到广泛认可和使用。该条款的一大特点就是对于在船舶遭到海盗劫持期间是否停租的问题做出约定。依该条规定，承租人在船舶遭遇海盗劫持的前 90 天依旧需要支付租金。从第 91 天开始，承租人才有权停付租金，但其依旧需要承担在租约项下的其他责任和义务。[2]

（十五）法律与仲裁（Law and Arbitration）

与 NYPE93 相比，新版本在法律和仲裁方面有更广泛的选择。租约双方可在纽约（美国法律）、伦敦（英国法律）、新加坡（新加坡法律或英国法律）或任何其他地方和法律之间进行选择。如果双方没有做出选择，则默认适用美国法律和纽约仲裁。[3]

■第二节　光船租赁合同

一、光船租赁合同的定义

光船租赁合同又称"空船租船"或"船壳租赁"，它是由船舶出租人向承租人提供不配备船员的船舶，在约定期限内由承租人占有、使用和营运，并向出租人支付租金的合同。光船租赁包括传统的光船租船、租出租入光船租船和租购光船租船三种形式。传统的光船租船是由暂时有剩余船舶的船东

---

〔1〕 刘洋："新 NYPE 2015 版重点条款分析"，载航运界网 http：//www. ship. sh/news＿ detail. php? nid＝18576，最后访问时间：2020 年 7 月 20 日。

〔2〕 刘洋："新 NYPE 2015 版重点条款分析"，载航运界网 http：//www. ship. sh/news＿ detail. php? nid＝18576，最后访问时间：2020 年 7 月 20 日。

〔3〕 NYPE 2015-a major revision，2016. 6. 1，available at https：//www. wr. no/aktuelt/publications/ shipping-offshore-update-june-2016/nype-2015--a-major-revision/，Last visit：July 8，2020.

将船舶光租给吨位不足的租船人使用的租船方式。在第二次世界大战期间，国家为了弥补其运力的不足，常以光租形式向船东承租船舶。在二战后，大量在战争期间生产的自由轮又因战争的结束而剩余，于是，以光租的形式出租。现在传统的光船租船已日益减少，但租出租人的光租和租购光租仍是使用较多的租船方式。

我国《海商法》第六章第三节对光船租赁合同进行了专门规定。我国《海商法》有关光船租赁的规定基本上与国际上常用的标准格式合同相一致，且有关规定均属非强制性条款，只在当事人之间的租赁合同没有约定或者没有不同约定的情况下才适用。

二、光船租船合同的特点

（一）光船租船合同具有财产租赁合同的性质

从上述定义可以看出，在光船租赁合同下，出租人只提供船舶，并不配备船员。船舶出租人只保留船舶的所有权，船舶的占有权、使用权和营运权均转移给了承租人。由承租人雇用船员，并在合同规定的范围内进行船舶的经营，经营中发生的风险和责任也由承租人承担。承租人从出租人那里获得的是对船舶的占有和使用权，而不是出租人提供的劳务服务。因此，光船租赁合同具有财产租赁合同的性质。光船租赁合同应载明的事项也均为财产租赁合同所应记载的内容。之所以各国一般仍将光船租船纳入海商法的调整范围，是因为光船租赁的主要目的仍然是运输货物，除了由于其财产租赁性质而引起的特别规定外，光租合同在航区、运输合法货物、交船、还船及最后航次等方面与定期租船合同是基本一致的，加上船舶本身具有一些特点，因而很多国家在海商法中对光船租赁进行了规定，而不是将其纳入财产法的调整范畴。

由于光租的财产租赁性质，使得船东的责任与一般运输合同中的责任有很大的不同。在光租合同中，船东除了提供适航船舶和有关船舶的文件外，不再承担其他的责任。他只对其提供的财产负责，不对运输业务中产生的责任负责。

（二）光船租船使船舶的所有权和经营权相分离

在光船租船的情况下，船东只保留船舶的所有权，船舶的占有权和经营权归租船人，租船人在享受权利的同时应承担船舶营运中发生的风险和责任。因此，在海事请求权人申请扣船时，只能扣留本船或其他租船人所有的船舶，而不能扣留船东的其他船舶。

（三）在光船租船下风险的承担

1. 船舶的灭失风险。在光船租船合同下，船舶的灭失风险由哪方来承担应依合同的规定，如无规定，则依法律的规定。依一般法律原则，船舶的灭失风险在交船时由出租人转移给租船人。但如船舶的灭失是由于在交船时已存在的不适航引起的，或租船人能证明船东未恪尽职责使船舶适航，船东仍应承担船舶灭失的风险，可见风险的转移除了以交船为标志外，还与责任连在一起。

2. 船舶的损失风险。由于光租对船舶的占有权和经营权均转归租船人，所以租船人应承担租船期间船舶损失的风险，负担租船期间的各种修理费。但如船舶的损失是由在交船时已经存在的潜在缺陷造成的，则修理费仍由租船人承担对租船人有欠公平。为此，波罗的海国际航运公会制定的标准合同——光船租赁合同A式规定：船东对交船后18个月内发现的潜在缺陷造成的损失负赔偿责任。

3. 时间损失风险。光船租船中的时间损失完全在租船人，无论租船人是否将船舶投入营运，租船人均应支付租金。虽然定期租船和光船租船的时间损失均在租船人，但两者有很大不同。在定期租船下，船舶的营运成本，包括船员工资、保险费、维修保养等是由船东承担的，因此，在船舶入坞修理、船员不足等影响租方使用的情况下，租船人可以停租。在光船租船下，船舶的营运成本转由租方承担，船舶几乎完全由租船人控制，因此，在光租中没有停租，租船人应承担在租船期间由于各种原因（如碰撞事故、船员不足、入坞、罢工等）不能使用船舶的风险。

4. 征用的风险。船舶在光租期间如被征用，租船人是否应继续支付租金呢？标准光船租赁合同A式将征用区别为两种情况，分别规定了其风险的承担：①在政府征用的情况下，风险在租船人，租方有义务继续支付租金。②在政府强制取得的情况下，租船合同终止，租船人不必继续支付租金。

5. 战争风险。依标准光船租赁合同A式的规定，如在英国、美国、法国、俄罗斯、中国任何两个国家之间发生战争，或船旗国卷入战争、敌对行为、军事行动、内乱等妨碍船只正常营运的情况，船东或租船人均有终止合同的选择权。

（四）在光船租船下责任的承担

1. 雇用合同责任。光船租船合同的特点之一就是所出租的船舶上未配备船员，船员的雇用、船员的工资均应由租方承担，有关雇用合同的债项和责任，诸如工资、加班费、特别工作津贴、奖金、社会保障、退休津贴、旅费、派遣费、膳宿费等债项均应由租船人承担。

2. 对第三方的人身伤亡责任。在光租条件下，租船人应对因船舶碰撞等事故而造成的第三方的人身伤亡承担赔偿责任，但光租并不完全解除船东的人身伤亡责任，即船东对交船前已存在的缺陷引起的人身伤亡仍应负责。

3. 货损责任。光船租船的经营权在承租人，承租人应对租船合同期间的货损负赔偿责任，船东则应对因交船前存在的不适航引起的货损负责。在 Tokio Marine and Fire Insurance Co. Ltd. v. NYK Lines[1] 一案中，船东承认其对因交船前存在的不适航引起的货损负责，但他又主张应依提单限制责任，法院认为船东不能享受提单的权利，因为船东不是运输合同的当事人。在 National Marine Service Inc. v. Petrdeum Service Corp.[2] 一案中，船舶在交船时虽然是适航的，但船东未告知租船人驳船的特性，结果租船人装载了驳船不适于装载的货物，使驳船沉没，法院认为，船东未尽到告知的义务，因此，应对货损承担 40% 的责任。

（五）在光船租船下成本的分担

在光船租船下，船东只承担船舶的首要成本，包括船舶的造价或买入价、利息及贷款费、税项、登记费等项，租船人则承担营运成本和航次成本。营运成本主要包括船员工资、船舶保险、战争险和保赔保险的费用、维修和保养、给养及备件、日常开支及管理费等，航次成本包括装卸费、燃油、港口使费、引航费、运河费、泊费等。

三、光船租赁合同的使用

（一）以光租的形式达到融资租赁的效果

对于资金紧张，而又需要买新船的租船人来说，以光租的形式买船可以达到融资租赁的效果，这实际上就是租购，即由船舶出租人出资造船，并取得船舶的所有权，由承租人以光租形式租船，并按约定条件支付租金，取得船舶的占有使用权，在租期届满时，承租人即按残值购买该船，并取得该船的所有权。

新造船的资金往往通过贷款筹得，贷款的银行或其他金融机构为了使其贷款的收回得到一定的保障，一般都要求以船舶作为贷款的抵押。以租购的形式安排造新船使金融机构取得了船舶的所有权，这种所有权比抵押权给予了出资人更充分的保障。另外，对租船人来说，以租购的形式买船，租船人实际上是接受了一笔信贷，可以解决其资金困难的问题。

（二）通过光租享受船旗国给予的特权和补贴

各国为了保护本国航运业的发展，一般都保留沿海运输权，规定只有本

---

〔1〕 Tokio Marine and Fire Insurance Co. Ltd. v. NYK Lines 446 F. supp 212, 213, 1979 AMC 2577. 25 78〔W. D. Wash 1979〕.

〔2〕 National Marine Service Inc. v. Petrdeum Service Corp. 1983 AMC 2658〔E. D. Za 1982〕.

国船才能从事沿海运输业务。在光租的情况下，他国航运公司可以凭借光租船的船旗享受到该项沿海运输特权。同样，租船人也可通过光租享受船旗国对进出口货物运输的货载保留。当然，有些国家已经注意到了外国租船人利用光租分享沿海贸易的现象，因此明文规定排除这种现象。

国家对航运的补贴主要有营运差额补贴和造船差额补贴。营运差额补贴是向本国船东补贴经营主要对外贸易航线时所支付的成本与外国船东支付成本之间的差额。造船差额补贴是由政府通过财政向造船厂补贴国内造船与国外造船之间的差额，这样就能使本国船东在本国船厂建造的船舶与在国外造船厂建造同样的船舶所用的费用相等。外国租船人则可通过光租，直接行使买船选择权，从而间接享受到船旗国的造船差额补贴。

（三）通过光租节省船舶首要成本及营运成本

船舶进行航运的成本主要分为三部分，即首要成本、营运成本和航次成本，首要成本包括船舶造价或买入价、税项、登记费等。在有些情况下，航运经营人认为支付一大笔金额买船并不值得。比如，其现有的运输业务项目期间很短，船舶只是用于在夏季的摆渡，冬季无业务。以光租形式租船，支付比船价少得多的租金就可以取得船舶的占有权和经营权，这样就大大地节省了船舶的首要成本。船舶的营运成本主要包括船员工资、保险费、维修及保养、备件和供应品等项。航运经营人通过光租，雇用船旗国船员或船旗国允许的其他国家的船员，以避开本国有关船员工资、社会保险等方面的严格规定，从而降低营运成本。

（四）通过光租转换船旗

有些国家允许通过光租转换船旗而仍保留其原登记。换船旗的原因多种多样，主要的原因是航运经营人希望雇用外国船员以降低船旗国船员工资过高造成的高营运成本，而船旗国法律又不准雇用外籍船员，于是通过换旗避开船旗国法律的规定。另外，如换了旗，同时又注销了原登记，则可能丧失国家对该船的某些补贴，因为这些补贴是以保留登记为条件的。

租出租入光船租船就是一种换旗的安排。船东将船舶光船出租、转换船旗并配备廉价船员后，再将船舶租回经营。德国船东尤其喜欢通过光租转换船旗。依德国法，租船人不必独立于船东，有些船舶不是由船东本人租回的，而是在国外建立从属机构，由该机构租回自己的船舶。这样做，既转换了船旗，又不是明目张胆地逃避本国的控制。

在光租下转换船旗需经有关的两个国家均予允许才能进行，其中一国须允许光租取消船旗（flagging-out），另一国则须允许依光租取得船旗（flagging-in）。允许换旗安排的国家实际上承认在某些情况下，船舶国籍与船舶登记相

第六章

脱离。虽然船舶在哪国登记，就取得那国的国籍，但船舶登记不仅仅涉及船舶国籍，还包括船舶国籍的登记、船舶所有权的登记、船舶抵押权的登记。在大部分情况下，船舶的国籍证书同时也是所有权证书，但在一些开放登记的国家，船舶的所有权与船舶国籍并不一致。确定船舶国籍的主要作用之一就是确定船舶应适用的法律，在光租情况下，船舶的占有权及经营权均转移租船人，船舶实际与租船人所属国联系更密切，因此，在船舶光租给外国租船人时，有些国家也允许船舶转挂外国船旗。在这种情况下进行的国籍登记只是一种特殊登记，这种登记与永久登记是有区别的：①特殊登记只限于国籍的登记，不包括所有权、抵押权、债权方面的登记。②永久性登记在注销时，船东必须清偿所有船舶的债务或提供银行担保。在进行特殊登记时，对永久登记只是暂时中止，而不是注销，所以不需要做出上述安排。③特殊登记是临时性的，在光租期满后，船舶还应悬挂原登记国国旗。

有关在光船租船的情况下是否能转换船旗的问题，国际上有三种做法：①规定船舶在光租时仍应保留原国籍，既不允许光船租进的外国船在租入国登记，也不允许光船租出的本国船在外国登记。②允许船舶在光租时改变国籍登记，既允许光船租进的外国船在本国登记，又允许光船租出的本国船在外国登记。中国也允许中国船舶光船出租时转换船旗，但应中止在光租期间在中国的登记。③只允许光船租入的外国船在租入国登记，而不允许光船租出的本国船在外国登记。

至于是否能通过光租换船旗的问题，我国尚无明确的法律规定，《海商法》草案中曾有两条关于中国船光租出去可以中止中国船舶国籍，外国船以光租方式租进来可以取得中国临时船舶国籍的规定，后来该两条被删掉。其原因并不是反对这种做法，而是考虑到《海商法》是一部海上民事法律，有关如何取得中国船舶国籍的问题在专门的行政法中规定比较合适。

四、光船租赁合同的主要条款

光船租赁合同通常是在事先拟订的格式基础上达成的。目前，国际上比较常用的光租合同格式是由波罗的海国际航运公会制定于 1974 年制定的《标准光船租赁合同》（Standard Bareboat Charter），租约代号"贝尔康"（BARCON），该格式具有 A、B 两种格式，A 格式适用一般光船租赁，B 格式用于通过抵押融资的新建船舶的租赁。该标准合同在 1989 年进行了第一次修订，将 A 格式与 B 格式合并。另加入三部分作为补充条款供订约双方选择使用，第三部分（Part III）为新建船舶光租条款、第四部分（Part IV）为租购协议、第五部分（Part V）为光租船登记条款。此后，在 2001 年、2017 年又进行了两次修订。我国《海商法》第 145 条规定的光船租赁合同的主要内容应包括：出租人和承租人的名称、船名、船籍、船级、吨位、容积、航区、用途、租船期间、交船和还船的时间和地点以及条件、船舶检验、船舶的保养维修、租金及其支付、船舶保险、合同解除的时间和条件，以及其他有关事项。在这些内容中，有关船舶规范、航区、运送合法货物、还船时的良好状态及最后航次的规定与定期租船合同基本相同。现就与定期租船合同不同的内容，并结合我国《海商法》有关光船租赁合同的规定，对光船租赁合同的内容进行以下介绍和评述。

（一）交船

在光船租赁合同中，船东的基本义务就是在约定的地点和时间将适航船舶交给承租人。适航指船舶的技术状况适于通常的海上航行，船舶应符合船旗国有关航行安全的规定，并具备各项有效合格的证书。光船租船中的适航不包括适员，因为船员是由租方雇用的；适航也不包括适当地配备船上供应品，因为这也是由租方承担的。交船的地点应由双方商定，通常光租的交船地点在码头，新建船的交船地点在造船厂。

交船的时间由双方商定，并在合同中第一部分注明交船时间和解约日。船东一般不得提前交船，除非承租人同意。BARECON 2001 第 4 条关于"交船时间"的规定是船东要给租船人不少于 30 个连续日的初步通知和不少于 14 个连续日的预计交船确定通知，并随时通告租船人有关船舶的动态。[1] BARECON 2017 对"交船时间"作了修订，仅规定交船时船东应当按照约定的时间向承租人告知大约或确定交船时间的通知。考虑到实践中船东发出的交船通知往往倾向于在临近准备就绪之日提交以控制时间，该条款实际上缩短了 BARECON 2001 版格式规定的交船通知。

如船东未能在解约日前交船，租船人有权在解约日之后的连续 36 小时内向船东发出解约通知以解除合同。[2] 如果船舶会延迟到解约日之后交付，则船东应在能够合理地确定船舶何时备妥时尽快通知租船人，并询问租船人是否取消合同，租船人应在收到该通知后的 168 小时内或解约日后的 36 小时内（以两者较早的时间为准）宣布其决定。如租船人不行使取消合同的选择权，则将船东通知船舶备妥之日后的第 7 日视为新的解约日。[3]

---

〔1〕 Clause 4 ofBARECON 2001, available at https：//www.bimco.org/contracts-and-clauses/bimco-contracts/barecon-2001, Last visit：July 27, 2020.

〔2〕 Clause 5（a）ofBARECON 2001, available at https：//www.bimco.org/contracts-and-clauses/bimco-contracts/barecon-2001, Last visit：July 27, 2020.

〔3〕 Clause 5（b）ofBARECON 2001, available at https：//www.bimco.org/contracts-and-clauses/bimco-contracts/barecon-2001, Last visit：July 27, 2020.

第六章

依我国《海商法》第 146 条的规定，出租人未在约定的地点、按约定的时间向承租人交付适航的和适于合同约定用途的船舶及船舶证书的，承租人有权解除合同，并有权要求赔偿因此遭受的损失。

（二）检验和检查

交船和还船时，船东和租船人各指定验船师对船舶的状况进行检验。起租检验的费用和时间损失由船东负担，退租检验的费用和时间损失由承租人负担。为了查明承租人在光租期间是否对船舶进行了正常的维修和保养，船东得随时对船舶航海日志进行检查，如查明船舶处于合同规定的良好状态，则检查和检验费用由船东承担；如查明船舶须经修理或保养才能达到合同规定的状况时，检查和检验费用则由承租人承担。

（三）船舶的保养与营运

在租期内，船舶处于租船人的占有和完全控制下，租船人应对船舶、船机、锅炉、装置和备件进行良好的维修、保养，使之在各个方面均处于良好的状态，并应保持船级和其他必需的证书的有效性。

在光租期间，承租人负责雇用船员，承担燃料、物料及供应品的费用、修理费用以及与船舶营运有关的税款。未经船东同意，租船人不得改变船舶的结构或对机器、装置或备件进行变动。

光船租赁期间往往较长，期间国际公约、船旗国法律或其他所适用的法律以及船级社可能对船舶结构和设备实行新的强制性要求，从而产生船舶结构和设备更新的费用以及此种费用应由哪一方承担的问题。在 1989 和 2001 版本中都规定了如果此种更新的费用超过船舶保险价值的 5％或其他约定的比例，剩余租赁期的租金应作出一定程度的调整，因此而增加的成本应在双方之间分摊；如果双方对前述调整和分摊不能协商达成一致，应根据"争议解决"条款的规定处理。该条规定实际上是将该问题交由出租人和承租人双方协商解决，协商不成则诉诸仲裁，并未就更新费用的承担和租金的调整提出任何建议性的可操作方案。BARECON 2017 版本修订的一大亮点是第 13 条（b）款引入了更新费用两种分配方案：①此种费用全部由承租人承担；②如果此种费用超过约定的金额，承租人分摊的金额应按照条款列出的公式进行计算，即：如果更新将持续整个船舶营运年限，承租人分担的费用为剩余租赁期与船舶剩余营运年限的比率乘以更新的费用；如果更新不会持续整个船舶营运年限，承租人分担的费用为剩余租赁期与预计更新的年限的比率乘以更新的费用。[1] 两种分配方案由当事人选择，未选择时默认适用第①种方案，即全部更新费用由承租人承担。

此外，1989 版的"保养"条款中还规定在船舶受损时，租船人应在合理时间进行修理，否则，船东有权撤船，并向租船人提出索赔。这项规定在此后的版本中都修订在"合同终止"条款中。[2]

（四）租金

租金由租船人按双方约定的每连续 30 天以预付形式向船东支付包干金额，租金一般按夏季载重吨位和租期计算。

关于迟延支付租金，BARECON 1989 规定如租船人迟延支付租金超过 7 个连续日，船东即有权撤船。对于延付的租金，船东有权按合同约定列明的利率收取利息，若无约定，则按船东营业地的当时市场利率。[3] BARECON 2001 规定如果船东没有在合同约定的宽限期内收到租金，船东有权撤船并终止租约而无需给予任何额外通知，[4] 若延迟支付租金，船东有权按合同约定列明的利率收取利息，若无约定，则适用英国银行协会所发布的伦敦三个月银行间拆款利率加上 2% 计算利息。[5] BARECON 2017 规定如果租船人没有按时支付租金，船东应书面通知租船人在 3 个银行工作日内支付租金。如果超过了这 3 个银行工作日仍未支付，船东有权向租船人索赔损失，并且只要租金没有支付船东可以在任何时候终止租约。[6]

（五）保险

光船租船应由承租人负责为船舶投保水险、战争险和保赔保险，但保险单的被保险人则以船舶所有人和承租人共同署名，在船舶全损或推定全损时，保险赔偿应付给船舶所有人，由船舶所有人依船舶所有人和租船人的利益多少分配。此外，光租合同 A 格式还规定了有关保险的选择权。第 12 条规定由船

〔1〕 Clause 13 ofBARECON 2017, available at https：//www. bimco. org/contracts-and-clauses/bimco-contracts/barecon-2017, Last visit：July 28, 2020.

〔2〕 BARECON 1989, available at https：//www. bimco. org/contracts-and-clauses/bimco-contracts/barecon-89, Last visit：July 28, 2020.

〔3〕 Clause 10 ofBARECON 1989, available at https：//www. bimco. org/contracts-and-clauses/bimco-contracts/barecon-89, Last visit：July 28, 2020.

〔4〕 Clause 28 （a） （i） ofBARECON 2001, available at https：//www. bimco. org/contracts-and-clauses/bimco-contracts/barecon-2001, Last visit：July 27, 2020.

〔5〕 Clause 11 （f） ofBARECON 2001, available at https：//www. bimco. org/contracts-and-clauses/bimco-contracts/barecon-2001, Last visit：July 29, 2020.

〔6〕 Clause 15 （e） ofBARECON 2017, available at https：//www. bimco. org/contracts-and-clauses/bimco-contracts/barecon-2017, Last visit：July 28, 2020.

第六章

舶所有人负责为船舶投保水险和战争险，由租船人投保保赔责任险。第12条有关选择由船舶所有人投保的原因，主要是用于期间较短的光租，如光租船舶只是为了4~6个月的夏季摆渡，这时，由船舶所有人自费保险。

在之后的1989年、2001年版本中也延续了上述规定，仅有少许措辞的变动。但在2017年5月英国最高法院对"Ocean Victory"轮案作出的判决中，[1]法官对涉案的BARECON 1989格式中保险条款的解释对船舶保险人、船舶出租人和光船承租人带来很大影响，促使BIMCO在BARECON 2017中对保险条款进行了修改，明确了出租人和船舶保险人就船舶保险承保的损失向承租人追偿的权利。BARECON 2017第17条"保险"第（a）款第（ii）段明确规定，尽管双方作为共同被保险人投保，但保险条款不排除或免除出租人和承租人在本租船合同项下的责任，而是用以担保损失发生时保险赔偿先行向出租人支付以补偿其损失。如果该保险赔款支付给出租人，应视为承租人对出租人赔偿责任的履行（而非解除或免除）。[2]为避免疑问，此种赔付不禁止出租人或其保险人依据保险代位求偿权向承租人主张赔偿责任。

（六）无船舶留置的保证

由于租方与船舶供应有关的债项可能引起船舶留置，这种留置权又具有优先性，可能对船舶所有人造成损害，所以规定了有关无船舶留置的保证，声明租船人将不承受也不同意继续存在由他们或他们的代理人招致的可能对船东的船舶所有权和利益有优先权的留置或债务。[3]

（七）还船

在较长的租期届满后，船舶所有人要为船舶的回归做准备，例如，为船舶入坞、检查等作出安排。因此，1974年A格式、1989年、2001年版BARECON合同中的"还船"条款中都有如下相似的规定，租船人应提前30日给船舶所有人初步通知，提前14日给确切通知，告知其还船日期和还船港。如船舶安排的最后航次超过租期，租船人仍可使用船舶以完成航次，但

---

〔1〕"【关注】'OCEAN VICTORY'案的英国最高院判决"，载https://www.ihaiyuan.com/ben-candy.php? fid-71-id-61405-page-1.htm，最后访问时间：2020年7月29日。

〔2〕Clause 17 (a) ofBARECON 2017, available at https://www.bimco.org/contracts-and-clauses/bimco-contracts/barecon-2017, Last visit: July 29, 2020.

〔3〕Clause 15 of BARECON 1989, available at https://www.bimco.org/contracts-and-clauses/bimco-contracts/barecon-89, Last visit: July 30, 2020. Clause 16 ofBARECON 2001, available at https://www.bimco.org/contracts-and-clauses/bimco-contracts/barecon-2001, Last visit: July 30, 2020. Clause 21 ofBARECON 2017, available at https://www.bimco.org/contracts-and-clauses/bimco-contracts/barecon-2017, Last visit: July 30, 2020.

超出的时间应合理。此外，最后航次应与结束租船合同差不多的时间完成。船舶应以与交船时同样的良好状态还船，正常损耗除外。否则，船舶所有人可以向租船人索赔。BARECON 2017 中关于还船时间，仅规定交船时船东应当按照约定的时间向承租人告知大约或确定交船时间的通知，与该版本交船时间的措辞相同。

（八）BARECON 2017 的新增内容

2017 年版本是基于 2001 年这一成功版本的基础上进行再次修订。旨在针对和反映 2001 年 BARECON 格式发布之后航运实践及法律的变化。BIMCO 在此次修订中重在使 BARECON 格式更加便于使用，并使合同各方当事人的利益更加平衡。除上述主要内容中对 BARECON 2017 修订的介绍，相较于之前版本还有如下新增条款：

1. 新增了承租人延长租赁期的选择权，第 2 条"承租期间"（Charter Period）第 2 段，规定承租人可通过书面通知的方式按照约定的租金率延长租赁期；除另有约定外，在租赁期内船舶将处于承租人的完全占有和控制之下。[1]

2. 赋予承租人在交船前安排人员上船熟悉船舶的权利，第 6 条"熟悉"（Familiarisation），规定承租人在交船之前的合理时间内有权指派最多 2 名代表上船并自担费用和风险；出租人在还船之前也有同样的权利。各自指派的代表只是作为观察员熟悉船舶情况，不得在任何方面妨碍船舶的营运。[2] 船舶在光船租赁期间由承租人负责营运，并负责船舶维修保养，而船舶交船时的实际状态对于承租人的利益具有重要影响，因而赋予承租人在交船前指派代表上船熟悉船舶情况显得很重要。

3. 借鉴了船舶买卖合同的标准格式条款的规定，新增了第 9 条"燃油、油料和润滑油"（Bunker fuels, oils and greases），规定承租人和出租人在交船时和还船时应当分别接受全部燃料油、储罐和未启封的油桶中未使用的润滑油和液压油并按照发票证明的实际购买价格或市场价格支付对应价款。[3]

4. 新增了第 19 条"全损"（Total loss），主要规定在船舶发生全损时，承租人对出租人负有赔偿责任；保险赔款应当全部支付给出租人作为承租人对

---

〔1〕 Clause 2 of BARECON 2017, available at https：//www. bimco. org/contracts-and-clauses/bimco-contracts/barecon-2017, Last visit：July 30, 2020.

〔2〕 Clause 6 of BARECON 2017, available at https：//www. bimco. org/contracts-and-clauses/bimco-contracts/barecon-2017, Last visit：July 30, 2020.

〔3〕 Clause 9 of BARECON 2017, available at https：//www. bimco. org/contracts-and-clauses/bimco-contracts/barecon-2017, Last visit：July 30, 2020.

出租人赔偿义务的履行。该条还规定，对可能导致船舶变成全损的任何事件
（occurrences），承租人对出租人和船舶抵押权人负有通知义务，并且承租人
在租船合同终止后仍有一持续义务，即保留或代表出租人和承租人或行使代
位求偿权的保险人向对船舶全损负有责任的第三人主张赔偿责任。这一新增
规定主要是为了保护出租人在船舶遭遇全损后的权利和利益，同时增加了承
租人向第三人的追索义务，即即使承租人不是船舶全损的最终责任人，但承
租人将仍负有义务保留向第三人的索赔权利并向第三人索赔。[1]

　　5. 还新增加第28条"反腐败"（Anti-corruption）条款和第29条"制裁
和指定实体"（Sanction and Designated entities）条款。"反腐败"条款规定船
东和承租人应该尽其所知所信制定防止贿赂的规定，并阻止这种违反相关法
律的贿赂行为。如果任何一方未能遵守相关反贿赂法律，那么该方要对另外
一方因此而遭受的罚款和损失等提供抗辩并予以赔偿。更进一步的是，该条
款还约定，如果合约一方或其成员在该租船合同项下做出任何违反相关反贿
赂法律的行为，或者此类行为导致另外一方违反了相关的反贿赂法律规定，
那么另外一方有权终止该租船合同，但该终止合同行为应该及时行使。[2]第
29条"制裁和指定实体"条款，规定本条款适用于对任何特定人员、实体或
机构实施的任何制裁、禁止或限制，包括根据联合国决议的贸易或经济制裁、
欧盟或美国法律法规下指定的船舶或船队。这种类型的条款通常要求船东和
租家及其相关人员应保证自己不在被制裁的名单上。在租约期间，如果一方
意识到另一方已经违反了该条规定，那无过错的一方有权依照其所属政府的
指示行事，并可以依据第31条"合同终止"条款中规定的情况立即终止
租约。[3]

【本章小结】

　　定期租船合同是指船舶出租人向租船人提供船舶，在约定的期限内由租
船人按约定用途使用，并支付租金的合同。光船租赁合同是指由船舶所有人
提供不配备船员的光船，由租船人雇用船员，在约定期限内占有、使用船舶，
并支付约定租金的租船合同。这种合同在我国《海商法》中被称为船舶租用
合同。《海商法》在船舶租用上的规定属于任意性的。船舶租用在国际上主要

---

　　[1]　Clause 19 of BARECON 2017, available at https：//www. bimco. org/contracts-and-clauses/bim-co-contracts/barecon-2017, Last visit：July 30, 2020.

　　[2]　Clause 28 of BARECON 2017, available at https：//www. bimco. org/contracts-and-clauses/bim-co-contracts/barecon-2017, Last visit：July 30, 2020.

　　[3]　Clause 29 of BARECON 2017, available at https：//www. bimco. org/contracts-and-clauses/bim-co-contracts/barecon-2017, Last visit：July 30, 2020.

采用格式合同，在定期租船上适用最多的是纽约土产格式。

【思考及练习】

1. 定期租船合同与航次租船合同有哪些不同点？

2. 在航区条款中一般会排除哪些区域？

3. 停租事项主要有哪些？

4. 定期租船中租方没有准时支付租金或没有如数支付租金会导致什么后果？

5. 租船人在什么情况下可以停租？

6. 如何确定还船时的良好状态？

7. 光船租赁合同有哪些特点？

8. 在定期租船合同中的航区条款一般排除下列哪几项？（　　　）

A. 合法贸易区　　　　B. 冰封区　　　　C. 战区　　　　D. 类似战区

【拓展阅读】

1. 姚洪秀、刘亚蕾："全球金融危机下定期租船合同中出租人对租金和撤船的法律风险控制"，载《海大法律评论（2008）》，上海社会科学院出版社2009年版。

2. 邹盈颖："违反定期租船合同的行为及损害赔偿的确定——兼谈全球金融危机所带来的新问题"，载《海大法律评论（2008）》，上海社会科学院出版社2009年版。

3. Wilford and Coghlin, Time Charters, Lloyd's of London Press Ltd., 6th edition, 2008.

4. 袁绍春："定期租船合同法定解除事由评析——兼论《海商法》相关条款的修订"，载中国海商法协会主办：《中国海商法年刊》，大连海事大学出版社2005年版。

5. 杨良宜编著：《租约》，大连海事大学出版社1994年版。

6. 杨良宜编著：《程租合约》，大连海事大学出版社1998年版。

7. 郭萍编著：《租船实务与法律》，大连海事大学出版社2002年版。

第六章

第七章

海上拖航合同

本章学习目的与要求

　　本章的教学目的是使学生了解海上拖航的概念，海上拖航合同格式及海上拖航合同的内容。重点掌握在海上拖航过程中拖轮与被拖物之间的合同内责任的承担，以及合同外责任的承担。

本章关键词

　　海上拖航　拖航格式合同　适拖性　承拖方的责任

　　海上拖航是指一船利用自己的动力将另一船或其他漂浮的物体从一地拖至另一地的航行。需要拖航的情况有下列几种：①非机动船，如驳船、挖泥船、吊杆船等非机动船在进行航行时，帆船在需要加速航行时均需要他船的拖带。②漂浮物体，如平台、浮动船坞、浮动码头、木排等物体在移动时均需他船的拖航。③机动船在进出港口、靠离码头、移泊时，机动船在失去自航能力时，均需要他船的拖带。拖航按地区的不同可分为港区拖带、沿海拖带和远洋拖带，按拖航的形式可分为一列式拖带、傍拖和顶推。一列式拖带的拖船在前，被拖船在后，两船用缆绳连接。傍拖的拖船在被拖船的侧面，采用并连方式连接，主要用于港口浮吊的拖带。顶推的被拖船在前，多用于拖船协助大船靠离码头或调头。

■第一节　海上拖航合同概述

一、海上拖航合同的定义

　　进行海上拖航应该由拖方和被拖方签订海上拖航合同，海上拖航合同是指承拖方用拖轮将被拖物经海路从一地拖至另一地，而由被拖方支付拖航费的合同。我国《海商法》第155条第2款规定，有关海上拖航合同的规定不适用于港区内对船舶提供的拖轮服务。海上拖航合同依拖船费计收方式的不同可分为日租型海上拖航合同和承包型海上拖航合同，前者的拖航费按约定的日租金计收，后者的拖航费不是按每天的租金率计收，而是以双方约定的一笔金额计收。

二、海上拖航合同格式

依我国《海商法》第156条的规定，海上拖航合同应当以书面订立。各海上拖航公司一般都有自己的格式合同，双方在订立海上拖航合同时，一般以格式合同为基础，经双方协商在格式合同上签字后，该合同就成了约束双方当事人的书面拖航合同了。采用较多的及我国海上拖航公司使用的拖航合同格式主要有：①国际远洋拖航协议（日租）格式，代号为"TOWHIRE"，由欧洲拖轮船东协会、波罗的海国际航运公会和国际救助同盟联合推荐。②日本航运交易所（Japan Shipping Exchange Inc.）拖航合同格式，代号为"NIPPONTOW"。③中国拖轮公司拖航合同（日租）格式。④中国拖轮公司拖航合同（承包）格式。⑤中国海洋工程服务有限公司拖航合同（承包）格式，代号为"CHINATOW"。

三、海上拖航合同的解除

依《海商法》第158条和第159条的规定，拖航合同可以在下列情况下解除：①起拖前解除。起拖前，因不可抗力或其他不能归责于双方的原因致使合同不能履行的，双方均可以解除合同，并互相不负赔偿责任。除合同另有约定外，拖航费已经支付的，承拖方应当退还给被拖方。②起拖后解除。起拖后，因不可抗力或其他不能归责于双方的原因致使合同不能继续履行的，双方均可以解除合同，并互相不负赔偿责任。该条没有关于拖航费应如何处理的规定，一般认为，拖航费与运费一样，一经收取在起拖后的风险由被拖方承担，一般不予退还。

■第二节　海上拖航合同的内容

虽然海上拖航合同的格式多种多样，但其主要内容是基本一致的，我国《海商法》第156条规定的海上拖航合同的内容主要包括：承拖方和被拖方的名称和住所、拖轮和被拖物的名称和主要尺度、拖轮马力、起拖地和目的地、起拖日期、拖航费及其支付方式，以及其他有关事项。现结合我国《海商法》的规定，就拖航合同的主要内容进行具体介绍。

一、拖航装备和准备完毕的通知

承拖方应提供一般必需的拖航装备或设备，拖轮船长应在起拖前双方约定的若干小时（如24小时）向被拖方或其代理人提交准备完毕的通知。依

"NIPPONTOW"第7条的规定，如拖轮未在双方约定的日期前做好准备，则被拖方有权解除合同。

二、适航性

适航性包括两方面的内容：①被拖物的适航性；②拖轮的适航性。被拖物的适航性由被拖方负责，被拖方应在离港前在一切方面做好被拖物的拖航准备，包括负责保证被拖物的照明、灯号设备、龙须缆、拖架等装置处于正常状态。被拖船上载有货物的，应保证货物的合理积载。被拖方应保持被拖物处于符合保险公司验船师或公认的船级社及拖轮船长要求的良好状态，被拖方需在约定的日期前向拖轮所有人或拖轮船长提供由保险公司验船师或公认的船级社签发的被拖物适于拖带的证书及其他有关文件。

关于拖轮，《海商法》第157条规定，承拖方在起拖前和起拖当时，应当谨慎处理，使拖轮处于适航、适拖状态，妥善配备船员，配置拖航索具和配备供应品以及该航次必备的其他装置和设备。承拖方必须提供合同中约定的适航拖船，合同双方也可以对拖轮的替换进行约定。例如，《美国雷丁倍茨钻探公司标准拖航合同（承包）》格式第12条规定，如果无以上指定的拖轮执行本合同的拖航服务，或如果承拖方由于任何原因需要替换，双方同意承拖方可用另一艘或多艘拖轮替换执行预期的服务，但这种替换拖轮须有与被替换拖轮相同的或以上的马力和装备，并且须征得被拖方保险人的同意。还有的合同格式规定，替换拖轮的主要规格和位置应得到被拖方的事先认可，被拖方不应无理拒绝给予认可。

三、拖航费和租金

承包型的拖航费为双方协商的一笔数额，通常由双方约定分期支付，例如，第一期在签字时支付，第二期在起拖时支付，第三期在到达目的港时支付。

日租型的拖轮租金按双方约定的日租费率支付，通常承租人须在签订拖航合同时预付给拖轮船舶所有人约定的数额，然后，自起租之日起，承租人每月按照日租费率预付30天租金一次，拖航终了两周内，按照合同条款结算。如承租人不按期交付租金，拖船船舶所有人有权撤回船舶，并对由此而产生的损失向承租人提出索赔。

四、延滞费

起拖的延误和目的港的延误均可能导致延滞费的支付。延滞费的具体事项由双方约定。例如，规定如果被拖物未能起拖，则自拖轮作出拖航准备就绪报告后24小时起，至实际起拖时止，由被拖方支付延滞费。如果在目的港延误接收被拖物，则自到达目的地24小时起，至拖轮实际解脱时止，由被拖方向承拖方支付延滞费。合同中一般均有向何人发出准备起航或准备交付通知的栏目，被拖方在目的港接到承拖方发出的准备交付被拖物的通知后，应及时接受被拖物，否则，应按约定费率向承拖方支付延滞费及其他额外费用。

五、拖航作业和航线

双方可以约定拖航作业由何方指挥，一般来说，拖航由承拖方指挥，只有在拖轮协助大船离靠码头或移泊等少数情况下，才由被拖船船长指挥。在由拖船船长指挥的情况下，一般规定，拖轮船长对接拖和解拖被拖物和拖航作业有自由决定权。在航线上，如未经指定，则按习惯航线。同时，合同中一般还有有关合理绕航的规定，指出拖轮有权在任何情况下援救他船，为了援救生命或财产而偏航，为了加油、修理、补充供应品或其他必需品或送丧失能力的海员上岸而挂靠任何港口。在此期间损失的时间，被拖方无权向承拖方索取额外的补偿。

六、救助不索取报酬

依合同的规定，一般在拖航中，被拖物自拖轮脱离，拖轮应守护并提供一切合理的服务，救助被拖物，并重新接上拖缆，此项服务是属于拖航合同范围内的，因此，合同一般约定提供此种救助不索取救助报酬，但拖轮进行的是超出拖航合同预期范围以外的救助性质的特殊服务则不在此限。

七、随船船员

如因政府部门要求或拖轮船长或保险人或验船师认为有必要在被拖物上配备随船船员时，应由被拖方对随船船员进行安排并承担其费用。如被拖方要求，在拖轮船长的同意下，被拖方也可以在拖轮或被拖物上安排随船船员并承担其费用。随船船员须服从拖轮船长的指挥。

八、费用

对于在拖航中发生的各种有关费用的承担，双方可以在拖航合同中进行约定。中国拖轮公司的承包型拖航合同和日租型拖航合同在费用的承担上分别是这样规定的：

1. 承包型拖航合同有关费用的规定：①承拖方负责支付拖轮船员工资、伙食、拖轮保险费、燃料、代理费、税费、领航费、港口使费、运河通行税以及其他与拖轮有关的费用。②被拖方负责支付被拖物保险费和对第三方责任保险费、代理费、在所在港口及根据建议对被拖物及拖航布置所进行的检验费、税费、领航费、一切港口使费、进出港费、运河通行税、因航道狭窄或港内操作及安全航行而需要的辅助和护航拖轮费，以及其他与被拖物有关的费用。③不可划分的费用承拖方和被拖方各负责50%。上述费用承担划分的基本原则是费用是为谁的利益而发生的，就由谁来承担。

第七章

2. 日租型拖航合同有关费用的规定：①拖轮船舶所有人负责拖轮的船员工资、伙食、淡水、润滑油费、拖轮保险费和维修保养费。②承租人负责交付拖轮的租金、燃料费、港口费、领航费、代理费、辅助拖轮费、护航费、运河费、被拖物的保险费和任何非中国征收的税费及对拖航费所征收的印花税或拖轮船舶所有人承担费用以外发生的费用，以及拖轮船舶所有人和拖轮船长认为必须在被拖物上派驻一定数量的人员所发生的费用。

由于日租型合同中的租金与承包型合同中的拖航费在性质上不同，拖航费针对的是拖轮所提供的拖航服务，所以拖航费中基本包含了为拖航而发生的成本费用。租金只是针对拖船的使用，不包括一些经营性的开支，因此，燃料费、港口费、代理费、运河费等一些不包括在租金中的费用需要明文规定由被拖方负责，以平衡双方的利益。

九、安全港口

被拖方应保证在起拖港、与拖航合同有关或应被拖方的请求拖轮需挂靠的中间港和目的港，对拖轮的进港、操作、停泊和出港及在潮汐所有阶段永远漂浮等方面的安全。指定安全港口是被拖方的义务，因指定的港口不安全而受到的损害由被拖方承担。如港口在指定时是安全的，在起拖前由于战争、禁止航行等非当事双方的原因而变为不安全的，则双方可以解除合同。在起拖后，如因不可抗力或其他不能归责于双方的原因致被拖物不能拖至目的地的，《海商法》第 160 条规定，除合同另有约定外，承拖方可以在目的地的邻近地点或拖轮船长选定的安全的港口或锚泊地，将被拖物移交给被拖方或其代理人，视为已经履行合同。

十、双方的责任

在拖航中发生的责任有两种，一种是拖轮与被拖物之间的合同内责任，另一种是拖轮和被拖物对第三方的合同外责任。

关于合同内的责任，我国《海商法》第 162 条采用了过错责任原则，规定在海上拖航过程中，承拖方或者被拖方遭受的损失，由一方的过失造成的，有过失的一方应当负赔偿责任；由双方过失造成的，各方按照过失程度的比例负赔偿责任。该条最后一款又规定，此项规定仅在海上拖航合同中没有约定或没有不同约定时适用。在实践中，也有合同约定大部分责任均由被拖方承担。例如，《中国拖轮公司拖航合同（承包）格式》第 13 条规定：在本次拖航过程中，无论何种原因对被拖物或第三方造成的任何性质的损失和损坏，即使此项损失或损坏是由于承拖方或拖轮上的人员的错误或疏忽，或由于拖轮及其机件设备的潜在缺陷、不适合或故障，缺少燃料、材料、速度或其他原因所造成，也都应由被拖方负责。该条第 2 款仅规定由于拖轮的缺陷或拖轮船员的错误或疏忽所造成的对拖轮的损坏，应由承拖方负责。该合同的规定不是以过错来划分责任，而主要是以受损的对象来划分责任。依该格式合同的规定，凡被拖物及第三方的损失均由被拖方承担，而不论其是否有过失。

合同外的责任为侵权责任，依《海商法》第163条的规定，在海上拖航过程中，由于承拖方或者被拖方的过失，造成第三方人身伤亡或者财产损失的，承拖方和被拖方对第三方负连带赔偿责任。除合同另有约定外，一方连带支付的赔偿超过其应当承担的比例的，对另一方有追偿权。在实践中，拖航格式合同一般规定，对第三方的损害赔偿责任由被拖方承担。这种约定是有效的，但当第三方向承拖方索赔时，承拖方不能以此约定对抗第三方，承拖方只能在向第三方赔偿以后，再依合同向被拖方追讨。

十一、承拖方的免责

依《海商法》第162条的规定，经承拖方证明，被拖方的损失是由于下列原因之一造成的，承拖方不负赔偿责任：①拖轮船长、船员、引航员或者承拖方的其他受雇人、代理人在驾驶拖轮或者管理拖轮中的过失。②拖轮在海上救助或者企图救助人命或者财产时的过失。上述免责只在合同没有约定或没有不同约定时才适用。《中国拖轮公司拖航合同（承包）格式》第13条规定了不可抗力免责，依该条规定，承拖方对不可抗力、海上和其他通航水域的危险或意外、火灾、战争、军事行动、敌对行为、叛乱、暴动、民事动乱、恐怖行动或怠工、罢工、停业、争端、停工或劳动纠纷、禁止航行、征用船舶、封锁和类似事件、任何性质的延误以及在执行本合同中非承拖方所能控制的任何其他事件的直接或间接后果都不负责任。

十二、留置权

如果被拖方未依合同约定支付拖航费及其他合同费用，承拖方对被拖物有留置权。此种留置权属于占有留置权，如承拖方已交付了被拖物，即等于放弃了其留置权。该留置权必须是在合同约定的期限已过，被拖方仍未支付合同约定的款项时才能行使。因此，合同中最好对因哪些费用可以行使留置权及支付这些费用的期限进行约定。例如，《美国雷丁倍茨钻探公司标准拖航合同（承包）》格式第14条规定，如果甲方在收到乙方通知单后15天内未收到付款，甲方对根据本合同应向甲方支付的任何金额，连同为取得该项金额而支出的费用，包括合理的律师费和付出的款项（如果发生的话），对被拖物有绝对留置权。

【本章小结】

海上拖航合同指规定拖方用自己的拖船将被拖物经海路从某一地点拖至另一地点，而由被拖方支付拖航费的合同。国际上的海上拖航也主要采用

第七章

格式合同。《海商法》的规定属于任意性的。海上拖航合同格式包括日租型拖航合同、承包型拖航合同两类。主要涉及拖船的适航性、拖航费和租金、延滞费、拖航作业和航线、救助不索取报酬、双方的责任、承拖方的免责（合同一般约定无过失免责和航行过失免责）、留置权等内容。

【思考及练习】

1. 海上拖航合同有几种形式？

2. 如何确定拖航合同双方当事人在拖航中的责任？

3. 在一场涉及拖航的碰撞事故中，由于承拖方的过失，造成了第三人的人身伤亡，依《海商法》的有关规定，该案的碰撞的赔偿责任应当为（　　　）

A. 三方按过失比例分担

B. 由承拖方承担

C. 由承拖方和拖方连带承担

D. 由第三方承担

【拓展阅读】

1. Alex L. Parks and Edward V. Cattell Jr. , The Law of Tug, Tow, and Pilotage, 3rd edn. , Cornell Maritime Press, 1994.

2. William Tetley, Brian G. McDonough, Maritime Liens and Claims, 2nd edn. , Business Law Communications Ltd. , 1985.

3. Frank L. Maraist, Thomas C. Galligan, Jr. Catherine M. Maraist, Cases and Materials on Maritime Law, Thomson West, 2003.

4. 袁绍春："论海上拖航合同中的免责条款"，载中国海商法协会主办：《中国海商法年刊》，大连海事大学出版社 2001 年版。

5. 邬先江："海上拖航责任限制问题研究"，载金正佳主编：《中国海事审判年刊（2005）》，人民交通出版社 2006 年版。

6. Simon Rainey, The Law of Tug and Tow, Lloyd's of London Press, 2002.

第七章

第八章

船舶碰撞

本章学习目的与要求

　　学生应明确船舶碰撞的概念和构成船舶碰撞的要件，了解《里斯本规则》对船舶碰撞概念的新发展，重点掌握船舶碰撞责任承担的原则。

本章关键词

　　船舶碰撞　碰撞责任　损害赔偿

■第一节　船舶碰撞的概念

　　船舶碰撞是一种常见而又典型的海上交通事故。船舶在航行中由于客观环境和条件的影响，加上驾驶人员主观上的过错，都有发生碰撞的危险。近年来，随着科学技术的进步，海上运输风险出现了新的特点。这主要表现为：客观风险明显减少，主观风险相对增大。[1] 特别是随着船舶通航密度的增加，船舶形态向大型化、专业化、集装箱化的发展，船载货物品种的变化，油类、化学品、危险品运输比例的不断增加，船舶碰撞对财产、人员造成的损失不仅后果日趋严重，而且可能造成惊人的海域环境污染，使船舶碰撞成为直接威胁海上安全的主要海损事故之一。为此，各海运国家及有关国际组织不断采取措施，完善船舶避碰法规，提高船舶、船员技术水平，建立海上交通管理系统，以避免船舶碰撞，确保海上安全。

一、传统的船舶碰撞概念

　　船舶碰撞概念在不同的历史发展阶段，具有不同的外延与内涵。传统海商法认为，船舶碰撞有广义和狭义之分。广义的船舶碰撞，是指两艘或两艘

第八章

────────────

〔1〕　过去航运业被视为冒险事业，如今随着航海技术的提高，海上风险中的客观因素大为减少，而产生海损事故的主观因素却相对增加。主要是人们往往过分依赖先进的航海仪器，而忽视主观能动作用。

以上船舶的某一部位同时占据同一空间，致使一方或几方发生损害的物理状态。它必须满足以下几个要件：

1. 必须要有船舶接触。没有船舶接触不构成船舶碰撞。船舶碰撞因碰撞形式不同可分为直接碰撞和间接碰撞。直接碰撞是指船舶间钢体性直接接触致损的船舶交通事故。间接碰撞是指由于一船或多船的过失造成其他两船或多船间的碰撞，虽然过失船没有与碰撞船舶发生实际接触，却使其他船舶及船上人员、货物或者其他财产遭受损失的事故。浪损则是指因过失船航行过快，掀起波浪致使其他船遭受损失的事故。从这个意义上讲，间接碰撞和浪损，不属于船舶碰撞的范畴。如欲使间接碰撞或浪损适用船舶碰撞法，则必须在有关的法律和国际公约中明确规定。

2. 船舶碰撞必须要造成损害，损害范围包括一方或几方的船舶、船上的货物、人身或其他财产所遭到的损失或伤亡。如果碰撞中的任何一方没有损害，船舶碰撞法律关系仍不能成立。

3. 碰撞必须发生在船舶间。这就排除了船舶与非船舶之间的碰撞。如船舶与码头、灯塔、灯船、防波堤或其他固定建筑物的碰撞就不适用船舶碰撞法。

狭义的船舶碰撞，又称海商法上的船舶碰撞，是指对碰撞的船舶性质给予特别限定的碰撞。《1910 年碰撞公约》将碰撞船舶限定在"海船与海船、海船与内河船之间"。按照这一规定，船舶碰撞是指船舶与船舶之间的碰撞，而且其中至少有一艘船舶必须是海船。另外，公约还规定"不适用于军舰船舶或专门用于公务的政府船舶"；但在世界各个国家和地区的海商立法中，关于军舰船舶和政府公务船舶是否适用船舶碰撞法律，规定并不一致。如苏联《海商法》规定，公务船舶适用船舶碰撞法律，悬挂海军旗帜的船舶不适用船舶碰撞法律。波兰《海商法》中的船舶碰撞法律则既适用于公务船，也适用于海军、边防和军事舰艇。日本的《船舶法》、我国台湾地区现行"海商法"以及英国的司法实践，也采取了与波兰相同的规定。以上可以看出，狭义概念上的船舶碰撞与广义概念上的船舶碰撞，在构成要件上没有根本的不同，区别在于狭义概念上的船舶碰撞对碰撞的船舶给予了特别的限定，在限定的程度上，国际公约和各国海商法有所不同。

二、船舶碰撞概念的新发展

随着海上运输业的日益发展，船舶碰撞的概念也有了新的变化。国际海事委员会于 1987 年在里斯本拟订了《船舶碰撞损害赔偿国际公约草案》（Preliminary Draft International Convention on the Assessment of Damages in Maritime Collision，以下简称《里斯本规则草案》）。该规则对船舶碰撞草拟了两个新的定义：①"船舶碰撞系指船舶间，即使没有实际接触，发生的造成灭失或损害的任何事故"；②"船舶碰撞系指一船或几船的过失造成两船或多船间的相互作用所引起的灭失或损害，而不论船舶间是否发生接触"。同时还规定"船舶系指碰撞中所涉及的不论是否可航行的船只、机器、井架或平台等"，它们相互间发生的碰撞，均构成船舶碰撞。

1. 扩大了船舶碰撞的范围。①船舶碰撞的双方中不要求必须有一方为海船，双方均为内河船也可以适用该规则。②《里斯本规则草案》并未排除对军用船舶和政府公务船舶的适用，因此，船舶的性质不限于商用或民用船舶。③船舶碰撞不局限于可航的船舶之间，而是适用于没有任何例外的一切船舶，包括可航的船舶和不可航的机器、井架或平台等，它们相互间发生的碰撞，均构成船舶碰撞。

2. 限定了船舶碰撞的主观要件。传统的船舶碰撞不考虑主观心理状态，过失或非过失碰撞均可构成，而《里斯本规则草案》将船舶碰撞的主观过失作为成立要件，即船舶碰撞只是指单一的过失碰撞。这就是说，没有过失的碰撞不适用《里斯本规则草案》。这样同传统的船舶碰撞相比，排除了因不可抗力（force majeure）或意外事故（inevitable accident）所致的碰撞。按此定义，船舶碰撞实际上变成了单一的"过失碰撞"。从这一点来看，新概念又缩小了船舶碰撞的范围。

3. 船舶碰撞的形式有所扩大。根据传统的船舶碰撞概念，船舶碰撞法律关系是建立在船舶间的直接接触上的。这样便将浪损和间接碰撞排除在船舶碰撞之外，只有在法律明确规定的情况下，才可以适用船舶碰撞法律解决浪损与间接碰撞的问题。《里斯本规则草案》提出了"即使没有实际接触的""船舶间的任何事故""船舶间的相互作用"都是船舶碰撞，不再要求船体的实际接触。因此不仅浪损和间接碰撞可以归入船舶碰撞，而且船舶间的其他一切侵权行为，如船舶间的火灾、爆炸、油污等都可以作为船舶碰撞，由《里斯本规则草案》来调整。

《里斯本规则草案》关于船舶碰撞新概念的提出，对于促进海上侵权立法的国际统一，形成国际公认的赔偿原则和计算方法具有积极意义。[1]

三、我国有关船舶碰撞的概念

我国《海商法》第165条规定："船舶碰撞，是指船舶在海上或者与海相通的可航水域发生接触造成损害的事故。前款所称船舶，包括与本法第3条所指船舶碰撞的任何其他的非用于军事的或者政府公务的船艇。"

---

[1] 司玉琢、吴兆麟编著：《船舶碰撞法》，大连海事大学出版社1995年版，第9~11页。

　　根据我国《海商法》的规定，构成船舶碰撞必须具备以下要件：

　　1. 船舶必须符合我国《海商法》的要求。我国《海商法》第 3 条规定："本法所称船舶，是指海船和其他海上移动式装置，但是用于军事的、政府公务的船舶和 20 总吨以下的小型船艇除外。前款所称船舶，包括船舶属具。"因此，碰撞仅限于海船和其他海上移动式装置，同时，排除用于军事的或者政府公务的船艇。所谓"用于"，是指发生碰撞时该船艇正在为军事目的或履行政府公务而被使用。如果军事或政府公务船艇用于商业运输而发生碰撞，则同样适用《海商法》中船舶碰撞的规定。简言之，我国《海商法》意义上的船舶碰撞是指海船或者其他海上移动式装置相互之间或者与任何其他非用于军事或政府公务的船艇之间的碰撞。最高人民法院《关于审理船舶碰撞纠纷案件若干问题的规定》（以下简称《船舶碰撞司法解释》）第 1 条规定："本规定所称船舶碰撞，是指《海商法》第 165 条所指的船舶碰撞，不包括内河船舶之间的碰撞。"

　　2. 船舶碰撞必须发生在船舶之间。根据我国《海商法》的规定，船舶碰撞是指船舶与船舶或其他海上移动式装置之间的相撞，因此，船舶与码头、灯塔、浮筒、防波堤以及其他水上或水下固定物体相撞，不能构成《海商法》意义上的船舶碰撞。

　　3. 船舶之间有接触。所谓接触，是指两船或多船的某一部位同时占据同一空间而碰撞，因此，船舶碰撞指的是直接接触的碰撞。但根据我国《海商法》第 170 条规定，船舶因操纵不当或者不遵守航行规章，虽然实际上没有同其他船舶发生碰撞，但是使其他船舶以及船上的人员、货物或者其他财产遭受损失的，有关责任问题仍适用《海商法》中船舶碰撞的有关规定来处理。《船舶碰撞司法解释》第 1 条第 2 款也作了类似的规定，可见，间接碰撞造成的损害事故也受《海商法》第八章和《船舶碰撞司法解释》的调整。

　　4. 必须有损害后果。船舶碰撞的损害包括一方或双方甚至几方船舶上的货物、人员或其他财产遭受到的损失或伤亡。损害后果是船舶碰撞损害赔偿的必要条件，有损害才有赔偿。碰撞法律之所以必要，最终就是为了解决损害赔偿问题，换言之，倘若任何一方都没有损害，也就不产生诉因，可见，如果只发生碰撞而没有产生损害，那么船舶碰撞法律关系仍不能成立。

　　5. 碰撞必须发生在海上或者与海相通的可航水域。"可航水域"是指事实上可供船舶航行的水域。在非与海相通的水域发生的船舶碰撞适用我国内河航运的有关规定。这既界定了船舶碰撞的地理区域，也明确了法院管辖的地域，便于当事人的诉讼。

■第二节　船舶碰撞的损害赔偿

一、船舶碰撞的分类

根据海商惯例和各国的法律与实践，船舶碰撞及其损害赔偿主要有以下几种情形：

（一）无过失的船舶碰撞

无过失的船舶碰撞指碰撞完全是因为客观原因或者原因不明造成的，不存在任何人为因素。我国《海商法》第167条规定："船舶发生碰撞，是由于不可抗力或者其他不能归责于任何一方的原因或者无法查明的原因造成的，碰撞各方互相不负赔偿责任。"无过失碰撞具体有以下几种情形：

1. 不可抗力。不可抗力，是指不能预见、不能避免并且不能克服的客观情况。根据"天灾由受害人承担"的原则，因不可抗力导致的船舶碰撞，其损失均由受损方自行承担。例如，台风季节船在锚地避风，并采取了一切抗台措施，但因风力过大，致使走锚碰撞了邻近的船舶。在此种情况下，该碰撞事故即属于不可抗力造成的。

2. 意外事故。意外事故是指船方已达到了通常的谨慎和技术要求仍不能避免的事故。意外事故必须符合如下四个条件：①非有意的行为；②已尽合理谨慎义务；③不可避免；④不可预测。对于意外事故造成的船舶碰撞，双方应均无过失。意外事故造成的碰撞是由于不能归责于任何一方的原因造成的，同不可抗力所致的碰撞一样，损失由受害方自行承担。根据我国法律规定，欲援引意外事故抗辩的一方负有举证责任，如果举证方提出的证据不足以证明船舶是因为意外事故引起的，则不能免除其应负的责任。对于举证方来说，必须证明从危险局面形成之前开始到碰撞发生或即将发生为止的整个期间没有疏忽，方可构成意外事故的碰撞。

3. 原因不明。原因不明的船舶碰撞，是指碰撞的原因无法查明。属于这种情况的碰撞极为少见。原因不明的船舶碰撞，同不可抗力和意外事故造成的碰撞一样，应各自承担自己的损失。但它不同于过失程度难以判定的情况。所谓过失程度难以判定，是指在肯定双方互有过失的前提下，碰撞各方的过失应占的比例难以确定，而原因不明的船舶碰撞是指碰撞各方均无法证明对方有何过失。

（二）过失碰撞

船舶碰撞事故的发生，大多是由于一方或双方的过失，如操作不当、违反航行规则和避碰规则或疏忽大意等原因引起的。因责任人的不同，过失碰

第八章

撞可以分为：

1. 单方过失造成的船舶碰撞。船舶碰撞完全是由一方的过失造成的，便构成单方过失责任，该有过失责任的船舶应对碰撞造成的全部损失负责。例如 1936 年"凯特（The Kate）"号案，"弗兰姆林顿法庭（The Framlington Court）"号轮在倒车开出斯里商用港池时，撞上了停泊在港池出口处附近的驳船"凯特"号。该驳船当时正和其他一些驳船一起排列在出口处，它们形成了一道障碍带。法院认为，"弗兰姆林顿法庭"号轮上的人们早应知道港池出口处的堵塞状况，它碰撞了驳船"凯特"号，应归咎于它自己的过失。由此可见，在航船舶碰撞了停泊船舶，前者通常被视为有过失（如没有进行瞭望或瞭望不力等）。[1]

我国《海商法》第 168 条规定："船舶发生碰撞，是由于一船的过失造成的，由有过失的船舶负赔偿责任。"也就是说，有过失的船舶不仅要承担自己所遭受的损失，还应对因碰撞造成的相碰船舶和第三人的全部财产损失和人身伤亡负赔偿责任。

2. 互有过失造成的船舶碰撞。双方互有过失造成的船舶碰撞，一般原则是根据各船舶的过失程度，按比例分担。如果双方过失程度相当或无法判定时，则平均分担责任。例如，甲乙两船发生碰撞，甲船受损 90 万元，乙船损失 60 万元，甲乙两船共受损失 150 万元，如果甲船应负 2/3 的过失责任，乙船应负 1/3 的过失责任，则甲船应承担的损失为 $150 \times 2/3 = 100$ 万元，乙船应承担的损失为 $150 \times 1/3 = 50$ 万元，故甲船除负担自己遭受的 90 万元损失以外，还应赔付 10 万元给乙船，乙船只需承担 50 万元的损失，所以可向甲船索赔 10 万元。但如果无法判定双方的过失程度，或者双方的过失程度大致相当，则双方应平均分担责任，即各自承担 50% 的损失。在上例中，甲乙两船各自承担 75 万元，故甲船除承担自己应负责的 75 万元以外，还可向乙船索赔 15 万元，乙船除承担自己遭受的 60 万元损失以外，还应向甲船赔付 15 万元。

对于双方互有过失造成的船舶碰撞，各方按照其过失程度比例承担碰撞责任的原则，即"过失比例原则"，是《1910 年碰撞公约》所确定的，也是目前在国际上通行的解决船舶碰撞损害赔偿责任的重要原则。《1910 年碰撞公约》规定，互有过失船舶碰撞造成的财产损失，不论是当事船舶的损失、当事船舶上财产的损失，还是任何其他第三人的财产损失，各过失方按各自的过失程度、比例承担责任，过失方之间不承担连带责任，但如果互有过失的船舶碰撞事故导致了人身伤亡之时，过失方之间负连带赔偿责任。一方连带

---

〔1〕 沈木珠：《海商法比较研究》，中国政法大学出版社 1998 年版，第 241 页。

支付的赔偿超过其过失程度比例时，有权向其他有过失的船舶追偿其超过支付的部分。我国虽未参加《1910 年碰撞公约》，但对互有过失船舶碰撞的处理上，一直实行过失比例原则。我国《海商法》第 169 条规定，船舶发生碰撞，碰撞的船舶互有过失的，各船按照过失程度的比例负赔偿责任；过失程度相当或过失程度的比例无法判定的，平均负赔偿责任。碰撞造成第三人财产损失的，各船的赔偿责任均不超过其应当承担的比例。互有过失的船舶，对造成的第三人的人身伤亡，负连带赔偿责任。

【案例研习】利比里亚易迅航运公司诉巴拿马金光海外私人经营有限公司船舶碰撞赔偿纠纷案[1]

　　原告利比里亚易迅航运公司所属巴拿马籍"易迅"轮，系远洋运输货轮。该轮于 1989 年 7 月 8 日载货自中国天津新港驶往目的港香港。被告所属巴拿马籍"延安"轮，系远洋运输货轮。该轮于 1989 年 7 月 9 日载货自中国连云港驶往目的港日本黑崎港。7 月 10 日，12：00，"易迅"轮值班驾驶员发现右舷前方向东航行的"延安"轮，方位约 80°，距离 4~6 海里。14：05，两船距离缩小至 1 海里左右，"易迅"轮仍未主动采取避让措施。14：07~14：08，两船相距 0.5~0.6 海里，碰撞紧迫局面已形成之际，"易迅"轮才将自动操航改为人工操航。同日 13：40，"延安"轮发现左舷方保向保速向南行驶的"易迅"轮，14：08，两船相距约 0.5 海里时，碰撞紧迫局面已形成之际，"延安"轮拟从"易迅"轮船尾通过，在碰撞将发生时，才改为人工操舵，并采取左满舵、停车、倒车措施，但为时已晚。

　　此案经天津海事法院审理后发现：碰撞前，当两船处于互见交叉相遇状态时，原告所属"易迅"轮为让路船，被告所属"延安"轮为直航船。"易迅"轮自两船互见至发生碰撞，未能谨慎驾驶，正规瞭望，仅凭目测观察，对两船是否存在碰撞危险局面没有作出充分正确的判断。在紧迫局面形成之际，"易迅"轮本应及早大幅度地避让"延安"轮，但其采取避让措施较晚，又未能采取停车或倒车的避碰措施，仅以小角度转向避碰，从而导致碰撞的发生。"易迅"轮违背了《1972 年避碰规则》的规定，应承担主要责任。

　　"延安"轮在与"易迅"轮交叉相遇时，本应保向保速航行，但其疏于瞭望，在未判明"易迅"轮是否让路和未发出本船行动的任何信号的情况下，断然对在左舷的"易迅"轮采取左转向避让，促成两船碰撞的发生，这种避让措施违背了《1972 年避碰规则》的规定，对此，被告应承担次要碰撞责任。

第八章

---

　　〔1〕　靳起、田冰川主编：《典型涉外经济案例评析》，法律出版社 1999 年版，第 199 页。

最后，天津海事法院作出判决：原告负 60% 的碰撞过失责任，被告负 40% 的碰撞过失责任。

（三）特殊作业中的过失碰撞责任

1. 引航员过失导致碰撞责任。因引航员的过失造成船舶碰撞，引航员虽要受到应得的处分，但引航员本身和引航员的雇主不承担赔偿责任。换言之，引航员的过失造成的船舶碰撞，视同为船长和船员的过失造成的碰撞，其船舶所有人应对损害负责。即使是强制引航的情况也是如此。这是因为根据绝大多数国家的法律或港口习惯，引航员在引领船舶的过程中，不解除被引船船长驾驶和管理船舶的责任。

但也有极少数国家有不同的规定，例如，巴拿马运河区有关法规规定，因引航员过失造成的船舶碰撞，由引航员的雇主——巴拿马运河公司承担损害的赔偿责任。可见，在确定引航员的过失造成船舶碰撞的责任问题时，应以事故发生地的法律为准。"大德轮"与"LIMA 轮"碰撞案就是一例，其案情如下：

"大德轮"是广州远洋运输公司的普通杂货轮，于 1977 年 9 月 21 日满载古巴糖从加勒比海驶抵巴拿马运河的一个港口，在驶入运河时，由运河公司的引航员引领。"LIMA 轮"是在秘鲁登记的普通杂货轮，同日也在运河公司的两名引航员引领下，从运河南口驶入运河。两船相遇时，由于双方引航员没弄清对方的航行动态，也没按运河有关规定施放声号，而且瞭望疏忽，违反了当局的有关规定，结果两船发生了碰撞，而两船的船员均无任何过失[1]。

根据巴拿马运河区有关法规的规定，这一碰撞损失由巴拿马运河公司负责赔偿。

2. 拖航作业中的过失碰撞责任。在拖航作业中发生的碰撞责任，除拖航合同另有规定外，应当根据拖航作业的具体情况，确认拖船与被拖船是否为一体，从而认定碰撞过失和责任。①在因拖船或被拖船某一方的责任造成碰撞的情况下，其碰撞责任是单方责任，由有过失的一方单独承担。②拖船与被拖船互有过失责任，对无辜第三者的损害负连带责任，然后根据过失责任比例相互分摊或追偿。

3. 救助作业中的过失。救助方在救助作业中的过失造成船舶碰撞，救助方要承担经济责任。这种事例并不多见。多半是船舶碰撞后，因救助方的过失造成被救助船员损失的扩大，或增加救助作业的难度，不管是哪种情况，

如果救助方在救助作业中有过失，其结果都是一样的：救助报酬减少或免除，甚至还会反过来给予被救船以赔偿。如"东城丸"（The Tojo Maru）一案[1]。

二、船舶碰撞损害赔偿的基本原则

船舶碰撞事故发生后，最终要确定过失方损害赔偿问题，即过失方赔偿金额。船舶碰撞损害赔偿的基本原则，是指在确定船舶碰撞致损的赔偿范围时应遵循的基本法律准则和指导思想。由于船舶碰撞属于一种特殊的民事侵权行为，其损害赔偿除适用民法关于侵权行为损害赔偿的一般原则和规则外，还适用各国法律针对其特殊性而作的特殊规定。结合我国《民法典》、《海商法》以及最高人民法院1995年8月18日发布的《关于审理船舶碰撞和触碰案件财产损害赔偿的规定》（以下简称《损害赔偿规定》）的规定，船舶碰撞造成财产损害的，应适用以下赔偿原则。

（一）恢复原状原则

恢复原状原则是我国《民法典》第179条规定的承担民事责任的方式之一，各国几乎都采用了该项原则。

何谓"恢复原状"？根据《1985年确定海上碰撞损害赔偿的国际公约草案》（以下简称《1985年碰撞损害公约草案》）第3条的规定，是指"损害赔偿应使受害方尽量接近受害事故发生前的状况"。

比较而言，民法意义上的恢复原状多指物质形态上的复原，而海商法意义上的恢复原状在多数情况下体现为对受害方的金钱补偿。

对于碰撞造成的人身伤亡，不适用恢复原状原则。

（二）直接损失赔偿原则

《1985年碰撞损害公约草案》第5条规定："除本公约另有规定外，碰撞直接造成的损害方可追偿。"这是碰撞损害赔偿普遍遵守的又一原则。在确定直接损失的范围时，应当把握：①损失必须是碰撞的直接后果，如因碰撞造成的财产损失和人身伤亡；②损失必须是继碰撞事故之后立即发生的以及可以合理预见的后果。如因碰撞造成损害而必须施救、拖带或打捞所产生的费用、船舶修理期间的营运损失等碰撞事故发生后立即发生的后果，以及因碰撞导致航次租船合同解除、渔船丧失捕捞季节的生产损失等伴随碰撞事故发生而可以合理预见的后果。但是，受害方不能追偿因碰撞事故而丧失的投资、投标、贷款等机会的损失。

第八章

---

〔1〕　1971年"东城丸"油船在波斯湾沉没，该船所有人与荷兰 Safaw 救助公司签订了劳氏救助合同（LOF）。潜水员用电光枪将铆钉打入船壳时，因油船内有可燃气体未排净，发生爆炸，损失达33.1万英镑，而救助报酬只有12.5英镑。参见 Lloyd's Rep.（1972）2，p. 341.

（三）受害方应尽力减少损失的原则

与国际海事司法实践相一致，在我国，"受损方负有尽力减少损害的义务"也是船舶碰撞损害赔偿的一项基本原则。根据最高人民法院发布的《损害赔偿规定》第1条第2款的规定，在确定碰撞损害赔偿范围时，"因请求人的过错造成的损失或者使损失扩大的部分，不予赔偿"。因此，在船舶碰撞中，受损方有义务采取一切合理措施尽力防止和减少损失的发生和扩大，否则，由此扩大的损失不能列入赔偿范围。

如"金鹰一号"上诉案。该案中，海运局所属的中国籍"红旗138"号轮，于1987年11月30日在大连港水域与印度尼西亚贝尔航运有限公司所属的巴拿马籍"恩宝"号轮和美国金鹰航运公司所属的巴拿马籍"金鹰一号"轮发生了碰撞。"金鹰一号"轮在大连卸货的19天里，"红旗138"号轮船长和"恩宝"号轮代表均多次要求"金鹰一号"轮在大连就地修理，以减少碰撞损失，但金鹰航运公司执意驶往日本修理，仅修理费一项就比在大连修理多出35 691.47美元。二审法院在判决中指出，金鹰航运公司在大连不进行修理招标就前往日本修理，不符合方便和受害方应尽量减少损失的原则。因此，判决"金鹰一号"轮在日本修理的费用超出在大连修理费用部分由金鹰航运公司自己承担。[1]

在适用受害方尽力减少损失原则时，应注意以下几点：

1. 受害方是否采取了合理的措施尽力减少损失，属于事实问题。

2. 受害方采取合理措施，取得了避免或者减少过失方的行为造成的损失的客观效果。

3. 受害方为采取合理措施而支出的费用应列入赔偿范围。

三、船舶碰撞损害赔偿责任的构成要件

船舶碰撞作为一种民事侵权行为，其构成必须满足：主观上有过失；客观上有碰撞和损害的事实；过失与损害事实之间存在因果关系。只有这三个要件同时得到满足，才能发生船舶碰撞损害赔偿问题。

（一）主观要件

从国内有关法律规定以及国际公约和国际惯例来看，船舶碰撞责任原则都是以过失为基础而要求赔偿的过失责任原则。换言之，在船舶碰撞中，当事人有过失才承担赔偿责任，没有过失则不承担赔偿责任。当事人的过失是构成船舶碰撞民事责任的主观要件。

---

〔1〕"'金鹰一号'上诉案"，载中国海商法协会主办：《中国海商法年刊》，大连海事大学出版社1991年版，第394～398页。

在民法理论中，过失是指行为人并不存在希望损害发生的意图，但对损害的发生应该或能够预见却没有或没能预见，致使损害发生。判断过失主要有两个标准：一个是以行为人应当预见的范围为准，即客观标准；一个是以行为人能够预见的范围为准，即主观标准。在海商法中，通常所说的过失是指行为人具有过失心理状态时作出的行为，即过失行为，而不是单指过失的心理状态。以司法实践看，海商法的过失标准采用客观标准，即在驾驶船舶、管理船舶的过程中，具有通常技术和谨慎从事的航海人员，应当预见碰撞损害的发生而没有预见，或者应该防止碰撞损害而没有防止损害的发生或扩大，此种情况下的行为或不行为即为过失。

在船舶碰撞中，如果一方能够举证证明另一方在驾驶船舶或管理船舶方面犯有某种或某些具体的过失，就是船舶碰撞的实际过失。驾驶船舶的过失是指船员违反良好船艺或航行规则引起碰撞，如疏于瞭望、雾航速度过快、没有或不正确使用号灯号型等。管理船舶过失是指船舶所有人及船长未能保证船舶适航或船员配置适当或船舶属具和设置完备，因此碰撞他船。例如，船体、船上设备有缺陷，船员配备不当，汽笛系统损坏或失灵，不适当的吃水差使船舶操纵有困难或有危险等。

如果不能举证直接证明一方具有过失，而是根据法律或某些事实推定其具有造成碰撞损害的过失，则这种过失称为推定过失。推定过失分为法律推定过失和事实推定过失两种。

船舶碰撞中的法律推定过失，是指如一船违反法定航行规则，除非该船能证明在当时的情况下，背离规则是必要的，或者违反规则在当时情况下不可能导致碰撞损害的发生，否则法律便推定违反航行规则的船舶具有造成损害的过失。法律推定过失没有考虑违反规则行为与损害结果之间是否具有因果关系，同时给规则一方带来过重的且不合理的举证责任，从而产生不合理的结果。因此《1910 年碰撞公约》废除了法律推定过失制度，我国和多数海运国家也都废除了法律推定过失制度。

船舶碰撞法中的事实推定过失，是指船舶发生碰撞，如果受损方能证明其遭受损害的事实以及其他符合一定要求的基本事实，法院就可以以这种基本事实推断出另一方具有过失的假定事实，除非另一方能证明损害是不可避免的，或者自身没有过失，或者有过失并没有造成损害后果，否则便应负损害赔偿责任。事实推定过失是人们借助因果关系的原理、逻辑规则或航海经历作出的。比如，一在航船与一锚泊船碰撞，如果锚泊船能够证明锚位和抛锚方式适当，并按规定显示了号灯号型，在航船对此提不出相反证据予以反驳，法院便可根据已知事实推定在航船具有过失。除非在航船能证明碰撞系不可抗力或意外事故所致，否则便应单独负责赔偿。在处理船舶碰撞案件中，事实推定仍为各国普遍采用的原则，我国在司法实践中也承认这一原则。

（二）客观要件

碰撞及损害事实的存在，是构成船舶碰撞损害赔偿责任的客观要件。从民法学原理分析，民事赔偿责任是一种财产责任，它以财产遭受损失为前提，以赔偿财产损失为表现形式。船舶碰撞是一种侵权行为，但是仅仅具有侵权行为并不足以构成民事赔偿责任，重要的是具备由于碰撞这种侵权行为所造成的损害事实；只有产生了损害事实，受害人才能提出索赔请求，如果没有损害后果，索赔就失去了事实基础。

（三）过失和损害事实之间的因果联系

过失和损害事实之间的因果关系是指他们之间的必然联系，即碰撞损害事实是过失行为的必然结果。过失行为与损害事实之间必须存在因果关系，是构成船舶碰撞民事责任的客观要件，也是过失责任制的内在要求。当事人所应承担的责任，是对由于自己的过失行为所造成的碰撞损害后果负赔偿之责。如果当事人的过失行为没有造成损害后果，或者有关损害事实并不是因为其过失行为所造成的，就不具备构成民事责任的客观要件，从而不能确定过失方对损害事实承担赔偿责任。例如，在某案中，G 轮与 S 轮在珠江水道发生碰撞，G 轮船舶所有人提出的索赔包括船舶碰撞所造成的损害和搁浅所造成的全部损失。法院认为，G 轮的损害的确包括船舶碰撞所造成的损害和搁浅所产生的损害，但只有船舶碰撞损害与 S 轮的过失有因果关系，搁浅损失是 G 轮本身的过失行为所致，与 S 轮无关，因此，S 轮不能承担因搁浅造成的损失。[1]

四、船舶碰撞损害赔偿的范围

我国《海商法》对船舶碰撞损害赔偿的范围及计算方法等具体问题均未作规定，在目前的情况下，解决有关的问题主要适用专门法规、司法解释等。根据最高人民法院《损害赔偿规定》，我国在审判实践中有关船舶碰撞损害赔偿的范围主要包括：

（一）船舶的损害赔偿

船舶损害赔偿分为全损赔偿和部分损害赔偿。

1. 船舶全损，包括实际全损（Actual total loss）和推定全损（Constructive total loss），是指船舶实际全部损失，或者损坏已达到相当严重的程度，以至于救助、打捞、修理费等费用之和达到或超过碰撞或者触碰发生前的船舶

---

〔1〕　金正佳、翁子明：《中国海事审判的理论与实践》，海天出版社 1993 年版，第 274 页。

价值。

船舶全损的赔偿包括：①船舶价值损失；②未包括在船舶价值内的船舶上的燃料、物料、备件、供应品、渔船上的捕捞设备、网具、渔具等损失；③船员工资、遣返费及其他合理费用。

2. 船舶部分损害的赔偿包括：合理的船舶临时修理费、永久修理费及辅助费用、维持费用。但应满足下列条件：船舶应就近修理，除非请求人能证明在其他地方修理更能减少损失和节省费用，或者有其他的合理理由。如果船舶经临时修理可继续营运，请求人有责任进行临时修理；船舶碰撞部位的修理，同请求人为保证船舶适航，或者因另外事故所进行的修理，或者与船舶的例行检修一起进行时，赔偿仅限于修理本次船舶碰撞的受损部位所需的费用和损失。船舶损害赔偿还包括：合理的救助费、沉船的勘查、打捞和清除费用、设置沉船标志费用、拖航费用、本航次的租金或者运费损失、共同海损分摊、合理的船期损失以及其他合理的费用。

（二）船上财产的损失

船上财产的损失包括：船上财产的灭失或者部分损坏引起的贬值损失；合理的修复或者处理费用；合理的财产救助、打捞和清除费用；共同海损分摊以及其他合理费用。

对于船上财产损失的计算：①货物灭失的，按照货物的实际价值，即以货物装船时的价值加运费加请求人已支付的货物保险费计算，扣除可节省的费用；②货物损坏的，以修复所需的费用，或者以货物的实际价值扣除残值和可节省的费用计算；③由于船舶碰撞在约定的时间内迟延交付所产生的损失，按迟延交付货物的实际价值加预期可得利润与到岸时的市价的差价计算，但预期可得利润不得超过货物实际价值的10%；④船上捕捞的鱼货，以实际的鱼货价值计算，鱼货价值参照海事发生时当地市价，扣除可节省的费用；⑤船上渔具、网具的种类和数量，以本次出海捕捞作业所需量扣减现存量计算，但所需量超过渔政部门规定或者许可的种类和数量的，不予认定；渔具、网具的价值，按照原购置价或者原造价扣除折旧费用和残值计算；⑥旅客行李、物品（包括自带行李）的损失，属本船旅客的损失，依照《海商法》的规定处理，属他船旅客的损失，可参照旅客运输合同中有关旅客行李灭失或者损坏的赔偿规定处理；⑦船员个人生活必需品的损失，按照实际损失适当予以赔偿；⑧承运人与旅客书面约定由承运人保管的货币、金银、珠宝、有价证券或者其他贵重物品的损失，依照《海商法》的规定处理；船员、旅客、其他人员个人携带的货币、金银、珠宝、有价证券或者其他贵重物品的损失，不予认定；⑨船上其他财产的损失，按其实际价值计算。

（三）运费、营业收入及捕捞利益等间接损失

碰撞导致期租合同承租人停租或者不付租金的，以停租或者不付租金额，扣除可节省的费用计算。因货物灭失或者损坏导致到付运费损失的，以尚未收取的运费金额扣除可节省的费用计算。

船期损失是指进行船舶碰撞损坏修理时，由于船东不能正常使用该船而遭受的损失。船舶全损的，以找到替代船所需的合理期间为限，但最长不超过2个月；船舶部分损坏的修船期限，以实际修复所需的合理期间为限，其中包括联系、住坞、验船等所需的合理时间；渔业船舶，按上述期限扣除休渔期为限，或者以一个渔汛期为限。船期损失，一般以船舶碰撞前后各两个航次的平均净盈利计算；无前后各两个航次可参照的，以其他相应航次的平均净盈利计算。渔船渔汛损失，以该船前3年的同期渔汛平均净收益计算，或者以本年内同期同类渔船的平均净收益计算。计算渔汛损失时，应当考虑到碰撞渔船在对船捕鱼作业或者围网灯光捕鱼作业中的作用等因素。

（四）利息损失

利息损失的计算主要涉及支付利息的期间及利率两个方面。支付利息的期间，最高人民法院规定为：船舶价值的损失利息，以船期损失停止计算之日起至判决或者调解指定的应付之日止；其他各项损失的利息，从损失发生之日或者费用产生之日起计算至判决或调解指定的应付之日止；关于利率，按本金性质的同期利率计算。

（五）人身伤亡的损害赔偿

人身伤亡的赔偿计算分为人身伤害和人身死亡两种。在我国，有关侵权行为造成人身伤亡的法律依据是《民法典》、《最高人民法院关于审理人身损害赔偿案件适用法律若干问题的解释》（以下简称《人身损害赔偿司法解释》）、《中华人民共和国侵权责任法》等，下面结合这些规定，就人身伤亡的赔偿简述如下：

1. 关于财产损失的赔偿范围，包括三个方面：

（1）因治疗损伤支出的费用：如医疗费、护理费、交通费、营养费、后续治疗费、康复费、整容费等。

（2）因增加生活上需要支出的费用：如配制残疾用具、长期护理依赖支出的费用等。

（3）因误工导致的收入损失以及因全部或者部分丧失劳动能力导致收入丧失或减少，或者因死亡导致未来收入损失。

2. 关于赔偿标准，采取差额赔偿与定型化赔偿相结合的原则。差额赔偿就是以受害人发生损害前后费用增加或者财产减少的算术差额作为赔偿依据

的赔偿原则。定型化赔偿则不考虑具体受害人个人财产损失的算术差额，而是从损害赔偿的社会妥当性和社会公正性出发，为损害确定固定标准的赔偿原则。《人身损害赔偿司法解释》对残疾赔偿金和死亡赔偿金就是采取定型化赔偿，设置固定的赔偿标准和期限；对医疗费、误工费等则采取差额赔偿，实际支出或者损失多少就赔多少，体现了折中的原则。

3. 关于损害赔偿的计算，遵循主观计算（具体计算）与客观计算（抽象计算）相结合的原则。对实际发生的费用或损失，原则上依主观计算；对增加生活上需要和利益损失，原则上依客观计算；以体现既要保障受害人利益，又要适当兼顾社会公平的指导思想。例如，残疾赔偿金按受诉法院所在地标准计算，系客观计算，但受害人住所地或者经常居住地平均生活费高于受诉法院所在地时，经当事人举证可以依主观计算。

4. 关于计算标准，残疾者收入损失＝残疾赔偿金＋被扶养人生活费，这两项费用分别对应的是城镇居民人均可支配收入（或者农村居民人均纯收入）和城镇居民人均消费性支出（或者农村居民人均年生活消费支出）两项指标。

致人死亡的，其亲属所获赔偿＝死亡赔偿金＋被扶养人生活费，死亡赔偿金按照受诉法院所在地上一年度城镇居民人均可支配收入或者农村居民人均纯收入标准，按20年计算。但60周岁以上的，年龄每增加1岁减少1年；75周岁以上的，按5年计算。被扶养人生活费同上，参照城镇居民人均消费性支出（或者农村居民人均年生活消费支出）予以赔偿。

五、损害赔偿的计算方法

大多数的船舶碰撞案，一般都是因为双方互有过失，违反航行规则、避碰规则或疏忽大意造成的。如果双方的过失责任比例和损失金额都已确定，那么就可以计算出损害赔偿的金额。现举例说明：

甲乙两船相碰，甲船负 1/4 的过失责任，乙船负 3/4 的过失责任，甲乙两船及船上所载货物的损坏为（假设两船都不涉及海事赔偿责任限制）：

甲船的船舶损失	800 000 元
甲船船上货物损失	200 000 元
乙船的船舶损失	400 000 元
乙船船上货物损失	100 000 元

损害赔偿的计算方法为：

甲船负有1/4的过失责任，应赔偿：

乙船船舶损失

400 000 元×1/4＝100 000 元

乙船船上货物损失

100 000 元×1/4＝25 000 元

甲船共赔偿

100 000 元＋25 000 元＝125 000 元

乙船负有 3/4 的过失责任，应赔偿：

甲船船舶损失

600 000 元×3/4 ＝ 600 000 元

甲船船上货物损失

200 000 元×3/4 ＝ 150 000 元

乙船共赔偿

600 000 元＋150 000 元＝750 000 元

　　双方所负赔偿对方损失的数额相互冲销之后，则乙船实际赔予甲船的船舶损失数额是：600 000 元－100 000 元＝500 000 元，赔予甲船船上货物损失 150 000 元，甲船只需赔予乙船船上货物损失 25 000 元。

　　从上述例子可以看出，船舶对货物的损害赔偿，一般不包括对本船所载货物的赔偿。这是根据广泛载于运输合同上的"航行过失免责条款"的规定，由于船长、船员、引航员或承运人的其他受雇人员在驾驶或管理船舶过程中的过失造成船上货物发生灭失或损坏，承运人不负赔偿责任。关于人身伤害的损害赔偿，根据《1910 年碰撞公约》和我国《海商法》，过失方之间应负连带责任。按上例，甲船的过失责任是 1/4，乙船的过失责任是 3/4，在发生人身伤亡损害赔偿的情况下，受害人或其家属可以对甲乙两船的任何一方提起诉讼，要求得到全部的赔偿。然后，赔付方转向对方追偿其应承担的责任比例部分。

　　值得一提的是，长期以来，在互有过失造成船舶碰撞的责任上，美国一直实行两条不同于其他国家的特殊原则：

　　1. 因共有过失造成的船舶碰撞，无论双方过失程度如何，平均分担责任，即双方各承担 50% 的责任。在互有过失碰撞案中，如果根据平均分担损失原则处理，有时是极不合理的。比如，甲船损失 10 万美元，过失程度为 80%，乙船损失 5 万美元，过失程度为 20%，美国法院按照平均分担损失原则，就会判决双方平均分担总损失 15 万美元，这样乙船尚需付给甲船 2.5 万美元，显然是不合理的。但自 1855 年以来，美国法院一直固执地遵循着这一原则。

　　2. 共有过失造成船舶碰撞所导致的货损承担连带责任。例如，甲乙两船发生碰撞，甲船货损 1 万美元。根据提单中的"航行过失免责条款"，承运人对驾驶和管理船舶过失造成的货损不负责任，因而甲船托运人不能向甲船承运人索赔，但他可根据互有过失的碰撞所导致的货损承担连带责任的原则，向乙船承运人请求赔偿全部货损即 1 万美元，根据"对半责任原则"，乙船只需承担 50%的责任，即乙船对甲船的货物损害只需承担 5000 美元，故乙船承运人在赔付甲船货物损失 1 万美元后，可向甲船追偿其中的 50%即 5000 美元。这样，甲船承运人等于间接地赔付了甲船托运人损失的 50%。同样，乙船托运人也可以用同样的方法，从甲船取得 100%的货损赔偿，乙船承运人最终间接地赔偿了乙船托运人损失的 50%。

美国对碰撞损失赔偿的这种处理办法，不仅与其他海商国家的做法以及《1910 年碰撞公约》的规定截然不同，也不符合承运人与托运人（货主）签订的有关"航海过失免责"条款的规定。所以，为了解决这个问题，自 1951 年以来，凡是去美国的载货船舶都在其租船合同或提单上订入"双方互有责任碰撞条款（Both to Blame Collision Clause）"。订入该条款的目的，在于使载货船舶的承运人有权向本船货物托运人追回其应免责却间接地赔付了 50%的货物损害。对这一条款的效力，美国判例表明，美国法院对租船合同中载有的该条款的效力予以承认，但对提单中此类条款的效力则持疑问态度。1975 年，美国最高法院在"United States v. Reliable Transfer Co. Inc."[1] 一案中，终于改变了其传统的互有碰撞过失各负一半的原则，采取了国际上普遍适用的按过失程度比例承担过失责任的做法。

1979 年美国路易斯安那州东区法院在审理"Alamo Chemical Transportation Co. v. Overseas Valdes"[2] 一案中，判决货主只能向非载货船按其过失比例请求损害赔偿，从而也否定了互有过失的船舶对货损负连带责任的做法。至此，美国在船舶碰撞的损害赔偿方面的做法已同其他大多数国家趋向一致，但它们能否为美国法院普遍接受，仍然是个问题。所以，去美国的船舶，在其合同上仍载有"双方互有责任碰撞条款"。

六、船舶碰撞诉讼特别程序

与其他案件相比，船舶碰撞案件具有下列特点：①案件情况更复杂，带有较强的技术性；②证据材料比较缺乏；③审理船舶碰撞案件需要运用事实推理的方法；④互有过失的船舶碰撞占据较大比例，这与一般的民事或海事侵权相区别；⑤诉讼当事人为减轻责任，在案件诉至法院时篡改证据材料，增加了审理案件的难度；⑥海事行政机关对船舶碰撞事故具有调查处理权。[3] 船舶碰撞案件的上述特点，使《民诉法》规定的第一审普通程序审理

第八章

---

〔1〕　See US Sup. Ct. 1975 A. M. C. 541；〔1975〕2 Lloyd's Rep. 286.

〔2〕　469 F. Supp. 203（ED La. 1979）.

〔3〕　金正佳主编：《海事诉讼法论》，大连海事大学出版社 2001 年版，第 324~326 页。

船舶碰撞案件表现出了较大的不适应性。因此，为了保证案件审理的公正和高效，我国《海诉法》第八章第一节针对船舶碰撞案件的特点，专门制定了规范船舶碰撞案件的特殊的程序性规定。2003年2月1日起施行的《海诉法司法解释》《船舶碰撞司法解释》等，也是船舶碰撞损害赔偿诉讼等海事诉讼所遵循的依据，其主要内容包括：

（一）填写《海事事故调查表》

由于船舶碰撞发生在海上，痕迹难以保留，证据难以取得，与碰撞事故有关的航行记录，如航海日志、轮机日志、车钟记录、海图等可能事后补作或更改。这就更加增大了分析、查清事故真相的难度。为了在最有效的时间内，使目击事故发生的船员尽可能真实、完整、全面地回忆起碰撞情况，取得第一手证据材料，英国法院在1855年开始实行"船舶碰撞诉讼程序"，要求诉讼当事人在提交诉讼文书之前各自填写"初步文书（Preliminary Acts）"，防止假证现象的发生。加拿大、澳大利亚等国也随之竞相效仿。

参照英美法系国家的做法，鉴于碰撞案件证据的特殊性和重要性，我国《海诉法》规定双方当事人都必须如实填写《海事事故调查表》，并在开庭审理前完成全部举证。

《海诉法》第82条规定："原告在起诉时、被告在答辩时，应当如实填写《海事事故调查表》。"另外，根据《海诉法司法解释》第56条的规定，《海事事故调查表》最迟在一审开庭前，连同有关船舶碰撞的事实证据材料提交审理案件的海事法院。

《海事事故调查表》属于当事人对发生船舶碰撞基本事实的陈述。经对方当事人认可或者经法院查证属实，可以作为认定事实的依据。[1] 有关船舶碰撞的事实证据材料指涉及船舶碰撞的经过、碰撞原因等方面的证据材料。[2]

我国的《海事事故调查表》制度借鉴了英国、加拿大等国的"初步文书"制度。《加拿大海事诉讼规则》规定：原告如未能提交初步文书，经被告申请，法院可以驳回原告的起诉；被告如未能提交初步文书，法院可以对被告的答辩不予考虑。[3]

（二）举证

由于船舶是航行在大海上，船舶碰撞事故发生后，留下的痕迹很快便会消失。如果发生碰撞的船舶因受损严重而沉没，则有关的航海日志、海图等

〔1〕《最高人民法院关于适用〈海事诉讼特别程序法〉若干问题的解释》第57条。
〔2〕《最高人民法院关于适用〈海事诉讼特别程序法〉若干问题的解释》第58条。
〔3〕金正佳主编：《海事诉讼法论》，大连海事大学出版社2001年版，第343页。

证书也有可能随船灭失。这一切导致获得碰撞事故直接的、有效的证据变得非常困难，"实践中通常只有双方当事人或者证人的陈述，在个别案例中甚至只有单方面的证据"。另外，在很多情况下当事人出于其自身利益的考虑，提供的所谓证据往往真假难辨。因此，船舶碰撞案件对证据的固定和保密都提出了非常严格的规定，主要有以下几点：

1. 限期申报事故情况。双方当事人必须严格按照法律规定的举证时限提供证据，如实填写《海事事故调查表》，在当事人不提供或者逾期提供证据时认定其举证不能。

2. 送状不附证。海事法院向当事人送达起诉状或者答辩状时，不附送相关证据材料。[1]

3. 先举证后阅卷。当事人应当在开庭前完成举证。当事人完成举证并向海事法院出具完成举证说明书后，可以申请查阅有关船舶碰撞的事实证据材料[2]。

4. 禁止翻供原则。当事人不能推翻其在《海事事故调查表》中的陈述和已经完成的举证，但有新的证据，并有充分的理由说明该证据不能在举证期间内提交的除外。[3] 这一规定中"新的证据"，是指《海诉法司法解释》第59条规定的"……非当事人所持有，在开庭前尚未掌握或者不能获得，因而在开庭前不能举证的证据"。

上述规定的目的，是避免一方当事人为了逃避或者减轻碰撞责任，根据对方提交的证据材料修改己方的证据材料，或者对己方已经作出的陈述进行翻供，从而有助于法院正确地查明案件事实、判定责任。

另外，碰撞事故发生后，海事主管机关为行使《海上交通安全法》赋予其对海上交通事故的行政管理权，会主动收集、制作相关碰撞事实的调查材料，其中包括航海日志、轮机日志以及海事事故调查笔录等。《船舶碰撞司法解释》第11条规定："船舶碰撞事故发生后，主管机关依法进行调查取得并经过事故当事人和有关人员确认的碰撞事实调查材料，可以作为人民法院认定案件事实的证据，但有相反证据足以推翻的除外。"

（三）船舶检验与估价

碰撞事故发生后，诉讼当事人通常会对损害船舶进行检验、估价和修理。实践中，经常出现受损船舶的估价和修理费用与实际遭受的损害程度不相符

---

[1]《海事诉讼特别程序法》第83条。
[2]《海事诉讼特别程序法》第84条。
[3]《海事诉讼特别程序法》第85条。

合的情况。为真实反映受损情况，避免诉讼当事人夸大受损程度，保护各当事方的合法权益，《海诉法》第86条规定："船舶检验、估价应当由国家授权或者其他具有专业资格的机构或者个人承担。非经国家授权或者未取得专业资格的机构或者个人所作的检验或者估价结论，海事法院不予采纳。"根据上述规定，非经国家授权或者未取得专业资格的机构或者个人所作的检验或者估价结论不具有法律效力，不能作为证据被海事法院采信。

（四）案件审限

《民诉法》第149条对非涉外民事案件的第一审普通程序的审限作了规定："人民法院适用普通程序审理的案件，应当在立案之日起6个月内审结。有特殊情况需要延长的，由本院院长批准，可以延长6个月；还需要延长的，报请上级人民法院批准。"

考虑到船舶碰撞案件通常案情比较复杂，收集证据困难，需要对船舶进行技术鉴定及检验、估价等，《海诉法》第87条规定："海事法院审理船舶碰撞案件，应当在立案后1年内审结。有特殊情况需要延长的，由本院院长批准。"可见，由于船舶碰撞案件的特殊性，不区分是否具有涉外因素，将审限从6个月延长至1年，在兼顾诉讼效率的同时，又保障了案件审理的质量。

■第三节　有关船舶碰撞的国际公约

由于各国国内法有关船舶碰撞的规定不尽一致，很不利于公正合理地解决船舶碰撞案件，因而需要制定统一的国际法则来调整因船舶碰撞而引起的法律纠纷。为了避免在处理船舶碰撞案件方面产生法律冲突，国际社会相继制定了几个有关船舶碰撞的重要公约，分别是《1910年碰撞公约》、《1952年船舶碰撞民事管辖权某些规定的国际公约》（以下简称《1952年民事管辖权公约》）、《1952年统一船舶碰撞或其他航行事故中刑事管辖权方面某些规定的国际公约》（以下简称《1952年刑事管辖权公约》）、《1972年避碰规则》等。

一、《1910年统一船舶碰撞某些法律规定的国际公约》及其主要内容

《1910统一船舶碰撞某些法律规则的国际公约》（International Convention for the Unification of Certain Rules of Law with Respect to Collisions，1910）是1910年9月23日在布鲁塞尔举行的第三届海洋法会议上签订的，是有关船舶碰撞方面的最重要的国际公约，该公约得到了世界上许多国家的承认和接受，因而在很大程度上统一了各国海商法中有关船舶碰撞的法律规定。该公约于1913年3月1日生效，截至1997年2月，批准或加入该公约的国家和地区共

有 88 个。我国于 1994 年 3 月 5 日正式参加了该公约。在此之前，我国通过的《海商法》中关于船舶碰撞的条款实际上是参照该公约制定的。

公约自生效以后，先后于 1960 年、1972 年、1981 年和 1987 年进行了四次修订，但基本精神和基本规则并未改变。公约共有 17 条，主要规定了公约的适用范围、确定船舶碰撞责任的原则、诉讼时效和碰撞的救助责任等问题。

（一）公约的适用范围

公约第 1 条明确规定，在海船之间或海船与内河船之间发生的碰撞，使船舶或船上的财物、人身遭受损害而引起的赔偿，不论碰撞发生在任何水域，应按本公约的规定处理。很显然，公约适用于海船与海船之间、海船与内河船之间发生的碰撞，不包括内河船与内河船之间的碰撞。至于船舶碰撞发生在什么水域属于公约适用的范围，公约未加限定。一般认为，只要是发生在海上或与海相通的可航水域内的海船之间或海船与内河船的碰撞，均可适用公约的规定。同时公约第 11 条还规定："本公约不适用于军用船舶或专门用于公务的政府船舶。"

（二）规定了船舶碰撞责任的原则

公约的重要意义在于它根据实际情况客观地划分了船舶碰撞的责任界线，且公约确立的原则得到全世界海运国家的普遍承认。具体包括：①无过失碰撞责任。如果碰撞的发生是由于意外、不可抗力或者原因不明造成的，损害应由受害者自行负担。②单方过失碰撞责任。如果碰撞是由于一艘船舶的过失所引起的，损害赔偿的责任应由这艘有过失的船舶承担。③双方或多方过失碰撞责任。如果碰撞是由于两艘或两艘以上的船舶的过失所致，每一艘船舶应按照各自的过失程度比例分担责任。但是，如果根据情况不可能确定各船所犯过失的程度，或者过失程度看起来相等，其应负的责任应平均负担。④对人身伤亡的损害赔偿，各过失船舶对第三方承担连带责任。但是，如果一船所付出的赔偿超过了其所应当负担的部分，并不影响该船向其他有过失的船舶要求分担偿还的权利。⑤引航员的过失责任。由于引航员的过失而发生的碰撞，无论是服务性引航还是强制性引航，上述单方过失责任或多方过失责任均得适用。

（三）诉讼时效

公约第 7 条第 1 款规定，船舶碰撞损害赔偿的请求权时效为 2 年，自事故发生之日起算。因人身伤亡的损害赔偿，支付了全部赔偿金额的船舶向其他过失船舶的请求分担赔偿的诉讼，必须自给付了全部赔偿金额之日起 1 年内提出。

（四）碰撞的救助责任

公约第8条规定，碰撞事故发生后，各船船长在不致对本船船舶及其船员和旅客造成严重危险的情况下，必须救助相撞船舶和船上人员。船长应当尽可能把他的船名、船籍港、出发港和目的港通知他船。

（五）其他规定

根据公约第10条的规定，各缔约国的有关船舶所有人责任限制的法律，以及因运输合同或因其他合同所产生的法律义务，均不受公约规定的影响。

另外，根据公约第13条的规定，即使船舶并非实际相撞，但由于一方的过失造成了损害，按碰撞论处，并类推适用公约有关船舶实际碰撞造成损害的赔偿规定。换言之，间接碰撞也适用公约的规定。

公约的第14~17条规定了公约的签署程序。

二、《1952年船舶碰撞民事管辖权某些规定的国际公约》及其主要内容

对于碰撞案件的民事管辖权，各国法律规定不一。由于各主权国家都有权依据一定的原则和标准确定本国法院的管辖权，所以在碰撞案件的管辖上常常发生冲突。为了解决这种冲突，国际海事委员会于1952年5月10日在比利时布鲁塞尔召开第九届海洋法外交会议上主持通过了《1952年船舶碰撞民事管辖权某些规定的国际公约》（International Convention Certain Rules Concerning Civil Jurisdiction in Matters of Collisions，1952）。截至1997年2月，共有64个国家和地区参加了公约。

公约共有16条，主要内容包括：

（一）对于碰撞案件有管辖权的法院

根据公约第1条的规定，关于海船与海船、海船与内河船舶发生的碰撞，只能向下列法院诉讼：①被告经常居住地或营业所在地的法院；②扣押过失船舶或依法扣押属于被告的任何其他船舶的法院，或者为避免扣押而提供保证金或其他保证的地点的法院；③碰撞发生于港口或内河水域以内时，碰撞发生地的法院。

（二）公约确定了原告对法院的选择权

公约第1条第2款规定，原告可以在上述有管辖权的法院之一提起诉讼。原告通常选择对自己最为有利的法院提起诉讼，称为择地行诉（forum shopping）。择地行诉往往是通过扣押船舶的手段，迫使责任方提供担保，然后原告在扣船地法院提起诉讼，达到择地行诉的目的。

（三）公约承认协议管辖和协议仲裁的效力

根据当事人意思自治原则，公约第2条规定：上述第1条的规定，在任何情况下都不妨碍当事双方向其他已选定的法院就碰撞案件提起诉讼，或将

该案提起仲裁的权利。显然，双方当事人可以通过协议方式选择管辖法院或通过协议将其纠纷提交仲裁解决。

（四）为了避免在管辖权方面产生不必要的法律冲突

公约第 3 条要求就同一碰撞案件提出的反诉，得向根据公约第 1 条规定对本诉具有管辖权的法院提出。如果同一碰撞案件涉及几个请求人，任一请求人都可将其案件向已受理就同一碰撞案件控告同一当事人的法院提起诉讼。此外，公约第 3 条还规定，在发生涉及两艘或两艘以上船舶的碰撞时，本公约中的任何规定，都不得妨碍按本公约规定审理案件的法院，根据其国内法就同一事故的其他诉讼行使管辖权。

（五）公约适用于间接碰撞引起争议的管辖

公约第 4 条规定，本公约亦适用于一船因执行或不执行某项操作，或因不遵守航行规则而造成的对另一船或该船所载货物或人身的损害所引起的诉讼；即使未曾发生实际碰撞，亦得适用。这跟《1910 年碰撞公约》中有关间接碰撞的规定相吻合。

（六）关于军用船舶或由国家所有或为国家使用的船舶发生碰撞的管辖权问题

《1952 年民事管辖权公约》显然采取了与其他海事公约相同的态度，即将此问题留给各国国内法解决。此外，公约第 6 条还规定，本公约不影响因运输合同或其他合同引起的请求。

（七）关于公约的适用范围

公约第 8 条规定，任何案件中所涉及的一切船舶，如果都属于缔约国所有，本公约的规定应适用于全体利害关系人。但是：①如果利害关系人属于非缔约国，则上述规定的适用得由各国根据互惠条件进行；②如果全体利害关系人与审理该案的法院属于同一国家，则因适用该国国内法，而不适用本公约。

《1952 年民事管辖权公约》的第 9~16 条为形式条款。根据公约第 12 条的规定，本公约应自第二份批准书交存之日起 6 个月后在首先批准本公约的两国内生效。但是至今批准公约的国家甚少，可见，该公约并没有从根本上解决国际上的民事管辖权问题。对此，我们只能在民事管辖权的确认方面予以参照。

三、《1952 年统一船舶碰撞或其他航行事故中刑事管辖权某些规定的国际公约》及其主要内容

《1952 年统一船舶碰撞或其他航行事故中刑事管辖权某些规定的国际公约》（International Convention for the Unification of Certain Rules Relating to Penal

Jurisdiction in Matters of Collisions or Other Incidents of Navigation，1952）是为了谋求各国关于碰撞或其他航行事故中刑事管辖权方面的统一而制定，该公约作为《1952 年民事管辖权公约》的配套公约，也是 1952 年 5 月 10 日在布鲁塞尔举行的第九届海洋法外交会议上正式通过的，1955 年 11 月 20 日正式生效。截至 1997 年 2 月，共有 66 个国家和地区批准和加入了该公约。

公约共有 12 条，其主要内容包括：

1. 发生船舶碰撞或任何其他航行事故时，涉及船长或船上任何其他工作人员的刑事或纪律案件，仅能向当事船舶所悬挂旗帜国家的司法或行政机关提出。

2. 在前条所述情况下，除船舶所悬旗帜国家以外，任何当局都不得下令扣押船舶，即使作为调查手段也不例外。

3. 任何国家都可以允许该国有关当局在发生碰撞或其他航行事故时，就该国所发权限证书或许可证问题采取任何措施，或对其本国人民在悬挂另一国旗帜船上的违法行为提出控告。

4. 本公约不适用于在港区范围内或在内河水域发生的碰撞或其他航行事故。

5. 缔约国在签署、批准加入本公约时，得保留对在其本国领海以内发生的刑事案件采取措施的权利。

《1952 年刑事管辖权公约》也没有得到广大海运国家的认同，因此该公约对船舶碰撞和其他航行事故的刑事管辖权问题产生的影响甚微。

四、《1972 年国际海上避碰规则公约》及其主要内容

《1972 年国际海上避碰规则公约》（Convention on the International Regulations for the Prevention Collisions at Sea，1972）是目前国际海上船舶的航行规则。这是为了避免碰撞、保障航海安全而制定的海上交通规则，它对于避免和减少海上碰撞事故的发生起着重要的作用，也是确定船舶碰撞事故中过失责任的主要法律依据。该公约已于 1977 年 7 月 15 日生效。截至 1997 年 2 月，世界上已有 128 个国家参加了该公约。自公约生效以来，国际海事组织于 1981 年、1987 年、1989 年和 1993 年对其进行了多次修订，目前在国际上广泛使用的是 1993 年修订、1995 年生效的公约修正案。

我国政府于 1980 年 1 月 5 日正式加入该公约，但作出一项保留，"属于中华人民共和国的非机动船舶不受海上避碰规则的约束"。

《1972 年避碰规则》共有 38 条和 4 个附录。第一章总则规定适用范围、责任和一般定义；第二章规定驾驶和航行规则；第三章规定各种船舶应具备和使用的号灯号型；第四章规定声号和灯光信号设备和使用；第五章规定豁免问题。

（一）驾驶和航行规则

《1972 年避碰规则》规定，每一船舶应经常用视觉、听觉以及适合当时环境和情况下一切有效的手段保持正规的瞭望，以便对局面和碰撞危险作出充分的估计。同时还要求每一船舶任何时候均应以安全航速行驶，以便能采取适当而有效的避碰行动，并能在适合当时环境和情况的距离内把船停住。

船舶沿狭长的水道或航道行驶时，只要安全可行，应尽量靠近本船右舷的水道或航道外缘行驶。船舶在狭长水道或航道追越时必须使用规定声号，并特别机警和谨慎地驾驶。船舶应尽量避免在狭长水道内抛锚。

在通常情况下，任何船舶在追越他船时，均应给被追越船让路。机动船在航行时应给下列船舶让路：①失去控制的船舶；②操纵能力受到限制的船舶；③从事捕鱼的船舶；④帆船。同样，帆船和从事捕鱼的船舶在航行时，也应给失去控制的船舶、操纵能力受到限制的船舶让路。

（二）号灯和号型

船舶本身所悬挂的号灯和号型，可使各方向来船辨别它的位置和处境，从而采取避碰措施。船舶能见度不良时，船舶不能互见，号灯、号型等视觉信号已失去作用，应使用不同的声音和信号。

根据避碰规则，在航机动船、在航帆船和划桨船、渔船、失去控制或操纵能力受到限制的船舶、陷于吃水的船舶、引航船舶、抛锚船舶和搁浅船舶以及水上飞机均应按规则备条的规定悬挂和显示一定的号灯和号型。如果船舶没有悬挂和显示其应悬挂和显示的号灯和号型，将承担相应的过失责任。

当下《1972 年避碰规则》在国际海运界得到了广泛的适用，它统一了船舶避碰的技术规范，从而减少了船舶碰撞事故的发生。虽然规则的内容并不涉及船舶碰撞所产生的法律责任问题，但当船舶碰撞事故发生后，它通常是判定碰撞当事人责任的重要依据。因此，理解和掌握《1972 年避碰规则》的规定对于处理船舶碰撞案件，正确地适用法律是非常重要的。

【本章小结】

船舶碰撞是一种常见又典型的海上交通事故。传统的船舶碰撞的定义比较窄，《里斯本规则草案》大大延伸了其内容。船舶碰撞可能引起民事责任，产生碰撞的原因不同，所采用的责任原则也不同。单方过失造成的碰撞，由有过失的船舶负赔偿责任。双方或多方过失由各过失方按过失程度的比例分担责任。这一原则也为《1910 年碰撞公约》所确认。

【思考及练习】

1. 什么是船舶碰撞？其构成应满足哪些条件？

第八章

2. 船舶碰撞的概念有什么新发展？

3. 如何区分直接碰撞与间接碰撞？

4. 什么是船舶碰撞赔偿责任？

5. 单方过失船舶碰撞的赔偿责任如何承担？

6. 双方过失碰撞责任的赔偿责任如何承担？

7. 如何确认船舶碰撞赔偿责任的范围？

8. 我国《海商法》在船舶碰撞损害赔偿上采用了哪些责任原则？

9. 如何计算船舶碰撞损害赔偿责任？

10. 关于船舶碰撞的国际公约有哪些？其主要内容是什么？

【拓展阅读书目】

1. 曲涛：《船舶碰撞损害赔偿责任研究》，法律出版社 2015 年版。

2. 交通部国际合作司编：《船舶碰撞与共同海损（汉英对照国际海事条约库）》，大连海事大学出版社 2004 年版。

3. 郑中义、吴兆麟：《船舶避碰决策》，大连海事大学出版社 2000 年版。

4. 司玉琢、吴兆麟编著：《船舶碰撞法》，大连海事大学出版社 1995 年版。

5. ［荷］霍尔德特、布泽克：《船舶碰撞事故案例：法院判决与事故图解》，唐本立等译，人民交通出版社 1991 年版。

6. 王国华 孙誉清："无人船碰撞相关的责任"，载《上海海事大学学报》2019 年第 2 期。

7. 初北平："碰撞责任条款中'船舶碰撞'的含义"，载《中国船检》2016 年第 1 期。

8. 朱作贤："论船舶保险碰撞责任条款中的'交叉责任原则'"，载《中国海商法研究》2013 年第 2 期。

9. 潘燕："会遇船舶合意避让的碰撞责任分析"，载《中国海商法研究》2013 年第 2 期。

10. 司玉琢："侵权法的发展对船舶碰撞法律制度的影响"，载《中国海商法研究》2012 年第 1 期。

11. 胡方："《关于审理船舶碰撞纠纷案件若干问题的规定》的理解与适用"，载《人民司法》2008 年第 11 期。

第九章

海难救助

本章学习目的与要求

本章的教学目的是使学生了解海难救助的种类，特别是要掌握"无效果，无报酬"的海难救助及其构成要件，从而判断是否存在救助报酬的请求权。学生还应了解确定救助报酬应考虑的因素及救助报酬的分配。

本章关键词

海难救助　救助报酬　海难救助合同　　"无效果，无报酬"原则　环境污损　特别补偿 SCOPIC 条款

■第一节　海难救助概述

海难救助，又称海上救助，是海商法中特有的法律制度，它是针对海上的特殊风险而产生的。航海贸易的初期，由于抵御海上风险的能力有限，人们视航海为冒险的事业。当船舶在海上遭遇海难时，船舶获得援救的机会远远低于在陆上获得救助的机会。为了保护海上财产，鼓励救助遇难船舶，逐渐形成了救助难船可以获得救助报酬的法律制度。早在古希腊和腓尼基人的法律中就散见有关于海难救助的规定。公元前 9 世纪"罗得法"关于海难救助的记载就确立了海难救助制度的目的是鼓励人们对遇险的船舶及其财产进行救助："为了拯救一艘船舶而需要支付费用的，这些费用应由船舶的整体来负责。"这里的费用实际上就是现在的救助报酬。

我国《海商法》第九章对海难救助进行了规定，该章是参照《1989 年救助公约》制定的，反映了当前海难救助的最新发展，同时也吸收了传统的海难救助原则。《海商法》对海滩救助作了规定，海难救助是指在海上或与海相通的可航水域，对遇险的船舶或其他财产进行的救助。

一、海难救助的种类和方式

（一）海难救助的种类

对海难救助可以从不同的角度进行分类：

1. 依救助对象的不同，可以将海难救助分为对物的救助和对人的救助。前者主要指对船舶及船上财产的救助，对物的救助在现代已经扩及对船舶及船上财产以及海上财产的救助，如对遇难的水上飞机、落海的卫星等的救助。广义的海难救助既包括对物的救助，也包括对人的救助。狭义的海难救助则仅指对物的救助，只有对物的救助才能产生救助报酬的问题。对人的救助是国际法规定的义务，是一种基于道德的救助，因此是不能取得救助报酬的，只有在救助船货的同时又救助了人命的情况下，人命救助人才有权分享救助报酬中的合理份额。

2. 依救助性质的不同，可将救助分为纯救助、合同救助和义务救助等几种形式。纯救助是英美法中的概念，指船舶遇难后，救助人未经请求即自行实施救助的行为。在这种救助下，如果救助有效果，救助人有权获得救助报酬。海上救助实际上是从纯救助发展而来的。纯救助早在罗马时代就存在了，但由于这种救助方式不签订合同，使得当事人经常在救助报酬上发生争议，因此现在已很少使用了，只有在少数情况下还采用该方式。例如，过路船舶对无人的难船的救助就属于纯救助的性质。合同救助主要有两种形式：一种是"无效果，无报酬"的救助，另一种是雇佣救助。前者是海上救助中应用最为普遍的形式，也是《海商法》中的"海难救助"一章的主要内容。此种救助采用"无效果，无报酬"的原则，该原则在《统一海难援助和救助某些规则的公约》（以下简称《1910年救助公约》）中正式得到了确认。为了避免在为难的情况下签订救助合同给被救方带来不利后果及考虑到因双方谈判可能拖延救助的时机，"无效果，无报酬"的救助一般均采用格式合同。目前使用最为广泛的救助格式合同是英国劳合社的"劳氏救助标准合同格式"（Lloyd's Open Form，简称LOF）。雇佣救助指救助人与被救助人签订雇佣救助合同，约定以救助人所使用的人力、设备及时间，计算救助报酬的救助形式。此种救助的特点是：无论救助是否成功，被救助人均应依救助合同的约定支付救助报酬，在实施救助时，指挥权一般在被救助人。与"无效果，无报酬"的救助相比，由于救助人所承担的风险较小，其救助报酬也相对较低。义务救助指属于救助人职务范围内的救助，如海上防卫队进行的救助等，此种救助的救助人是不能请求救助报酬的。

3. 根据施救紧急程度的不同，可将救助分为救助和捞救。前者是指船舶在未脱离船员占有的情况下由第三方进行的施救；后者则指船舶或货物已脱离了船员的占有、行将沉没或漂流时，由第三方施行的救助。两者的救助报酬因难易不同而有所区别。此种划分仅存在于大陆法中，英美法对这两种救助不加以区别，《1910年救助公约》也将两者统一处理，我国《海商法》亦没有区别这两种情况。

（二）海难救助方式

海难救助可以根据所遇到的海上风险的不同而采取不同的方式。可以直接参与或者间接参与救助行动，间接参与的救助行动包括提供船员、供给或进行守护。具体的救助方式主要有以下几种：

1. 海上拖航救助形式。海难救助和海上拖航是两种不同性质的海上服务活动，海上拖航也包括因意外情况产生海难救助的情形，实质上，海上拖航救助是指拖轮将遇难船舶拖至安全地点的行为。引起海上拖航救助的原因可以是船舶燃料耗尽无法航行，船舶因故障无法排除，船舶触礁或碰撞面临沉没危险需要拖带等诸多原因。在实务上，由于双方对两种不同性质的海上服务的形式在解释上存在很大差异，正确界定拖船向被拖船提供的服务属于海难救助还是海上拖航的性质显得十分重要。我国《海商法》第155条第1款规定："海上拖航合同，是指承拖方用拖轮将被拖物经海路从一地拖至另一地，而由被拖方支付拖航费的合同。"海难救助是对遇险船舶和其他财产进行救助的行为。我们可以看到海难救助和海上拖航之间的区别是明显的，但也存在着联系，二者之间可以相互转化，产生竞合，即将海上拖航作业转化为海难救助行为。拖船在履行拖带合同的过程中，因气候恶劣，缆绳被9、10级以上强台风挂断，拖船与被拖船发生分离，此时拖航合同通常被视为终止。如果拖船冒极大风险主动寻找无航行能力的被拖船，找到后重新系缆绳进行拖带、在这种情况下的拖带就被视为海上拖航救助拖带。拖船所有人即可以根据拖带合同获得拖带费用，也可以享有救助报酬。

2. 协助搁浅船舶脱浅。即对搁浅船舶实施的各种方式的帮助其脱浅，使之起浮。如炸开礁石开辟航道脱浅、卸货减轻船载脱浅等方式。

3. 帮助扑灭船上火灾。当船上发生火灾，救助人以各种措施协助扑灭船上火灾，并救助船上的生命和财产，也是海难救助的主要方式之一。但当火灾无法扑灭，而将失火的船舶拖出港口、码头等危及其他财产和生命的区域，也属于救助。

4. 守护遇难船舶和财产。如果有几艘收到求救信号的船舶先后到达船舶遇难地点，后到达的船舶可以应遇难船的要求在附近守候，以待需要时参加救助。

5. 向遇难船舶提供船员、燃料和物料。当遇难船舶的船员遇难、患病或失踪，影响了船舶的航行安全，向该船提供合格的船员即被视为救助行为。如果因意外事故使船舶缺乏燃料和物料无法正常到达目的港，向该船提供相应的燃料和供给也被视为海难救助的方式。

此外，救助的方式还包括向遇难船舶的救助提供指导和帮助，帮助遇难船舶呼救，进行救助打捞，防止遇难船舶和货物可能发生的环境污损，向海盗夺回遇难船舶或其所载的货物等多种方式。

二、海难救助的法律性质

这里所讨论的海难救助的法律性质仅指狭义的海难救助的法律性质，又由于海难救助是从纯救助发展而来的，有关海难救助的法律性质的理论实际上是关于纯救助的法律性质的理论。对于该问题理论界有不同的主张，概括起来有以下几种学说：

（一）无因管理说

大陆法系及我国台湾地区的一些海商法学者主张无因管理说。此种主张认为救助人对救助船舶既无救助义务又未受其委托而实施救助行为，因此该行为从性质上属于民法上的无因管理。[1] 民法中的无因管理指没有法定的或者约定的义务，为避免他人利益受损失而进行管理或者服务的行为。在无因管理的受益人和管理人之间产生的权利义务关系是一种债的关系，管理人可以要求受益人偿还必要的费用，包括在管理或服务活动中支出的合理费用及在管理或服务中受到的损失。无因管理人并无请求额外报酬的权利，而海难救助中的救助人的主要权利就是救助报酬的请求权，此项报酬中除了无因管理中包含的必要支出及损害的赔偿外，主要是对救助人冒险行为及为救助而展示的技术的酬谢，因此，海难救助在请求的范围上超过了无因管理的范围。在法律关系的成立上，无因管理的关系于行为人为管理行为时成立，而海难救助采用的是"无效果，无报酬"的原则，在救助成功以前，救助人均无救助报酬的请求权。综上所述，两者在性质上并不相同。

（二）不当得利说

此种学说从被救助人的角度进行分析认为，被救助人无法律上的原因而接受救助人的援助，因而取得保有其财产的利益，所以在法律性质上属于民法中的不当得利。不当得利指一方无法律上的根据而取得利益，致使他方受到损害，其中取得利益的受益人负有返还不当利益的义务，受到损失的受害人享有请求受益人返还不当利益的权利。可以看出，受害人受到损害是不当得利的主要特征之一，而海难救助的救助人并不一定因救助而受到损害，可

〔1〕　桂裕：《海商法新论》，正中书局1974年版，第436页。

能仅仅是支付了必要的支出，其请求的救助报酬与不当得利中返还的不当利益在本质上有所不同，因此，称其为不当得利实有欠妥之处。

（三）准契约说

准契约说认为被救助人接受救助人的援助，实际上有合意的存在，只是双方未约定报酬及履行义务的方法，所以只能称其为一种准契约。然而在救助人对已无人的难船进行施救时，则无合意可言，因此这种学说的提法也值得商榷。

（四）特殊行为说

特殊行为说认为海难救助与共同海损一样，都是海商法上的特殊行为，不应机械地以民法上的理论来解释其性质。海难救助是由救助行为和结果两部分组成的，救助行为仅为海难救助成立的要件，在救助成功后，海难救助的法律关系才真正成立。

海难救助是为了鼓励航海而产生的海商法中的特殊制度，其性质确实很难用一般民法中的理论来解释。笔者亦认为海难救助是海商法中的一种特殊行为，对于纯救助的法律性质，笔者赞同特殊行为说：首先必须明确海难救助在救助人与被救助人之间形成的是一种债的法律关系，但由于法律对这种债的特殊规定，此种债的形成不是在救助行为实施之时，而是在救助结果产生之时。

（五）特殊的法定之债

至于现代意义上的"无效果，无报酬"的救助，可以将其看做一种特殊的法定之债，其特殊性就表现在这种债的关系中既有法定的因素又有合意的因素。海难救助中救助人与被救助人之间的法律关系是依据双方订立的救助合同建立的，但依该合同形成的并不是一般的合同关系。民法中的合同之债是根据当事人的意思而发生的，是一种完全的合意之债，而海难救助这种债的关系则是合意因素与法定因素的结合，当事人之间的合同只是双方形成法律关系的基础，其债的关系的真正形成则需满足法律所规定的诸要件，因而双方权利义务的发生主要是由法律设定的，其法律关系的成立与侵权行为这种法定之债的成立一样，需要具备一定的要件。海难救助报酬的请求必须具备的要件有：其一，救助的标的须为法律认可的标的。由于海难救助是海商法所特有的制度，所以只有对海商法认可的标的的救助，才能取得救助报酬，对其他标的救助不产生获得救助报酬的效果。其二，必须有危险的存在。其三，救助人的施救行为须为自愿的行为。纯救助中救助人的施救行为是自愿而为的，至于"无效果，无报酬"的救助，虽然是一种依合同进行的救助，但由于救助人专为救助而自愿与被救助人订立救助合同，因此仍不失为一种自愿的救助。其四，救助必须有效果。救助没有效果的，虽然施救人的行为客观上不失为一种海难救助的行为，但并不产生救助报酬的请求权。法律之所以如此关注海难救助这一看起来似乎属于当事人之间的事情，是因为海难救助不仅涉及救助双方的利益，同时还涉及公共利益。海难救助制度建立所依据的原则本身就充分体现了某种公共利益，这些原则可概括为：

1. 为公平、公益，鼓励海上救助，酬谢救助人的冒险及特殊技术的公共政策。海商法的主要目的之一就是保障航运业投资者的权益，而海难救助则通过保全可能灭失的海上财产间接起到了鼓励投资的作用。救助报酬不仅包含有救助人劳务的因素，其奖金部分所体现的实际上是鼓励救助人冒险施救海上财产的公共政策。

2. 为防止救助人对遇难船舶及财物进行掠夺的不法行为，建立救助成功即可获得报酬的救助制度，以使救助人乐于救助。

由于这些公共利益的存在，使得海难救助这一法律关系中，除了当事人约定的因素外，还存在法定因素。此外，法律对这种债的关系的干预还表现在，当双方在危机情况下订立的合同中有关救助报酬的约定不公平时，法律赋予了被救助人通过仲裁或司法对其进行改变的权利。无因管理和不当得利也是基于法定事实产生的债，亦属于法定之债，但这两种债均无合意的因素，且在构成要件及所请求的债的范围和性质上也与海难救助有很大区别。

■第二节　海难救助的构成要件

在上述涉及的诸多救助形式中，"无效果，无报酬"的救助是海难救助制度的精髓，有关海难救助的法律也主要针对这种救助形式，本节所指的海难救助的构成要件实际上就是"无效果，无报酬"这一救助形式的构成要件。依海难救助制度，海难救助行为成立的，救助人可以享有救助报酬的请求权。海难救助行为的成立必须满足以下要件：

一、被救助的标的须为法律认可的救助标的（Recognized Objects by Law）

海难救助的标的是海难救助法律关系的客体，该客体的范围是法定的，如所救助的标的不是法律认为的可获得报酬的标的，救助人即使进行了施救也不能取得救助报酬。我国《海商法》第171条规定的海难救助的标的为船舶和其他财产，该标的范围大于传统的救助标的范围。

（一）船舶

船舶是海难救助的传统标的，但公约或各国法律有关船舶的具体范围的规定却不尽相同。《1910年救助公约》规定的船舶限于海船或内河船，且内河船作为救助的标的时，救助船须为海船。此外，该公约不适用于军舰和政府公务船。《1989 年救助公约》适用的船舶既可以是海船，也可以是内河船；既可以是可航行的船舶，也可以是失去航行能力的船舶、弃船或沉船。但《1989 年救助公约》也规定了不适用于军舰和政府公务船。我国《海商法》第 172 条有关海难救助中船舶的定义是这样规定的："……'船舶'，是指本法第 3 条所称的船舶和与其发生救助关系的任何其他非用于军事的或者政府公务的船艇……"可见"海难救助"一章适用的船舶范围要宽于第 3 条所称的船舶的范围，第 3 条所称的船舶为海船和其他海上移运式装置，但用于军事的、政府公务的船舶和 20 吨以下的小型船艇除外。从《海商法》第 172 条的规定可以看出，救助一方须为符合《海商法》第 3 条规定的船舶，而另一方则可以是符合第 3 条规定的船舶，也可以是"与其发生救助关系的任何其他非用于军事的或者政府公务船艇"，包括 20 吨以下的船艇。

（二）其他财产

《1910 年救助公约》规定的救助标的除了船舶以外，就是船上财产和客货运费。《1989 年救助公约》规定的救助标的对船舶以外的财产有所扩大，其规定的是船舶以外的海上财产，由此海上飞机、落海的卫星、浮船坞等依《1910 年救助公约》不是海难救助标的的财产，但依《1989 年救助公约》均可以作为海难救助的标的。依我国《海商法》第 172 条第 2 款有关财产的定义，"财产"是指非永久地和非有意地依附于岸线的任何财产，包括有风险的运费。这里排除了非永久地和有意地依附于岸线的防波堤、码头、栈桥等建筑物。船上的财产、落海的航空器、落海的卫星、浮船坞等均应包括在"财产"之内。

海上一切财产包括船上的供应品、预备品、拖带物、船载货物、旅客的行李等船上财产。海难救助制度的产生是为了鼓励海上事业，因此海难救助的标的也要求应具有海上特征。传统的船上财产不是海难救助的标的。因此，从岸边的火车上、码头上等落下的财产即使获救也不能请求海难救助报酬。船员的私人物品、旅客未托运的日用品、衣物、手持物等一般也不视为救助的客体。我国《海商法》第 181 条第 2 款明文规定，获救的价值中不包括船员的获救的私人物品和旅客的获救的自带行李的价值。

作为救助标的的运费仅指有风险的运费，已付运费不是救助的标的，只有到付运费才是有风险的运费。依英美的判例法，以运费作为救助的标的时，除了须保全货物外，还须将货物运至原定的目的港，此时，救助人因代替承运人履行了运送的责任，使承运人得以取得全部的运费，因而有权向承运人

第九章

请求救助报酬。[1]

航空器并不是传统的海难救助的标的，因为航空器并不具有海上特征。随着社会的进步和科学的发展，海难救助越来越多地涉及了对落海航空器的救助问题。航空器是具有较高经济价值的财产，如不将其纳入海上救助的标的范围，就有可能减少这类财产在落海时获救的可能性。为此，早在1938年在布鲁塞尔召开的第四届国际民用航空法会议上制定的《海上航空救助公约》的第4条即特别规定：对海上遇难的航空器等进行救助的，得依海难救助的原则请求救助报酬。尽管该公约未能生效，但这一精神却在一些国家的判例中逐渐得到了反映。[2] 造价昂贵的卫星在回收落海时也面临同样的问题。在国内立法方面，英国早在1920年的《航空法》即有关于海难救助适用于海上的飞机的明文规定，但有关的判例却对该规定的适用进行了比较狭窄的解释。在"Watson v. R. C. A Victory Co."一案[3]中，法官认为1920年的《航空法》只适用于在英国法院管辖范围内获救的航空器，而该案中的飞机是在格陵兰附近的海上获救的，所以救助人不得依海难救助的法律主张救助报酬。该案的判决受到了各界的批评。为此，英国在1936年和1949年修正的《航空法》中均明文规定对海上航空器的救助视为海难救助，并对此没有地域的限制。《1989年救助公约》规定的"海上财产"及我国《海商法》规定的"其他财产"均包括对落海航空器的救助。

（三）环境污损

环境污损并不是海难救助的直接标的，而只是间接标的，即如果救助人对构成环境污染威胁的船舶或货物施行了救助的，环境的因素即为确定救助报酬的因素之一，大于救助报酬的特殊补偿部分则是专门针对环境污损的。将环境污损作为海难救助的间接标的是海难救助制度的新发展。鉴于油轮对海域造成的污染日趋严重，而对油轮进行救助并达到有效果的难度远远大于对一般船舶的救助，《1989年救助公约》专门规定了对涉及环境污染的船舶及船上财产的救助的特别补偿条款。特别补偿的成立在要件上不要求一定有效果，它改变了在救助报酬上采用的"无效果，无报酬"的原则，而采用的是"无效果，仍给予一定补偿"的原则。我国《海商法》吸收了在海难救助上的最新发展，规定当救助人对构成环境污染损害的船舶或船上的财产进行

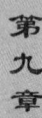

〔1〕　The Medinn（1876）2 P. D. 5.

〔2〕　Lambros Seaplane Base, Inc. v. The Batory 215. F. 2d 228（2d Cir 1954）. Lykes Bros, S. S. Co. v. The Flying Boat N−31235 A. M. C. 1957~1960.

〔3〕　Watson v. R. C. A. Victory Co. List L. R. 77.

救助时，不论该项救助是否有效果，均可以获得特别补偿。对"环境损害"我国《海商法》并没有具体的定义，参照《1989 年救助公约》对"环境损害"的定义，环境损害指由于污染、沾污、火灾、爆炸或类似的重大事故对人类健康，对沿海、内水或其毗连区中的海洋生物、海洋资源所造成的重大的有形损害。

在法律认可的救助标的上，我国《海商法》第 173 条专门排除了已经就位的从事海底矿物资源的勘探、开发或者生产的固定式、浮动式平台和移动式近海钻井装置。此条规定是参照《1989 年救助公约》规定的，主要考虑的是已就位的钻井平台的救助风险较大，要求的技术较高，不是一般的船舶所能承担的，因而将其排除在海难救助的标的之外，以便对其进行专门的规定，由专门的救助队伍来承担对钻井平台的救助。

二、存在海上危险（In Danger）

存在海上危险是构成海难救助的要件之一，至于什么危险是海难救助的危险，各国海商法一般都没有明确的规定。少数国家采用了列举的方式列明海上危险的具体形式，例如，英国海事法即列举了 26 种海上危险，诸如碰撞后船舶有沉没的危险、船舶搁浅、火灾等。多数国家则是依海商法有关规定中的原则来判断何为海上危险。一般来说，海上危险应具备以下特征：

（一）海上危险在地理位置上应发生在海上或与海相通的水域

海难救助是专门针对海上风险的，根据我国《海商法》第 171 条的规定，海难救助是指救助人在海上或与海相通的可航水域对遇险的船舶和其他财产进行的救助。如果船舶在修理时在修船厂内发生了危险，即使进行了施救行为，也不构成海难救助，施救人不能请求救助报酬。

（二）海上危险从危险的程度上来讲应为船员无法自救的危险

即船舶发生碰撞、搁浅、触礁、火灾等危险时，船员无法以自己的力量或利用船舶上的物件来解除其面临的危险。关于如何判断危险的存在，有两种主张：一种认为应以主观标准来确定危险的存在，只要船员不拒绝接受救助，即可认为危险已存在。主观的判断实际上主要来自船长，船长如以适当的注意认为船舶需要第三方的救助时，可能会与他方签订救助合同或发出求救信号，在这种情况下，一般可以认为存在海上危险。但船长的主观判断有时是错误的，一方面危险可能并不严重，而船长却认为应当请求他人的救援；另一方面，危险确实存在，船长却误认为该危险并不影响船货的安全而拒绝他人的救助。因此，还有一种观点认为在对危险的判断上，并非完全依赖船长的判断，还须通过各种客观的证据来进行客观的认定。

（三）一方面临危险

只要船舶、货物、船舶附属品等一方面临危险就可以确定危险的存在，无须像共同海损一样要求危险必须是共同的。

三、救助必须是自愿的行为（Voluntary Salvage）

海难救助必须是救助人自愿的行为，如果其救助是基于某种义务或法律上的要求，则不能认为其救助行为是一种自愿的行为，不能依海难救助制度请求救助报酬。对于救助人来说，救助必须是自愿的，不愿意施救的可以不救，不必承担任何责任；愿意施救的，救助有效果即可以获得救助报酬。而非自愿的救助指依法律或合同义务进行的救助，在这两种情况下实施的救助不能请求救助报酬，如不进行救助，则可能承担法律上或合同上的责任。我国《海商法》第186条第1项明文规定：正常履行拖航合同或者其他服务合同的义务进行救助的，无权获得救助报酬，但是提供不属于履行上述义务的特殊劳务除外。

【案例研习】"织女星"轮救助性质争议案[1]

"织女星"轮案是关于船舶灭火救助报酬纠纷的案件。1994年10月25日8：57，被告银河航运企业公司所属的停靠于蛇口港第8号泊位的巴拿马籍"织女星"轮在装载白糖的过程中突然起火。9：08，蛇口港公安局消防大队接到火警报告，先后调遣10辆消防车赶赴现场灭火。9：10，蛇口招商港务股份有限公司总调度室通知原告深圳联达拖轮有限公司到蛇口港第8号泊位救火。9：15，原告派出"沪救16""青港拖5""青港拖10"3条拖消两用船抵达现场。在港监、公安消防大队、船方组成的联合小组的指挥下，原告先用船上的泡沫灭火剂封舱灭火，后改用海水灌舱。11：30，火被扑灭。

"织女星"轮起火时已装有白糖8674吨，火灾中，有117.45吨被毁。白糖价格为每吨376美元，该船保险价值为300万美元，该航次运费预付，运价为每吨28美元。在灭火过程中，"沪救16"轮使用了8吨价值为110800元人民币的泡沫灭火剂。"青港拖5""青港拖10"二船所用的泡沫灭火剂已过期，价值多少，原告没有提供证据。

原告诉称：其灭火行为属《海商法》规定的海难救助，救助获得了成功，获得财产价值7456万元人民币（其中，船舶价值3000万元，货物价值4250万元，运费206万元），被告应支付救助报酬450万元人民币。被告辩称：蛇口港务监督和蛇口港公安局联合颁布的《船舶火灾应急指南》明确规定，原

---

[1] "织女星"轮案资料来源于广州海事法院，案例时间为1994年10月，载http：//www.snet.com.cn/infomarket/zxfw/hshs—SeaCases.asp? Action=204，最后访问时间：2001年5月23日。

告是港口的消防辅助力量，其灭火行为是履行行政法所规定的义务，原告只能收取消防费用，不能收取救助报酬。

广州海事法院认为：本案事故发生地在中国，且原被告在起诉、答辩、庭审时均选择适用中国法律，故应适用中国法律解决纠纷。原告是经营拖带等港口业务的企业法人，其所属的拖消两用船是从事经营业务的生产工具，蛇口港监、蛇口港公安局编制的《船舶火灾应急指南》是从港口消防安全行政管理的角度出发所作出的火灾应急工作计划。尽管在该指南中将原告所有的拖消两用船列为"扑救力量"，但并不影响原告的企业性质和灭火行为的性质。被告所属"织女星"轮发生火灾，港口总调度室发出通知后，原告立即派出 3 艘拖消两用船参加灭火，最终将火扑灭，避免了船货的更大损失。原告的行为符合《海商法》第 171 条的规定，构成了海难救助。原告的救助行为有效果，有权获得救助报酬。但救助中危险程度较小，所付出的费用和时间也较少，原告请求的救助报酬过高。广州海事法院于 1996 年 4 月 10 日依《海商法》第 179 条、第 183 条的规定，判决被告支付原告救助报酬 9 万美元及其从 1994 年 10 月 26 日起至实际支付之日止银行同期贷款利息。原被告均表示服判，没有上诉。

下列的救助属于缺乏自愿要件的救助，多数不能请求救助报酬，但其中也有例外的情况：

（一）依合同进行的救助

依合同进行的救助可以概括为以下几种情况：

1. 依船员雇佣合同进行的救助。船员对船舶及船舶的航行负有注意及维持安全的责任，在船舶遇难时，船员依船员雇佣合同对本船有救助的义务，因而不发生救助报酬的请求权。船员只有在其行为已超出了雇佣合同的范围或雇佣合同已终止的情况下，才有救助报酬的请求权。我国《海商法》第 186 条的但书亦规定，只要提供了不属于合同义务的特殊的劳务的，仍然可以请求救助报酬。在弃船的情况下，一般可视为船员雇佣合同已经终止，此时，船员对船舶再实施救助就不属于合同义务的救助，而是具有了自愿的因素，可以请求救助报酬。弃船一般是由船长来宣布的，不合理的弃船令不能导致雇佣合同的终止。此外，弃船还必须是终局的，临时的弃船亦不能导致雇佣合同的终止。

2. 引船员对船舶的救助。安全地引领船舶进出港是引航员的义务，因此，当船舶因引航员的领航而安全入港时，引航员除了引航费以外，不得请求救助报酬。但如果引航员所为的行为超出了其职务范围而确属对船舶的救助行为，则不在此限。

3. 拖船对被拖船的救助。拖船在拖带作业中对被拖船的安全负有应尽的责任，拖船对被拖船的救助行为只有在超出了拖带合同中规定的作用范围时才能请求救助报酬。例如，依拖带作业的实务，当遇到恶劣天气时，可以暂时松脱开被拖物让其任意漂流，待天气好转时再继续进行拖带，这种解脱与系脱的操作属于正常的拖带作业，不能请求救助报酬。而如被拖船在拖航过程中失火，拖船在救火过程中做出了极大的努力，则可以请求救助报酬。

4. 姐妹船之间进行的救助。关于姐妹船之间的救助是否可以请求救助报酬的问题，有两种主张：一种认为，姐妹船同属于一个船舶所有人所有，船员对雇主的另一船的救助亦属于合同内的义务，因而缺乏自愿的特征，不能请求救助报酬。占主流的意见则认为，船员只对本船的安全负有责任，对于他船即使由同一所有人所有，仍没有维护其安全的责任，此时船员所付出的劳务已超越了其与船舶所有人之间的雇佣合同的内容，因此，对姐妹船的救助仍然属于自愿的行为，可以请求救助报酬，船员因此产生的合法权益应当受到保护。再者，两船虽属姐妹船，但船上所载的货物分别属于不同的货主，获救的船舶及货物最后分担的救助报酬实际上也是由各自的保险人承担的，因此，姐妹船之间的救助不但应当给付救助报酬，而且也有必要给付。

5. 旅客对船舶的救助。旅客与船方之间签订的是旅客运输合同，依此类合同，旅客在航行中有服从船长命令的义务，但此种服从的义务仅限于维持船上秩序的范围，旅客对船舶、船上的货物并不负有任何维持安全的义务。但由于旅客是船舶共同集体的一分子，旅客与船舶有十分密切的关系，在英美法中，依同舟共济的原则，旅客救助船舶就等于是在救助其自身，因此，旅客对其所乘之船的救助属于自救的行为，不能请求救助报酬。但如果旅客在被送往他船逃至岸上脱离险境后又对遇难的船舶进行救助的，即可认为是一种自愿的救助，可以请求救助报酬。[1] 另一方面，旅客如果在救助本船的过程中做出了非常的贡献，也可以请求报酬。在美国著名的"大东"轮一案[2]中，船舵被大浪打掉，旅客中有一位机械师杜威尔先生自告奋勇为船舶造了个临时性的舵。杜威尔先生在船尾攀上攀下，想尽办法，成功地设计、装置了临时舵机，使船舶脱险。法院认为该旅客所进行的工作是超乎寻常的，判"大东"轮船舶所有人给付旅客救助报酬 15 000 美元。此案是美国有关船舶所有人应向做出突出贡献的旅客支付救助报酬的先例。

第九章

---

〔1〕　The Connemara, 168 U. S. 352, 27L, Ed. 751 (1883).
〔2〕　Towle. v. The Great Eastern, 24 Fed, Cas. 75, Case No. 14, 110 (S. D. N. Y. 1864).

（二）根据法律进行的救助

1. 公务人员的救助。公务人员如海军、海上防卫队、港区的救火人员等的救助属于依法律规定进行的救助，对遇险的船舶、人员及财产实施救助是他们的责任，因而缺乏自愿的因素，不能请求救助报酬。但也有英美的判例判决当海军的救助行为超出其职责范围时承认其有救助报酬的请求权。在"United States v. The Amistad"一案[1]中，被救助船的船长被人所杀，船舶被人劫走后，一名美国海军军官将该船从劫匪手中夺回，并将其安全驶回安全港。法院认为，该海军军官使船舶得以保全的英勇行为使其得到救助报酬。在该案以后的有关海军救助报酬的案例中，有些承认了海军的救助报酬请求，而另一些案例否定海军的该项权利，有鉴于此，美国国会于 1948 年通过授权法案，授权海军部长得斟酌决定海军部有关救助报酬的请求。自此，海军亦成了海难救助的主体，可以请求救助报酬。

2. 人命的救助。关于对人命的救助是否可以请求救助报酬的问题是有争议的。持否定态度的观点认为，对人命的救助一方面是出于道德的考虑，自中世纪以来，船长对海上遇难的人应予以救助已成为惯例，人命救助是出自人性的人类道德的表现，被救助人基于感激可以给予救助人奖赏，但法院无权令被救助人给付救助人报酬。另一方面，救助报酬是依财产的价值来计算的，而人命是无价的，在对人命的救助中并无财产可致酬，所以救助报酬请求权也因无所附属而不能存在。[2] 纵观早期的英美判例均对人命救助能否请求救助报酬的问题持否定态度。《国际救助公约》《海上人命安全公约》及各国的国内法均明确规定对人命的救助是船长的责任和义务，规定在不危及本船的船舶、船员和旅客的条件下，船长应尽力救助人的性命，违者将受到刑罚的处罚。例如。美国《海难救助法》规定，船长或主持船舶的人发现海上人命濒于危险时，应在不危及本船、船员或旅客的范围内进行救助，违者处 1000 美元以下罚金或 2 年以下有期徒刑或并处之。我国台湾地区"海商法"第 142 条也规定："……违反前项之规定者，处 3 年以下有期徒刑或拘役。"可见，对人命的救助是强制性的，缺乏自愿的因素。

上述讨论的主要是救助人一方的自愿问题，在被救助人一方也有自愿的问题，主要表现在被救助人有请求救助的权利，当遇难船发出求救信号时，如果来了几个救助人，被救助人有选择由谁来实施救助的权利。《海商法》第 186 条第 2 款明确规定被救助人享有救助拒绝权。此项权利就表现在：不顾遇

---

〔1〕 United States v. The Amistad 40, U. S.（15 Pet）518, 10L Ed, 826（1841）.

〔2〕 Hubert R. Bare, Admiralty Law of the Supreme Court, 3rd edn. 1979, pp. 591–592.

险船舶的船长、船舶所有人或者其他财产所有人明确的合理的拒绝，仍然进行救助的，无权获得救助报酬。被救助人拒绝救助的权利可以在救助作业开始前行使，也可以在救助作业开始后行使。但此项禁止救助的权利的行使是有限制的，如果不加限制，可能会出现被救助人在救助快成功时禁止救助，致使救助无效果，依"无效果，无报酬"的原则，也就不必支付救助报酬，因此行使此项权利必须明确、合理。如果被救助人没有明确禁止救助，即表明是一种默示的同意，即使双方没有签订救助合同，救助人仍有救助报酬的请求权，因为这属于纯救助的形式。

四、救助要有效果（Useful Result），环境污损救助除外

救助有效果是"无效果，无报酬"海难救助成立的要件之一。无救助合同的纯救助只有在救助有效果时，救助方与被救助方才真正形成债权与债务的关系。而依救助合同进行的救助在救助有效果之前只涉及合同履行的问题，只有在救助成功后，才涉及救助报酬的请求权问题。反之，如果救助人未能保全船舶或其他的财产，即使救助人付出了极大的努力，花费了巨大的费用，仍不能请求救助报酬。救助有效果是一个相对的概念，只要船舶或其他财产相对安全了就可认定为有效果。当救助标的又由于另一海难而灭失时，并不影响海难救助关系的成立。我国《海商法》也采用了"无效果，无报酬"的原则，《海商法》第179条规定，救助方对遇险的船舶和其他财产的救助，取得效果的，有权获得救助报酬。对于船舶来说，传统的海难救助一般须将船舶带进安全港，方可认为救助完成并且有效。近年来，随着油轮救助的出现，遇难的油轮即使脱离了险境也很难被沿岸国的港口所接受，所以现在已不再要求被救船舶必须驶入安全港才算救助成功，只要驶入一安全地点，被救助人就应接受被救标的。另一方面，随着近代油污问题的日趋严重，油污渐渐成为救助的标的。为了鼓励对油污的救助，国际的立法和一些国内的立法均已在油污救助方面改变了传统的做法，救助有效果在油污救助的补偿上已不是必须具备的要件了。

在救助行为与救助效果的因果关系上，海难救助法律关系的成立要求两者应当存在因果关系，但不一定是直接的因果关系。如果第一个救助行为使后来的救助成功或间接地导致救助的最后成功，仍可以认为救助有效果，可以请求救助报酬。但如果救助人在实施救助后因无效果而放弃了救助，此后又由他人进行救助并取得了效果，则前一个救助人不能请求救助报酬。因为前者的放弃已使难船重新处于危险之中，其救助行为与后面的效果也就无因果关系可言了。

上述四个要件满足以后，救助人就享有了救助报酬的请求权。但在某些情况下，尽管已符合了上述四个要件，海难救助关系也已经成立了，救助人仍有可能丧失救助报酬的请求权。例如，依我国《海商法》第187条的规定，由于救助方的过失致使救助作业成为必需或者更加困难的，或者救助方有欺诈或者其他不诚实行为的，应当取消或者减少向救助方支付的救助款项。

【案例】"南宝石"轮"无效果，无报酬"救助争议案[1]

"南宝石"轮案是关于"无效果，无报酬"救助的纠纷案。本案被告人亚公司（People Asia Corp.）所属巴拿马籍"南宝石"货轮装载本案另一被告大资源公司（Grang Source Investment Ltd.）所有的散装瓷土6919.6吨从湛江开往基隆，1994年6月7日途经上川岛附近遭遇海难。当日19：48，广州海上打捞局（以下简称救捞局）接广东省搜救中心电示前往救助。人亚公司表示如遇难船处于直接危险状况下，同意以"无效果，无报酬"的方式救助。后遇难船被拖至沙角锚地，难船上20名人员成功获救。6月21日救捞局致函人亚公司的代理人人通航运有限公司，告知遇难船预计6月28日~30日可在广州港安全锚地交船，要求被救助方提供救捞局认可的1 000 000美元的银行担保。6月24日，救捞局告知难船预计6月24日12：00可驶抵沙角锚地，请被救助方速安排人员上船接管，在被救助方未接管前，就捞局拟派交通船1艘、船员8名及部分设备对难船进行看守，每日看守费用为1069美元，直至被救助方派员接管为止，要求被救助方予以确认。人通航运有限公司收到此函后，回函称其只能转告船东，但未能联络到。

6月30日，救捞局向海事法院申请扣押"南宝石"轮，7月4日海事法院裁定扣押"南宝石"轮，责令人亚公司提供1 000 000美元担保。7月5日，救捞局向海事法院申请强制变卖船舶及船上货物。8月9日，海事法院通知船载货物所有人——大资源公司在3日内就货物处理事宜与海事法院联系。8月22日，大资源公司正式宣告放弃船载货物。9月18日，海事法院裁定准许救捞局的变卖船舶申请，救捞局垫付拍卖费150 000元人民币。9月23日，"南宝石"轮经拍卖，以410 000美元被珠海经济区长源船务企业有限公司购得。10月5日，海事法院收到全部船款。10月8日15：30，救捞局将"南宝石"轮交给买方。自1994年6月26日起至10月8日，救捞局看官难船共计105天，总计费用112 245美元。

本案原告广州海上救助打捞局于1994年7月4日以人亚公司为被告向海事法院提起诉讼，8月2日增加大资源公司为被告，请求法院判令人亚公司和

---

[1] "南宝石"轮资料救助报酬纠纷案来源于海事法院，载于中国涉外商事海事审判网，发布于2002年8月1日16：59：04，最后访问时间：2005年7月3日。

大资源公司支付救助报酬 987 181.8 美元及该款的相应利息；判令人亚公司和大资源公司支付从 1994 年 6 月 26 日起至实际交船之日止按每天 1069 美元计算的船货看管费并承担扣船及诉讼中产生的一切费用。人亚公司和大资源公司均未应诉答辩。

海事法院认为：救捞局与人亚公司、大资源公司之间的救助合同成立，当事各方均应依约得行使权利、履行义务。难船被拖到沙角锚地后，仍右倾 14 度，且船况极差，加之海况变幻无常，救捞局采取的保管措施合理，对所产生的保管费用 112 245 美元应予以认定。"南宝石"轮拍卖得价款 41 万美元，扣除保管费用 112 245 美元、诉讼费 14 988.7 美元、扣船申请费人民币 5000 元（折合 529.245 美元）、财产保全执行费 15 000 美元及拍卖费用 20 500 美元，本次救助获救价值为 246 673.82 美元。救捞局经合理救助作业，最终将船、货拖至安全地点，有权获得救助报酬。由于确定救助报酬时已考虑救助方在救助人命方面的技能和努力，因此，救捞局在计算船舶和其他财产的救助报酬之外，另行主张计收人命救助报酬，不予支持。结合本次救助作业的实际情况，按照鼓励救助作业的精神，综合考虑《海商法》第 180 条第 1 款规定的确定救助报酬的 10 项因素及交通部的有关规定，海事法院认为本次救助作业的救助报酬应为 688 609.2 美元，但依《海商法》第 180 条第 2 款的规定，救助报酬不得超过船舶和其他财产的获救价值，故本次救助作业的救助报酬依法为 246 673.82 美元。大资源公司作为货主，其只需要按照货物获救价值的比例分担救助报酬，不负连带责任，因船载货物获救价值经评估为零，故其无须承担救助报酬，因此，本次的救助获救价值应作为救助报酬由人亚公司全部付给救捞局。依据《海商法》第 175、180、181、183、185 条的规定，海事法院于 1995 年 9 月 19 日作出判决：人亚公司支付救捞局救助报酬 246 673.82 美元。从拍卖价款中划出 112 245 美元作为看管难船费用支付给船舶保管人救捞局，判决作出后，当事人均未上诉。

■第三节　海难救助合同

纯救助以外的海难救助均需订立海难救助合同，海难救助合同主要分为雇佣救助和"无效果，无报酬"的救助两种合同形式。雇佣救助合同指救助人与被救助人约定由救助人对遇险的船舶或其他财产进行救助，由被救助人依救助人所付出的人力及设备等支付一定救助费用的协议。依此种救助合同，无论救助人的救助是否成功，被救助人均须支付约定的救助费用。由于救助人收取救助费用的风险小于"无效果，无报酬"救助所取得的救助报酬，雇佣救助的作业指挥权一般在被救助一方。此种救助方式主要用于海难或意外事故发生在离港口不远的地点，所需要的救助也只是拖带服务且救助成功的可能性较大的情况。严格地说，雇佣救助并不是海商法中的海难救助，雇佣救助合同的标的是一般的劳务服务，救助费用依据的是救助人所提供人力、物力及所耗费的时间。因此，有关的法律问题主要是依民法中关于劳务合同的规定。这里所探讨的主要是"无效果，无报酬"的救助合同。

一、"无效果，无报酬"救助合同的特点

（一）具有射幸合同的某些特点

"无效果，无报酬"的救助合同具有射幸合同的某些特点，其救助报酬的取消只有一种可能性，合同双方有关救助报酬债权债务关系的真正形成也是在救助有效果之后，而不是在合同订立时。

（二）主要由代理人签订

"无效果，无报酬"救助合同主要是由救助人与被救助人的代理人签订的：在被救助人一方，由遇难船的船长代表难船所有人及船上所载货物的货主；在救助人一方，则是由救助船的船长代表救助船的船舶所有人。由船长作为代理人签订救助合同的原因是海难往往发生在海上，而船舶所有人不能亲临船舶办理任何事宜，货主除了在押运的情况下，也不可能出现在航行中的船上。

（三）非完全意思自治

"无效果，无报酬"的救助合同并不是一种由当事人完全意思自治的合同。一方面，由于救助合同往往是在情况危急的条件下订立的，双方一般没有充分的时间公平地对合同的条款进行协商；另一方面，作为救助合同重要内容的救助款额往往取决于多种因素，实际救助时的状况有可能与订立合同时的判断不一致，可能出现明显高于或低于合同约定的款额的情况。为了防止合同条件的不公平给当事人带来的不利，法律一般均对此类合同进行一定的干预，规定可以通过仲裁或司法对救助合同的内容进行变更。例如，我国《海商法》第176条规定，有下列情形之一，经一方当事人起诉或者双方当事人协议仲裁的，受理争议的法院或者仲裁机构可以判决或者裁决变更救助合同：①合同在不正当的或者危险情况的影响下订立，合同条款显失公平的；②根据合同支付的救助款项明显过高或者过低于实际提供的救助服务的。

二、"无效果，无报酬"救助合同的订立

依我国《海商法》第175条第1款的规定，救助方与被救助方就海难救助达成协议，救助合同成立。我国《海商法》并没有明文规定海难救助合同必须采用书面的形式。依海难救助制度的惯例及各国的立法和司法实践，尽管海难救助多采用劳氏救助合同格式，但海难救助合同实际上属于不要式的诺成合同，只要救助方与被救助方双方意思表示一致，合同即告成立，而不论合同是以书面形式还是以口头形式订立的。实际上，目前的海难救助多数都采用的是劳氏1990年救助合同标准格式，中国贸促会也有自己的标准救助合同格式，其内容与劳氏救助合同没有本质的区别。

如前所述，被救助船的船长是作为船舶所有人、船上所载货物的货主以及在租船中运费的代理人签订救助合同的。然而，在过去的判例中，船长并非当然具有此项代理权，在有的情况下，船长签订的救助合同并不能得到船舶所有人或货主的承认。在英美法中，采用船长是否为"必需的代理人"（agent by necessity）来确定由其订立的救助合同的效果。但何为"必需的代理人"在案例中有不同的解释。在1977年"The Unique Marine"一案[1]中，法院认为船舶在船籍港外遇险，船长即成了"必需的代理人"，其签订的合同对船舶所有人应当有约束力。在该案中船舶遭遇了搁浅的意外事故，船长立即电告航运公司，公司马上派拖轮前往救助。但由于当时附近的一艘拖轮较早抵达，于是船长马上与其签订了劳氏救助合同。当公司的拖轮到达时，船长又将已签订了救助合同的前拖轮赶走，拒绝由其实施救助。前拖轮向法院起诉指控遇难船毁约。被告则以船长无权签订劳氏救助合同为由进行抗辩。法院认为，船长在这种情况下是"必需的代理人"，完全有权签订救助合同，而且该合同对船舶所有人有约束力。而在美国另一个"Metal Co. Ltd. v. M/V Belleville"一案[2]中，船舶在离目的港不远的地方搁浅，船长发电征求船舶所有人的意见后签订了劳氏救助合同并对船舶进行了救助。法庭认为，既然在目的港不远的地方出事，且知道各收货人的详细地址，又有充裕的时间与货主联络，船长理应设法联系各收货人征求收货人的同意后再代表他们签订救助合同。所以，在这种情况下船长对货主来说不是"必需的代理人"，其签订的救助合同对收货人无约束力。此案一出，便遭到了多方的批评，认为这样无疑将妨碍船长在危急时迅速作出果断决定。

尽管有案例明确了船长签订的救助合同对船舶所有人有约束力，但由于法律上并没有明文赋予船长该项权利，因此，在实践中常常出现船长为了等待船舶所有人的同意而延误救助的情况。例如，在1982年的"The Union Star"一案中，该轮在英国海岸对开的海面上发生故障，由于船长坚持要征得船舶所有人的同意而迟迟不签救助合同，结果造成船舶搁浅、5人失踪。为

〔1〕　The "Unique Marine", (1978) 1 Lloyd's Rep. 438.

〔2〕　Metal Co. Ltd. v. M/V Belleville 284F, Supp. 1002, 1970, A. M. C. 638 (S. D. N. Y. 1968).

此，《1989 年救助公约》明确规定了船长有签订救助合同的权利。我国《海商法》在第 175 条第 2 款也作了相同的规定，依该条款的规定，遇险船舶的船长有权代表船舶所有人订立救助合同。遇险船舶的船长或者船舶所有人有权代表船上财产所有人订立救助合同。该条规定实际上赋予了船长在不征询委托人（船舶所有人和货物所有人）同意的情况下签订救助合同的权利。

三、"无效果，无报酬"救助合同的格式及其内容

救助一般发生在情势比较紧急的情况下，为了避免救助人与被救助人为了救助报酬、双方的权利义务、争议的解决等问题争议不休而延误救助，给双方带来不应有的经济损失，各国的有关航运组织均制有自己的救助合同格式，其中应用最广泛的是英国的劳氏救助合同格式（Lloyd's Standard Form of Salvage Agreement，简称 LOF）。劳氏救助合同格式最初是由英国律师威廉·瓦尔登（Willian Walton）于 1891 年设计的，1892 年劳氏委员会首次公布了标准格式。劳氏救助合同采用的无效果、无报酬原则被《1910 年救助公约》所确认，之后各国公布的救助合同格式几乎都采取了这个原则，这就使无效果、无报酬原则更具有了普遍性。为了适应海难救助制度发展的需要，该合同格式先后于 1924 年、1926 年、1953 年、1967 年、1972 年、1980 年、1990 年、1995 年和 2000 年多次进行修改，其中，在国家产生重大影响的是 1972 年、1980 年、1995 年及 2000 年修改的合同格式。尽管新的劳氏救助合同格式还存在一些不完善的地方，但它在国际救助中仍然得到了最广泛的采用，是最具有权威性的救助标准合同格式，有人称之为取得了"准公约"的地位。

（一）1972 年劳氏救助合同标准格式的内容

1. 船长的权利。规定船长有权代表船舶所有人及货主与代表救助方的救助船船长签订救助合同。

2. 救助报酬。合同采用"无效果，无报酬"的原则，救助有效果，则收取若干救助报酬。双方如认为救助报酬过高或过低的，均可以要求更改。双方协商不成发生纠纷的，可通过劳合社仲裁解决。

3. 救助费担保。救助结束后，救助方应在 48 小时内通知劳合社去担保。担保方式由劳合社决定。在收取担保以前，救助人对获得财产享有留置权。

（二）1980 年对劳氏救助合同的修改

LOF 合同采用"无效果，无报酬"的原则，在海难救助中得到了普遍适用，但随着油轮救助问题的产生，有必要对 LOF 合同进行修改。在英国劳氏仲裁员杰拉尔德·达林（Gerald Darling）主持下，由劳氏承保人协会、伦敦保险协会、国际海运协会、国际保赔集团、海损理算人协会、国际救助联合会、国际海运协会、伦敦海事律师集团和劳氏委员会等组成的工作组对 LOF

进行了修改。1980 年对劳氏救助合同的主要修改表现在：

1. "安全网"条款。为了解决油轮救助合同的问题，作为传统的"无效果，无报酬"原则的例外，在油轮救助上采用了"安全网"条款。规定对油轮的救助，即使没有成功或部分成功，油轮所有人都应支付发生的合理费用，并在实际开支外另加 15%的附加费。"费用"指救助人实际付出的开支、在救助作业中所用拖船、船艇、人员及其他设备的合理收费等。如果救助失败或部分失败是由于救助人、救助人的雇员或其代理人的过失造成的，则救助人无权要求油轮船舶所有人支付合理的费用和不超过该项费用 15%的附加费。何为过失得由仲裁员依英国法律作出裁定。"安全网"条款仅适用于对装有油类货物的油轮的救助，而不适用对有溢漏危险的仅载有燃料油的船舶的救助。

2. 获救财产的送达地点。在油轮救助中，油轮即使获救，沿岸国也常常由于担心遭受污染而拒绝接纳，这就使油轮救助人不能将油轮送到安全港口。1980 年劳氏救助合同规定，在救助人和被救助人关于获得财产的送达地点达不成协议时，只要救助人把获救财产送达某一安全地点，被救助人就应尽快地接收获救财产。

3. 救助报酬的担保及担保金额。救助人在救助作业结束后应立即或在适当情况下尽早将需要提供的担保金额（包括费用、开支和利息）通知劳氏委员会和财产所有人。在收取救助报酬以前，救助人对其所救财产享有海上留置权，但只要船舶所有人同意为船舶提供担保，并尽一切努力确保货物受益方也向救助人提供担保，则救助人应保证在 14 天内不扣船。担保的具体金额一般由救助人确定通知船方和货方。如船方和货方认为担保金额过大，可提请仲裁员仲裁。

4. 准许救助人申请临时裁决书。依据旧的劳氏救助合同，在救助报酬的确定上只承认最终裁决的效力，这样，双方在某一问题上仍有争议，最终裁决书就可能拖一段时间才能作出。准许申请临时裁决书，可以使救助人尽早收取救助费用。

5. 保证支付的执行。依格式合同有关支付的规定：①劳氏委员会在宣布裁决或临时裁决之日后 14 天未收到上诉通知的，应当要求有关当事人支付裁决金额。但是，如果最终裁决的金额少于临时裁决的，救助人应将其差额还给有关的当事人。②如该委员会收到了上诉通知，应当在宣布上诉裁决时即要求有关当事人支付金额。如果不支付，可实现或执行担保，并依照上诉裁决的规定，从所得中将裁决金额和应得的利息付给救助人。③如果仲裁裁决、临时裁决或上诉裁决规定，仲裁或上诉仲裁的费用或部分费用由救助人负担，除非救助人为支付该项费用提供了满意的担保，否则该委员会可以在裁决金额中减除费用额。④如果救助人与被救助人就获救财产当事人应支付给救助人一定数额作为救助报酬、利息和费用达成协议但没有支付，该委员会有权实现执行担保，并从所得中将各当事人同意的数额付给救助人。

（三）1990 年对劳氏救助合同的修改

1.1990 年劳氏格式合同对特别补偿的适用范围进行了规定。特别补偿既适用于满载的油轮，也适用于对环境构成污染威胁或损害的船舶或货物，而 1980 的劳氏救助合同仅适用于满载或部分满载的油轮。

2.1990 年劳氏格式合同将《1989 年救助公约》有关特殊补偿的内容纳入了合同条款，增加了特别补偿的数额。即船舶所有人应支付救助人的为救助所花的实际救助费用，并在此费用上另加 30%，最高可增加至 100%。而 LOF80 规定的附加费数额不超过实际开支的 15%。

3.1990 年劳氏格式合同将对救助标的的规定有所扩大。LOF90 规定，被救助船舶的船长有权代表船上货物、运费、燃料、物料及船上其他财产所有人签订救助合同。LOF80 的规定未包括其他财产。

4.1990 年劳氏格式合同对救助人的责任也有所加重。LOF90 规定救助人应尽最大努力，在履行救助服务时，防止或减少对环境的损害。[1] LOF80 未提及环境污损问题。

1990 年格式还增加了一些有关保证金及利息的内容，进一步保证了救助人的利益。例如，规定救助人获取保证金的权利同样受到仲裁员及上诉仲裁员的保护；增加了有关计算利息的时间的内容，规定将救助结束日至劳合社公会宣布救助报酬日之间的时间也规定为计算利息的时间，使仲裁结果变得更为公平合理，减少了救助人的利息损失。LOF90 还对次序作了改动，使结构更加合理。此外，LOF90 还删除了一些内容，这些内容主要是原合同中有关英国法律规定的特殊情况。也即随着国际海上救助制度的发展，各国的法律法规逐渐接近，冲突越来越少，这些规定也就显得没有必要了。

（四）1995 年对劳氏救助格式合同的修改

1.1995 年劳氏格式合同将《1989 年救助公约》有关特殊补偿的内容全部纳入了合同条款。而 1990 年格式只纳入了特殊补偿部分条款。

2. 关于特殊补偿的保证金。新的格式合同规定，只要救助人提出或可以提出特殊补偿要求，且救助人在救助结束后的两年内提出要求特殊补偿保证金，则船舶所有人应提供保证金。

3. 扩大了救助人行使留置权的范围。规定救助人的留置权在允许获得财

---

[1]　LOF90 第 1 条（a）款（ii）项。

产为商业利益而离开安全地点继续航行时也受到进一步的保护，该规定使救助人的留置权延续至继续航行以利于救助人获得保证金。此项保护的目的是在提供了"临时保证金"后，鼓励救助人在一些适当的情况下允许船舶继续运营。此项修改对班轮具有重要的意义。

此外，1995 年格式还在结构上对旧的格式作了一定的调整。

（五）2000 年劳氏救助格式合同的修改

LOF2000 劳氏格式合同（劳氏委员会批准公布）对 LOF95 进行了修改：以表格的形式开头，主要有七项内容：①救助人名称（以下简称"救助人"）；②救助船舶财产及其货物、运费、燃料、物料和任何其他财产，但不包括旅客、船长或船员的个人物品或行李（以下简称"财产"）；③约定的安全地点；④约定的仲裁报酬和担保的币种（如果不是美元）；⑤合同签订日期；⑥合同签订地点；⑦特别补偿条款是否并入本合同（是/否）；最后由救助人和船长或代表财产签字的其他人签字。

LOF2000 对 LOF95 的修改主要有以下几点：

（1）明确把船长和船员的个人行李和用品排除在被救财产以外。

（2）在救助人的基本义务方面，合同第一栏中列明的救助人同意尽其最大努力救助第二栏中列明的财产，并将它们送到第三栏中列明的地点或事后约定的地点。如果在第三栏中没有约定地点，救助方应将财产送到任一安全地点。

（3）除非把表格第七栏中选项"否"删除，否则本合同视为是在特别补偿条款未并入、未成为合同组成部分的基础上订立的。如果第七栏中选项"否"被删除，其本身不应被视为援引第 2 条所指的特别补偿条款的通知。

（4）为救助方增设了终止救助服务的选择，LOF95 格式中仅被救助方拥有此项权利。

此外，还有涉及其他救济效果、事先服务、财产所有人的义务、仲裁和"仲裁"条款、准据法和授权范围的规定。

从上述 LOF2000 的内容和相关规定可以看出，LOF2000 在条款上有所变动，而且还在格式上做了与以前版本不同的调整，它采用了全新格式，该格式类似于租船合同的格式，形式简单，内容简洁清晰。此外，LOF2000 在有关双方权利和义务的条款方面，基本上保留了 LOF95 对合同双方权利义务的设置。最近，劳合社又在考虑对 LOF2000 救助标准格式进行修订，该修订将会考虑给予救助合同双方当事人三种选择方案：采用"无效果，无报酬"原则救助方式；采用"无效果，无报酬"原则加 SCOPIC 条款救助方式；或者是采用"无效果，无报酬"原则加环境救助方式。

四、中国贸促会救助合同格式

中国国际贸易促进会海事仲裁委员会于 20 世纪 50 年代末公布了北京救助合同格式（1959 年 1 月 22 日通过），该合同格式以"无效果、无报酬"为原则，对救助双方的权利和义务等问题作了规定。北京救助合同格式共有 10 条，该合同格式是我国第一个救助格式，虽然它规范了海难救助的实施和运作，但比较偏袒救助人一方的利益，有些规定不够明确，使当事人在适用该标准救助合同时受到很大限制，还有时代的局限性，现已不再适用。

为了避免 20 世纪 60 年代初北京救助合同标准格式所存在的问题，并与《1989 年救助公约》《海商法》等相协调，中国贸促会海事仲裁委员会参照 LOF90 的精神，对原"中国国际贸易促进会海事仲裁委员会救助合同标准格式"进行修改，制定了新的救助合同格式即 1994 年"中国海事仲裁委员会救助合同标准格式"（China Maritime Arbitration Commission Standard Salvage Contract Form，以下简称 1994 标准合同格式），代号为 CMCA1994。1994 标准合同格式共有 17 条，经双方协商一致，在标准合同上签字，该合同即具有约束双方的法律效力。中国贸促会的救助合同格式与劳氏救助合同的内容基本一致，其主要内容为：

（一）1994 标准合同格式第 5 条规定救助合同采用"无效果、无报酬"原则

在救助有效果时，应按双方约定的救助报酬的数额支付。如双方无约定，则应由海事仲裁委员会确定。

（二）特别补偿

1994 标准合同格式引入了《1989 年救助公约》的内容，在第 4、7、9、13、14 等条明确规定：在救助作业过程中，救助方和被救助方、船长均有义务以应有的谨慎防止或减少环境污染损害。确定救助报酬，应体现对救助作业的鼓励并综合考虑 10 项因素。救助报酬不得超过船舶和其他财产的获救价值。"特别补偿"应是"无效果，无报酬"原则的例外及其确定原则。救助报酬金额应由获救船舶和其他获救财产的各所有人，按照船舶和其他财产各自的获救价值占全部获救价值的比例承担。参加同一救助作业的各救助方对救助报酬或特别补偿的分配，根据第 7~9 条的规定由各方协商确定。

（三）船长的代表权

1994 标准合同格式规定船长有权代表船舶所有人、货主和运费所有人签订救助合同，船舶、货物、运费所有人应各负本合同规定的责任。

（四）担保

1994 标准合同格式第 10 条规定，被救船舶所有人应在救助结束后的 14 个银行工作日内向贸促会海事仲裁委员会提交担保。在未交付担保金以前，

未经救助人或海事仲裁委员会主席的书面同意，获救船舶和财产不得从停泊地点移走。

（五）人命救助规定

1994 标准合同格式第 6 条规定："在救助作业中，救助人命的救助方，对获救人员不得请求酬金，但有权从救助船舶或其他财产，防止或减少环境污染损害的救助方获得的救助款项中，获得合理的份额。"

（六）安全地点

1994 标准合同格式第 1 条增加以下内容："如果没有上述约定或商定地点，可送往任一安全地点。当获救的船舶或其他财产已被送到前款规定的地点时，被救助方应及时接受救助方提出的合理的移交要求；如未及时接受，被救助方应对非属救助方过失造成的后果负责。"

（七）仲裁

1994 标准合同格式第 15 条第 1、3 款规定："救助方和被救助方之间以及签订本合同的各救助方或各被救助方相互之间根据本合同所发生的或与本合同有关的一切争议，均应提交中国海事仲裁委员会仲裁解决。……仲裁委员会的裁决是终局的，对所有当事人均有约束力。"

（八）法律适用

1994 标准合同格式第 16 条规定："除另有明确约定外，本合同和根据本合同进行的仲裁适用中华人民共和国法律。"

■第四节　救助报酬的确定及分配

一、救助报酬请求权

海商法中的海难救助主要是通过无效果、无报酬合同来实现，救助有效果，救助人有权获得救助报酬。为了鼓励救助人对遇难船舶救助，国际救助公约和包括英国的劳氏标准救助合同及中国贸促会的北京救助合同格式中都对救助报酬请求权作了明确规定。《1910 年救助公约》第 2 条规定，救助行为有效果，则可获得公平的报酬。救助没有效果，无权要求任何报酬。在任何情况下，所支付报酬的金额都不得超过被救助财物的价值。《1910 年救助公约》第 3、4 条规定，经被救助船舶明白合理地拒绝仍参与救助工作的人，无权要求任何救助报酬。拖船对于被拖船或其货物的救助，无权要求救助报酬但其所为之施救行为已超出拖带合同的，不在此限。属于同一船舶所有人的船舶之间的救助，也应给予报酬。《1989 年救助公约》第 12、16~19 条也有相同规定。从上述规定我们可以看出，公约对有权获得救助报酬请求权的情况和无权获得救助报酬请求权的情况都作了详细规定。根据《1989 年救助公约》第 16~19 条和我国《海商法》第 186 条的规定，下列行为无权获得救助报酬：

1. 不顾遇险船舶的船长、船舶所有人或其他财产所有人明确和合理的拒绝，仍然进行救助的，无权请求救助报酬。

2. 正常履行拖航合同或者其他服务合同的义务进行救助的，无权请求救助报酬。

3. 由于救助人过失或疏忽，致使船货和其他财产发生危险以致必须施救的，无权获得救助报酬。

4. 单纯救助了人命，而没有任何财产获救的救助人，无权获得救助报酬。

除了上述行为以外的其他任何救助行为，只要符合上述的救助报酬的成立要件，都可以享有救助报酬请求权，获得救助报酬。包括：人命救助中的救助人在救助人命的同时又救助了财产；定期租船合同下的承租人在承租期间，所租用的船舶对遇难船舶进行救助，可以和船舶所有人及船员共同享有救助报酬，因为救助作业使用了承租人船用的燃料和物料；应遇难船舶的请求进行救助但未获救助效果，后经其他船舶施救成功，也可以享有相应的救助报酬请求权；引航员、救生员、消防员等在其职责范围以外对遇难船舶的救助。

二、确定救助报酬应考虑的因素

救助报酬分为有约定的报酬和无约定的报酬两种情况。多数"无效果，无报酬"的救助合同一般并无有关救助报酬的规定，在这种情况下，救助报酬须在救助结束后，再由当事方协商确定，也可由仲裁机构或法院确定。有约定报酬的救助合同，由于救助合同是在危险的情况下签订的，公约及各国法律均规定，在所订的金额显失公平的情况下，可以提交仲裁机构或通过法院对其进行变更。

救助报酬的确定是海难救助制度中最为复杂的事项之一。在救助合同无有关报酬的约定的情况下，或有关报酬的约定需要由法院或仲裁机构变更的情况下，各国法院或仲裁机构在确定救助报酬时考虑的因素不尽相同。英国在海难救助上的实践历史比较悠久，有关确定救助报酬应考虑的因素的原则散见于各判例中，概括起来主要有：①救助人冒着生命的危险在恶劣天气下拯救遇难财物的英勇程度；②遇难财物被救助的危险程度；③救助人在施救时所耗费的劳力、技术及时间的多少；④被救助财物的价值；⑤救助人在救助作业时所使用的工具的价值，例如，当救助人使用高价值的船舶进行施救时，法院就会基于公共政策及商业上的需要，给予救助人较多的救助报酬；

⑥救助人在救助作业时所遭受的损失。[1]

美国法院在此问题上所考虑的因素与英国法院基本相同。1968 年 "The Blackwall" 一案[2]确立的救助报酬应审核的因素主要有：①救助人在救助过程中所耗费的劳力；②救助人在救助作业中所显示的敏捷和技术；③救助人在施救时所使用的财物的价值及其所遭遇的危险；④救助人所面临的危险；⑤被救助财产的价值；⑥被救助财产的危险程度。

我国《海商法》规定的确定救助报酬考虑的因素与《1989 年救助公约》的规定基本一致。依我国《海商法》第 180 条的规定，确定救助报酬应当体现对救助作业的鼓励，并综合考虑下列各项因素：①船舶和其他财产的获救价值；②救助方在防止或者减少环境污染损害方面的技能和努力；③救助方的救助成效；④危险的性质和程度；⑤救助方在救助船舶、其他财产和人命方面的技能和努力；⑥救助方所用的时间、支出的费用和遭受的损失；⑦救助方或者救助设备所冒的责任风险和其他风险；⑧救助方提供服务的及时性；⑨用于救助作业的船舶和其他设备的可用性和使用情况；⑩救助设备的备用状况、效能和设备的价值。

依《海商法》第 181 条的规定，上述第①项船舶和其他财产的获救价值是指和其他财产获救后的估计价值或者实际出卖的收入，扣除有关税款和海关、检疫、检验费用及进行卸载、保管、估价、出卖而产生的费用后的价值。《海商法》第 181 条第 2 款又规定这里的价值不包括船员的获救的私人物品和旅客的获救的自带行李的价值。财产的获救价值高的，所能获得的报酬也相应提高。上述第②项环境方面的因素是海难救助的最新发展，由于我国《海商法》采用了《1989 年救助公约》在环境救助方面所采用的 "无效果，也给予补偿" 的原则，因而救助方在防止或减少环境污染损害方面的技能和努力就成了应考虑的因素。人命救助虽然不能取得救助报酬，但在救助人命时的技能和努力却是确定救助报酬时考虑的因素，这也是《1989 年救助公约》的一项新发展。第③项救助方的救助成效是 "无效果，无报酬" 原则的体现，救助人只有真正使遇难的财产获救了，才能获得救助报酬。第④项危险的性质和程度，例如，油轮失火的危险与一般船舶搁浅的危险相比，性质和程度要严重得多，在考虑救助报酬时也应予以适当的提高。第⑤项和第⑥项应综合起来考虑，例如，救助人的救助技能高、努力大、所花的时间长、支出的费用大及所受的损失大均是提高救助报酬的因素，而技能高，所用的时间就

[1]　The Willam Beckford（1801）3. C. Rob355. The Glenduror（1871）. L. R. 3. P. C. 589.

[2]　The Blackwall 77 U. S.（10Wall.）1, 14（1869）.

会相应减短，损失也会减少。第⑦项所称的责任风险如油污责任等，救助人所面临的风险责任越大，财产获救的价值可能越小，法规通过此项规定来鼓励救助人对风险大的遇难财产进行救助，以平衡救助人的利益。第⑧项关于救助方提供服务的及时性，提供服务越及时，救助的成效一般就越大，救助报酬也应越高。第⑨、⑩项主要针对专业救助人而言，专业救助人用于作业的船舶及设备的价值通常比一般救助人所有的要高，专业救助人随时处于备战状态下，其救助成本相应提高，救助报酬也应有所增加。

三、救助报酬的分配

依《海商法》第 180 条最后一款的规定，救助报酬不得超过船舶和其他财产的获救价值。这是海难救助的一项原则。救助报酬再高，也不会高于被救助财产的原价值。救助报酬占获救财产价值的比例应该是多少，各国则有不同的实践。早期一些国家曾采用"半数原则"（moiety rules），即救助报酬为获救财产价值的一半。随着近代遇难财产价值的提高，救助报酬达到获救财产价值的一半的情况已经很少见了。美国的案例中救助报酬很少超过获救财产价值 20%。只有在少数案例中，法院考虑到救助方承受了非常的危险、发挥了非常的技术时，法院才判决给予超过获救价值 20% 的救助报酬。例如，在"The Shreveport"一案[1]中，法院估计被救油轮在爆炸前的价值为 150 000 美元，而判给救助人 50 000 美元。在"Esso Greenboro"一案[2]中，法院估计获救财产的价值为 1 000 000 美元，而给予救助人的人命救助报酬为 4000 美元，财物救助报酬 215 000 美元。综观英美的判例，救助报酬占获救财产的比例一般情况下为获救财产的 20%，在救助十分困难时，才有可能达到 50%，有非凡之功时有可能达到 60%，但这种情况很少见。

救助报酬的分配涉及该报酬在共同救助人之间的分配及救助船舶所有人、船长与船员之间的分配问题。共同救助指多个救助人参与海难救助的情况。在这种情况下，如合同中未约定救助报酬，则每个救助人均可单独按其应得比例向被救助人请求救助报酬。如有合同的约定，则可依合同的约定请求救助报酬。

救助报酬在救助船舶所有人、船长与船员之间的分配一般依船旗国法。船舶所有人在实施救助时虽然不在现场，但提供了救助的船舶及设备，也为船长及船员参与救助提供了机会，因此，一般各国的法律均允许船舶所有人参与救助报酬的分配，而且，船舶所有人所占的比例还较大。

---

〔1〕　The Shreveport, 42 F. 2d. 524, 1930 A. M. C. 1310 (E. D. S. C. 1930).

〔2〕　The Esso Shipping Co. 122 F. Supp. 133. 1954A. M. C. 734 (S. D. Tex 1954).

第九章

　　船舶所有人、船长与船员之间的分配比例依各国的情况可分为法定比例和法院审定的比例两种情况。前者指法律已明确规定了三者之间的分配比例，与法律规定的比例不同的约定均属无效。德国和日本采用法定比例。依日本《海商法》的规定，船舶所有人取得救助报酬的 2/3，船长和船员则各得 1/6。由于这种确定救助报酬比例的方法过于呆板，有时导致不公平的现象，因此常常受到批评。确定救助报酬的另一种情况是，在当事人没有特别约定的情况下，由法院来确定其比例。例如，英国的判例一般判船舶所有人占 3/4，船员占 1/4；美国的判例一般判船舶所有人占 2/3，船员占 1/3。当然，船舶所有人与船员之间的分配依每个案件的情况，还须按救助的性质及各自贡献的大小来确定。例如，如救助作业主要是拖带，则应认为船舶所有人贡献较大；如遇难船失火，船员登船奋力救火，则船员贡献较大，应适当提高船员的份额。船长与船员之间一般将船员所得的份额一分为二，在船员之间除非该船员在救助过程中有特殊的贡献，否则即按工资比例进行分配，也有的是船长和船员一起依工资进行分配。

■第五节　有关海难救助的国际公约

一、《1910 年救助公约》

　　为了统一海上救助方面的法律，国际海事委员会草拟了海上船舶救助统一规则，在该规则草案的基础上，1910 年在布鲁塞尔召开的第三次海洋法外交会议上通过了《1910 年救助公约》。该公约体现了海上救助的法律实践，得到了国际上的广泛承认。目前加入该公约的国家和地区有 60 个，我国未加入该公约。公约的主要内容为：

　　（一）公约的适用范围

　　救助服务适用于海上航行，也适用于内河航行，但不适用于军用船舶或专门用于公务的政府船舶。对于非缔约国的利害关系人，每一缔约国可以在互惠的条件下适用本公约。如所有利害关系人和受理案件的法院都属于同一个国家，则应适用该国国内法，而不适用公约。

　　（二）"无效果，无报酬"的原则

　　《1910 年救助公约》第 2 条规定，救助行为有效果，则可获得公平的报酬。救助没有效果，无权要求任何报酬。在任何情况下，所支付报酬的金额都不得超过被救助财物的价值。

　　（三）救助报酬的请求权

　　《1910 年救助公约》第 3、4 条规定，经被救助船舶明白合理地拒绝仍参与救助工作的人，无权要求任何救助报酬。拖船对于被拖船或其货物的救助，无权要求救助报酬，但其所为之施救行为已超出拖带合同的，不在此限。属于同一船舶所有人的船舶之间的救助，也应给予报酬。

（四）救助报酬的确定

救助报酬金额根据当事人协议决定，协议不成，由法院决定。救助人之间分配报酬的比例也同样处理。救助船舶的船舶所有人、船长和其他工作人员之间报酬的分配依船旗国法办理。

（五）对协议的修改

为了保证救助协议的公平性，《1910 年救助公约》第 7 条规定，在危险情况下订立的任何救助协议，经当事人一方请求，如法院认为协议的条件不公平，可以宣告该协议无效或加以变更。此外，在任何情况下，如经证明当事人一方同意的事项，因有欺诈或隐瞒而归于无效，或所获报酬与救助功绩相比过多或过少，经有关利害关系人的请求，法院可以宣告协议无效，或将该协议加以变更。

（六）确定救助报酬的因素

《1910 年救助公约》第 8 条规定在确定救助报酬时，应考虑下列因素，并由法院依据具体情况决定：①救助获得效果的程度；②救助人的努力与劳绩；③被救助人面临危险的程度；④救助工作所用时间、所耗费用及所受损失；⑤救助人所冒责任上的风险和其他风险；⑥被救助财产的价值；⑦对人命的救助如果成功，救助方不应向获救人员索取救助报酬，但该规定并不影响国内法在这方面的规定。

（七）诉讼时效

《1910 年救助公约》规定救助报酬请求权的时效为 2 年，自救助行为终止之日算起。该时效可依受诉法院地法中止或间断。各缔约国有权依本国法规定，如在上述时效期限内，未能在原告或主要营业地所在国家领水内扣留获救船舶，应将上述时效延长。

二、《1989 年救助公约》

《1910 年救助公约》是海商法领域较成功的公约之一，但随着航运业的发展，特别是油污问题的日趋严重，公约已经不能适应新的要求，于是就产生了制定新公约的需要。1987 年的"阿莫科·卡迪兹"（Amoco Cadiz）案[1]就是产生新公约的直接原因。1987 年 3 月 16 日，利比里亚籍巨型油轮"阿莫

---

〔1〕　Bulletin d´information du Cedre n° 12：Rencontres scientifiques Internationales；"20 ans après 1´ Amoco Cadiz"，Christophe Rousseau-Cedre. 2ème semestre，1998.

科·卡迪兹"号因舵机失灵搁浅在法国西海岸布列塔尼附近的礁石上，当时有一艘拖轮就在附近，可船长坚持要与远在纽约的船舶所有人联系，而没有及时签订救助合同，结果使救助作业延误，船舶断成两截，23万吨原油溢出，造成了历史上最大的一起油污事件。事故发生后，国际海事组织秘书处就该案所涉及的法律问题起草了报告，报告涉及的问题主要有两个：①船长签订救助合同的权利是否要明确写进公约中。船长在签订救助合同上的代理权在《1910年救助公约》中没有规定。上述"阿莫柯·卡迪兹"一案正是由于船长怀疑其在这方面的代理权，而坚持与在纽约的船舶所有人联系，结果造成了历史上最大的油污事件。②救助人救助油轮无效果，是否应给予报酬。传统的海难救助采用的是"无效果，无报酬"的原则，而在对油轮的救助中，如继续采用该原则，将对油轮的救助人产生一定的不利因素。因为对油轮的救助与对一般船舶的救助不同，它涉及污染和高度危险的问题。油轮面临的危险越大，污染的程度就越高，船货的价值就越小，救助人获得报酬的机会越小。如对传统的"无效果，无报酬"的原则不加修改，将很难鼓励救助人去救助处于危险中并可能导致污染的难船。

上述问题在《1989年救助公约》中得到了解决。《1989年救助公约》是国际海事组织于1989年4月17日至28日在伦敦召开的外交大会上制定的，67个国家和地区及22个国际组织派代表或观察员参加了大会。大会闭幕时，我国代表签署了会议的最后文件。1993年12月29日第八届全国人民代表大会常务委员第五次会议通过决定加入《1989年救助公约》，同时声明对第30条第1款的（a）、（b）、（d）项提出保留。这几项保留主要针对的是法律的适用范围的问题：（a）救助作业发生在内陆水域，而且涉及的所有船舶均为内陆水域航行的船舶；（b）救助作业发生在内陆水域，而且并不涉及船舶；（d）有关财产为位于海床上的具体史前的、考古的或历史价值的海上文化财产。

《1989年救助公约》共有35条，对《1910年救助公约》进行了较大的改动，其主要变化有：

（一）公约适用范围的扩大

《1910年救助公约》仅适用于当事一方为缔约国的救助，而《1989年救助公约》则规定只要是在缔约国提起的有关救助的诉讼或仲裁均可适用该公约。这样即使救助双方的船旗国均不是缔约国，只要其中的一方到缔约国去诉讼或仲裁，即可适用公约。当然，也可能出现救助的双方船旗国均为缔约国，而当事人到非缔约国诉讼的情况，但发生这种情况的可能性远远小于前一种情况。因为，救助案件的原告往往是救助人，救助人不大可能避开对自已有利的公约的适用而去寻求对自己不利的非成员国的法律的适用。

公约适用范围的扩大还表现在地理范围上的扩大。依公约第 1 条有关"救助作业"的规定，救助作业"系指可航水域或其他任何水域中援救处于危险中的船舶或任何其他财产的行为或活动"。可见这里的救助不限于海难救助，在不与海相通的内陆水域发生的救助也包括在内。救助的双方也不再要求必须一方为海船，鉴于公约的适用范围如此广泛，公约允许在加入时对"救助作业发生在内陆水域，而且并不涉及船舶"的情况提出保留。我国在加入该公约时即对此提出了保留。

（二）救助标的范围的扩大

在《1910 年救助公约》通过时，海上财产较为单一化，主要是船舶及船上财产，且《1910 年救助公约》规定救助的船舶至少一方为海船，而依《1989 年救助公约》有关船舶的定义，船舶"系指任何船只、艇筏或任何能够航行的构造物"。可见《1989 年救助公约》对船舶未加任何限制，可以是海船，也可以是内河船，只要是可航行的构造物均可视为公约所指的"船舶"。为了使更多的国家和地区接受该公约，而不致由于适用标的范围过大而影响加入，公约允许在加入公约时对内河船之间的救助进行保留。我国在加入该公约时就提出了此项保留。

关于"财产"，《1910 年救助公约》规定的作为救助标的的财产仅限于"船上财产"，而随着社会的发展，海上财产出现了多样化的倾向，浮船坞、渔具、落海的飞机、落海的卫星、平台等均与船舶一样处于同样的海上特殊风险中，《1910 年救助公约》的规定已不能适应海上财产多样化的形势。《1989 年救助公约》则根据这一变化，扩大了救助标的中财产的范围。《1989 年救助公约》规定的财产"系指非永久性的和非有意地依附于岸线的任何财产，包括有风险的运费"。因此，浮船坞、渔具、落海的飞机、落海的卫星及有风险的运费等均属于救助的标的。由于美国的坚持，公约在第 3 条明文规定："本公约不适用于已就位的从事海底矿物资源的勘探、开发或生产的固定式、浮动式平台或移动式近海钻井装置。"但对于航行中的平台仍适用公约的规定。

（三）无效果也给予补偿原则

对于油轮的救助，一方面改变了"无效果"的原则，而采用"无效果，也给予补偿"的原则，增加了特别补偿条款。《1910 年救助公约》采用的是"无效果，无报酬"的原则，对于油轮的救助，救助人往往花费很大代价，收效却甚微。为了鼓励对油轮的救助，《1989 年救助公约》规定在涉及环境的污染的救助中，采用"无效果，也给予补偿"的特别补偿原则，即在救助人无过失的情况下，如救助人的救助防止了环境损害，但救助无效果，仍可补偿其实际支出；如救助人防止了环境损害，又救助成功，则可取得高于实际支出的补偿，但这种补偿最高不应超过实际支出的两倍。特别补偿只有在高于救助人获得的救助报酬时方予支付。"环境损害"指由污染、沾污、火灾、爆炸或类似的重大事故，对人身健康，对沿海、内水或其毗连区中的海洋生物、海洋所造成的重大的有形损害。有关特别补偿的内容规定在《1989 年救助公约》第 14 条中，有关救助报酬的内容规定在第 13 条中，适用特别补偿的前提是补偿数额高于依第 13 条确定的救助报酬。上述安排是保险公司与保赔协会妥协的结果，因为有关的救助报酬是由保险公司承担的，而特别补偿是由保赔协会承担的。

设 A 是救助成功时获得的救助报酬（由保险公司承担），B2 是保护环境成功时获得的特别补偿（100%<B2<200%，大于救助所花费用，由保赔协会承担），B1 是保护环境不成功时获得的特别补偿（100% 等于救助所花费用，由保赔协会承担），《1989 年救助公约》第 13 条与第 14 条的关系见表 9-1。

表 9-1   《1989 年救助公约》第 13 条和第 14 条的关系比照表

项　　目	第 13 条	第 14 条	支　　　付
救助成功 保护了环境	获得救助 报酬 A	获得特别补偿 B2	1. A>B2，支付：A
			2. A＝B2，支付：A
			3. A<B2，支付：A＋（B2-A）
救助成功 未保护环境	获得救助 报酬 A	获得特别补偿 B1	1. A>B1，支付：A
			2. A＝B1，支付：A
			3. A<B1，支付：A＋（B1-A）
救助不成功 保护了环境	无报酬	获得特别补偿 B2	支付：B2
救助不成功 未保护环境	无报酬	获得特别补偿 B1	支付：B1

另一方面，救助船舶成功的标志是将船舶拖至一安全港口，此时才可以认为是有效果，才能取得救助报酬。而对油轮的救助，由于沿岸国担心对其海域造成污染，所有遇难的油轮很难进入港区或安全水域。依传统的法律，只要船舶未进入安全水域，救助就不能认为是成功了，这使得对油轮很难获得救助成功的机会。《1989 年救助公约》对此作了相应的改变，规定被救助

财产不一定进入安全港口。只要船舶或财产已被送至安全地点，救助人即可将其移交给被救助人。

（四）明确了船长在签订救助合同的代理权

依《1989 年救助公约》第 6 条第 2 款的规定，船长有权代表船舶所有人签订救助合同。船长或船舶所有人有权代表船上财产所有人签订此种合同。在《1989 年救助合同》以前法律没有明确船长的这一代理权，以致造成了"阿莫·卡迪兹"案的悲剧。《1989 年救助公约》第一次明确了船长的这一权利，使船长在需要救助时不必因担心自己的权利而延误了救助。

（五）规定了被救助财产所有人提供担保的义务

《1989 年救助公约》第 21 条规定，被救助人应向救助人的索赔，包括救助人的利息和诉讼费用，提供满意的担保。获救船舶的所有人也应尽最大努力使货主提供担保。如获救财产的所有人未提供满意的担保，救助人对获救财产有留置权。

（六）规定了被救助财产所有人先行给付的义务

此项内容的规定是第一次在公约中出现。为了解决救助人因救助报酬的诉讼拖得很长而带来的资金流转困难，公约对先行给付进行了规定。依《1989 年救助公约》第 22 条的规定，对救助人的索赔，有管辖权的法院或仲裁庭可根据案情，以公正合理的条件，通过临时裁定或裁决，责令向救助人先支付公正合理的金额，包括提供适当的担保。如被救助人已进行了先行给付，则其所提供的担保应作相应的扣减。

《1989 年救助公约》在海难救助制度的历史上是划时代的，其中许多规定改变了传统的海难救助的规定。例如，有关被救助财产所有人提供担保的义务及被救助财产所有人先行给付义务的规定无疑会对改善救助人的法律地位、鼓励对现代海上财产的救助产生积极意义。

■第六节 特别补偿制度的新发展

一、《1989 年救助公约》特别补偿制度存在的缺陷

经过多年实践，特别补偿制度暴露出一些问题，这是因为特别补偿制度本身就存在一定的缺陷。"无效果，无报酬"原则实际上在被救助人和救助人之间设立了一种相对的利益平衡关系：一方面，它赋予救助人报酬请求权；另一方面，它又让救助人承担救助不成功的风险，促使其尽全力实施救助，这样在客观上也有利于被救助人。因此，"无效果，无报酬"原则普遍为人们所接受，而特别补偿制度则打破这一平衡。特别补偿制度明显倾向于保护救

助人的利益，其意义在于鼓励救助人在对环境构成损害威胁的海事事件进行救助，并确保救助人在救助无效果或者在只有少量财产获救的情况下，仍能取得报酬。《1989 年救助公约》实施后，特别补偿制度存在着明显倾向于保护救助人的利益的缺陷。该制度对被救助人利益的考虑不足，而被救助人可能会因为救助费用过高而拒绝救助人的救助。因此，限制救助人获得过高的补偿，是海上救助中需要解决的现实问题，特别是"长崎精神"[1] 号案（Nagasaki Spirit）对特别补偿制度产生了极大的影响，这也使国际海上救助法律制度中新的机制的增加和补充显得十分必要。

近年来，国际海事法律变化最大的就是海难救助方面的变化，而其标志就是《1989 年救助公约》所确立的特别补偿制度。《1989 年救助公约》第 13 条和第 14 条是救助利害双方在国际环境保护趋势和压力下的妥协产物。"长崎精神"（Nagasaki Spirit）案是英国适用 1989 国际公约特别补偿的第一个案例。

【案例研习】Nagasaki Spirit 案

1992 年 9 月 19 日，装载 4 万余吨原油的 Nagasaki Spirit 轮（下称 NS 轮）与另一艘集装箱轮 Ocean Blessing（下称 OB 轮）在马来西亚北部马六甲海峡发生碰撞，并造成两轮起火。原先 Semco 救助公司同意救助 NS 轮及船上货油，双方签署 LOF90。同日，Semco 救助公司亦与 OB 轮达成协议，并随即派船开始救助作业。马来西亚政府恐怕 NS 轮造成污染，下令 Semco 公司将 NS 轮拖离马来西亚水域。印尼政府同意 NS 轮将其船上剩余货油转卸他船。NS 轮被拖往新加坡修理，并在新加坡交船给船东。

Nagasaki Spirit 案从仲裁、上诉仲裁、一审、上诉审，在历经整整 5 年二裁三审缠讼后，英国上诉院于 1997 年 2 月 6 日作出终审判决。

"长崎精神"原则（The Nagasaki Spirit Principle）是针对特别补偿的起止时间和"公平费率"（Fair Rate）的法律解释而确立的判例法原则。有关"公平费率"和"期间"的原则解释，上诉仲裁、商务法院（海事法庭）、上诉法院和上议院大致维持同一见解。但必须引起注意的是，对于"公平费率"的实际计算方式和其范围的技术层面的问题，前二裁三审的看法并非完全相同。英国在海难救助法中确立了特别补偿制度中的所谓"长崎精神"原则（The Nagasaki Spirit Principle），该原则包含两方面内容：①公平费率（Fair

---

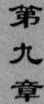

[1]　相关论述请参见"'长崎精神'原则 Nagasaki Spirit 介绍"，载 http：//blog. hjenglish. com/jasonme/archive/2005/11/04/164851. html，最后访问时间：2007 年 8 月 5 日；章博："论海上救助特别补偿制度的新发展——兼论我国海上救助特别补偿制度的完善"，载中国海商法协会主办：《中国海商法年刊》，大连海事大学出版社 2004 年版；The Nagasaki Spirit（1995）2 Lloyd's Rep. 44；（1996）1 Lloyd's Rep. 449；[1997] 1 Lloyd's Rep. 323.

Rate）不包括利润因素在内，市场租船价格与此无关，仅视实际发生的救助费用而定，而且该费率应考虑救助设备等管理费和闲置期间因素在内；②特别补偿可请求的救助期间，应指整个作业期间，不论对环境损害的威胁在完成救助作业之前是否存在。

　　《1989 年国际救助公约》为鼓励救助人积极从事环境救助而建立的特别补偿制度的精神的本意是好的，但特别补偿制度本为妥协的产物，其适用上充满着不确定性。该案之旷日持久的争议虽告一段落，但关于 1989 年公约第14 条特别补偿的争论仍在进行之中。英国法院对"长崎精神"案所作判决中对"公平费率"（Fair Rate）和享受特别补偿的期间所建立的"长崎精神"原则也并不是完美的，它存在着些缺憾，并可能会产生一些不利影响：①按"长崎精神"原则计算特别补偿时，各救助人受其设备利用率影响很大。因此，在可能会产生特别补偿（special compensation）案件中，救助作业开始时无法大致确定最终所要支付的特别补偿数额，因为每年的设备利用率可能差异甚大。②按此原则解释"公平费率"并不一定导致使用自有设备比从市场上租用设备更经济的结论，救助人所使用的设备利用率越低，其可能获得的特别补偿就越高，从而不利于海难救助业的发展。③专业救助人为了在救助费用加入利润因素可能会采取将自己的设备租出去赚取利润，再从市场上租进拖轮来计入救助费用；或将其拖轮等另行注册公司，每次进行救助作业时再从自己的一个公司租到另一个作为救助合同方的公司，以变相取得利润。④救助费用的计算，尤其是"公平费率"方面仍无具体标准，故而船东同救助人之间可能要用相当长的时间来确定救助费用，而且一般须通过仲裁或法院才能达成协议。⑤虽然不论是否尽早消除环境损害威胁，救助人都可以对整个救助期间请求特别补偿，这样似乎有助于鼓励救助人尽快消除环境污染威胁，但救助人可能会由于一旦消除威胁将可能被新的救助人替换掉的考虑而不积极消除这种威胁，若此，则长崎精神原则对保护环境起了反作用。

　　作为世界上第一个由法院审理的特别补偿案件，"长崎精神"案仅是这方面争议和讨论的开始。Nagasaki Spirit 案法院虽然认定"公平费率"不包括利润因素的不利于救助人的判决，但整个海运和保险市场对于鼓励救助人从事环境救助的趋势并未因此而有所减低。1996 年国际 P&I 协会集团与国际救助人联盟（ISU）签订了"关于 1989 年救助公约第 14 条的实务规章"，提出事故发生后由双方快速提供担保，使救助人全心全意地进行环境救助。Nagasaki Spirit 案是英国法院据英国法而对特别补偿的解释，该原则不适用于中华人民共和国。我国理应去粗存精，在中国法的基础上形成对特别补偿的法律解释原则。同时，亦应当关注具有准法律地位的劳氏救助合同及其适用英国法而

第九章

进行的争议解决。

二、《船东互保协会特别补偿条款》（Special Compensation P. & I. Club Clause，SCOPIC）

SCOPIC Clause 船东互保协会特别补偿条款，是指 1999 年 8 月 1 日首次生效的由国际海难救助联合会（以下简称"海难救助联盟"，International Salvage Union，I. S. U. ）会员、保障和赔款俱乐部国际集团（International Group of P. & I. Clubs）成员和某些财产保险商间签订的一个协议，确定根据固定的拖船、设备和人力使用的比率｛而不是根据《1989 年救助公约》第 14 条规定通过仲裁［参见特别补偿（special compensation）］｝计算向救助人员支付特别补偿的机制。SCOPIC 条款规定向救助人员支付的补偿不考虑救助相关财产的努力是否获得成功，因此它是普通法、1910 年救助公约（Salvage Convention 1910）和《1989 年救助公约》（Salvage Convention 1989）关于海上救助（salvage）"无效果无报酬"（no cure-no pay）基本原则的例外。SCOPIC 稍作修改就可作为补充条款并入 2000 年 9 月 1 日生效的 LOF2000（Lloyd's Standard Form of Salvage Agreement，劳氏救助格式合同）。一旦并入，救助人员得在其所选择的任何时间通过向被救助船舶的船东提交书面通知而适用该条款。要求支付 SCOPIC 救助报酬时，不考虑救助是否成功，不考虑是否对环境造成威胁，也不考虑进行救助作业时的地理上的限制。SCOPIC Clause 船东互保协会特别补偿条款主要内容如下：

（一）一般规定（General）

SCOPIC 条款是对适用《1989 年救助公约》第 14 条的任何"无效果、无报酬"劳氏救助合同的补充（"劳氏救助合同"以下简称"主合同"，"《1989 年救助公约》第 14 条"以下简称"公约第 14 条"）。"主合同"中的有关定义适用于本条款。依据本条款第 2 条的规定，启用本条款后，本条款与主合同的条款或适用的法律和规定不同时，为充分发挥合同的效能，本条款的效力高于其他规定。除本条款第 4 条另有规定外，依照《1989 年救助公约》第 14 第 1~4 款的规定确定特别补偿时，按照本条款规定的方法确定。若"主合同"并入本条款，救助方（contractor）不得依据公约第 14 条主张权利，但本条款第 4 条规定的情况除外。

（二）SCOPIC 条款的启用（Invoking the SCOPIC Clause）

救助人可选择在任何时候书面通知船舶所有人选择适用本条款，无需考虑当时的情况如何，特别是无需考虑是否存在"环境损害威胁"。依据本 SCOPIC 条款确定救助款项时，自书面通知船舶所有人时起算；通知前已经提供救助服务的救助款项，应当依照《1989 年救助公约》第 13 条的规定确定，不得依据本条款。

（三）SCOPIC 救助款项的担保（Security for SCOPIC Remuneration）

船舶所有人自收到救助方采用本条款的书面通知后，应当在两个工作日内（但扣除星期六和星期日以及劳氏通常认知的其他节假日）就 SCOPIC 救助款项船东向救助人提供 300 万美元的银行担保或船东互保协会的担保作为初步担保，担保的金额包含利息和费用。

（四）费率表（Tariff Rates）[1]

SCOPIC 救助款项应当是指依费率表计算的全部人工费、拖轮费和其他船艇费、便携式救助设备费及实际支付的费用和应得的奖金之和。

（五）《1989 年救助公约》第 13 条规定的救助报酬（Article 13 Award）

即使救助人启用 SCOPIC 条款，依据主合同提供的救助服务，仍应当按公约第 13 条规定确定救助报酬。按照本条款第 5 条确定的 SCOPIC 救助款项，只能由船舶所有人支付的酬金，超过了《1989 年救助公约》第 13 条规定的救助报酬，超出部分才应由船舶所有人支付。

（六）救助人的职责（Duties of Contractor）

救助方的职责和义务与主要协议的规定相同，即应当尽最大努力救助船舶和船上的货物，避免或减少对环境的损害。

（七）船舶所有人事故代表（SCR-Shipowner's Casualty Representative）

只要依照第 2 条的规定启用本 SCOPIC 条款，船舶所有人即可以选择派一名事故代表到达救助作业现场。

---

〔1〕费率表：①SCOPIC 救助款项应当是指依费率表计算的全部人工费、拖轮费和其他船艇费、便携式救助设备费及实际支付的费用和应得的奖金之和。②全部人工、拖轮或其他船舶和便携式救助设备的 SCOPIC 救助款项，应当根据附件 A 规定的费率按时间和材料（materials）的数量计算。在未经"船舶所有人事故代表委员会（SCR Committee）"依据附件 B（1）（b）的规定修订之前，该费率始终适用。计算 SCOPIC 救助款项的费率是指提供救助服务时生效的费率。③"实际支付的费用"应当是指由救助方或代表救助方支付给任何第三方的合理款项，尤其包括使用租借的人员、拖轮或其他船舶和设备合理需要的费用及救助作业需要的合理费用。这些费用应当是指实际支付的价格，除非：（a）如果从国际救助协会（ISU）的其他成员或其机构租借的人员、拖轮、其他船舶或设备，该费用的金额按附件 A 规定的费率计算，不考虑实际支付的价格。（b）如果从非救助协会成员租借的人员、拖轮、其他船舶或设备，且其费率高于附件 A 规定的费率，只要"船舶所有人事故代表（SCR）"认为在当时的特殊情况下该价格是合理的，即可按全部实际费用计算。如果未指派船舶所有人事故代表或对该费用存在争议，应当由仲裁员根据情况对所有这些费用的支出是否合理作出裁决。④除上述规定的费率及任何费用支出外，救助方还有权获得上述费率 25% 的标准奖金。但是，如果第 5 款（3）（b）规定的费用支出超过附件 A 规定的费率，救助方有权获得的全部奖金为人工、拖轮、其他船舶和设备的实际费用加费率的 10%，或者按人工、拖轮、其他船舶和设备的费率加 25%，以数额高者为准。

（八）防止污染（Pollution Prevention）

SCOPIC 救助款项包含适当救助所必需的防止污染和消除船舶周围污染的费用，不包括其他防治污染费用。

（九）共同海损（General Average）

超过《1989 年救助公约》第 13 条规定的救助报酬的那部分 SCOPIC 救助款项，不得计入共同海损；该部分救助款项应当由船舶所有人自付。对该部分救助款项，船舶所有人不得向船舶保险人索赔。

（十）仲裁

因该 SCOPIC 条款或依据该条款进行救助引起的任何纠纷，应当依据主协议的规定提交仲裁。

SCOPIC 的船东互保协会特别补偿条款确立了特别补偿计算制度，使特别补偿制度进一步得到完善。SCOPIC 的目的是为了克服《1989 年救助公约》所确立的特别补偿制度的不确定性问题。在 SCOPIC 的应用实践中，特别补偿制度中存在的问题逐渐得到了解决。实践证明，SCOPIC 是一个受到普遍欢迎的制度创新，已生效的 SCOPIC 条款在试用期结束后并入国际救助联盟（ISU）的成员与国际船东互保协会集团的船东签订的 LOF2000 格式，互保协会将向其成员船东推荐使用该条款。在救助作业中援引 SCOPIC 的情形越来越多，并且很少被提交仲裁或提起诉讼。但我们也不能说 SCOPIC 条款解决了特别补偿制度中的所有问题，所以我们可以把它看成是对《1989 年救助公约》特别补偿制度的一种完善和补充，使特别补偿制度在国际海难救助中发挥更大作用。

【本章小结】

海难救助是海商法中特有的法律制度，它是针对海上的特殊风险而产生的。海难救助是指在海上或与海相通的可航水域，对遇难船舶和其他财产进行救助的行为。海商法中的海难救助主要是通过无效果、无报酬合同来实现，救助有效果，救助人有权获得救助报酬。"无效果、无报酬"的原则在国际救助公约和包括英国的劳氏标准救助合同及中国贸促会的北京救助合同格式中得到了充分体现。但随着油污损害问题的出现，"无效果、无报酬"原则出现了新变化，为了鼓励救助人对油轮的救助，《1989 年救助公约》规定在涉及环境的污染的救助中，采用"无效果，也给予补偿"的特别补偿原则，即在救助人无过失的情况下，如救助人的救助防止了环境损害，但救助无效果，仍可补偿其实际支出；如救助人防止了环境损害，又救助成功，则可取得高于实际支出的补偿。目前，这种特别补偿制度已被英国著名的劳氏标准救助合同所采用。

【思考及练习】

1. 如何理解海难救助的性质？

2. 海难救助有几种形式？

3. 在海上救助任何标的是否均能取得救助报酬？

4. 在海上救助人命能否获得救助报酬？为什么？

5. 船员对本船的救助能否取得救助报酬？

6. 海难救助构成的要件是什么？

7. 救助报酬金额的确定与哪些因素有关？

8. "无效果，无报酬"的救助与雇用救助的主要区别是什么？

9.《1989 年救助公约》是在什么背景下产生的？

10. 《1989 年救助公约》在海难救助的规定上有哪些新发展？

11. 论述海难救助特别补偿制度的新发展。

12. 请辨析下列救助哪几项属于依合同进行的救助。（   ）

A. 依船员雇佣合同进行的救助

B. 对人命进行的救助

C. 海上防卫队进行的救助

D. 引航员对被引领船舶进行的救助

【拓展阅读】

1. 袁绍春："论雇佣救助的法律调整——兼论《海商法》第九章的修改"，载《中国海商法研究》2018 年第 1 期。

2. 傅廷中："雇佣救助合同的性质及其法律适用"，载《中国海商法研究》2016 年第 3 期。

3. 王彦君、张永坚："雇佣救助合同的属性认定和对《中华人民共和国海商法》第九章的理解"，载《中国海商法研究》2016 年第 3 期。

4. 李海："关于"加百利"轮救助案若干问题的思考"，载《中国海商法研究》2016 年第 3 期。

5. 杨良宜：《海事法》，大连海事大学出版社 1999 年版。

6. 叶伟膺："对 LOF2000 救助合同并入 SCOPIC 条款及其附件 A 之浅见（上）"，载《中国远洋航务》2008 年第 5 期。

7. 叶伟膺："对 LOF2000 救助合同并入 SCOPIC 条款及其附件 A 之浅见（下）"，载《中国远洋航务》2008 年第 6 期。

8. David W. Brown, "Compensation for Life Salvage at Sea", HeinOnline-2 Hastings L. J. 53, 1950-1951.

9. Joseph Bockrath, "The American Law of Life Selvage", HeinOnline-7 J.

Mar. L. & Com. 207, 1975-1976.

10. Michael Allen, "The International Convention on Salvage and LOF1990", HeinOnline-22 J. Mar. L. & Com. 119, 1991.

11. Brian F. Binney, "Protecting the Environment with Salvage Lsw: Risks, Rewards, and the 1989 Salvage Convention", HeinOnline - 65Wash. L. Rev. 639, 1990.

第
九
章

第十章

共同海损

本章学习目的与要求

本章的教学目的在于使学生了解共同海损的概念、共同海损制度的由来；理解共同海损的构成要件、共同海损和单独海损的区别，以及共同海损的范围；了解共同海损的理算规则及其变化。

本章关键词

共同海损　单独海损　牺牲　费用　分摊价值　环境损害
首要规则

■第一节　共同海损的概念及历史沿革

一、共同海损及其规则的产生与发展

共同海损是海商法中历史比较悠久的制度。公元前形成的《罗得法》（The Rhodian Law）中即包含关于共同海损分摊原则的规定。在早期的航海贸易中，航海还未形成一个单独的行业，贸易和运输的关系比较简单，船主和货主在航行时均在船上。此外，船舶的构造简单，抵御海上风险的能力不强，当船舶遭遇海上危险时，最常用、最有效的做法就是抛弃货物，减轻船舶的负担，以便继续航行，但在船上的货主谁也不愿意抛弃属于自己的货物。为了避免在船舶面临危险时货主之间产生无休止的争议，逐渐形成了一种"一人为众，众为一人"的做法，即当船舶发生危险时，由船长来决定抛弃某一货主的货物，由于该项抛弃是为大家而牺牲的，该货主的损失也应由受益的各方来分摊。《罗得法》将这种做法的形式固定了下来，规定"如果为了减轻船舶负担，将载货抛弃入海，由于这项抛弃是为了全体的利益而采取的，其损失应由全体受益方分摊"。这就是最早的有关共同海损的明确记载。《罗马法》对共同海损的规定沿用了《罗得法》，并首次以成文法的形式对共同海损进行了规定。在罗马帝国衰弱后，最有影响的就是公元 12 世纪英国的《奥列

隆惯例集》（Rules of Oleron），该法关于共同海损的记载为：①船舶在危急情况下，为了船、货及人员的安全，船长有权抛货，损失部分由受益的船、货方按比例分摊。②船舶遭遇大风浪，为了抢救船舶及船上所载货物，船长可以砍断桅杆或船锚链索，这些损失也应像抛货一样受到分摊补偿，货主应在货物卸离船舶以前支付分摊金额。③船舶在发生了抛弃的牺牲后，船上的全部货物和动产，除了供船员饮水使用的必不可少的银杯，或已经剪裁的布匹及用旧的衣服外，都应均等地参加损失的分摊[1]。该记载不仅表明了共同海损的特征，还列举了共同海损的损失形式及共同海损的分摊。1681 年法国路易十四的《海事条例》也对共同海损进行了规定。学者认为共同海损制度萌芽于《罗得法》，见诸于《罗马法》，后经《奥列隆惯例集》发展，最后归纳于法国路易十四的《海事条例》。

　　19 世纪中叶，随着国际贸易和航海事业的发展，在共同海损领域迫切需要一个共同遵循的法则，以保证共同海损理算的顺利进行。1860 年，为解决各国关于共同海损的不同立法或习惯带来的混乱和不便，欧洲主要海运国家的航运、保险和理算界代表，在英国格拉斯哥举行了会议，通过了《格拉斯哥决议》。为了贯彻该决议，国际共同海损大会于 1864 年在英国约克召开的第三届大会上通过了《约克规则》。约克会议后，各国代表向国内有关方面进行了宣传工作，希望能在国内立法上取得与《约克规则》相同的立法，但均未获成功。于是他们在 1877 年在比利时的安特卫普再次召开会议，会议对1864 年的《约克规则》进行了修改，并将其改名为《1877 年约克—安特卫普规则》（York-Antwerp Rules 1877）。此后该规则又分别在 1890 年、1924 年、1950 年、1974 年、1990 年、1994 年、2004 年和 2016 年进行过多次修订，目前 8 部规则并行。所以，当事人在协议中选择适用哪一年的规则都是有效的。在进行共同海损的理算时，首先应尊重当事人的选择，即依当事人选择的规则来进行理算，在当事人没有选择的情况下，才有海商法中共同海损一章的适用问题。我国《海商法》有关共同海损的一章是参照《1974 年约克—安特卫普规则》（以下简称 YAR1974）制定的。

　　国际上因对共同海损范围的主张不同，主要分成两派：共同安全（common safety）和共同利益（common good）。《约克—安特卫普规则》的理论基础是以英国为代表所主张的"共同安全派"的观点，但是修改时容纳了以法国为代表所主张的"共同利益派"的观点。[2] "共同安全派"认为共同海损

---

　〔1〕　王恩韶、许履刚：《共同海损》，大连海事大学出版社 1996 年版，第 22 页。

　〔2〕　司玉琢：《海商法专论》，中国人民大学出版社 2007 年版，第 500 页。

仅限于为了解除船货的共同危险而作出的特殊牺牲和费用；"共同利益派"则认为恢复船舶适航能力之前，只是暂时解除了共同危险，因而在解除共同危险之后，为完成合同航次而恢复船舶的安全续航能力所支付的费用也应属于共同海损。共同安全派代表了货方的利益，坚持列入共同海损的项目不能无限制的扩大；而共同利益派代表了船方的利益，主张共同海损的牺牲和费用应予放宽。字母规则主要体现了共同安全派的主张，而数字规则较多地反映了共同利益派的主张。[1] 从 1860 年《格拉斯哥决议》到 2016 年规则，每一次修订都是航运、贸易、保险等各界不同利益主体互相博弈的结果，《约克—安特卫普规则》也在不断地充实和发展。尽管从诞生之日起，废除共同海损的呼声就从未停止过，而且每个版本都引发了争议甚至遭到激烈抵触，但经过一百多年的实践，已证明其是行之有效的，成为国际航运惯例。

二、共同海损的概念

（一）共同海损是部分损失

海损是在海上运输中，由于自然灾害、意外事故或者其他特殊情况，造成船舶、货物等财产的损坏或损失。海损按损失形态可以分为物质损失（船舶、货物的损坏或灭失）和费用损失（运费损失、支付加工整理费用或施救费用等的损失）。根据损失程度不同，船舶或货物在海上航行中遭受的海损可分为全部损失和部分损失。全部损失可分为实际全损和推定全损。部分损失又分为单独海损（Particular Average）和共同海损（General Average）。单独海损是指因自然灾害或意外事故直接造成的船舶或货物的部分损失。共同海损是指船舶遭遇自然灾害、意外事故或其他情况，为了解除船舶、货物等航程中财产的共同危险，采取故意而合理的抢救措施而发生的特殊牺牲和额外费用。

（二）共同海损的定义

共同海损，是指在同一海上航程中，船舶、货物和其他财产遭遇共同危险，为了共同安全，有意地合理地采取措施所直接造成的特殊牺牲、支付的特殊费用。[2] 船舶因发生意外、牺牲或者其他特殊情况而损坏时，为了安全完成本航程，驶入避难港口、避难地点或者驶回装货港口、装货地点进行必要的修理，在该港口或者地点额外停留期间所支付的港口费，船员工资、给养，船舶所消耗的燃料、物料，为修理而卸载、贮存、重装或者搬移船上货物、燃料、物料以及其他财产所造成的损失、支付的费用，应当列入共同海损。[1] 但是，无论在航程中或者在航程结束后发生的船舶或者货物因迟延所造成的损失，包括船期损失和行市损失以及其他间接损失，均不得列入共同海损。[2] 环境损害或因同一航程中的财产溢出或排放污染物所引起的损失或费用不得认作共同海损。[3] 共同海损应当由受益方按照各自的分摊价值的比例分摊。[4]

因此，共同海损的概念应当包括共同海损行为、共同海损牺牲与费用以及共同海损分摊三个方面。[5]

（三）共同海损与单独海损的区别

单独海损是海上风险所造成的标的直接损失，这种损失只属于特定的利益方而不涉及其他方。共同海损制度使得船长在行使救助和安全完成航程的责任时没有任何的偏向，而只是为了所有财产的安全，为了将所有的财产尽可能地安全带到目的港，这就是共同海损制度存在的意义。共同海损和单独海损的主要区别是：①发生的原因不同。单独海损是由于意外的事故、自然灾害或一方可以免责的过失（如驾驶员的过失）等原因直接造成的损失；而共同海损是由于船舶和货物遭受共同危险时，为了船舶和货物的共同安全，有意而合理地采取某种措施所造成的损失。②补偿方法和赔偿根据不同。单独海损中的损失，由受损方、保险人或第三人承担，其赔偿依据是有关提单的法律规范，如《海牙规则》或《维斯比规则》；而共同海损的牺牲和费用，由各利害关系人按其获救的财产价值的比例分摊。如果受益的一方已为其受损财产投保，则其分担额由保险公司支付。对于共同海损的分摊依据，普遍认可的是《约克—安特卫普规则》，但它也只是对存在的争议提出解决的方法。[6]

---

〔1〕《海商法》第 194 条。中国《海商法》（2020 年修改送审稿）第 225 条做了适当修改："船舶因发生意外、牺牲 或者其他特殊情况而损坏时，为了安全完成本航程，驶入避难港口、避难地点或者驶回装货 港口、装货地点或停留在挂靠港进行必要的修 理，在该港口或者地点额外停留期间所支付的 港口费，船员工资、给养，船舶所消耗的燃料、物料，为修理而卸载、贮存、重装或者搬移船上货物、燃料、物料和其他财产所造成的损失、支付的费用，以及事后驶离避难港的费用，应当列入共同海损。"

〔2〕《海商法》第 193 条第 2 款。

〔3〕中国《海商法》（2020 年修改送审稿）第 224 条第 3 款。

〔4〕《海商法》第 199 条第 1 款。

〔5〕司玉琢著：《海商法专论》，中国人民大学出版社 2007 年版，第 487 页。

〔6〕孙丹、张鹏："论共同海损的法律性质与发展"，载《航海技术》2006 年第 6 期。

■第二节　共同海损的性质及构成要件

一、共同海损的性质

关于共同海损的法律性质，学者见解各异，主要有下列几种观点[1]：

（一）契约说

契约说基于罗马法的理论，认为在货物交运后，即可推定在船长及货主间形成了一种协议或约定，在危急时，货主同意将其货物投弃，如获安全，船长和货主依比例分担遭受的损失。故共同海损之债的关系的发生，应以契约为其原因。契约说又分明示及默示两种，明示指在运送契约中明确规定了共同海损的分摊条款；默示指在运送契约中没有关于共同海损分摊的规定，但当事人订立运送契约即默示同意承担共同海损的分摊义务。

（二）不当得利说

不当得利说认为共同海损从性质上说属于不当得利，即受益人因他人财产的牺牲而得以使自己的财产获得保存，因此，分摊的部分属于返还因此而受损的人的那部分。不当得利的构成要件有四个，即一方获得利益，他方受到损失，利益和损失之间有因果关系和获得利益没有合法根据。共同海损制度基本满足了上述四个要件。如对被牺牲者不承担补偿义务，则属于无法律上的原因而受利益，这正是不当得利的特征。但民法上的不当得利受益人以无法律上的原因而受益者为限，而共同海损的行为是为了避免共同危险，是有法律上的原因的。另外，从因果关系上讲，共同海损的损失不要求必须是导致获益的直接原因，有时几种牺牲行为才产生了获救的结果，不能只对产生结果的那个行为造成的损失分摊而对前几个行为造成的损失就不分摊。可见，在共同海损的分摊上并不要求严格的因果关系。

（三）无因管理说

无因管理说认为共同海损是船长所为的处分行为造成的损失，船长在处分时并未受船舶所有人及货物所有人的委托，应属于无因管理行为，从而形成了无因管理的债的关系，船长的处分对船舶所有人和货物所有人是有利的，因此，应由受益的各方分摊因此而受到的损失。无因管理是指没有法定的或约定的义务，为避免他人利益受损失，自愿管理他人事务或为他人提供服务的行为。无因管理在罗马法上被认为是一种准契约之债。无因管理要求没有法律上的原因，而共同海损的牺牲行为并非没有法律上的原因，共同海损是

---

[1]　梁宇贤：《海商法专题论丛》，台湾三民书局 1988 年版，第 259~264 页。

第十章

为了避免共同的危险而为之。此外，无因管理要求没有法定或约定的义务，而船长对船舶或货物不能说没有义务。

（四）代理说

代理说认为共同海损中船长所为的处分是基于代理的法律行为而来。认为在航行途中，船长是船舶所有人和货物所有人的代理人，当遭遇共同的危险时，船长有代理船舶所有人及货物所有人为一切适当行为之权。船长所为的共同海损行为，一方面是代表船东及货主自动所为的牺牲，另一方面也代表船东及货主同意就所牺牲的损失按获救的比例进行分摊[1]。代理行为的效果是不论有无利益，其效力均及于本人。而共同海损只有在因牺牲而有所保全的情况下才有分摊损失的问题，在牺牲后财产仍然全损的情况下，即没有共同海损的分摊问题。

（五）相互保险说

此说认为共同海损的性质与其起源有关，认为中世纪欧洲利害关系人为对抗海盗抢劫，于是组成暂时性的海上合伙关系，互相担保在途中所产生的损失共同负担。

（六）法律要件说

此说认为共同海损是海商法上一种特有的法律要件，共同海损不应一味地求诸于传统民法理论的解释。如同海难救助一样，共同海损也是基于海上企业特殊需要而产生的一种特殊的制度。

二、共同海损的构成要件

根据共同海损的上述定义，共同海损必须符合以下条件：

（一）同一航程中的财产遭遇共同危险（common danger）

在同一海上航程中，海上货物运输合同的关系方主要有船舶和货物两方，同一航程中的财产遭遇的危险，必须对船舶和货物均构成危险。首先，当自然灾害、意外事故或其他特殊情况危及了船舶和货物的共同安全时，如果不及时采取措施，则船舶和货物就有灭失或损坏的危险。一般来讲，船舶有危险，船上所载的货物也会有危险，所以船舶的危险通常可以认为是共同的危险。例如，载货的船舶搁浅，船身倾斜，如不进行起浮，船舶就有倾覆的可能，这一危险使船舶和货物均处于危险之中。反之，如果空载的船舶遭遇危险，因为只涉及船舶一方的利益，缺少共同危险的要件，所以不产生共同海损的问题。其次，为了使船、货或其他财产免遭损害而作出的物质上的特殊牺牲或费用上的额外支出，才能列为共同海损。例如，船舶装运的牲口的饲

---

〔1〕 桂裕：《海商法新论》，台湾正中书局 1974 年版，第 458 页。

料用尽了，为了加饲料而产生了绕航，由于牲口的饲料与航行的安全及其他货物均没有关系，因绕航产生的损失只涉及其一方的利益，就不能作为共同海损，只能作为单独海损，由一方来承担。

（二）该共同危险是真实存在的（real peril）

所谓真实（现实）危险就是指危险不能是主观臆想的，而是存在着危及船、货和其他财产安全的客观事实。当然，客观的危险可以是已经存在的，也可以是不可避免将要出现的危险，即当时尚未危及船舶和货物的共同安全，但如不采取应急措施，则将不可避免地给船舶和货物带来共同危险。[1] 例如，在某案中，船长看见烟从货舱升起，误认为舱内失火，于是下令向舱中注入高压蒸汽造成货物湿损。船舶抵港开舱后查明，冒烟是由于货舱中的松香发热，并未失火。法官认为，危险是船长臆测的，该轮既未受到危险的威胁，也未处于危险之中，由此而产生的货物的损失不能列为共同海损由各方来分摊，而只能由责任方来承担。

（三）共同海损的行为是有意且合理采取的（intentional and reasonable act）

共同海损的行为是为了解除船舶和货物的共同危险而有意采取的。"有意"指的是行为人明知采取某一行为，将导致船舶、货物的部分牺牲或者支付一部分额外费用，仍然采取了这一行为。例如，当船舱起火时，船长明知道灌水灭火会造成货物湿损，但为摆脱船货共同危险只能如此，因此为灭火而带来的货物损失当然应该列入共同海损。"合理"措施是指以最小的牺牲换取船货安全最大效果的措施。例如，船舶搁浅，需要减轻重量，抛掉一部分货物或船舶物料才能起浮。这种情况下，抛弃体积重、价值低的财产与抛弃重量轻且价值高的货物或物料的结果，虽然都可以使船货转危为安，但是后者所引起的不合理的损失和费用不得列为共同海损。一方面，"合理"措施应该是有限的牺牲，即节约的和有效的措施；另一方面，"合理"又是相对的，船长通过对当时的客观条件做出慎重考虑后，选择当时认为有效合理的措施，即使实施过程中未能得到预期的效果，该措施也应被认为是合理的[2]。

按照习惯，采取共同海损的行为应由船长作出，因为船长是船东的雇员，负责驾驶和管理船舶。另外，依提单规定，船长负责照管货物的安全运输。因此，船长有权为维护船舶及货物的安全作出决定[3]。

---

[1] 於世成、杨召南、汪淮江编著：《海商法》，法律出版社1997年版，第286页。
[2] 於世成、杨召南、汪淮江编著：《海商法》，法律出版社1997年版，第287页。
[3] 王恩韶、许履刚：《共同海损》，大连海事大学出版社1996年版，第15~16页。

（四）牺牲和费用必须是特殊的（extraordinary sacrifices and expenditure）

共同海损牺牲和费用，是指因采取共同海损措施所直接造成的物质损失和产生的费用。为了解除船舶和货物的共同危险，采取有意而合理的措施，其结果必然产生既不同于单独海损，即因意外事故造成的损失和费用，也不同于在正常营运情况下所发生的合理损耗和开支。例如，船舶遭遇海难事故以后进入避难港修理，如果该避难港不是原定挂靠港，则由于进入避难港而发生的港口费用，就属于特殊费用。再如，同样是货物湿损，如果由于意外原因海水进入舱内造成的货物湿损，属于单独海损；如果是为了扑灭舱内火灾造成的湿损，则是有意造成的，属于共同海损。

（五）共同海损措施必须有效果（useful effect）

采取共同海损措施的根本目的是为了保全船舶、货物和其他财产的安全，并由获救财产方根据获救财产的价值分摊共同海损牺牲和费用。共同海损最终是否能够得到分摊，还要看共同海损行为最终是否有效果。因此，"有效果"就是达到了目的。当然，这里所指"效果"并非是指财产全部获救，即使只有部分财产获救，也不影响共同海损的成立。反之，如果最终船舶、货物或其他财产还是遭受全损，共同海损依然无法分摊。

■第三节　共同海损的牺牲和费用

共同海损的损失范围，或称共同海损的表现形式，可以分为两类：牺牲和费用。共同海损的牺牲（sacrifice of general average）是指由共同海损措施直接造成的船舶、货物或其他财产在形态上的灭失或者损坏。共同海损的费用（general average expenditure）是指为了解除船舶及货物的共同危险而采取的措施所引起的额外费用。两者的区别在于：共同海损的牺牲是因采取共同海损措施而导致的船舶或货物本身的灭失或损坏；而共同海损的费用不是指船舶或货物的物质损失，而是为解除危险所发生的额外费用。

一、共同海损的牺牲（sacrifice of general average）

我国《海商法》中共同海损一章对牺牲问题未作具体规定，根据《1994年约克—安特卫普规则》（以下简称 YAR1994）、《2004 年约克—安特卫普规则》（以下简称 YAR2004）、《2016 年约克—安特卫普规则》（以下简称

YAR2016）的规定，共同海损的牺牲包括船舶损失、货物损失及运费的损失。[1]

（一）船舶牺牲

船舶牺牲是指由于采取共同海损措施而给船舶或船用物料造成的损失，通常表现为以下几种情形：

1. 有意搁浅（damage done by voluntary stranding）。又称自动搁浅，是指船长为了避免船舶触礁、沉没或为了扑灭船上火灾，而主动将船舶驶往浅滩或将其凿沉在浅水地带。例如，某案中，一船在近海行驶时突然发现船底板破裂，大量海水涌进船舱，虽经用力抽水抢救，但舱内水位仍不断增高，为了使船舶不致沉没，船舶紧急驶向附近浅滩，自动搁浅。根据 YAR1994、YAR2004 和 YAR2016 规则 5 的规定，船舶不论是否势必搁浅，如果为了共同安全有意搁浅，因此所造成的共同航程中的财产的损失应认作共同海损措施。

【案例研习】SEAPOOL 轮共同海损案[2]

"海潭"（SEAPOOL）轮在某次大风中走锚，左舷锚链折断，情况危急，船长以该轮水上弦侧自动撞及码头，以便用码头做杠杆，调整船首驶向海面。结果，船身本身及码头均遭受严重损失。码头当局向船方提出赔偿要求。船方认为此举属于自动搁浅而依 YAR1994 规则 5 主张与货方共同分担船舶及码头的损失。然而，法院判决结果认为，此项损失不属于规则 5 有意搁浅项下的损失，但可以按照规则 A 的规定认作共同海损。因为依规则 5 的规定，有意搁浅中所指的搁浅必须是船底触及浅滩或岸边。本案中，船体触及岸边的建筑设施，而整个船舶仍处于漂浮状态中，不属于搁浅。

2. 起浮脱浅（floated and got off the ground）。起浮脱浅是指为使搁浅船舶起浮而有意地使机器和锅炉超负荷或非正常运行，致使机器和锅炉遭受的损坏。根据 YAR1994 规则 7 的规定，此项措施必须合理。但是，排除船舶在飘浮状态下，因使用推进器或锅炉而遭受的损害。因为船舶在漂浮状态下，对机器或锅炉并未构成特殊危险，在此种情况下造成的损害，只能作为单独海损处理。[3] YAR2004 和 YAR2016 的规则 7 与之相同。

通常为了起浮搁浅船舶，船方有意而合理地使用机器、锅炉过程中额外消耗的燃料和物料也可列为共同海损。但是，排除搁浅期间使用辅机提供照

---

[1] YAR1974 的数字规则中规定了共同海损的牺牲范围，YAR1994、YAR2004 和 YAR2016 都规定在首要规则中。

[2] 王恩韶、许履刚：《共同海损》，大连海事大学出版社 1996 年版，第 58 页。

[3] 杨军编著：《海商法案例教程》，北京大学出版社 2003 年版，第 354 页。

明用电、暖气和电源所正常消耗的燃油和物料。

此外，共同海损还包括机器过度震动引起的船体的损坏、钢板产生的裂缝及因此而渗水造成的货损，以及强行脱浅可能使船底造成的损失。但是要求赔偿的一方应负举证之责，证明该损坏完全是由于设法起浮船舶的措施所造成。一般说来，关于水线以下的船壳损坏，除有意搁浅外，法律上都推定为意外事故所致，只有提出证据推翻这一推定，才能将此损坏列为共同海损。[1]

【案例研习】船舶二次搁浅不被列入共同海损案[2]

某船驶入里奥阿纳港时因暴风雨，在防浪堤碎石滩搁浅。船方雇用了一艘拖船协助起浮，10 分钟后船舶开始移动，但由于拖缆折断，船舶又被风浪推至较原先搁浅的地方更远的地方搁浅，船底遭受更为严重的损坏。船方认为船舶在第一次搁浅时，船首埋嵌在碎石堆内较坚实，如果拖缆不折断，不致发生第二次搁浅，因此要求将船底损坏造成的损失列为共同海损。地方法院经过调查，认为当时风浪较大，即使不安排拖轮拖曳，该轮也会被吹至第二次搁浅的地方，因此船底所遭受的损失不应是由于起浮措施所引起，船方败诉。后来上诉法院支持了地方法院的判决。

3. 切除残损物（cutting away wreck）。残损物是指因自然灾害或意外事故而被损坏或已被拆除或实际上已被毁灭的残留物体。根据 YAR1994 规则 4 的规定，因切除由于意外事故原已折断或者实际上已经毁损的船舶残留部分所遭受的损失，不得列为共同海损。例如，为了船货的共同安全切除已折断的桅杆的残体的损失，不计入共同海损。但是，因切除残损物所造成的货物损失或船舶的进一步破损，以及切除残损物引起的费用是共同海损。[3] 例如，因切除辅助艇被折断的桅杆使船舶螺旋桨遭受损失，螺旋桨的损坏属于共同海损。YAR2004 和 YAR2016 的规则 4 与之相同。

4. 充作燃料（cargo, ship's materials and stores used for fuel）。船舶在遭遇恶劣天气时，航速减低、仪器损坏、船舶迷失方向，致使燃油耗尽，为了继续航行，将船上物料当作燃料引起的损失，应认作共同海损。但是，承运人必须证明即使船舶事先携带了足够的燃料，也必然将部分材料或物料充作燃料，则该部分材料或物料损失可由船货双方分摊。无论何种情况，承运人均应负担在通常情况下足以完成原定航程的燃料费用，因此，船用材料与物

---

〔1〕 於世成、杨召南、汪淮江编著：《海商法》，法律出版社 1997 年版，第 291 页。
〔2〕 王恩韶、许履刚：《共同海损》，大连海事大学出版社 1996 年版，第 60 页。
〔3〕 张湘兰、邓瑞平、姚天冲主编：《海商法论》，武汉大学出版社 2001 年版，第 291 页。

料费用受到补偿时，应扣除"为完成原定航程本应消耗的燃料的估计费用"，其差额才是承运人的额外损失。[1] 关于这一点，YAR1994、YAR2004 和 YAR2016 规则 9 是相同的。

（二）货物牺牲

货物牺牲是指由于采取共同海损措施所引起船上所载货物的灭失或损害，通常表现为以下几种情形：

1. 抛弃货物（jettison of cargo）。抛弃货物是最古老的共同海损措施，是指在船货遭遇共同危险的紧急情况下，将货物部分抛入海中以减轻船舶载重量从而造成的损失。当然，现代航海技术和造船技术都比较发达的今天，已很少采用这种办法，只有在船舶搁浅不能起浮，而又无法卸货的情况下才使用。

可以列为共同海损的被抛弃的货物是指依照习惯、法律规定或合同允许装载甲板上的货物，这些货物一般为具有危险性质的物质或体积笨重无法装载舱内的货物，如木材、大型钢材、飞机拖车、火车头等。这类货物被装于甲板上一般应为装货港和目的港的货方及承运人所熟知并接受的。根据 YAR1994、YAR2004 和 YAR2016 规则 1 的规定，被抛弃的货物，除非按照公认的航运习惯运送，不得作为共同海损受到补偿。也就是说，如果按照公认的航运习惯，被抛弃的货物不应该在甲板上堆放或运送，则该项损失就不能列为共同海损。反之，则都可以列入共同海损。例如，集装箱货物置放在甲板上运送，已成为一种公认的航运习惯，即使提单中没有货装舱面的记载，抛弃甲板上集装箱的损失也属于共同海损。但是，YAR1994 并未对集装箱运输的理算作出任何规定。

需要注意的是，如果被抛弃的货物是已经被风浪或其他原因毁坏的货物或燃料、物料，不得获得共同海损补偿，因为这些财产在被抛弃时已不具有任何经济价值。另外，放置在甲板上的货物，如果既非习惯所允许，又非经托运人同意，一旦发生抛弃，损失应由船方负责；如托运人同意并在提单上注明"风险由托运人负责"，则一般损失由托运人自行负责。但万一发生抛弃，只要这项措施是为了维护船舶和货物的共同安全而采取的，船主不能凭借上述规定免除其共同海损分摊的义务。

抛弃货物的损失，不仅包括被抛弃货物本身的损失，还包括由于抛弃货物而引起的财产的进一步损失。[2] 根据 YAR1994、YAR2004 和 YAR2016 规

〔1〕 赵德铭主编：《国际海事法学》，北京大学出版社 1999 年版，第 548 页。
〔2〕 司玉琢等编著：《海商法详论》，大连海事大学出版社 1995 年版，第 344 页。

则 2 的规定，为了共同安全做出牺牲或其后果和为了共同安全进行抛弃而开舱或打洞以致进水，造成共同航程中的财产的损失，应作为共同海损受到补偿。

【案例研习】抛弃货物而引起的财产损失列为共同海损案[1]

某船在 BELIZE 港装载一批红木和杉木运往纽约，提单注明共同海损应按《1890 年约克—安特卫普规则》理算。船舶在航程中搁浅，为了减轻积压重量，必须抛弃一部分舱面货。抛弃时由于一根被抛弃的原木被搅进螺旋桨与船舱肋骨之间，使螺旋桨叶片受损，其后机器在试图将该原木排除时也遭受损失。货方认为，由于被抛弃的原木不在共同海损受偿范围之内，由此造成的螺旋桨和机器的损坏也不应列入共同海损。但美国纽约州南区法院认为，即使被抛弃的原木按照《1890 年约克—安特卫普规则》（以下简称 YAR1890）规则 1 的规定不得列为共同海损，但按照规则 2 的规定，螺旋桨及机器的损失应列为共同海损。

2. 扑灭火灾（extinguishing fire on shipboard）。火灾是海上运输中经常发生的灾害事故，发生的原因有雷击起火、货物自燃、电线短路、焊接时火星溅射起火、船员或者装卸人员乱扔烟蒂引起火灾等。发生火灾对船舶和货物造成的损失属于单独海损，但为了扑灭火灾而采取的诸如灌水、注入蒸汽或者喷入灭火剂以及凿洞、搁浅等措施，使船舶、货物受到进一步损失，都属于共同海损。根据 YAR1994 规则 3 的规定，排除不论何种原因造成的烟熏（by smoke however caused）或者火烤（heat of the fire）造成货物的损坏。YAR2004 和 YAR2016 维持了此规定。

实践中，对于救火造成的烟熏损失应作为共同海损，但在不能区分因火烧或救火所造成的烟熏损失时，全部烟熏都不作为共同海损。因受热造成的损失，一般不作为共同海损。

3. 在避难港装卸等过程中遭受的损失（damage to cargo in loading/discharging, etc.）。由于船舶在避难港采取的是应急措施，所以货物在避难港遭受损失的机会往往大于原装卸港。因此，船舶遭遇海难事故后，在避难港为检修船舶所进行的搬移、卸载、储存、重装和积载货物和燃料及物料过程中，又造成了货物、燃料或者物料的损害和灭失，只要前一过程的损害属于共同海损，各该措施后果造成的损失就应作为共同海损受到补偿。例如，当船底破损时，为了检修船底必须卸下部分货物并存入仓库，待修理完毕之后，须将货物重新装上船，在此期间发生的一切损害和灭失，应列为共同海损。为此，

---

〔1〕 王恩韶、许履刚：《共同海损》，大连海事大学出版社 1996 年版，第 51~52 页。

YAR1994、YAR2004 和 YAR2016 规则 12 都规定，货物在卸货等过程中遭受的损坏，只有当搬移、卸载、储存、重装和积载货物、燃料或物料的费用可认作共同海损时，由于各该措施的后果而使货物、燃料或物料所遭受的损失才应作为共同海损受到补偿。

（三）运费牺牲

根据 YAR1994 规则 15 的规定，如果货物的灭失或者损坏是共同海损行为造成的，或者已作为共同海损受到补偿，则由于货物的灭失或者损坏所引起的运费损失，也应作为共同海损受到补偿。损失的运费总额应扣除其所有人为赚得此项运费本应支付但由于牺牲而无需支付的费用。YAR2004 和 YAR2016 规定与之相同。

通常在到付运费的情况下，船舶的安全到达是船东获得运费的先决条件。如果货物灭失，船东将蒙受运费损失，因此，若该项货物被列入共同海损，运费也应列入共同海损；但计算时应从运费中扣减承运人为获得此项运费本应支付但由于货物灭失而无须支付的费用。

但是，如果在预付运费的情况下，并且规定"无论货物灭失与否均不退还"时，则船方的运费收入不受货物灭失的影响，该运费损失就不应列入共同海损。

二、共同海损的费用

我国《海商法》第 194 条规定，船舶因发生意外、牺牲或者其他特殊情况而损坏时，为了安全完成本航程，驶入避难港口、避难地点或者驶回装货港口、装货地点进行必要的修理，在该港口或者地点额外停留期间所支付的港口费，船员工资、给养，船舶所消耗的燃料、物料，为修理而卸载、贮存、重装或者搬移船上货物、燃料、物料以及其他财产所造成的损失、支付的费用，应列入共同海损。该条规定是参照 YAR1974 的数字规则制定的。YAR1994 将其规定在首要规则中，根据该规则，可列入共同海损的费用有：救助费用、避难港费用、代替费用及杂项费用。

（一）救助费用（salvage reward）

救助费用，又称救助报酬，是由与遇难船舶或货物无关的第三者根据合同约定或法律规定对遇难船舶、货物或其他财产进行抢救而获取的报酬。救助费用并不当然作为共同海损，因为救助人进行救助作业时，如果被救助方只是船舶一方或其他财产一方，救助报酬的对象应由被救助方独自承担支付，与共同海损无关。只有被救助的对象涉及船舶和货物与其他财产共同方，救助报酬才作为共同海损来处理。根据 YAR1994 规则 6 的规定，可以作为共同海损的救助费用应满足以下条件：

1. 必须是为了船货各方（包括货方可能是多方的情况）的共同利益而支付的。例如，一条船在航程中遇到恶劣天气，船上捆绑原木的缆绳折断，致使部分原木被冲击落水，船体倾斜。正在危难之时，有船从附近赶来，救助成功，这项救助费用可以列为共同海损；但是，不包括为打捞被海浪击落的原木所支付的费用。因为后者是为了货方利益而支付的费用。

2. 不论救助是否依合同进行，都应认作共同海损。例如，某船遭遇海难处于危险情况，船长为了船员的安全宣布弃船。该船后来被一拖轮救起，带到安全港。该项救助虽然没有遇难船东的自愿，也未订立救助合同，但拖轮船东向遇难船东索要的救助报酬仍属于共同海损费用。

3. 仅限于使在同一航程中的财产脱离危险而进行的救助。例如，某船在航行中发生机损，船、货处于共同危险中，虽然只需一条拖船即可将该船安全拖至目的港，但船东为防止新鲜水果腐烂而多雇用了两条拖轮助航。这两条拖轮的费用不属于共同海损的费用，只能由货方独自承担。

此外，在核定列为共同海损的涉及防止或减轻对环境损害案件的救助费用时，除了应考虑为抢救受难船舶、货物和其他财产，并使之脱离危险的正常救助费用外，还应考虑为防止或减轻对环境的损害而支付的费用（即特别补偿）的因素。

我国《海商法》第十章共同海损对于救助费用的问题未作具体规定，但只要救助费用的支出符合第 193 条共同海损定义的，就可作为共同海损。[1]

然而，YAR2004 规则 6 将大部分救助费用排除在共同海损之外。首先，对于救助款项，该规则规定包括所生利息和相关的法律费用，应由付款方自行承担而不得认入共同海损，除非与救助有关的一方已支付应由另一方承担的（根据获救价值而不是按共同海损分摊价值计算的）全部或部分救助报酬（包括利息和法律费用）。在理算中，应由另一方支付但该方未付的救助报酬应贷记付款方，借记由他方代其付款的一方。

YAR2004 这一重要的修订引起很大争议。因为将救助报酬从共同海损中排除是个争论了多年的问题，YAR1994 修订时就曾被提出，但当时被否决。这一修订带来的好处是许多理算没有必要了，可以减少开支。新规则可以消除人们对共同海损救助款理算的强烈不满，因为这一理算过于复杂而且只是无意义的重新分配。由于救助款在共同海损分摊的损失中占相当的比重，因此据估计此项修改将使保险人节约达 10 ％的支出。[2] 目前世界上由船东代

---

〔1〕　王恩韶、许履刚：《共同海损》，大连海事大学出版社 1996 年版，第 78 页。

〔2〕　岳瑞芳："2004《约克—安特卫普规则》修改"，载《法制与社会》2007 年第 12 期。

第十章

货方支付救助报酬的情况已不多见。在我国，1994年中国海事仲裁委员会也已修改其救助合同标准格式，明确船长是代表船舶、船上货物、运费、燃料、物料和其他财产的所有人同救助人签订合同的。救助报酬金额应由获救财产的所有人，按照船舶和其他财产各自的获救价值占全部获救价值的比例承担。救助人分别向各财产的所有人收取救助报酬。[1]

由于YAR2004将大部分救助报酬被排除在共同海损之外，船东对此很不满意。2012年，国际海事委员会（CMI）曾提出了"救助款项，包括所生利息和法律费用，如果不超过共同海损总额（包括救助款项）的X%，不得认入共同海损的折中方案"。但是，这样做在决定救助款项能否认入时，必须计算出共同海损的总额，费时费力，非常麻烦。为了兼顾船方、货方和相关保险人的利益，此后，CMI继续YAR2004的修改工作，并最终形成了YAR2016。YAR2016新规定不再将大部分救助报酬排除在共同海损之外，而是根据不同情况做不同的处理。

规则6救助报酬的具体规定如下：其一，航程中各有关方所支付的救助费用，不论救助是否根据契约进行，都应认入共同海损，但以使同一航程中的财产脱离危险而进行的救助为限，并服从本条第2、3、4款的规定。其二，尽管有上述第1款的规定，当航程中的有关方对救助人承担各自的合同或法律责任时，救助仅在发生下列情况才被认可：①在后来的航程中，发生事故或其他情况致使财产遭受损失或损坏，从而导致获救价值和分摊价值之间有显著的差异；②在获救财产中，有数额很大的共同海损牺牲；③获救价值明显不正确，并且救助费用的分摊也明显有误；④获救的任何一方已支付了应由另一方承担的大部分救助费用；⑤大部分关系方已经认可根据实质上不同条款的救助索赔，不考虑利息、汇率的调整以及救助人或分摊方所支付的法律费用。其三，上述第1款所指的救助费用应包括《1989年救助公约》第13条第1款第2项所称的考虑到救助人在防止或减轻环境损害中的技艺和努力而付给救助人的任何救助报酬。其四，根据《1989年救助公约》第14条第4款或任何其他实质上类似的规定（例如SCOPIC），由船舶所有人付给救助人的特别补偿，不得认入共同海损，并且不被认作本条第1款中的救助费用。[2]

"有差别的救助报酬"（differential salvage）指航程中一方以优越的条件，

---

〔1〕 叶伟膺："评《2004年约克—安特卫普规则》"，载中国海商法协会主办：《中国海商法年刊》，大连海事大学出版社2004年版。

〔2〕 叶伟膺："《2016年约克—安特卫普规则》新变化"，载《中国船检》2016年第7期。

如 10%的比例，支付救助报酬，而航程中的其他方却依据仲裁裁决按 20%的比例支付救助报酬。以根据劳式救助合同（LOF）对救助报酬进行的仲裁为例，YAR2004 之前，仲裁裁决中有差别的救助报酬可以通过共同海损的分摊重新平衡分摊各方利益。而根据 YAR2004，仲裁裁决中有差别的救助报酬不能进行再分摊。这也是国际航运公会不接受 YAR2004 的主要原因。YAR2016 规则 6 最终采用了"列入+除非"（included unless）的表述方案，并将"有差别救助报酬"列入共同海损的分摊，但同时强调该"差别"必须为"实质性差别"（substantially deferent terms），避免因较小的费用差别而增加理算费用与时间，得不偿失。[1]

（二）避难港费用（expenses in port of refuge）

船舶因遭遇意外事故、牺牲或者其他特殊情况，为了共同安全而进入避难港口，或驶回原来的装货港所发生的费用，应列入共同海损。在避难港发生的费用主要有：

1. 驶往或驶离避难港口的费用。根据 YAR1994 的规定，可以列入的驶出驶入避难港的费用必须是为了共同的安全而发生的，如果只是由于船舶或货物一方的需要，如船舶需要修理卸货吊杆、船上所载牲畜缺少饲料等情况，就不属于共同海损费用。

2. 额外的港口使用费。如果船舶驶往避难港是为了共同安全的需要，则船舶在避难港额外停留期间支付的费用都可列为共同海损。包括：进出港引航费、拖轮费、解系缆费，港税、灯塔费，码头费或浮筒费，检疫费，汽艇费，装卸费，代理费，其他费用。

3. 船舶停航期间维持船舶的营运成本，包括工资、给养、燃物料的支出。具体来说，这种支出除了包括因船舶驶往避难港或驶回原装货地点而延长航程期间应支付的工资、给养，以及所耗用的燃料、物料费用以外，还包括在这种港口或地点额外停留期间[2]所耗用的燃料、物料费用。但是单纯由于进行修理而耗用或支付的费用，不得列入共同海损。

"共同安全派"认为，将船舶在避难港额外停留期间的船员工资、给养和船舶所消耗的燃料、物料以及港口费用列入共同海损是对共同海损范围的任意扩大，是"人为的共同海损"；"共同利益派"则主张为了船、货的共同利

---

〔1〕 张丽英、李倩瑶："2016 年《约克—安特卫普规则》规则六解读"，载《中国海商法研究》2017 年第 1 期。

〔2〕 所谓船舶在避难港额外停留时间应从船舶驶抵避难港时开始起算，至船舶完成或应能完成继续航行的准备工作时为止。

益所支付的额外费用，也可以作为共同海损受偿，由各受益方分摊。根据YAR1994 规则 11 的规定，如果为了共同安全或为了进行安全完成航程所需的修理，船舶进入和停留在避难港及其后驶离该地期间的船员工资和给养、船舶消耗的燃料和物料均可作为共同海损。但是 YAR2004 删除了原有的"合理产生的船长、高级船员和一般船员的工资和给养"，只是将船舶在避难港额外停留期间消耗的燃料和物料认作共同海损受偿，而排除了船员工资和给养。根据 YAR2004 规则 11（3）（i）的规定，由于意外事故、牺牲或其他特殊情况，船舶驶入或停留在任何港口或地点，如果是为了共同安全的需要，或是为了船舶因牺牲或意外事故所造成的损坏而修理，且此项修理是安全完成航程所必需的，则在此港口或地点额外停留期间，直至该船舶完成或应完成继续航行的准备工作之时止，所消耗的燃料和物料，应作为共同海损，但为进行不属于共同海损的修理所消耗的燃料和物料除外。YAR2004 规则修改之后，就船东利益而言，修理港的船员成本通常不在承保范围内，但船东仍有可能通过停租保险、船员工资保险等其他途径获得赔付。[1] 由于船东强烈地反对，YAR2016 又恢复了原来的规定，将船员的"工资和给养"认作共同海损，由各有关方分摊。[2]

4. 因安全所需造成货物、燃物料的重新装卸、移动、堆存所引起的开支及因此产生的损耗。上述规定包括两层含义：①船舶在装货港、停靠港或者避难港在船上搬移或卸下货物所产生的费用要列为共同海损时，必须是为船舶、货物或其他财产的共同安全所必需；或为了使船舶因牺牲或意外事故所遭受的损坏得以修理，而且此项修理又是安全完成航程所必需的。[3] ②当货物、燃料或物料的搬移或卸载费用可认作共同海损时，该货物、燃料或物料储存费，包括合理支付的保险费、重装费和积载费，都应认作共同海损。③YAR2016 规则 11 第 4 款规定："为了防止或减轻环境损害采取措施所产生的费用，如果是在下列情况下产生的，应作为共同海损：④为了搬移、卸载、储存和重装货物、燃料或物料的需要，如果这些措施的费用可以认入共同海损。""搬移""燃料或物料"是新加上去的，使其更加全面和明确。

YAR2016 第 12 条规定：只有当搬移、卸载、储存、重装和积载货物、燃料或物料的费用可以认作共同海损时，由于各该措施的后果使货物、燃料或

---

[1]　陈若鸿："2004 年《约克—安特卫普规则》修订综述"，载《山西大学学报（哲学社会科学版）》2005 年第 3 期。

[2]　叶伟膺："《2016 年约克—安特卫普规则》新变化"，载《中国船检》2016 年第 7 期。

[3]　於世成、杨召南、汪淮江编著：《海商法》，法律出版社 1997 年版，第 297 页。

物料遭受的损失才应作为共同海损受到补偿。同以上规则 11 第 4 款第④项一样，规则 12 中，"搬移"和"燃料或物料"的词语是新加上的，使其更加全面和明确。

5. 与安全完成航程进行船舶修理有关的费用（repairing expenses）。船舶因共同海损牺牲造成的损坏而进行修理所支付的费用，可以列入共同海损。船舶修理有两种形式：

一种是永久性修理（permanent repairs），即对受损船舶按照正规修理的要求，进行恢复船舶适航性的修理。虽然支付的修理费用可以列入共同海损，但使用新材料或者新部件更换旧材料或者旧部件时，要作合理的"以新换旧"的扣减。所谓"以新换旧"，是指在修理中用新材料替换了旧材料，超过了恢复原状的要求，使船方得到了好处，进行共同海损理算时，要在实际支付的修理费中作适当扣减。例如，船龄超过 15 年（含 15 年）的船舶，在修理费用中要作 1/3 的"以新换旧"的扣减；船龄在 15 年以下的，不作扣减。另外，对给养、物料、锚和锚链不得进行扣减，对船坞费、船台费和移泊费应全部列入共同海损。

另一种是临时性修理（temporary repairs），这是指对受损船舶进行最低限度的、以保持其在一定期限内适航性的修理。例如，为了安全地完成航程，在船壳体的裂缝处临时制作一个水泥箱，或在表面临时加焊一块钢板，待日后永久性修理时再行拆除。临时修理不需要作"以旧换新"的扣减。

（三）代替费用（substituted expenses）

YAR1974 规则 F 规定，"凡为代替本可作为共同海损的费用而支付的额外费用，可作为共同海损并受到补偿，无需考虑对于其他有关方有无节省，但其数额不得超过被代替的共同海损费用"。根据上述规定，代替费用是指为了代替可以列入共同海损的特殊费用而支付的额外费用。这项费用本身并不属于共同海损的范围，但由于支付了这项费用的结果可以节省或者避免支付另一项或多项原应列为共同海损的费用，给船舶、货物各利益方带来同样的好处，因此将这项费用作为代替费用列入共同海损。但是，被列入共同海损的代替费用的金额不得超过被代替的共同海损的特殊费用。YAR1994 维持了这一规定。我国《海商法》第 195 条也对代替费用作了相应的规定。[1] 在实践中常用的代替费用有以下几种：

---

[1]《海商法》第 195 条："为代替可以列为共同海损的特殊费用而支付的额外费用，可以作为代替费用列入共同海损；但是，列入共同海损的代替费用的金额，不得超过被代替的共同海损的特殊费用。"

第十
章

1. 临时修理费用。YAR1994 规则 14 对处理船舶临时修理的问题单独作了规定。根据数字规则优先于字母规则的规定，船舶临时修理费即可以按照规则 14 进行理算，无需参照规则 F 的规定。根据 YAR1994 规则 14 的规定，如果船舶为了共同安全或对共同海损牺牲所造成的损坏在装货、停靠或避难港进行临时修理，则此项修理费用应认作共同海损。如果为了完成航程而对意外损坏进行临时修理，则无需考虑对于其他方有无节省，此项修理费用应认作共同海损，但其数额应以因此所节省的如不在该港进行临时修理本应支付并认入共同海损的费用为限。可以作为共同海损的临时修理费用，不应作"以旧换新"的扣减。例如，船舶在避难港进行临时性修理，因而节省了按永久性修理应该支付的额外停留期间的船员工资、给养和燃料等。这项临时性修理费可以列入共同海损。又如，某舶航行海上遇到恶劣气候，底舱进水后，驶入避难港修理，经船级社检验师检验，发现船舶漏洞周围的钢板均已锈蚀不堪，建议全部换新。据此，可以列为代替费用的共同海损费用应仅限于为修理钢板漏洞部分在避难港额外停留期间支付的港口费用和船员工资等，然而调换因自然损耗而锈蚀的钢板的费用，连同修理这部分锈蚀钢板期间的港口费用和船员工资、伙食等费用，均不得列为共同海损。[1] 再如，英国上议院 1994 年在 Marida Ltd. v. Oswal Steel 一案的判决中，对临时修理费用是否可以计入共同海损的问题，给予了肯定的回答。[2] 这一判决结果对共同海损理算方面有较大的影响。

根据 1994 年的规则，如果船舶在避难港可以做永久修理，但是为了节省费用，在避难港仅做临时修理，则该项临时修理费用，以因此所节省的如不在该地做临时修理将产生的共同海损费用为限，认入共同海损，无需考虑对于其他方有无节省。但是，YAR2004 规则 14（2）修订如下："如果为了完成航程而对意外损坏进行临时修理，则无需考虑对于其他方有无节省，此项修理费用应认作共同海损，但其数额应以因此所节省的如不在该港进行临时修理本应支付并认入共同海损的费用为限。但就本段而言，需要考虑的临时修理费用，应以在装货港、停靠港或避难港进行临时修理的费用与最终进行永久修理的费用之和，或如在理算时未进行修理，则与航程完成时船舶的合理贬值之和超过假如在装货港、停靠港或避难港进行永久修理所需费用的数额为限。"根据新规则，如果临时修理费和最终修理费的实际数额少于在装货港、停靠港或避难港进行永久修理的费用，临时修理费就无法计入共同海损。

---

〔1〕 王恩韶、许履刚：《共同海损》，大连海事大学出版社 1996 年版，第 104 页。

〔2〕 "The Bijela"，(1994) 2 Lloyd's Rep. 1.

也就是说，临时修理费用要先减除船方所节省的永久修理费用；然后，如有余额才可以认入共同海损。如果临时修理费用小于或等于船方所节省的永久修理费用，则全部由船方承担，不列入共同海损。如果说1994年的规则是船方（实际上是船舶保险人）可以得到一些好处的话，那么2004年的规则是使各有关方从中得到好处。[1]

【案例研习】

根据以往情况，假如某船在避难港进行临时修理的费用为30万美元，进行永久性修理的费用为110万美元，在航程结束后做最终永久性修理的费用为100万美元。因为在避难港做永久性修理往往会因船期的延长而需多支出工资、给养、物料及倒货的费用，所以总的来说，在避难港做永久修理要比在目的港费用高。然而这些都不是由于共同安全或因共同海损发生的，要由船方单独承担，但显然前者对船方是不利的。那么，船东当然会选择做临时修理。因为船东如果在避难港做临时修理，费用可认入共损和其他相关方分摊；相反，如果在避难港做永久修理，要比在航程结束后做最终永久性修理多支出10万美元。

但是，按照YAR2004对此修改后的公式计算，认入共损的临时修理费用=30万美元+100万美元−110万美元=20万美元。等于把船东节省的10万美元给去掉了。

从另一角度看，新规则取消了许多人认为是船方不合理的受益，但从经济效果上来说，不会有太大的影响。事实上，如果临时修理减少了永久性修理的费用，船舶保险人通常会赔付临时修理的费用。因此，这项不再被列入共同海损的费用实际上通常是由船舶保险人而不是船东来承担的。YAR2016删去了YAR2004的这一规定，即无需考虑对于其他方有无节省，此项修理费用应认作共同海损，但其数额应以因此所节省的如不在该港进行临时修理本应支付并列入共同海损的费用为限。[2]

2. 雇佣拖轮费用。例如，船舶遭遇意外，必须进入避难港修理，但发现该港修理费昂贵，而且需要卸下所载货物进行修复后再重装货物，后来了解到请拖轮将该船拖至另一港口修理的全部费用要比在避难港修理的费用低，因此而产生的拖船费可以作为代替费用列入共同海损。

3. 转船费用。例如，某船遭遇海难后，为了船和货物的共同安全和继续

〔1〕　叶伟膺："评《2004年约克—安特卫普规则》"，载中国海商法协会主办：《中国海商法年刊》，大连海事大学出版社2004年版。

〔2〕　叶伟膺："《2016年约克—安特卫普规则》新变化"，载《中国船检》2016年第7期。

第十章

完成航程，必须在避难港进行修理，但是，修理之前必须把货物卸下并存在码头仓库。由于避难港仓储费昂贵，并且目的港距此不远，船东另行安排船只把货物转运至目的地，只要转运费用低于仓储费用，就可列为共同海损。

4. 雇佣驳船的费用。例如，船舶在避难港修理需要卸货时，为了节省卸货、存仓及运输的费用，不将货物卸到岸上，而是将货物卸到驳船上，停靠船边，等待修船完毕再重装回原船。那么，雇佣驳船的费用就可以作为代替费用计入共同海损。

5. 修理船舶的工人加班费。例如，船舶发生海难，在修理期间，由于让修理工人加班而节省了原应支付的额外费用，此时加班费就可以作为代替费用列入共同海损。

6. 船舶带货入坞的附加费。例如，一般船舶进入干坞修理，为安全起见都要将货物卸下，空船入坞。然而有时为了节省费用，船东在征得船舶修理人同意的情况下，会带货入坞。这样就加大了修理人的风险，因此，入坞费及相关费用，如保险费，也相应增加。如果增加的费用支出不超过卸货、储存及重装的费用总和，就可以作为代替费用计入共同海损。

■第四节　共同海损的理算

一、共同海损理算的概念

共同海损理算（adjustment of general average）是指由具有一定资格的专业机构或人员，按照理算规则，对共同海损损失的费用和金额进行确定，对各受益方应分摊的价值及其应当分摊的共同海损金额进行的审核和计算工作。

目前，世界上主要的海运国家都设有专门的海损理算机构。英国的海损理算机构在国际上影响最大，在世界许多地区都有分支机构。我国进行共同海损理算的机构是中国国际商会下设的海损理算处。

二、共同海损理算的依据

我国《海商法》第 203 条规定："共同海损理算，适用合同约定的理算规则；合同未约定的，适用本章的规定。"实践中，当事人在选择共同海损理算适用规则时，通常会选择《约克—安特卫普规则》。该规则是国际上通行的惯例，只有当事人选择才对其有约束力。

（一）《约克—安特卫普规则》

《约克—安特卫普规则》（YAR）是一个民间规则，从 1877 年规则算起，至今已前后出现 7 个规则，但它们之间并不是后者否定前者的关系，而是并存的。只要当事人愿意，在合同中可以明确规定采用哪一年的规则。

第
十
章

YAR1890 比 1877 年规则更为完善，共有 18 条，更多地接受了共同利益派的主张，表现在：规定如果船舶在航行中发生意外事故，为了安全完成航程，需要在避难港进行修理，因此而产生的卸货费、仓储费、重装费及船员工资、给养可以列为共同海损。"先分摊，后追偿"的原则是在 1903 年安特卫普举行的会议上确立的，其设立初衷是为了减少各国对使用《约克—安特卫普规则》的顾虑，并保证共同海损理算工作的顺利进行。这条规则后来仅在个别文字上有所改动，一直沿用至今。[1]

1. 1924 年《约克—安特卫普规则》（YAR1924）。YAR1924 由字母规则和数字规则两部分内容组成。字母规则共 7 条，按英文 A 至 G 的顺序排列，字母规则为原则性条款。数字规则共 22 条，按罗马数字 I 至 XXII 的顺序排列，其中罗列了传统上可以作为共同海损的项目。两部分规则中，字母规则规定基本原则，例如，规则 A 中明确规定，只有在为了共同安全，使同一航程中的财产脱离危险，有意而合理地作出牺牲或支出特殊费用时，才构成共同海损行为。而数字规则则规定具体办法。但是，YAR1924 对于两部分条款的优先适用未作明确的规定，使得在共同海损理算时，遇到了许多困难。1928 年，在英国法院审理"马基斯"（Makis）轮共同海损案时，船方主张优先适用数字规则，而船舶保险人则主张优先适用字母规则。法院判决字母规则是共同海损的基本原则，数字规则应受制于字母规则，该判决在航运界引起了极大的震动和不安。英国航运组织为维护自己的利益，与保险人就上述问题达成了著名的"马基斯协议"。该协议规定，共同海损理算应优先适用数字规则，数字规则未规定的事项，适用字母规则。实质上是字母规则受制于数字规则。

1950 年在对 1924 年规则进行修改时，就单列了一条解释规则来明确字母规则和数字规则的关系。根据"解释规则"的规定，共同海损的理算，适用字母规则和数字规则，凡与这些规则相抵触的法律和惯例都不适用。同时还规定，除数字规则已有规定外，共同海损应按字母规则理算。[2]

2. 1974 年《约克—安特卫普规则》（YAR1974）。YAR1974 沿用了 1950 年规则的结构，由 1 条解释规则、7 条字母规则和 22 条数字规则组成。同样，根据"解释规则"的规定，在进行共同海损的理算时，应先依数字规则，在数字规则未予规定的情况下，才依字母规则进行理算。其"字母规则"与

---

〔1〕 王恩韶、许履刚：《共同海损》，大连海事大学出版社 1996 年版，第 35 页。

〔2〕 张湘兰等主编：《海商法论》，武汉大学出版社 2001 年版，第 305 页。

1950 年规则相同，主要对共同海损的定义[1]、范围[2]、共同海损与过失的关系[3]、举证责任[4]、补偿和分摊等重要问题作了原则规定。其数字规则主要涉及共同海损的牺牲、共同海损的费用、共同海损的分摊价值、共同海损的担保等。共同海损的牺牲包括船舶损失、货物损失及运费的损失。共同海损的费用，包括救助费用、避难港费用、代替费用及杂项费用。根据规则17 的规定，共同海损的分摊价值应以航程终了时财产的实际净值为基础，但货物应以卸货时的价值为基础，此项价值应根据送交收货人的商业发票确定。如没有此项发票，则应根据装运价值确定。货物的价值应包括保险费和运费，并扣减卸货前和卸货时所遭受的损失。根据规则 22，共同海损的担保，是指如果就货物应负担的共同海损、救助或特殊费用收取了保证金（general average deposit），此项保证金应以船舶所有人和保证金支付者所分别制定的代表的联合名义，立即存入双方认可的银行的特别账户。此项存款连同可能产生的利息，作为有关货方向应收回上述费用的有关方的担保。如经理算师书面证明，可用保证金进行预付货将保证金退还的提供、支用或退还，不影响各有关方的最后责任。[5]

　　1974 年规则对 1950 年规则的主要修改是简化了两项确定共同海损损失的方法，即火烤和烟熏造成的损失[6]，不得列入共同海损，以及不论船舶是否势将搁浅，只要是为了共同安全而有意搁浅，因此造成的损失应作为共同海

---

　　〔1〕　YAR1974 规则 A 规定，只有在为了共同安全，使同一航程中的财产脱离危险，有意而合理地作出特殊牺牲或支付特殊费用时，才能构成共同海损行为。

　　〔2〕　YAR1974 规则 C 规定，只有属于共同海损行为直接后果的损失或费用，才应作为共同海损。不论是在航程中或其后发生的船舶或货物因迟延所遭受的损失，例如船舶滞期损失，以及任何间接损失，如行市损失，都不得认作共同海损。

　　〔3〕　YAR1974 规则 D 规定，即使引起牺牲或费用的事故，可能是由于航程中某一方的过失所造成的，也不影响要求分摊共同海损的权利，但这不妨碍非过失方与过失方之间就此项过失可能提出的任何索赔或抗辩。这比 1950 年的规定更严密，原规则是"不妨碍就此项过失向过失方可能提出的任何索赔"。

　　〔4〕　YAR1974 规则 E 规定，提出共同海损索赔的一方应负举证责任，证明所索赔的损失或费用应作为共同海损。

　　〔5〕　《海商法》第 202 条规定，经利益关系人要求，各分摊方应当提供共同海损担保。以提供保证金方式进行共同海损担保的，保证金应当交由海损理算师以保管人名义存入银行。保证金的提供、使用或者退还，不影响各方最终的分摊责任。

　　〔6〕　YAR1974 规则 3 规定，为扑灭船上火灾，因水或其他原因使船舶、货物遭受损坏，包括将着火船舶搁浅或凿沉所造成的损坏，均应作为共同海损受到补偿，但烟熏或热烤所造成的损坏除外。

损得到补偿。[1]

3.《1990年约克—安特卫普规则》（YAR1990）。《1989年救助公约》的出现，使得救助报酬问题出现了争议。传统的共同海损的定义已不再适合发展需要，面临着被打破的局面。于是，在YAR1990中，对此问题特意进行了规定，以使各方法律规定得以协调共存。主要修改体现在将《1989年救助公约》第13条规定的防止污染而支付的救助费用列入共同海损，将第14条规定的特别补偿排除在共同海损之外。[2]

4.《1994年约克—安特卫普规则》（YAR1994）。《1989年救助公约》的施行促使对YAR1974的重要修改。该公约不但冲破了"无效果，无报酬"的救助原则，还对共同海损制度产生了巨大影响。《1989年救助公约》增加了对构成环境污损的船舶进行救助的规定，从而导致了海难救助制度与共同海损制度在相关问题衔接上的问题，造成了共同海损理算上的困难。CMI对YAR1974年的第二次修改，产生了YAR1994。其主要内容如下：

（1）解释规则。YAR1994的解释规则，明确了适用范围，即当事人一经同意适用规则，就得按该规则进行共同海损理算。解释规则进一步规定，共同海损理算应首先以数字规则为准，若字母规则与首要规则和数字规则有矛盾时，字母规则和首要规则应服从于数字规则；只有当首要规则和数字规则没有约定时，才适用字母规则。由此，《约克—安特卫普规则》最终形成了字母规则、数字规则、解释规则和首要规则的独特结构。这一独特结构反映了共同安全派和共同利益派两种不同观点的妥协，其形成过程说明共同海损的范围是其核心问题，其最后的形成结果则表明总体偏向了共同利益派。

（2）首要规则。YAR1994中增设了"首要规则"，对数字规则的不足做了补充，强调了共同海损牺牲和费用的合理性。因为在数字规则中没有规定牺牲和费用必须是合理的，这意味着即使数字规则未明确规定列入共同海损的必须是合理作出的牺牲和支付的费用，仍然可以将不合理作出的牺牲和费用的行为排除在共同海损之外。设立"首要规则"的原因是，英国上诉法院在审理"阿尔法"（The Alpha）轮共同海损案中，根据数字规则优先适用原则，明知船长不合理地使用机器起浮搁浅船舶，致使机器受损，仍然判决该

---

〔1〕 YAR1950规则5规定，如果船舶在任何情况下都会搁浅，有意搁浅就不包括在索赔之内，这样的规定相当含糊。1974年规则消除了在确定船舶如果不是有意地提前驶上浅滩是否必然会搁浅时，所牵涉的实际问题。YAR1974规则5规定，船舶不论是否势必将搁浅，如果为了共同安全有意搁浅，因此所造成的损失应认作共同海损。

〔2〕 何丽新、饶玉琳：《海商法》，厦门大学出版社2004年版，第234页。

项损失可以列入共同海损。[1]

（3）为了确定拖带或顶推作业中的船舶是否处于同一航程而增加了有关拖轮与拖带的字母规则 B 条款。这个条款共涉及三种情况：①船舶拖带或顶推其他船舶时，双方都在进行商业活动而非救助作业，则处于同一航程中；②在航程中采取的某些措施是为了使双方脱离危险，则被认为处于同一航程中；③当船舶从事拖带或顶推作业时，如果遭遇了某些自然灾害或意外事故，一船只有脱离另外一船方能获得自身的安全，则此种脱离一旦实现以后，两船即不再被视为处于共同危险之中。但如果脱离本身是共同海损行为，则共同航程继续存在。

（4）增加了有关共同海损与处理环境损害的规定。由于国际海上油污事故的频频发生，人们对环境损害的处理，特别是就共同海损中有关油污清除及减轻污染损害责任、费用问题给予了普遍关注，而且分歧很大。YAR1994 的相关规定是各派意见妥协的产物。表现在：在字母规则 C 中增加了一款："在任何情况下，与环境损害有关的或从处于同一海上航程中的财产泄漏或排放污染物质而引起的灭失、损害或费用都不得列入共同海损。"与此同时，规则 11 第 4 款又规定了为采取防止或减轻环境损害措施而支付的费用应列入共同海损的几种情况：①为共同安全，作为构成救助作业的一部分，而此部分作业若由同一海上航程以外的第三方进行，该方有权获得救助报酬。②规则 10 第 1 款所述情况下船舶进出避难港口或避难地的条件。③规则 10 第 1 款所述情况下船舶进出避难港口或避难地停留的条件。但如果发生污染物质的实际泄漏或排放，则因采取减轻或防止污染或减轻环境损害的附加费用，不得列入共同海损。④与货物卸载、存储或重装产生的费用，如果这些措施本身属于共同海损行为的，该费用也可以列入共同海损。

（5）增加了共同海损举证时限的规定。共同海损举证时限是指共同海损事故发生后，要求赔偿的一方应当负责举证提供索赔通知及有关材料，表明其所提出的灭失或费用，依理应列为共同海损的时限。规则 E 规定通知共同海损索赔和提供所需材料的期限，即所有提出共同海损索赔的关系方，应于共同航程终止后 12 个月内将要求分摊的损失或费用书面通知海损理算师；如不通知或经要求后 12 个月内不提供证据支持所通知的索赔或关于分摊方的价值的详细材料，则海损理算师可以根据他所掌握的材料估算补偿数额或分摊价值。除非估算明显不正确，否则不得提出异议。

---

[1] 司玉琢等编著：《海商法详论》，大连海事大学出版社 1995 年版，第 376 页。

（6）不可分离条款。这是根据 YAR1994 字母规则 G 而作出的修改，该条款规定当货物在避难港或地点转运至原目的地时，共同海损的权利义务不受影响，如同由原船继续原航程一样。具体规定如下："船舶在任何港口或者地点停留，而根据规则 10 和规则 11 的规定，将发生共同海损补偿时，如果全部货物或者其中的一部分用其他运输方式运往目的地并已尽可能通知了货方，则共同海损的权利和义务尽可能地如同没有此一转运而是在运输合同和所适用的法律所许可的时间内可以作为共同海损的部分，不应超过如果货物由货主承担费用将货物转运至目的港所支付的费用。"

5. 《2004 年约克—安特卫普规则》（YAR2004）。YAR1994 通过不久，国际海上保险联盟（IUMI）就对其表示不满：首先，共同海损理算所花时间很长，费用又十分昂贵。其次，共同海损的范围太广，结果是损失大部分落在货物保险人身上，只有一小部分由船舶保险人分摊。为了减少对共同海损分摊的赔偿，他们提出应对规则进行彻底修改，并严格限定只有当船舶和货物遭遇共同危险时，为了共同安全有意且合理所作出的特殊牺牲或支付的特殊费用，才能作为共同海损，而对为了共同利益所支付的费用则应被排除在共同海损之外，由各有关方自己承担。最后，共同海损分摊结果有失公平。在航运过程中，由于货的价值常常大于船的价值，所以货方承担的分摊比例大于船方，据国际海上保险联盟的统计，共同海损的 60% 左右是由货方承担的。例如，船东可以拿回与拯救船货于危险之中没有什么关系的费用，如避难港的费用。IUMI 认为，这是不公平的。在 IUMI 的积极推动下，2004 年 5 月 31 日至 6 月 4 日，国际海事委员会（CMI）在加拿大温哥华举行了第 38 届国际会议，共有 30 多个国家的 300 多名代表出席了此次会议。这次会议有多项议题，其中最重要的一项是就共同海损部分通过了对《1994 年约克—安特卫普规则》的修改，推出了名为 YAR2004 的新规则。

2004 年规则简化理算的修改除了前文提到的"将大部分救助报酬排除在共同海损之外"以外，还表现在：①共同海损费用不给予手续费[1]；②采用

---

〔1〕 2%手续费的引入最早始于 YAR1924，通过设立手续费，可以鼓励各关系方尽快地支付应当分摊的资金。实践中，一般是由船方来支付垫付共同海损的费用。因而，该项手续费实际上是对船方的鼓励。但是有人认为，该项手续费构成了利息的重复。YAR2004 对 YAR1994 的修改之一就是将规则 20 第 1 款涉及的 2%手续费（commision）从共同海损分摊中剔除出去。

浮动年利率计算利息[1]；③增加了索赔共同海损分摊请求权的时效规定[2]。

从 YAR2004 的修订来看，船东一方的利益受到了一定的削减，而以 IUMI 为代表的保险业的利益则得到了维护。然而，对于理算师而言，此次修订导致的共同海损范围的缩小意味着理算业务的缩减。因此欧洲理算师国际协会（AIDE）也对此次修订表示了委婉的反对。[3] 2004 年规则的通过，表明国际海事委员会（CMI）仍力求通过简化规则来平衡各方利益，体现公平和效率，从而使共同海损制度这一海商法中最古老的特殊制度仍能稳定地发挥作用。

6.《2016 年约克—安特卫普规则》（YAR2016）。YAR2016 恢复了 YAR2004 之前的许多规定，补偿和分摊基本合理。明确、简化和加速理算的做法，使得这一规则更容易为船、货双方所接受并采用。如前文所述，YAR2016 最大修订就是规则 6 在条文上将救助报酬重新列入共同海损，同时列明了将救助报酬排除共同海损的五种情况，以期兼顾"公平"与"效率"。YAR2016 重新采用"旧规则"的做法有利于平衡船、货各方利益，为各方所接受。YAR2016 规则 6 第 1 款以共同海损理算实现公平为优先，首先肯定了救助报酬具有共同海损性质。规则 6 第 2 款兼顾效率，当救助报酬通过救助报酬分摊机制的分摊与通过共同海损机制的分摊无显著差异时，救助报酬不再列入共同海损。最终采用"例外的例外"的条文表述方式也体现了将救助报酬排除共同海损理算的倾向性。然而，YAR2016 规则 6 第 2 款五项情形中"重大""实质"的判断也必将成为今后具体案件中的争议焦点。《约克—安特卫普规则》的修改是否真正结束了多年有关共同海损与救助报酬关系的争论、是否真正平衡了理算的"公平"与"效率"，很大程度取决于理算师

---

〔1〕 共同海损利息（interest on losses made good in general average）是指因采取共同海损措施造成的牺牲和支付的费用，在一定时期内所应产生的息金。不论是船方还是货方，只要因共同海损措施作出了牺牲或支付了额外的费用，都应由各受益方分摊损失。但是，由于共同海损理算是一项复杂的工作，从开始理算到理算书编成须经过一定的时间，在这段时间里因共同海损措施作出牺牲和支付费用的一方，就会产生利息的损失。因此，YAR2004 规则 21 规定：对于共同海损费用、牺牲和受偿项目，应给予利息，计算至共同海损理算书发出后 3 个月之日止；对由各分摊方预付或从共同海损保证金内先行拨付的一切款项，也应给予利息。国际海事委员会每年应决定将适用的年利率。该年利率用于计算下一年度的利息。

〔2〕 YAR2004 规则 23 规定的是一个双重的诉讼时效，但两者所带来的法律后果不同：超过 1 年的诉讼时效只是导致实体意义上的诉权即胜诉权的丧失；对于 6 年的诉讼时效而言，其法律意义在于如果要求共同海损的一方超过该时效向法院起诉，法院则会裁定不予受理，这将导致程序意义上诉权的丧失。

〔3〕 陈若鸿："2004 年《约克—安特卫普规则》修订综述"，载《山西大学学报（哲学社会科学版）》2005 年第 3 期。

对 YAR2016 规则中五种"重大"或"实质"情形的判断。[1]

（二）北京理算规则

《北京理算规则》是《中国国际贸易促进委员会（现名国际商会）共同海损理算暂行规则》的简称，起草于 1972 年，于 1975 年 1 月 1 日起施行。它是我国国际商会海损理算处进行共同海损理算的依据。该规则除了前言以外，共有 8 条规定。前言具体规定了制定规则的宗旨和任务，8 条规定主要内容包括：共同海损的范围；共同海损理算的原则；共同海损损失金额的计算；共同海损的分摊、利息和手续；共同海损担保；共同海损期限和共同海损理算的简化。和《约克—安特卫普规则》相比，《北京理算规则》的特点是：明确了共同海损理算原则，简化了共同海损理算程序。《北京理算规则》的理算原则与《约克—安特卫普规则》不同，前者是先确定责任再理算，后者是先理算再分责任。但是，《北京理算规则》过于简单，对理算中遇到的许多问题都难以解决。

《海商法》出台后，中国国际贸易促进委员会在 1975 年《北京理算规则》的基础上，参照 YAR1994，对 1975 年《北京理算规则》做了较大的修改，内容由原来的前言和 8 条规定改为前言和 12 条规定。具体内容包括：共同海损的定义；牺牲和费用条款；代替费用条款；不可分离条款；关于牺牲金额的条款；分摊价值条款；利息和手续费条款；分摊的担保条款；共同海损的宣布条款；举证责任条款；共同海损与过失关系条款；共同海损理算的简化条款。

三、共同海损的理算方法

（一）共同海损损失金额的确定

共同海损损失金额（total amount of general average），是指因共同海损措施所造成的财产损失和支付的共同海损费用的总和。共同海损损失应得到各受益方的补偿，因此也称作共同海损补偿额。

1. 船舶损失金额（amount allowable for loss of or damage to ship）的确定

（1）船舶受损后进行修理的，按实际支付的修理费，减除合理的以新换旧的扣除额计算。

【案例研习】

某船在天津港卸货，由于第四舱照明灯泡突然爆炸导致货物着火，火势很快蔓延到第五舱，港口消防队向船舱内灌海水将火扑灭。因火灾和灭火措

---

[1] 张丽英、李倩瑶："2016 年《约克—安特卫普规则》规则六解读"，载《中国海商法研究》2017 年第 1 期。

施造成船舶损坏，船舶在此进行了修理。涉及费用如下：

船舶修理费为 191 436 元，其中：

船舶因火烧损坏修理的费用 184 599 元

洗刷上漆费（因救火造成舱底被海水玷污受损）6837 元

该船共同海损损失金额：191 436−184 559＝6837（元）

（2）船舶受损尚未进行修理的，按照牺牲造成的合理贬值计算，但不得超过估计的修理费。船舶的贬值数额，是指船舶因牺牲所造成的出售价值的减少，一般是指船舶未经修理时的估计出售价值与船舶经修复后的估计出售价值的差额。

【案例研习】

某船发生共同海损，损失严重，各项估计数字为:[1]

估计修理费 235 000 元

在残损情况下估计出售价值 215 000 元

损失修理后估计出售价值 380 000 元

船舶的贬值数额：380 000−215 000＝165 000（元）

（3）船舶发生实际全损的或者修理费用超过修复后的价值的，共同海损牺牲金额按照该船在完好状态下的估计价值，减除不属于共同海损损失的估计修理费和该船受损后的价值的余额计算。

【案例研习】

某船因发生共同海损事故，损失严重，估计修理费将超过修复后的船舶价值，具体情况如下:[2]

船舶估计完好价值 280 000 元

估计修理费用 260 000 元，其中：

共同海损牺牲 120 000 元

非共同海损损失 140 000 元

船舶在残损情况下出售价值 50 000 元

船舶在修复后估计出售价值 250 000 元

根据上述情况，船舶牺牲的补偿金额为：280 000−140 000−50 000＝90 000（元）

2. 货物损失金额（amount allowable for loss of or damage to cargo）的确定。货物损失的金额按货物在灭失或损坏情况下共同海损损失金额来确定。根据

---

[1] 王恩韶、许履刚:《共同海损》，大连海事大学出版社 1996 年版，第 138 页。

[2] 王恩韶、许履刚:《共同海损》，大连海事大学出版社 1996 年版，第 138 页。

YAR1994 规则 16 的规定，货物共同海损损失金额，应以所受损失在卸货时的价值为基础。所谓卸货价值，是指包括了货价、保险费和运费在内的全部价值，即到岸价值。确定此项价值的依据，是送交收货人的商业发票。如果没有商业发票，也以货物的装运价值为基础。我国《海商法》第 198 条第 2 项规定："货物共同海损牺牲的金额，货物灭失的，按照货物在装船时的价值加保险费加运费，减除由于牺牲无需支付的运费计算。货物损坏，在就损坏程度达成协议前售出的，按照货物在装船时的价值加保险费加运费，与出售货物净得的差额计算。"可见，我国《海商法》的这条规定与《约克—安特卫普规则》没有质的差别。

如果受损货物已经出售，而其损失额未经另行议定，则共同海损的损失数额，应以货物出售前的完好净值减去出售净得数额和属于单独海损的损失数额来确定。[1]

【案例研习】

某轮船装运原糖 15 000 吨从欧洲驶往上海，途经新加坡加油，驶离新加坡后不久搁浅，试图用自身动力和拖轮协助脱浅，无效。最后轻载了 10 吨原糖终于起浮，只好回新加坡重新装货后驶往目的港。被抛弃的原糖价值为每吨 50 英镑，若安全到达目的港，每吨运费为 0.8 英镑。为起浮船舶强迫卸载和重装时，货物破包损失 11 吨，扣除扫舱货净数 4.5 吨，实际损失为 6.5 吨，损失程度为 40%，货物到岸价格为每吨 60 英镑，受损货物检验费为每吨 0.8 英镑。该案货物共同海损损失金额的计算方法为：

抛货损失 $10 \times 50 - 10 \times 0.8 = 492$（英镑）

卸货、重装的损失 $6.5 \times 60 \times 40\% = 156$（英镑）

检验费用 $0.8 \times 6.5 = 5.2$（英镑）

损失金额为：$492 + 156 + 5.2 = 653.2$（英镑）

【案例研习】

某轮船装载杂货从中国驶往非洲和欧洲口岸，在驶进亚历山大港时搁浅，只好卸载一部分货物，并堵塞漏洞，船舶轻载脱浅。之后在该港修理时，其中 960 只纸箱在卸货时因下大雨遭受水损，运抵目的港安特卫普后，货物按残品出售。受损货物到岸价值 890 英镑，实售金额为 426 英镑，搬运、加工整理、重新包装、存舱费共 65 英镑，检验费为 73 英镑。货物共同海损损失金额的计算方法为：

受损货物到岸价值与出售价值的差额 $890 - 426 = 464$（英镑）

---

〔1〕杨军编著：《海商法案例教程》，北京大学出版社 2003 年版，第 369 页。

加上额外费用 464+65+73＝602（英镑）

3. 运费损失金额（amount allowable for loss of freight）的确定。由承运人承担风险的运费，如果随货物牺牲而牺牲，该运费扣除由于货物牺牲无需支付的营运费用（如卸货费用），其余额作为运费损失的金额，由各受益人分摊。[1] 因为在货物损失的情况下，虽然承运人因此而丧失了一笔运费，但同时也因此节省了一笔营运费用。所以，应该把这笔费用从运费的共同海损损失金额中扣除。

【案例研习】

某杂货船从中国驶往大洋洲，途中搁浅，为了起浮抛弃了一部分货物，其中包括干电池 100 箱，提单规定运费在运抵目的港时交付。运费为每箱 0.8 美元，到货卸载费用每箱 0.3 美元由船主负担。这项运费的损失金额的计算方法为：

100 箱干电池的到付运费 100×0.8＝80（美元）

船主节省卸货费 100×0.3＝30（美元）

运费共同海损金额为：80+30＝110（美元）

此外，还应注意的是，在计算船舶、货物的共同海损损失金额时，应扣除船舶、货物的单独海损。在计算运费的共同海损金额时，应扣除属于单独海损的货物的运费损失。

（二）共同海损的分摊价值（contributory value of general average）

船舶、货物和运费的共同海损分摊价值，是指船舶、货物和运费的所有人，因共同海损措施而分别受益的价值。我国《海商法》第 199 条第 1 款规定共同海损应当由受益方按照各自的分摊价值的比例分摊。船舶、货物、运费的共同海损分摊价值，分别依照下列方式确定：

1. 船舶分摊价值（contributory value of ship）。船舶分摊价值是指可以参加共同海损分摊的船舶价值。YAR1994 规则 17 关于船舶分摊价值部分的规定为，共同海损的分摊，须以航程终止时财产的实际净值为基础。按照我国《海商法》第 199 条第 2 款第 1 项的规定，船舶分摊价值有两种计算方法：一种是按照船舶在航程终止时的完好价值，减除不属于共同海损的损失金额；另一种是按照船舶在航程终止时的当地实际价值（残值）加上共同海损牺牲的金额。此外，如果在发生共同海损以后，货物在中途港以其他方式被转运至目的港，则船舶的分摊价值应以其在中途港卸货完毕时的实际净值为基础

---

〔1〕　赵德铭主编：《国际海事法学》，北京大学出版社 1999 年版，第 571 页。

来加以确定。[1]

【案例研习】

某船在目的港的实际净值为 110 万元，途中遭受船损 12 万元，其中 4 万元属于单独海损。此时，船舶共损分摊价值的计算方法有两种且结果相同，具体如下：

(110+12) n-4=118（万元）

110+（12-4) n=118（万元）

此外，根据 YAR1994，在考虑确定船舶价值时，无需考虑该船因定有光船或定期租船合同而产生的有利和不利因素。

2. 货物分摊价值（contributory value of cargo）。货物分摊价值是指可以参加共同海损分摊的货物的价值。YAR1994 规则 17 关于货物分摊价值部分的规定为：货物应以卸货时的价值为基础，此项价值应根据送交收货人的商业发票确定；如果没有发票，则应根据装运价值确定。货物的价值应包括保险费和运费，并扣减卸货前和卸货时所遭受的损失。按照我国《海商法》第 199条第 2 款第 2 项的规定，货物共同海损分摊价值，按照货物在装船时的价值加保险费和运费，减除不属于共同海损的损失金额和承运人承担风险的运费计算。货物在抵达目的港以前售出的，按照出售净得金额，加上共同海损的牺牲金额计算。可以看出，《海商法》与《约克—安特卫普规则》的规定是一致的。货物也像船舶一样，参加共同海损分摊应以该项货物在抵达目的港卸载完毕状态下的价值（即到岸价值）作为分摊价值的计算基础。

【案例研习】

某船装载粮食 5000 袋，途中遭遇强台风，舱盖被风击破，海水入舱，致350 袋粮食受全损，为了共同安全又抛货 300 袋以减轻船载，卸货时，每袋粮食价值为 50 美元，其中包括保险费 0.5 美元和运费 2 美元。此时，货物的共损分摊价值也有两种计算方法，如下所示：

(1) 卸货时的货物价值　　　　　50×（5000-300）= 235 000（美元）

单独海损金额　　　　　　　　50×350=17 500（美元）

共损损失金额　　　　　　　　（50-2）×300=14 400（美元）

货物共损分摊价值　　　　　　235 000-17 500+14 400=231 900（美元）

(2) 货物在装船时的价值加保险费加运费　　50×5000=250 000（美元）

不属于共损的损失金额　　　　50×350=17 500（美元）

---

[1] 杨军编著：《海商法案例教程》，北京大学出版社 2003 年版，第 369 页。

承运人承担风险的运费金额　　2×300＝600（美元）

货物共损分摊价值　　　　　　250 000－17 500－600＝231 900（美元）

3. 运费分摊价值（contributory value of freight）。运费分摊价值是指可以参加共同海损分摊的运费数额。YAR1994 规则 17 关于运费分摊价值部分的规定为：应以航程终止时所应收取的净运费为基础，即扣减假如船舶和货物在共同海损行为发生之日全部损失就无需为赚取该项运费而支付的不属于共同海损的费用和船员工资。我国《海商法》第 199 条第 2 款第 3 项规定："运费分摊价值，按照承运人承担风险并于航程终止时有权收取的运费，减除为取得该项运费而在共同海损事故发生后，为完成本航程所支付的营运费用，加上共同海损牺牲的金额计算。"

【案例研习】

某船载运货物 1800 件，航程终止时承运人有权收取的运费为每件 5 美元，途中为了共同安全抛弃了 300 件货物，共同海损发生后，为取得该项运费承运人支付的营运费每件 0.5 美元。此时，运费共损分摊价值应按如下方法计算：

承运人在航程终止时有权收取的运费5×（1800－300）＝7500（美元）

共损发生后而支付的非共损营运费 0.5×1500＝750（美元）

共损损失金额（5－0.5）×300＝1350（美元）

运费共损分摊价值 7500－750＋1350＝8100（美元）

此外，未申报的货物或者谎报的货物，应当参加共同海损分摊，其遭受的特殊牺牲，不得列入共同海损。

（三）共同海损分摊金额

共同海损分摊金额是指由于共同海损措施而受益的船舶、货物和运费，按其各自分摊价值的大小，应承担的共同海损损失的数额。在理算时，可分为以下几步：

1. 共同海损百分率。共同海损损失总额除以共同海损分摊价值的总额，再乘以 100%，得出共同海损的百分率。

2. 船舶、货物和运费各受益方应分摊的共同海损金额。以船舶、货物、运费的分摊价值，分别乘以每一项财产的共同海损百分率，得出各受益方应分摊的共同海损金额。

【案例研习】

某船承运大米，在航行途中，因意外事故而搁浅，船体受损，船长企图自行脱浅，开动机器致使船舶增加了损害，结果仍以失败告终。为了使船舶起浮，船长命令抛弃货物而减轻船载，但仍无济于事。最后不得不雇用拖轮帮忙，并由拖轮拖至目的港。该批货物是到付运费。船舶抵达目的港后，经核实，船、货、运费等各项价值、损失和费用如下：①船舶的实际净值 65 000 美元；②船舶因意外搁浅损失 1000 美元；③为了脱浅开动机器而增加了船舶的损失 1000 美元；④货物卸货时的价值 30 000 美元；⑤船舶因意外搁浅使货物损失 1000 美元；⑥被抛弃的货物损失 2000 美元；⑦承运人实际收取的运费 4300 美元；⑧共损发生后承运人支付的非共损营运费 500 美元；⑨运费共损损失金额 200 美元；⑩救助拖带费 1800 美元。此时，船、货、运费的共同海损分摊金额的计算方法为：

（1）共同海损损失总额＝③＋⑥＋⑨＋⑩

$$= 1000 + 2000 + 200 + 1800 = 5000 （美元）$$

（2）共同海损分摊价值总额＝（①＋③）＋（④－⑤＋⑥）＋（⑦－⑧＋⑨）

$$= （65\ 000 + 1000） + （30\ 000 - 1000 + 2000） +$$
$$（4300 - 500 + 200）$$
$$= 66\ 000 + 31\ 000 + 4000$$
$$= 101\ 000 （美元）$$

（3）共同海损百分率＝共损总额÷共损分摊价值×100%

$$= 5000 ÷ 101\ 000 × 100\%$$
$$= 5\%$$

（4）共同海损分摊金额

船舶共损分摊金额＝船舶分摊价值×共同海损百分率

$$= 66\ 000 × 5\%$$
$$= 3300 （美元）$$

货物共损分摊金额＝货物分摊价值×共同海损百分率

$$= 31\ 000 × 5\%$$
$$= 1550 （美元）$$

运费共损分摊金额＝运费分摊价值×共同海损百分率

$$= 4000 × 5\%$$
$$= 200 （美元）$$

共同海损总值＝船舶、货物和运费共损分摊金额之和

$$= 3300 + 1550 + 200$$
$$= 5050 （美元）$$

四、共同海损理算人、时间、地点和程序

共同海损的理算人通常为提单或租船合同中指定或委托的海损理算机构或理算人。我国进行海损理算的机构是中国国际贸易促进委员会（现名国际

商会）海损理算处。凡在运输合同中规定共同海损在中国理算的，均由该理算处进行理算。

根据 YAR1974 规则 G 的规定，共同海损损失和分摊的理算，应以航程终止的时间和地点的价值为基础。我国《海商法》第 274 条规定："共同海损理算，适用理算地法律。"一般来说，航程已完成的，共同海损的理算地为目的港所在地；航程中途中断的，共同海损的理算地为航程中断地。

进行共同海损理算，通常先由申请人提出委托，然后由理算人进行调查研究，确定哪些项目属于共同海损，哪些属于单独海损。在此基础上，确定共同海损损失金额，计算共同海损的分摊价值，编制共同海损理算书。理算书的内容一般包括：共同海损事故情况概述、共同海损损失和费用划分表、共同海损分摊表和共同海损收付结算表及与海损事故有关的证明文件，如海事声明书、海事报告、航海日志摘录、船舶检验证书等。海损理算书一般无法律拘束力，是否采纳由法院决定。当事人若有异议，可提请仲裁或诉讼；反之，就必须执行。

五、共同海损与过失的关系

根据中国《海商法》第 197 条规定，引起共同海损特殊牺牲、特殊费用的事故，可能是由航程中一方的过失造成的，不影响该方要求分摊共同海损的权利；但是，非过失方或者过失方可以就此项过失提出赔偿请求或者进行抗辩。

引起共同海损特殊牺牲、特殊费用的事故，是由于航程中的一方可以免责的过失造成的，其他受益方应当分摊；由于航程中的一方不可免责的过失造成的，该过失方不仅应承担自己的牺牲和费用，不能要求其他方分摊，而且应对其他方的损失负赔偿责任；当引起共同海损特殊牺牲和特殊费用的事故是否为航程中一方的过失引起以及该过失可否免责暂时处于不确定状态时，可以先理算、后分摊，即待查清事实、分清责任后，再决定能否要求其他方分摊。

2020 年《海商法（修改送审稿）》建议使用 YAR1994 规则 D 的表述，"即使引起牺牲或费用的事故的事故，可能是由于航程中一方的过失所造成的，也不影响要求分摊共同海损的权利，但这不妨碍非过失方与过失方之间就此项过失可能提出的任何索赔或抗辩。"

【本章小结】

分担海上风险，合理平衡船货双方利益是共同海损制度的产生原因和追求目标，同时也是其必须始终坚持的根本原则。《约克—安特卫普规则》作为共同海损理算规则，应以合理平衡船货双方利益为其宗旨。由于目前共同海

第十章

损制度已成为各主要航运国家普遍实行的法律制度，加上其本身所具有的稳定、公平等优点，共同海损制度是不可能被很快废除的。因此，人们现在能做的就是对现存的共同海损制度进行修改，使其使用更加简洁、有效。从长远看，随着共同海损范围的逐渐缩小，也许总有一天它会走向消亡。

【思考及练习】

1. 什么是共同海损？共同海损的成立应具备哪些要件？

2. 共同海损主要包括哪些损失和费用？

3. 共同海损损失金额应如何确定？

4. 共同海损的分摊价值应如何确定？

5. 共同海损与货物保险和船舶保险有什么关系？

6. 共同海损过失的关系是怎样的？

【拓展阅读书目】

1. 王恩韶、许履刚：《共同海损》，大连海事大学出版社 1996 年版。

2. 司玉琢：《海商法专论》，中国人民大学出版社 2018 年版。

3. 金彭年、董玉鹏：《海事诉讼特别程序与海事仲裁规则》，法律出版社 2015 年版。

4. 司玉琢、张永坚、蒋跃川编著：《中国海商法注释》，北京大学出版社 2019 年版。

5. 叶伟膺："《2016 年约克—安特卫普规则》评介"，载《海大法律评论》2017 年 00 期。

6. 叶伟膺："评《2004 年约克—安特卫普规则》"，载《中国海商法年刊》2004 年 00 期。

7. 叶伟膺："《1994 年约克—安特卫普规则》和《2004 年约克—安特卫普规则》的对比"，载《中国海商法年刊》2004 年 00 期。

8. 初北平："海上保险中的共同海损"，载《中国船检》2016 年 05 期。

9. 张丽英、李倩瑶："《2016 年约克—安特卫普规则》规则六解读"，载《中国海商法研究》2017 年第 1 期。

10. 陈若鸿："2004 年《约克—安特卫普规则》修订综述"，载《山西大学学报（哲学社会科学版）》2005 年第 3 期。

11. 尚清："谈《约克安特卫普规则 2004》对共同海损制度之影响"，载《世界海运》2005 年第 6 期。

12. 王彦："奥列隆惯例集"，载《中国海商法研究》2016 年第 3 期。

第十一章

海事赔偿责任限制

本章学习目的与要求

学生应了解海事赔偿责任限制的演变，从而明确责任限制制度在主体上的变化。重点掌握责任限制的主体、限制性债权与非限制性债权的具体内容以及责任限制基金的设立。了解有关海事赔偿责任限制国际公约的内容。

本章关键词

海事赔偿责任限制 限制性债权 非限制性债权 海事赔偿责任限制基金

■第一节 海事赔偿责任限制概述

一、海事赔偿责任限制的概念及发展

海事赔偿责任限制（Limitation of liability for maritime claims）是指当船舶在因航行事故或船长、船员的行为产生海事赔偿请求时，船舶所有人等限制主体在自身无过错、不知情或未参与的情况下，将其承担的损害赔偿责任限制在法律规定的限度之内的制度。这是海商法中特有的并区别于民法中的损害赔偿的一项特殊法律制度。

船舶在海上营运或在港口停泊，常会发生因船长或其他船上人员在执行职务中的疏忽过失，造成第三者重大的人身伤亡或财产损失的情形。依照民法原则，船舶所有人要承担损害赔偿的责任。但船东很少随船出航，而是把船上绝大部分职权委任船长代理，一旦船舶发生海损事故就要船舶所有人负责，这就使船舶所有人所涉风险过大，担负责任太重。并且这种损害常常是巨大的，由此而引起的赔偿金额也可能比较惊人，有时甚至会超过船舶本身的价值，如果不把这种赔偿责任限制在一定范围之内，船舶所有人将会无力负担，甚至还会造成航运企业破产，这显然不利于航海贸易的发展。为了保

护航运业和船舶所有人的利益，促进对外贸易的发展，各主要海运国家都把这种损害赔偿的责任，用法律形式限制在一定的限度之内，于是就形成了船舶所有人的责任限制制度。

海事赔偿责任限制的法律制度最初是为保护船舶所有人的利益而设立的，因此过去一直被称为"船舶所有人责任限制"（Limitation of Liability of Shipowners）。随着航运业的发展，真正的船舶所有人与船舶实际经营人的分离及其他原因，救助人、船舶承租人、经营人、责任保险人及船东和救助人的受雇人和代理人也渐渐被纳入受保护的范围，所以原来的船东责任限制也就演变成今天的海事赔偿责任限制。

海事赔偿责任限制制度始于何时，至今说法不一。有人认为在古罗马法中就有这一制度的痕迹，也有人认为直到 13 世纪意大利《海事法汇编》中才有这一制度的萌芽。但可以肯定，这一制度的发展史可以追溯到很早以前。据传说，在 17 世纪，荷兰有一艘装运黄金的船被盗，损失的金额高于船价，法庭判决船东的赔偿责任仅以船价为限，对超出船价的损失船东无须负责。国际法鼻祖荷兰著名法学家格老秀斯曾著文赞颂，说完全合乎正义的要求。1681 年法国路易十四发布的《海事敕令》已吸收了类似的原则，并允许采取委付制。后来这种委付制被编入 1807 年的《法国商法典》。之后欧洲大陆各国纷纷仿效，成为各国海商法的一大特色。德国早在 1644 年的汉撒敕令（The Hanseatic Ordiance of 1644）中就明文规定：货主对船舶被卖出之后的债，不得再诉。后来在《德国商法典》中进一步采用执行制度，即因船舶发生的债务，债权人只可要求对债务人的海上财产强制执行，不得对船舶所有人的其他财产另有主张。

在普通法系中，英国于 1734 年通过《乔治法案》，该法案改变了以往船舶所有人负无限责任的做法，实行船价制。1854 年英国《商船法》（Merchant Shipping Act 1854）又改为金额制。美国在 1851 年的《船舶所有人责任限制法》中，也采取船价制，后在 1935 年做了修改，改为船价制和金额制的并用制。其他一些国家也参照上述做法先后制定了相应的海事赔偿责任限制制度。

海事赔偿责任限制制度从其产生、发展到现在，不断地完善和巩固，已成为海商法中不可缺少的重要部分。这一制度的存在，不仅有利于保障海上运输业的稳步发展，通过限制船舶所有人等的赔偿责任，使投入航运的资本得到了一定保护，而且符合公平原则的要求，使受害人与船舶所有人等之间的利益达到合理的平衡。此外，海事赔偿责任限制制度将救助人与责任保险人纳入享受责任限制保护的范畴，以鼓励海上救助，适应了海上保险业务发展的要求。

由此可见，海事赔偿责任限制制度对鼓励海上运输、海难救助、海上保险及对外贸易的发展其作用是重大而深远的，一旦废弃，整个海运机制将经受不起这种震撼，保险业将首当其冲，货运客运没有它将很难想象，加上海上油污、核扩散等新课题不断涌现，这一制度不但要继续存在，而且还要向国际统一化方向发展。

二、海事赔偿责任限制制度的种类

由于各国历史传统、政治制度、经济体制及航运政策的不同，关于海事赔偿责任限制的立法也有所差异。从历史和现状看，海事赔偿责任限制的方式主要有以下几种：

（一）执行制（enforcement system）

指船舶所有人对因船舶产生的债务，仅以其海上财产为限，即以船舶和运费承担赔偿责任，并且债权人只能通过对船舶和运费的强制执行而获得赔偿。也就是说，船东不履行债务，法院只能就他的海上财产强制执行。执行制度不以船舶所有人意思表示为要件，只要符合法律规定即可生效。如债权人对海上财产强制执行后，仍不能清偿债务时，船舶所有人不再负责。

德国传统立法一直采纳执行制，因此该制度也被称为德国制。在1972年6月21日德国公布的海商法修正案将其签署批准的1957年《责任限制公约》纳入国内法之后，执行制才在德国的海上运输立法中成为历史陈迹，但是现在德国的内河航行法仍然适用执行制[1]。

（二）委付制（abandonment system）

指船舶所有人将其海上财产，如船舶及其收益（包括本航次运费及其他分摊所得）委付给受害人，即可免除责任。如不委付则负无限责任。

在上述两种制度下，船舶所有人均是以船舶承担赔偿责任，受害人直接得到的赔偿是船舶和运费而非金钱。如果肇事船灭失和损坏，受害人将得不到赔偿或得不到充分赔偿，因此有人将这两种制度称为"物的有限责任制度"。

（三）船价制（ship's value system）

即船舶所有人对因船舶产生的债务，以船舶发生海损事故的航次终了时肇事船舶的价值为限。因此，船价制与委付制有相同之处。如果船东将船舶委付给债权人，即可免除赔偿责任；如果船舶灭失或损坏，受害人便得不到赔偿或得不到足额赔偿。但二者仍有本质差别：在委付制下，如果船东不将船舶委付给受害人，就要负无限责任；在船价制下，船东只要将与船舶（和

---

[1]　胡正良主编：《海事法》，北京大学出版社2009年版，第605页。

运费）等值的金钱支付给债权人，即可免除责任。

　　船价制的弊病是估价出入较大，且在肇事船舶灭失的情况下，受害人得不到应有的损害赔偿。例如，1912年"泰坦尼克"（The Titanic）号与冰山相撞沉没，造成众多人身伤亡。此案按当时英国法律应适用金额制计算，则船东应承担每吨15镑的赔偿责任（折合当时美元，全船的人身伤亡须赔偿375万美元）。但由于该案由美国法院受理，美国当时适用船价制度，被告只赔偿了相当于运费金额的9.8万美元，使受害人的损害赔偿基本落空[1]。

　　（四）金额制（amount system）

　　指船舶所有人对因船舶一次事故而产生的债务，按肇事船舶吨位乘以每一吨的限额承担赔偿责任。这一制度目前在国际上被广泛采用。《1957年海船所有人责任限制公约》及《1976年海事赔偿责任限制公约》均规定了金额制。世界上大多数航运国家海事立法也采用金额制，如英国《1979年商船航运法》就是将《1976年海事赔偿责任限制公约》转化为国内法。法国、利比里亚、挪威、日本、波兰、丹麦、瑞典、西班牙作为1976年公约的参加国，也实行金额制。我国《海商法》也采用金额制，内容与1976年公约基本相同。

　　采用金额制有如下优点：①不论船舶价值的大小，船东对船舶每次事故引起的债务，其赔偿责任都以确定的金额为限，因而受害人能得到稳定的赔偿；②由于船东的责任限制与船价不发生关系，相对而言，新船发生海损事故可能性较小，从而有助于促进船舶更新，促进海上交通安全；③实行金额制无需对船舶进行估价，因而在实践中便于执行。在船价制与金额制中，受害人得到的赔偿往往是金钱，而非船舶（和运费），因而有人将二者称为"人的有限责任制度"。

　　（五）并用制

　　是指船价和金额并用且以海上财产为限的制度。如果船舶价值高于每吨限额乘以船舶吨位的金额，以该金额承担责任；如果船舶价值低于该金额，则以船价为限。如果发生海损事故后船舶全损，船舶所有人则不负赔偿责任。1924年《关于统一海上船舶所有人责任限制若干规则的国际公约》就采用了船价制和金额制并用的制度[2]。

　　（六）选择制（option）

　　即船东有权在不同的责任限制制度中，选择对自己最有利的制度以限制

　　〔1〕　233 U. S. 718 34. S. Ct. 754.

　　〔2〕　陈安主编：《国际海事法》，鹭江出版社1987年版，第588页。

自己的赔偿责任。

三、海事赔偿责任限制与单位责任限制的区别

海事赔偿责任限制，也称为综合责任限制或总体责任限制，是针对某一特定场合（一般理解为某一特定事故）所产生的总的或者说是全部的赔偿责任（包括违约行为和侵权行为的赔偿责任）而言，当这种总的赔偿责任超过法律规定的限额时，责任人就可以依法行使海事赔偿责任限制的权利。

单位责任限制，主要是指海上货物运输法律制度中所规定的承运人对每航次中所发生的提单项下每件或每个其他货运单位的货物灭失或者损坏的赔偿限额。

假如一艘载货船发生海难事故后，既造成了他船人身伤亡及财产损害，也造成根据提单承运的船上所载货物的损害，那么承运人这一责任主体就既可享受责任限制的权利，又可享受海事赔偿责任限制的权利。有人因此称单位责任限制为"一次限制"，海事赔偿责任限制为"二次限制"。

在海商法中，海事赔偿责任限制和单位责任限制都属于责任人依法限制自己赔偿责任的法律制度。但它们毕竟是两种性质不同的责任限制制度，其区别主要体现在：

（一）责任限制的主体不同

单位责任限制的责任主体是承运人，包括船舶所有人、承租人、经营人及他们的受雇人、代理人。海事赔偿责任限制的责任主体包括三类，即船舶所有人、救助人、船舶所有人和救助人的受雇人和责任保险人，这里的船舶所有人包括船舶承租人和船舶经营人。很显然，海事赔偿责任限制的主体比单位责任限制的主体显得更为广泛。

（二）可以限制责任的赔偿请求的性质和种类不同

就单位责任限制而言，可以限制责任的赔偿请求仅限于对本船所发生的货物灭失和迟延交付的经济损失的赔偿请求，或者对本船所发生的旅客人身伤亡和行李灭损的赔偿请求；而海事赔偿责任限制的赔偿请求，除涉及货损和其他财产损失、旅客或其他人员的人身伤亡外，还涉及船舶营运、救助作业中的人身伤亡、财产损失，以及对港口工程、港池、航道和助航设施等的损害赔偿请求。

（三）责任限额不同

关于单位责任限制，我国《海商法》第 56 条规定，承运人对每件或者每个其他货运单位的赔偿限额为 666.67 计算单位，或按货物毛重计算，每公斤为 2 计算单位，以二者中赔偿限额较高者为准；第 57 条第 1 句规定，承运人对货物因迟延交付造成经济损失的赔偿限额，为所迟延交付的货物的运费数额。

就海事赔偿责任限制而言，赔偿责任限额依据实行的责任限制制度的形式不同而有所不同。根据我国《海商法》及《1976年海事赔偿责任限制公约》的规定，我国实行的是金额制度，赔偿责任限额按照船舶吨位的大小分级计算。

（四）责任限制的程序不同

单位责任限制是一种实体法上的权利，它的行使不以责任人的申请为前提，更不必提供责任限制基金，责任人或法院根据事实确定责任后，会自动适用。而海事赔偿责任限制则是一种抗辩权，它的行使需在法院的主持下依照法定的程序进行，在我国应根据《海事诉讼特别程序法》规定的程序进行。

■第二节　海事赔偿责任限制制度的内容

从各国立法及国际公约的规定看来，海事赔偿责任限制作为一种法律制度，一般包括以下内容：

一、海事赔偿责任限制的主体

海事赔偿责任限制的主体是指应对海事赔偿请求负有责任，但根据海事赔偿责任限制法律规定，有权限制其海事赔偿责任的人。根据我国《海商法》的规定，责任限制主体主要包括：

（一）船舶所有人、救助人

船舶所有人并不仅限于实际的船舶所有人，也包含船舶承租人和船舶经营人。[1] 但是船舶承租人和船舶经营人的范围无论是根据《1976年海事赔偿责任限制公约》还是根据我国海商法都不是十分明确。

【案例研习】CMA CGMS. A. v. Classica Shipping Company Limited（The "CMAD jakarta"）[2]

1999年4月9日，达飞航运公司（CMACGMS. A.）与克拉希卡航运公司（Classica Shipping Company Limited）签订一份纽约土产格式（NYPE 93年修订版）的定期租船合同，前者将其所属的"CMAD jakarta"轮期租给后者从事集装箱班轮运输。同年7月10日，在租船合同履行期间，该船上装有漂白粉的两个集装箱发生爆炸并起火，导致达飞航运公司弃船。此后，救助人对

---

〔1〕《海商法》第204条。

〔2〕 [2003] 2 Lloyd's Rep. 50，[2004] 1 Lloyd's Rep. 460. 同时参见邹先江："船舶承租人海事赔偿责任限制权利初探——兼评'The CMA Djakarta'轮案"，载《河北法学》2005年第4期。

船舶和货物成功地进行了救助。该起事故使达飞航运公司因支付船舶修理费用、救助费用、共同海损分摊和赔付货损等损失计 26 638 032 美元。达飞航运公司依据租船合同约定的仲裁条款，向伦敦仲裁机构提起仲裁，认为克拉希卡航运公司违反租船合同禁止装运危险货物的约定，要求赔偿由此而造成的损失 26 638 032 美元。克拉希卡航运公司抗辩称，其已在法国设立了海事赔偿责任限制基金，对于船舶所有人向其提起的上述索赔，有权享受责任限制。

仲裁庭认为，本案受 1998 年 "The Aegean Sea" 一案生效判决的约束，于 2002 年 1 月 15 日作出承租人对船舶所有人向其提出的索赔无权享受责任限制的裁决。克拉希卡航运公司不服此裁决，于 2002 年 5 月 28 日，就该法律问题向英国高等法院提起诉讼。英国高等法院 David Steel 法官赞同 "The Aegean Sea" 案中 Thomas 法官有关船舶承租人责任限制问题的论述，认为期租承租人违反租船合同装载危险货物并不是以准船舶所有人（Qua Shipowner）身份行事并承担责任的承租人，对由此造成船舶所有人损失的索赔无权享受责任限制。David Steel 法官于 2003 年 3 月 27 日作出判决，维持仲裁裁决，驳回克拉希卡航运公司的起诉，但允许对其判决提起上诉。

克拉希卡航运公司向上诉法院提起上诉。上诉法院 Longmore 大法官不完全赞同高等法院 David Steel 法官的判决理由，认为"承租人"一词应按通常的文义理解，批评了 Thomas 法官和 David Steel 法官为得出判决结果，将"承租人"解释为以准船舶所有人（Qua Shipowner）身份行事并承担责任的承租人；对于船舶所有人就货损提出的追偿索赔，船舶承租人有权享受责任限制；同意一审的判决结果，认为承租人对于船舶所有人提起的船舶修理、救助及共同海损分摊索赔不能享受责任限制。Longmore 法官于 2004 年 2 月 14 日作出维持一审判决，驳回上诉的二审判决，并且不允许当事人向上议院提起对该判决的上诉。

（二）船舶所有人、救助人的受雇人或代理人

当海事赔偿请求不是向船舶所有人、救助人本人提出，而是向他们的受雇人或代理人提出的，因为船舶所有人、救助人需对这些人员的行为、过失负责，所以只要这些人员在受雇或受委托范围内行事，那么就可以根据法律的规定，享有与船舶所有人、救助人相同的责任限制。

（三）责任保险人

被保险人对海事赔偿请求可以限制赔偿责任的，对该海事赔偿请求承担保险责任的保险人，有权依照海商法的规定，享有与被保险人相同的赔偿责任限制。

近年来，无船承运人[1]作为海上运输中的一种新型主体，在海损事故中，其是否能享受责任限制权利的问题，受到了学界的关注。一种观点认为无船承运人不能享受海事赔偿责任限制。该观点认为，从海事赔偿责任限制的立法渊源来看，其是为了保护与经营船舶有关的责任主体。从早期的船舶所有人、光船承租人到后来的船舶经营人等主体，其利益都与船舶经营有关。无船承运人本身不拥有、经营船舶，在从事国际海上运输中获得利益，却无须承担实际承运人经营船舶所面临的特殊的海上风险。在发生海损事故造成损害时，若允许其享受海事赔偿责任限制，违背公平法理。第二种观点认为无船承运人可以享受海事赔偿责任限制。该观点认为，随着航运业的发展，新的航运主体会不断涌现，无船承运人的产生即是如此。其虽不拥有、经营船舶，却经营国际海上运输诸如从事订立运输合同，接收、交付货物，签发提单等活动，当然不能因为其不经营船舶就抹杀其所需承担的海上风险。无船承运人虽不经营船舶，但归根到底，其还是通过经营运输来间接地经营船舶。如果将无船承运人排斥在海事赔偿责任限制主体之外，则在发生海损事故时，索赔人可以绕过实际承运人直接起诉无船承运人，从而获得全部赔偿，这就会引起"择人行诉"的问题，违背公平原则。

目前主流的观点似乎更倾向于无船承运人不能享受责任限制。首先，无论是1976年公约还是我国《海商法》都未将无船承运人纳入到海事赔偿责任限制的主体之列，因为承运人这一概念是从运输合同关系的角度，而不是从船舶关系的角度来定义的。承运人是运输合同利益人，但却不一定是船舶利益人。从公约和海商法对海事赔偿责任限制主体的立法意图可以看出：海事赔偿责任限制主体应当是对船舶具有利益关系的人，而不能是对船舶不具有利益关系的运输合同意义上的承运人。其次，无船承运人不拥有、经营运输船舶，无法限制赔偿责任。

二、海事赔偿责任限制的条件

责任限制的条件，是指责任主体限制其责任所必须具备的条件。《海商法》第209条规定："经证明，引起赔偿请求的损失是由于责任人的故意或者

---

〔1〕一般认为，无船承运人（NVOCC, Non-Vessel Operation Common Carrier）的概念起源于美国航运法，1984年美国航运法（American shipping Act of 1984）中第3.17中对无船承运人的定义是：无船承运人是指不经营提供远洋运输的船舶的公共承运人，其与远洋公共承运人的关系是托运人。2004年1月1日起实施的《中华人民共和国国际海运条例》第7条第2款规定："……无船承运业务，是指无船承运业务经营者以承运人身份接受托运人的货载，签发自己的提单或者其他运输单证，向托运人收取运费，通过国际船舶运输经营者完成国际海上货物运输，承担承运人责任的国际海上运输经营活动。"

明知可能造成损失而轻率地作为或者不作为造成的，责任人无权依照本章规定限制赔偿责任。"由此可见，立法是采用排除的方式，责任人如果具有海商法规定的某项情节或事由，就无权享有赔偿责任限制的权利。这些情节或事由包括：①直接故意行为，即责任人预见到自己的行为可能造成损害后果而希望或放任其发生。对这种直接故意行为造成的损害，责任人当然无权享受责任限制的权利。②间接故意行为，即责任人明知自己的行为可能造成某种损害但轻信不会发生而采取的作为或不作为，或者说责任人对可能产生的后果既不积极追求，也不积极避免，而采取一种放任态度，则责任人也不能享受责任限制的权利。

【案例研习】 1995 年的"春木一号"案[1]

"春木一号"是韩国租赁发展有限公司所属的一艘装载散装危险化学品的专用船。1995 年 3 月 4 日从韩国 Deasan 港开出，3 月 9 日 5 时 5 分抵达湛江港第 2 号引水锚地抛锚，等候引水员上船引航进港。当时湛江港海面东北风 3~4 级，大雾，能见度约 1 海里。6 时 20 分，船长在与引水员通话后自航进港。7 时左右，雷达发现船艏偏右 1 海里处有"昌通一号"驶来。紧迫局面形成后，"春木一号"轮船长没有运用良好船艺，采取正确有效的措施避碰，而是错误地使用右满舵并加速至前进三，企图冲过"昌通一号"轮船艏，导致酿成左舷货舱碰撞，泄漏 209.108 吨有毒液体入海，污染海域范围达 160 平方公里的重大事故。

1996 年 8 月 13 日，韩国租赁发展有限公司向海事法院提出海事赔偿责任限制申请，请求准予其依照《海商法》的规定，对"春木一号"轮因碰撞造成所载有毒物质污染海域的损害赔偿责任限制在 348 863 特别提款权（折 518 759.30 美元）。

海事法院经过审理后查明：韩国租赁发展有限公司作为"春木一号"的船东，未按《1974 年国际海上人命安全公约》和《STCW 公约》的要求为该轮配备湛江港的航路指南、灯塔表、航行通告、进出港指南、进出港管理规章等有关必备航海资料，以致该轮船长不了解《中华人民共和国对外国籍船舶管理规则》《中华人民共和国船舶装载危险货物监督管理规则》和湛江港港章及湛江港监有关航行通告的规定，又未使该轮船长、大副等通过雷达观测与模拟、自动雷达标绘仪、无线电话通讯等专业的训练和取得相应证书。租赁公司的上述行为使得"春木一号"成为一艘严重不适航的船舶。

"春木一号"轮在严重不适航的情况下违规冒险进港，构成了《海商法》

---

[1] 金正佳主编：《中国典型海事案例评析》，法律出版社 1998 年版，第 583~591 页。

第 209 条规定的明知可能造成损失而轻率地作为，以致酿成船舶碰撞，有毒物质污染损害的严重事故。因此，租赁公司无权依照《海商法》第 207、208 条的规定限制赔偿责任。据此，海事法院于 1997 年 9 月 5 日裁定：驳回租赁公司的海事赔偿责任限制申请。

三、限制性债权

限制性债权，是指责任主体根据海事赔偿责任限制法律的规定可以限制其赔偿责任的海事赔偿请求权。换言之，有权限制赔偿责任的人，并不是对其提出的所有海事赔偿请求均可进行限制，而是仅对法律明确规定允许其限制赔偿责任的海事赔偿请求才可享受责任限制的权利。哪些海事索赔属限制性债权，则取决于海商法或国际公约的明确规定。根据我国《海商法》第 207 条的规定，对以下海事请求，除《海商法》第 208、209 条另有规定外，无论赔偿责任的基础有何不同，责任主体均可依法限制赔偿责任：

1. 在船上发生的或者与船舶营运、救助作业直接相关的人身伤亡或者财产的灭失、损坏，包括对港口工程、港池、航道和助航设施造成的损坏，以及由此引起的相应损失的赔偿请求。

2. 海上货物运输因迟延交付或者旅客及其行李运输因迟延到达造成损失的赔偿请求。

3. 与船舶营运或者救助作业直接相关的，侵犯非合同权利的行为造成其他损失的赔偿请求。

4. 责任人以外的其他人，为避免或者减少责任人依照本章规定可以限制赔偿责任的损失而采取措施的赔偿请求，以及因此项措施造成进一步损失的赔偿请求。

以上所列赔偿请求，无论提出的方式有何不同，不论是以追偿的方式、合同要求赔偿的方式还是其他方式向责任人提出，均不影响责任人限制赔偿责任的权利。但是，第 4 项涉及责任人以合同约定支付的报酬，责任人的支付责任不得援用本条赔偿责任限制的规定。例如，沉船、沉物等的清除打捞费用的责任，这是责任人以合同约定支付给有关方面的，责任人应当支付该报酬的责任，就不得援用本条赔偿责任限制的规定。因为沉船、沉物等的清除打捞往往关系到能否做到航道畅通，保证航行安全和防止、减轻环境污染损害等问题。如果限制责任人赔偿沉船沉物清除打捞费用的责任，致使因经费不足不能或者不能有效地清除打捞沉船沉物，将对航行安全和环境保护等构成威胁，不利于航运业的发展，这本身与设立海事赔偿责任限制的宗旨是背道而驰的。

四、非限制性债权

与上述限制性债权相对应，习惯上将责任人根据海事赔偿责任限制的法律规定不能限制其赔偿责任的债权称为非限制性债权。我国《海商法》第208条规定："本章规定不适用于下列各项：①对救助款项或者共同海损分摊的请求；②中华人民共和国参加的国际油污损害民事责任公约规定的油污损害的赔偿请求；③中华人民共和国参加的国际核能损害责任限制公约规定的核能损害的赔偿请求；④核动力船舶造成的核能损害的赔偿请求；⑤船舶所有人或者救助人的受雇人提出的赔偿请求，根据调整劳务合同的法律，船舶所有人或者救助人对该类赔偿请求无权限制赔偿责任，或者该项法律作了高于本章规定的赔偿限额的规定。"

对于第①项，关于救助款项，《海商法》第180条已规定救助人请求的救助报酬以获救船舶和其他财产的获救价值为限，因此不宜再作第二次限制。同时，为鼓励救助人进行海难救助，对救助报酬的请求，责任人不能享受责任限制。共同海损是由船货双方根据各自因共同海损行为而受益的财产价值大小共同进行分摊，而且，船货双方分摊的金额不超过其受益的财产，如果船方单方面对其应分摊的共同海损金额限制责任，对货方显然不公平。对于第②、③、④项的油污损害、核能损害及核动力船舶造成的损害已由专门的国际公约进行调整。第⑤项是为了保护船舶所有人或救助人的受雇人员的权益而设立的，这些人员根据与船舶所有人或者救助人订立的雇佣合同，以及调整雇佣合同的法律，提出的工资和其他劳务报酬，履行劳务合同过程中遭受的人身伤害或财产损失等的赔偿请求。这些赔偿请求，根据调整劳务合同的法律，船舶所有人或者救助人无权享受责任限制，如果该项法律作了高于本章赔偿限额的规定，则船舶所有人或救助人按此项规定限制赔偿责任。基于上述原因，这五项责任人不得限制其赔偿责任。

五、海事赔偿责任限额

海事赔偿责任限额是指责任主体依法对所有应承担的限制性债权的最高赔偿限额。对此，世界各国分别采用了金额制、船价制、委付制和执行制等方式，但从发展趋势看，越来越多的国家采用了金额制。我国《海商法》对责任限额的规定也是采用金额制，即海事赔偿责任限额的确定按船舶吨位分级计算，人身伤亡的赔偿请求分五个等级，非人身伤亡的赔偿请求分四个等级，现分述如下：

1. 人身伤亡的赔偿责任限额。我国《海商法》第210条规定：

（1）总吨位300吨至500吨的船舶，赔偿限额为333 000计算单位。

（2）总吨位超过500吨的船舶，500吨以下部分适用第①项的规定，500

吨以上的部分应当增加下列数额：

501 吨至 3000 吨的部分，每吨增加 500 计算单位；

3001 吨至 30 000 吨的部分，每吨增加 333 计算单位；

30 001 吨至 70 000 吨的部分，每吨增加 250 计算单位；

超过 70 000 吨的部分，每吨增加 167 计算单位。

这里的计算单位，指的是特别提款权（SDR）。

对于单纯的人身伤亡赔偿请求，按上述规定确定该请求的责任限额。

2. 非人身伤亡的赔偿责任限额。所谓非人身伤亡的赔偿请求，是指财产的灭失、损坏以及其他经济损失的赔偿请求。

我国《海商法》第 210 条规定的非人身伤亡的责任限额如下：

（1）总吨位 300 吨至 500 吨的船舶，赔偿限额为 167 000 计算单位。

（2）总吨位超过 500 吨的船舶，500 吨以下部分适用第①项规定，500 吨以上部分，应当增加下列数额：

501 吨至 30 000 吨的部分，每吨增加 167 计算单位；

30 001 吨至 70 000 吨的部分，每吨增加 125 计算单位；

超过 70 000 吨的部分，每吨增加 83 计算单位。

对于单纯的非人身伤亡的赔偿请求，按上述规定确定该请求的责任限额。

综合人身伤亡与非人身伤亡责任限额的两项规定，可用下表表示：

表 11-1　人身伤亡与非人身伤亡责任赔偿额度

船舶总吨位（单位：吨）＼责任赔偿（单位：SDR）	人身伤亡	非人身伤亡
300~500	333 000	167 000
每吨增加数		
501~3000	500	167
3001~30 000	333	
30 001~70 000	250	125
70 000	167	83

3. 当人身伤亡赔偿请求与非人身伤亡赔偿请求同时发生时，按上表分别计算人身伤亡及非人身伤亡的责任限额。如人身伤亡限额不足以支付全部人

身伤亡赔偿请求的，其不足部分应当与非人身伤亡的赔偿请求并列，从非人身伤亡赔偿责任限额中与非人身伤亡赔偿请求按比例受偿。

4. 在不影响人身伤亡赔偿请求的情况下，就港口工程、港池、航道和助航设施的损害提出的赔偿请求，应当优先于非人身伤亡中其他索赔而受偿。换言之，这类索赔人可从非人身伤亡责任限额中优先受偿。剩余部分再供其他财产索赔人按比例分配。

例如：甲船 10 000 吨，因其单方过失造成乙船人身伤亡损失 29 778 500 计算单位，乙船船舶损失 4 000 000 计算单位，乙船上货物损失 4 000 000 计算单位和港池损害 8 778 000 计算单位。现各受害方对其损失提出了赔偿请求，按上述规定确定各项赔偿请求的受偿额如下：

（1）因人身伤亡赔偿请求与非人身伤亡赔偿请求同时发生，须先分别按第 1、2 项规定确定责任限额：

人身伤亡赔偿请求责任限额为：

1～500 吨	333 000 计算单位
501～3000 吨	500×2500 计算单位
3001～30 000 吨	333×27 000 计算单位
30 001～70 000 吨	250×40 000 计算单位
70 001～10 000 吨	+167×30 000 计算单位
	=25 584 000 计算单位

非人身伤亡赔偿请求责任限额为：

1～500 吨	167 000 计算单位
501～30 000 吨	167×29 500 计算单位
30 001～70 000 吨	125×40 000 计算单位
70 001～100 000 吨	+83×30 000 计算单位
	=12 583 500 计算单位

（2）由于人身伤亡责任限额不足以清偿实际发生的人身伤亡赔偿请求，其不足部分为：

29 778 500 计算单位
−25 584 000 计算单位
= 4 194 500 计算单位

此"不足部分"依照第 3 项规定与非人身伤亡的赔偿请求并列，从依照第 2 项确定的非人身伤亡赔偿请求责任限额中按比例受偿：

"不足部分"分得：

$$12\ 583\ 500\times\frac{4\ 194\ 500}{4\ 000\ 000+4\ 000\ 000+8\ 778\ 000+4\ 194\ 500}=2\ 516\ 700\ \text{计算}$$

单位

全部非人身伤亡赔偿请求分得：

$$12\ 583\ 500\times\frac{4\ 000\ 000+4\ 000\ 000+8\ 778\ 000}{4\ 000\ 000+4\ 000\ 000+8\ 778\ 000+4\ 194\ 500}=10\ 066\ 800\ \text{计算}$$

单位

（3）人身伤亡赔偿请求的最终受偿额为：

25 584 000

+2 516 700

= 28 100 700 计算单位

在非人身伤亡的赔偿请求中，港池损害赔偿请求根据第 4 项规定应当优先受偿，剩余部分由船舶损害赔偿请求与货物损害赔偿请求按比例受偿，最终分别是：

港池损害赔偿请求的受偿额为 8 778 000 计算单位，船舶损害赔偿请求的受偿额为：

（10 066 800−8 778 000）×4 000 000

4 000 000+4 000 000=644 400 计算单位

货物损害赔偿请求的受偿额为：

（10 066 800−8 778 000）×4 000 000

4 000 000+4 000 000=644 400 计算单位

5. 救助人进行救助作业时，有时使用船舶，有时则不使用任何船舶；有时是在自己的船上施救，有时则在被救助船上施救，因此在确定其责任限额时应分别考虑。

（1）当救助人以自己的船舶，包括其拥有、租用或经营的船舶，进行救助作业时，其责任限额按救助船舶的实际吨位计算。

（2）当救助人不以船舶进行救助作业或者在救助船舶上进行救助作业时，其责任限额为按照总吨位为 1500 吨的船舶，并适用上述第 1 至 4 项规定的方法计算。

《海商法》第 210 条第 2 款规定："总吨位不满 300 吨的船舶，从事中华人民共和国港口之间的运输的船舶，以及从事沿海作业的船舶，其赔偿限额由国务院交通主管部门制定，报国务院批准后施行。"

针对《海商法》的这一规定，交通部门已制定了《关于不满 300 总吨船舶及沿海运输、沿海作业船舶海事赔偿限额的规定》并经国务院批准，自1994 年 1 月 1 日起施行，其主要内容有：

除本规定另有规定外，不满 300 总吨船舶的海事赔偿责任限制，依照下列规定计算赔偿限额：

（1）关于人身伤亡的赔偿请求。①超过 20 总吨、21 总吨以下的船舶，赔偿限额为 54 000 计算单位。②超过 21 总吨的船舶，超过部分每吨增加 1000 计算单位。

（2）关于非人身伤亡的赔偿请求。①超过 20 总吨、21 总吨以下的船舶，赔偿限额为 27 500 计算单位。②超过 21 总吨的船舶，超过部分每吨增加 500 计算单位。

对于从事中华人民共和国港口之间货物运输或沿海作业的船舶，不满 300 总吨的，其海事赔偿限额按上述规定的赔偿限额的 50% 计算；300 总吨以上的，其海事赔偿限额按《海商法》第 210 条第 1 款规定的赔偿限额的 50% 计算。

6. 旅客人身伤亡的赔偿责任限额。旅客是指根据海上旅客运输合同运送的人，或者经承运人同意，根据海上货物运输合同随船护送货物的人。

我国《海商法》第 211 条第 1 款规定："海上旅客运输的旅客人身伤亡赔偿责任限制，按照 46 666 计算单位乘以船舶证书规定的载客定额计算赔偿限额，但是最高不得超过 25 000 000 计算单位。"可见，如果船舶证书规定的载客定额超过 535 人，则责任人的赔偿限额为 25 000 000 计算单位，而每位旅客也就只能在这 25 000 000 计算单位中平均分摊受偿；如果载客定额不超过535 人，责任人的赔偿责任限额等于 46 666 乘以载客定额数得出的数额。应当注意的是，该款的规定仅适用于海上旅客运输的赔偿责任限额，对于中华人民共和国沿海港口之间海上旅客运输的旅客人身伤亡，赔偿限额则根据交通部 1993 年 12 月 17 日发布的《责任限额规定》处理。按照该规定，"海上旅客运输的旅客人身伤亡赔偿责任限制，按照 4 万人民币乘以船舶证书规定的载客定额计算赔偿限额，但是最高不超过 2100 万元人民币"。

7. 我国《海商法》采用了事故制度。在以什么为标准计算一次责任限额这个问题上，存在航次主义和事故主义之分。航次主义以一个航次为单位计算一次责任限额，一个航次内发生的所有赔偿请求都在这个限额内进行支付。事故主义是以一次事故为单位计算一次责任限额，一个航次如果发生了多次事故，就要计算多次责任限额。我国采用的是事故主义。

六、海事赔偿责任相互索赔的冲抵

相互索赔的冲抵，是指在当事人双方互为责任人和索赔人的情况下，责任限额分别适用于各自的索赔额，还是仅适用于双方的索赔额相互冲抵后的差额的问题。前者被称为"交叉责任限制"原则，即"先限制，后冲抵"。后者被称为"单一责任限制"原则，即"先冲抵，后限制"原则。大多数国家采用的是后者。

我国《海商法》亦采用了"先冲抵，后限制"的原则，根据该法第215条的规定：享受责任限制的人，就同一事故向请求人提出反请求的，双方的请求金额应当相互抵销，本章规定的赔偿限额仅适用于两个请求金额之间的差额。应当注意，适用相互索赔冲抵的条件包括：①请求方和被请求方分别提出了赔偿请求；②两方或者一方的请求内容属于法定的限制性债权；③双方各自的请求必须属于同一海损事故；④双方的海事请求在等额范围内相互冲抵。

例如，甲船（责任限额为 1 000 000 计算单位）与乙船（责任限额为 2 000 000 计算单位）因各负50%责任发生碰撞，致使甲船受损 18 000 000 计算单位，乙船受损 4 000 000 计算单位。此时，不能先把甲船对乙船的赔偿责任（4 000 000×50%计算单位）限制为 1 000 000 计算单位，把乙船对甲船的赔偿责任（18 000 000×50%计算单位）限制为 2 000 000 计算单位，然后决定由乙船赔偿甲船为（2 000 000−1 000 000）计算单位，而是应该把他们相互间的赔偿责任或请求与反请求先进行抵销（18 000 000×50%−4 000 000×50%＝7 000 000 计算单位），然后根据乙船的责任限额，对此差额进行限制为 2 000 000 计算单位，这就是乙船根据本章规定最终应付的赔偿金额。

■第三节　海事赔偿责任限制基金的设立程序

海事赔偿责任限制基金是指依法享有赔偿责任限制的责任人向有管辖权的法院设立的，用以保证其承担有限赔偿责任的，不可撤销的专用款项。其数额为海事赔偿责任限额和自事故发生之日起至基金设立之日止的利息。

责任限制基金的设立，一方面可以保障受害人能得到及时的清偿；另一方面，责任人的船舶或其他财产不致因任何人的申请遭受扣押或查封，已经被扣押的，法院应当及时下令释放或者责令退还。这样，责任人设立了责任限制基金后，就产生了相当于向其提出的所有的限制性债权提供了担保的效果，从而避免了对他的船舶或其他财产及其使用造成不应有的损失。

一、申请

申请人的申请是海事赔偿责任限制基金设立的前提，是设立基金程序的启动。依《海诉法》第 101 条规定船舶所有人、船舶承租人、船舶经营人、救助人均可申请；保险人在发生海事事故后，依法申请海事赔偿责任限制的，可以向海事法院申请设立海事赔偿责任限制基金；船舶造成油污损害的，船舶所有人及其责任保险人或者提供财务保证的其他人为取得法律规定的责任限制的权利，应当向海事法院申请设立油污损害的海事赔偿责任限制基金。

申请人向海事法院申请设立海事赔偿责任限制基金，应当提交书面申请。申请书中应当载明申请设立海事赔偿责任限制基金的数额、理由，以及已知的利害关系人的名称、地址和通信方法，并附有关证据。

《海诉法》第 101 条第 3 款明确了设立责任限制基金申请提出的时限及受理申请的法院。其中规定："设立责任限制基金的申请可以在起诉前或者诉讼中提出，但最迟应当在一审判决作出前提出。"这就明确了设立海事赔偿责任限制基金的程序可以在两个不同的阶段进行，既可以在诉讼中进行，也可以诉前进行。究竟在哪一阶段提出设立责任限制基金的申请，完全由申请人根据自身需要决定。但"当事人在起诉前申请设立海事赔偿责任限制基金的，应当向事故发生地、合同履行地或者船舶扣押地海事法院提出"。[1] 海事事故发生在中华人民共和国领域外的，船舶发生事故后进入中华人民共和国领域内的第一到达港视为事故发生地。[2]

需要说明的是，申请人申请责任限制并不构成对赔偿责任的承认，申请人是否需承担赔偿责任，还要听凭法院的裁决。同时，申请责任限制也不意味着申请人必然享有责任限制的权利，如果利害关系人对申请人申请设立海事赔偿责任限制基金持有异议，便很可能导致申请人无法享受责任限制权利。

二、受理

至于受理当事人申请的法院，《海诉法》第 102 条规定："当事人在起诉前申请设立海事赔偿责任限制基金的，应当向事故发生地、合同履行地或者船舶扣押地海事法院提出。"而且，"设立海事赔偿责任限制基金，不受当事人之间关于诉讼管辖协议或者仲裁协议的约束"。[3] 该条规定表明，只要涉及当事人提出设立基金请求的案件，均要实行统一的案件管辖的特殊制度，甚至排斥了诉讼管辖协议和仲裁协议的优先效力。

《海诉法司法解释》第 81 条规定：当事人在诉讼中申请设立海事赔偿责任限制基金的，应当向受理相关海事纠纷案件的海事法院提出，但当事人之间订有有效诉讼管辖协议或者仲裁协议的除外。

---

[1] 《海事诉讼特别程序法》第 102 条。

[2] 《最高人民法院关于适用〈海事诉讼特别程序法〉若干问题的解释》第 80 条。

[3] 《海事诉讼特别程序法》第 103 条。

由此可见，我国对于海事赔偿责任限制基金的设立案件的立法管辖充分尊重了此类案件固有的特点，即设立赔偿责任限制基金的目的是为了担保限制性债权的清偿，向受理相关海事纠纷案件的海事法院提出，有利于基金的分配，方便执行，以求程序的简化和减少诉讼成本。

三、公告与通知

《海诉法》第 105 条规定："海事法院受理设立海事赔偿责任限制基金申请后，应当在 7 日内向已知的利害关系人发出通知，同时通过报纸或者其他新闻媒体发布公告。通知和公告包括下列内容：①申请人的名称；②申请的事实和理由；③设立海事赔偿责任限制基金事项；④办理债权登记事项；⑤需要告知的其他事项。"

对于设立责任限制基金的公告，《海诉法司法解释》第 82 条补充规定："设立海事赔偿责任限制基金应当通过报纸或者其他新闻媒体连续公告 3 日。如果涉及的船舶是可以航行于国际航线的，应当通过对外发行的报纸或者其他新闻媒体发布公告。"如《人民日报（海外版）》《中国日报》等。

四、基金的设立

（一）设立人

由于设立海事赔偿责任限制基金是主张责任限制权利的一种主要方式，因此，申请设立责任限制基金的人一般就是主张责任限制权利的人，亦即在海损事故发生后，因可能被判定负有赔偿责任而面临索赔的人。我国《海商法》第 213 条直接规定"责任人"可以设立基金，有学者对此提出异议，因为设立基金并不表明设立人对责任的承认，法院对案件也没有进行审理，如何知道设立人就是"责任人"？我国《海诉法》第 101 条第 1 款采用列举的方式规定，船舶所有人、承租人、经营人、救助人和保险人可以申请设立海事赔偿责任限制基金，这种方式较为妥当。

（二）设立方式

《海诉法》第 108 条第 2 款规定："设立海事赔偿责任限制基金可以提供现金，也可以提供经海事法院认可的担保。"这里的担保，根据《海诉法司法解释》第 85 条的规定是指"中华人民共和国境内的银行或者其他金融机构所出具的担保"。

（三）基金数额

《海诉法》第 108 条第 3 款规定："海事赔偿责任限制基金的数额，为海事赔偿责任限额和自事故发生之日起至基金设立之日止的利息。以担保方式设立基金的，担保数额为基金数额及其在基金设立期间的利息。"我国《海商法》第 213 条简要规定了同样的意思，但还是存在用语不规范的问题。比如，该条将"事故发生之日"称为"责任产生之日"，引起了学者的非议[1]。实务中设立基金时，需要将以特别提款权表示的责任限额换算成人民币数额，《海商法》第 277 条规定：人民币数额为法院判决之日、仲裁机构裁决之日或者当事人协议之日，按照国家外汇主管机关规定的国际货币基金组织的特别提款权对人民币的换算办法计算得出的人民币数额。由于条款本身在内容上存在一定的缺陷和法官对条款理解的偏差，对特别提款权应当换算成人民币或是美元等外国货币，和以特别提款权利率还是其他流通货币利率计算利息两个问题不统一，导致在海事审判实践中，针对相同的案情裁判海事赔偿责任限额不一的现象非常普遍，这将直接影响索赔人和责任人的实体权益。[2]为此，《最高人民法院关于审理海事赔偿责任限制相关纠纷案件的若干规定（2010 年）》第 20 条规定：海事赔偿责任限制基金应当以人民币设立，其数额按法院准许设立基金的裁定生效之日的特别提款权对人民币的换算办法计算。[3]

（四）设立基金的法律效果

《海商法》第 214 条规定："责任人设立责任限制基金后，向责任人提出请求的任何人，不得对责任人的任何财产行使任何权利；已设立责任限制基金的责任人的船舶或者其他财产已经被扣押，或者基金设立人已经提交抵押物的，法院应当及时下令释放或者责令退还。"

设立海事赔偿责任限制基金后，将会产生以下后果：

1. 限制性债权人不得对设立基金的人的任何其他财产，行使任何权利。设立海事赔偿责任限制基金的目的是：①将申请人的赔偿责任限制在一定范围内；②构成了对限制性债权人清偿的担保。所以一旦设立，那么基于同一海损事故向申请人提出索赔的限制性债权人便不得对设立基金的人的其他任何财产行使任何权利。

但要注意的是，基金只是供基于同一海损事故产生的限制性债权分配，基于同一海损事故产生的非限制性债权及由其他事故或原因产生的债权与基金无关，同一海损事故的限制性债权人以外的权利人仍可以依法对申请人的其他财产行使权利。显然，《海商法》第 213 条前半段的表述不够严密。故

---

[1] 参见袁绍春："设立责任限制基金与海事赔偿责任限制权的关系"，载屈广清主编：《大连海事大学法律论坛》，法律出版社 2003 年版，第 177~178 页。

[2] 邬先江："《海商法》第 277 条的理解与适用——兼评韩国 SEKWANG 船务公司申请设立海事赔偿责任限制基金案"，载《法律适用》2004 年第 11 期。

[3] 《最高人民法院关于审理海事赔偿责任限制相关纠纷案件的若干规定》，载 http://china. findlaw. cn/hshs/hsfl/25823. htm，最后访问时间：2021 年 1 月 5 日。

此，《海诉法司法解释》第86条规定："设立海事赔偿责任限制基金后，向基金提出请求的任何人，不得就该项索赔对设立或以其名义设立基金的人的任何其他财产，行使任何权利。"凡是可以向基金提出索赔的人其实就是基于同一海事事故的限制性债权人。

2. 释放船舶或退还担保。基金设立人的船舶或其他财产如已因某一可向基金提出的索赔而被扣押，或者基金设立人已就此提供担保，则扣押应被解除，担保应被释放。但令人困惑的是，当被指称应负责任的人提供了担保又设立了基金但尚不确定是否可享受责任限制时，是否可要求退还他所提供的担保？在国际海事委员会2000年新加坡年会上，与会代表提出了同一问题："当责任人的船舶被扣押，且责任人在某一缔约国设立责任限制基金，但如果扣船方已就责任人能否援引责任限制提出了严肃的抗议，则设立了基金就可以要求扣押船舶的法院必须释放船舶吗？"代表们认为："尽管1976年LLMC公约本身的措词非常明确，但似乎很难让人相信立法者的本意就在于，如果申请扣押船舶的请求人在扣押时已提出至少初步证据证明责任人存在故意或者明知造成损失可能而轻率地作为或不作为的事实，实施扣押的法院还必须下令释放船舶。"[1] 例如，荷兰和斯堪的那维亚国家的海商法都明确规定了释放被扣押的财产或退还担保的前提条件是："①必须按照法律规定设立了基金；②责任人能够援引责任限制。"[2] 我国在将来似也有必要对此进行立法完善。

3. 对船舶优先权的行使产生影响。按照《海商法》第30条的规定，船舶优先权不影响有关海事赔偿责任限制规定的实施。即船舶优先权与海事赔偿责任限制发生冲突时，以海事赔偿责任限制为准，从而影响船舶优先权的行使及具有优先权的海事请求的受偿。

船舶优先权应当通过法院扣押、拍卖船舶行使。设立基金后，任何人不得就可以向基金提出索赔的债权申请扣船。如果船舶优先权所担保的债权为同一事故引起的限制性债权，那么该项债权就不能通过扣押船舶来行使，只能请求从基金中受偿。船舶因优先权担保的限制性债权而被扣押的，责任人设立了基金，被扣押船舶应该予以释放。由船舶优先权担保的非限制性债权，如海难救助款项等，则不受基金设立的影响，权利人仍然可以扣押当事船，

〔1〕 CMI Yearbook 2000, Draft Report on Implementation and Interpretation of the 1976 LLMC Convention, p. 443, 转引自胡正良主编：《海事法》，北京大学出版社2009年版，第676页。

〔2〕 祝默泉、沈晓平："论完善我国海事赔偿责任限制程序制度"，载中国海商法协会主办：《中国海商法年刊》，大连海事大学出版社2004年版，第254页。

行使优先权。

五、利害关系人的异议

根据海事诉讼特别程序法的规定，利害关系人对申请人申请设立海事赔偿责任限制基金有异议的，应当在法定期限内，以书面形式向海事法院提出。提出异议的期限为：收到通知之日起 7 日内，未收到通知的在公告之日起 30 日内。[1] 利害关系人对申请人设立海事赔偿责任限制基金提出异议的，海事法院应当对设立基金申请人的主体资格、事故所涉及的债权性质和申请设立基金的数额进行审查。[2]

《海诉法》第 106 条第 2 款规定："海事法院收到利害关系人提出的书面异议后，应当进行审查，在 15 日内作出裁定。异议成立的，裁定驳回申请人的申请；异议不成立的，裁定准予申请人设立海事赔偿责任限制基金。"

有几个利害关系人先后分别提出异议，海事法院不必分别作出裁定，可一次裁定解决。这就涉及海事法院的 15 日审查期限如何起算的问题，按《海诉法》第 106 条第 1 款的规定，利害关系人应在收到通知 7 日内或者未收到通知的情况下在公告之日起 30 日内提出书面异议。只有自最后一个收到通知的利害关系人异议期满，海事法院才能确定有多少异议人，对所有异议人的异议，一并作出裁定。因此，海事法院对异议的 15 日审查期限应从最后一个收到通知的利害关系人异议期 7 日满和对未收到通知的利害关系人的公告期 30 日满起算（以最后一个期满起算）。

《海诉法》第 106 条第 3 款规定："当事人对裁定不服的，可以在收到裁定书之日起 7 日内提起上诉。第二审人民法院应当在收到上诉状之日起 15 日内作出裁定。"利害关系人在规定的期间内没有提出异议的，海事法院裁定准予申请人设立海事赔偿责任限制基金。

六、申请设立基金错误的后果

海事法院裁定准许设立基金后，如果在与海事事故有关的诉讼中，经实体审理发现，引起赔偿请求的损失是由于责任人的故意或者明知可能造成损失而轻率地作为或者不作为造成的，依照《海商法》第 209 条的规定，责任人无权限制赔偿责任，便构成责任人申请设立海事赔偿责任基金错误。《海诉法》第 110 条规定："申请人申请设立海事赔偿责任限制基金错误的，应当赔偿利害关系人因此所遭受的损失。"

---

〔1〕《海事诉讼特别程序法》第 106 条。
〔2〕《最高人民法院关于适用〈海事诉讼特别程序法〉若干问题的解释》第 83 条。

七、设立海事赔偿责任限制基金程序的终结

设立海事赔偿责任限制基金程序因下列情形而终结：

1. 准许申请人设立基金的裁定生效后，申请人按照裁定设立了基金。

2. 准许申请人设立基金的裁定生效后，申请人未在裁定规定的期限内设立基金。《海诉法司法解释》第 84 条："准予申请人设立海事赔偿责任限制基金的裁定生效后，申请人应当在 3 日内在海事法院设立海事赔偿责任限制基金。申请人逾期未设立基金的，按自动撤回申请处理。"

3. 设立海事赔偿责任限制基金的申请被裁定驳回，驳回申请的裁定生效。

4. 申请人在设立海事赔偿责任限制基金前，撤回设立基金的申请。

■第四节　有关海事赔偿责任限制的国际公约

由于世界各主要海运国家对船舶所有人的责任限制，各自采用了委付制、船价制和金额制等不同制度，发生海损事故的责任限额各不相同常常给不同国籍的当事人的索赔、受偿带来不少麻烦。为了解决这些问题，国际海运界一直尝试统一有关海事赔偿责任限制的法律，并先后制定了若干国际公约。

一、1924 年《关于统一海上船舶所有人责任限制若干规则的国际公约》

1924 年《关于统一海上船舶所有人责任限制若干规则的国际公约》于 1924 年 8 月 25 日在比利时布鲁塞尔通过。公约采用船价制与金额制并用制度。这个公约虽然有法、比、荷、丹麦、挪威、瑞典、芬兰、意、西、葡和巴西等 11 国批准，却未能被英、美、德、日等主要海运国家所接受。由于内容不全和采取并用制等缺点，各国对责任限制和赔偿金额的计算未能统一，有关争议仍得不到解决。此公约迄今尚未生效，故不作详细介绍。

二、1957 年《海船所有人责任限制国际公约》

《1957 年海船所有人责任限制国际公约》（以下简称《1957 年公约》）由国际海事委员会于 1955 年在马德里起草，1957 年 10 月 10 日在布鲁塞尔第十届海洋法外交会议上通过。至今已有近 50 个参加国，是国际上有关责任限制方面第一个生效的国际公约。

《1957 年公约》采用事故制度，即责任限制不以航次为标准，而以事故次数为标准，一次事故一个限额。采用单一的金额制，并以金法郎作为计算单位。对于用于计算责任限额的船舶吨位作了特殊规定，即"公约吨"，是指净吨加上为确定净吨而从总吨中减去的机舱所占空间。公约的主要内容有：

（一）适用的船舶

公约适用的船舶是海船，同时还规定，300 "公约吨"以下的船舶以 300

"公约吨"为基数。允许缔约国对300"公约吨"以下的"海船"及其他种类的船舶是否适用该公约的问题作出保留。

对于"公约吨"的确定，规定了两种情况，即蒸汽机船及其他机动船，以船舶的净吨加上为确定净吨而从总吨中减去的机舱容积为准；而其他类型的船，则以净吨为准。

（二）责任限制主体

公约规定下列两类人有权享受责任限制：①船舶所有人、承租人、管理人及经营人；②船长、船员及其他受雇于第一类责任主体的人员。同时还规定，当以船舶本身为被告时，责任主体也可引用公约的规定。

（三）责任限制的条件

公约对两类责任主体，分别规定了不同的条件。即如果导致损害发生的事故是由于第一类责任主体的"实际过失或参与"所引起的，则责任主体不得限制责任；当导致损害发生的事故是由于第二类责任主体的"实际过失或参与"所引起时，责任主体仍可限制责任。但当第一类责任主体与第二类责任主体竞合时，即船长或船员同时又是船舶所有人、承租人、经理人或经营人时，则仅当导致损害发生的行为、疏忽或违反义务属于责任主体履行其作为船长、船员的相应职责时所为，责任主体方可限制责任，否则，不能限制责任。

（四）限制性债权

公约规定的限制性债权有三大类，并允许缔约国对第三类作出保留。这三类限制性债权为：

1. 船上所载人员的人身伤亡及船上所载财产的灭失或损坏。

2. 由于船舶所有人对其行为、疏忽或过失负责的船上或不在船上的任何人的行为、疏忽或过失引起的陆上或水上任何其他人的死亡或人身伤害，以及任何其他财物的灭失或损害，或任何权利的侵犯。

3. 有关清除残骸的法律所规定的及因起浮、清除或销毁沉船、搁浅船或弃船（包括船上的任何物品）所产生的任何义务或责任，以及因损坏港口工程、港池及航道所产生的任何义务或责任。

（五）非限制性债权

公约规定的不能限制责任的债权有：

1. 救助报酬或者共同海损分摊的债权。

2. 根据调整船舶所有人与其受雇人之间的雇佣合同的法律规定，船舶所有人不得限制责任或虽可限制责任但限额高于本公约规定的。至于油污及核损害的赔偿及责任限制问题，是在《1957年公约》通过之后才出现的新问题，因此，《1957年公约》不适用于此类损害的赔偿及责任限制问题。

（六）责任限额及基金分配

公约采用单一的金额制，对于单纯的人身伤亡赔偿，责任限制金额为每公约吨3100金法郎；对于单纯的财产损害赔偿，责任限额为每公约吨1000金法郎；当两种损害同时发生时，则分别按每公约吨2100金法郎和1000金法郎建立人身伤亡基金和财产损害基金。如人身伤亡基金不足以清偿实际发生的人身伤亡索赔时，不足部分与实际发生的财产损害索赔按比例分配财产损害基金。此外，公约还规定，要求责任限制的行为并不构成对责任的承认。

三、《1976年海事索赔责任限制公约》

《1957年公约》虽得到较为广泛的承认，但由于航运业的发展和通货膨胀的影响，使公约规定的责任限额显得越来越低。1972年发生了轰动航运界的"东城丸案件"（The Tojo Maru）——法院判决理由认为1957年公约中的责任主体未列明救助人，因此救助人造成的损害不适用责任限制。国际航运界开始意识到现行的船舶所有人责任限制制度已不能适应航运发展的需要。此外，自从1957年公约制定后，又相继通过了有关核能船舶事故和油污事故新的责任公约以及有关计算船舶吨位的丈量公约，有关责任限制的公约有必要与这些公约相协调。在这种背景下，国际海事组织经过充分的讨论和协商，制定了新的公约草案，并于1976年在伦敦召开的外交大会上获得通过，已于1986年开始生效。

"1976年公约"采用了"事故制度"及超额递减的"金额制度"，并以"特别提款权"作为计算单位，以《1969年船舶吨位丈量公约》确定的总吨作为计算责任限额的吨位，此外，公约还包括以下主要内容：

（一）适用的船舶

公约适用的船舶为"海船"。公约不适用于气垫船以及用于勘探或开采海底自然资源或底土的浮动平台。此外，公约还有两项特别规定：①对于内河船及300吨以下的船舶，缔约国可在国内法中另行规定；②对于钻井船或用于从事钻井的船，如果缔约国在其国内法中规定了高于公约的责任限额或者该国已成为有关此类船舶责任限制的公约的缔约国，则本公约不适用。

（二）责任限制主体

除了1957年公约规定的责任限制主体：即船舶所有人、承租人、船舶经营人、管理人之外，公约增加了救助人及其受雇人员和责任保险人。

（三）责任限制的条件

公约规定，如经证明，损害是由于负有责任的人有意造成或明知可能造成，但轻率地行为或不行为所致，他便无权限制其赔偿责任。"有意"和"明知可能造成而轻率地"都是指责任人在作为和不作为时，对损失的发生所具有的心理状态。"有意"是指希望损害结果的发生，"明知可能造成而轻率地"是指已经预见到自己的行为可能造成损害的结果，而放任其发生。与1957年公约相比，1976年公约表述更为明确，即只有当损害是责任人直接或间接故意的作为或不作为造成时，责任人才丧失享受责任限制的权利。

（四）限制性债权

公约规定可以享受责任限制的债权有：

1. 因发生在船上或船舶营运或救助作业直接造成的人身伤亡及财产损害灭失（包括对港口工程、港池、航道及助航设施的损坏）及其间接损失。

2. 海上货物、旅客或其行李的延误造成的损失。

3. 与船舶营运或救助作业直接相关的侵犯除合同权利之外的权利引起的其他损失的债权。

4. 为使沉船、残骸、搁浅或被弃船舶（包括船舶上的任何物件）的起浮、清除、毁坏或使之变为无害的债权。

5. 有关船上货物的清除、毁坏或使之变成无害的债权。

6. 有关责任人以外的任何人，为避免或减少责任人按公约规定可限制其责任的损失所采取的措施，以及该措施而引起的进一步损失的债权。

（五）非限制性债权

公约规定，对下列债权不得限制责任：

1. 救助报酬或共同海损分摊。

2. 有关1969年国际油污损害民事责任公约及其生效的修订或议定书规定油污损害。

3. 根据调整或禁止核损害责任限制的国际公约或国内法提出的债权。

4. 有关核能船舶所有人提出的核能损害债权。

5. 根据调整船舶所有人或救助人与其受雇人之间合同的法律规定，船舶所有人不得限制责任或虽可限制，但限额高于本公约规定的。

（六）责任限额及基金分配

1. 对于一般情况下发生的索赔，按船舶吨位分级计算。人身伤亡的责任限额分五级：①500吨以下的船舶，以333 000特别提款权为赔偿限额；②501吨至3000吨，每吨增加500特别提款权；③3001吨至30 000吨，每吨增加333特别提款权；④30 001吨至70 000吨，每吨增加250特别提款权；⑤超过70 000吨，每吨增加167特别提款权。财产损害的责任限额分四级：①500吨以下的船舶，以167 000特别提款权为赔偿限额；②501吨至30 000吨，每吨增加167特别提款权；③30 001吨至70 000吨，每吨增加125特别提款权；

④超过 70 000 吨，每吨增加 83 特别提款权。人身伤亡和财产损失同时发生，如人身伤亡的赔偿基金不足以赔偿损失，不足部分从财产损失赔偿基金中按两者比例赔偿。对于损害港口工程、港池、航道及其他助航设施的财产损害索赔，缔约国可以作出保留，在其国内法中规定：在不影响人身伤亡索赔清偿的前提下，这类财产损害索赔可优先于其他财产损害索赔而受偿。

2. 如果救助人在实施救助作业造成损害时，是在救助船上，则其责任限额按救助船的实际吨位计算；如果救助人没有使用救助船进行救助，如在飞机上或水中实施救助作业，或者只是在被救助船上实施救助作业，则其责任限额按总吨位 1500 吨的船舶计算。即人身伤亡的责任限额为 833 000 特别提款权，财产损失的责任限额为 334 000 特别提款权。

3. 对于旅客人身伤亡索赔的责任限制，公约规定，按船舶载客定额计算，每位旅客赔偿额为 4666 特别款权乘以旅客定额，所得的数额即为赔偿限额，但最高不得超过 2500 万特别提款权。

四、《1976 年海事赔偿责任限制公约》1996 年议定书

1996 年 5 月 3 日国际海事组织通过了《1976 年海事赔偿责任限制公约》议定，将赔偿限额再次提高，该议定书于 2004 年 5 月 13 日生效。议定书将发生一次事故可获得的赔偿数额大约提高了 2~5 倍。详见下表：

表 11-2 人身伤亡赔偿请求额度

船舶吨位（总吨）	人身伤亡赔偿请求（SDR）	其他赔偿请求（SDR）
不超过 2000 吨	200 万 SDR	100 万 SDR
每吨增加额（总吨）		
2001~30 000	800SDR	400SDR
30 001~70 000	600SDR	300SDR
70 000 以上	400SDR	200SDR

【本章小结】

海事赔偿责任限制制度是海商法一项特殊的法律制度，享受责任限制的主体包括船舶所有人、承租人、经营人、救助人、责任保险人，还包括受船舶所有人、承租人、经营人、救助人雇佣的人。海事赔偿责任限制权利是有条件的权利，在损失是由责任人的故意或者明知可能造成损失而轻率地作为或者不作为造成的情况下，责任人无权限制赔偿责任。

【思考及练习】

1. 海商法中的损害赔偿与民法中的损害赔偿有什么不同？

2. 国际上有关海事索赔责任限制的制度有哪几种？

3. 我国海商法规定的责任限制主体有几类？责任主体是否在任何情况下均能限制责任？

4. 依我国海商法的规定，哪些债权可以成为限制性债权？

5. 海事赔偿责任限制与《海牙规则》中的单位责任限制有哪些不同？

6. 我国海商法在海事赔偿责任限制的责任限额上与《1976 年海事赔偿责任限制公约》有哪些不同的规定？

7. 为什么有关共同海损的债权不能成为限制性的债权？

【拓展阅读书目】

1. 何丽新、谢美山：《海事赔偿责任限制研究》，厦门大学出版社 2008年版。

2. 万鄂湘主编：《最高人民法院关于审理海事赔偿责任限制相关纠纷案件的若干规定条文理解与适用》，大连海事大学出版社 2013 年版。

3. 何丽新、王沛锐："论'海事赔偿责任限制'章节修订中的三大问题"，载《中国海商法研究》2019 年第 1 期。

4. 吴勇奇、吕辉志："当事人申请设立油污损害赔偿责任限制基金的处理"，载《人民司法》2019 年第 29 期。

5. 雍春华："论海商法中两种赔偿责任限制制度冲突与协调——以'CMA Djakarta'轮案为分析路径"，载《海峡法学》2018 年第 3 期。

6. 傅廷中："海事赔偿责任限制与承运人责任限制关系之辨"，载《中国海商法研究》2018 年第 2 期。

第十二章

海上保险合同

本章学习目的与要求

通过本章的学习，学生应了解海上保险的种类，海上保险合同的内容，海上保险合同的订立解除、转让和终止、海上保险的保险单、海上保险的索赔与理赔等基本内容，重点掌握海上保险合同订立的基本原则、中国人民保险。

本章关键词

公司海洋货物保险的主险、附加险和除外责任　绝对诚信保险利益　近因原则　保险金额　保险价值　平安险　水渍险一切险

■第一节　海上保险概述

一、海上保险的意义及沿革

海上保险（Marine Insurance），俗称水险，指保险人以集中起来的保险费，承保并赔偿被保险人因海上危险而造成的船舶、货物及其他财产的损失和费用支出的保险方式。根据海上保险合同约定，保险人也承保被保险人对第三方的民事赔偿责任。海上保险是现代保险业的起源，是最古老的财产保险制度。

关于海上保险的起源，大致有两种说法：

1. 共同海损说。共同海损制度是海商法中最古老的制度，它的实质是凡为共同利益而遭受的损失，应由受益方共同分摊。共同海损的起源可以追溯到公元前 9 世纪古希腊。当时罗得海法（The Rhodian Sea Law）已有了这样的规定："凡因减轻船舶载重投弃入海的货物，如果是为全体利益而损失的，必须由全体分摊归还。"这种由大家共同承担危险，为了大家的利益遭受损失时，由全体负责进行经济补偿的规定，具有互助保险的性质，可以说是海上

保险的萌芽。

2. 船舶抵押贷款说。大约在公元前 800 年至公元前 700 年，有一种船舶冒险抵押贷款制度。为了筹措船舶的营运资金，船东常以其船舶作为借款的抵押，如船舶安全抵达，本利均须偿还。如果船舶因海上风险灭失，则债权即告终止。由于贷款人承担的风险很大，所以这类贷款的利息比一般贷款的利息高得多，其超过一般利率的那一部分，已具有保险费的性质。所以，也有人认为这种船货冒险抵押贷款制度是最早形式的海上保险。

现代意义的海上保险始于 14 世纪的意大利[1]，当时意大利的一些港口城市，如热那亚正处于西欧和东方进行贸易的中心，商品经济发展很快，大量的海上贸易要求海上保险有相应的发展。海上保险逐渐成为一种普遍的活动，并开始使用保险单。随着资本主义萌芽的出现，1435 年，西班牙的巴塞罗那颁布了一项法令，使西方海运业务的保险系统化，这是世界上最早的海上保险法。19 世纪的欧洲海运国家都把海上保险列为海商法的重要组成部分或开始制定单项法规。

英国是世界上保险业最发达、保险法律制度最完善的国家之一。英国于 1906 年制定了《海上保险法》，是世界上影响最大的一部海上保险法。英国长期以来一直是国际保险业务的中心，著名的劳埃德保险会社（Lloyd's Association），就是以 17 世纪时一家咖啡馆的名字命名的，由于当时许多从事航海贸易的商人云集其间洽谈运输与保险业务，后来发展成为保险业的中心，并于 19 世纪取得法人资格，是现今世界上最大的保险垄断组织之一。它除了承担国际海上保险业务外，还承办许多其他的保险业务。[2]

目前，在国际保险市场上，各国的保险组织或保险公司根据各自的需要，一般都制定自己的保险条款。例如，英国有伦敦协会条款，美国有美国学会条款。由于历史的原因，英国的伦敦学会条款在国际海上保险市场上使用最为广泛，影响也最大。许多国家的保险条款都是参照伦敦协会条款的内容制定的，而且对条款的具体解释也大体相同。

我国在 19 世纪后期开始出现海上保险业。最早的保险公司是英国人创办的。清政府曾责成"招商局"在上海先后成立仁和、济和两家保险公司，后合并为仁济和保险公司。此后中外商人又相继在我国国内兴办了多家保险公

---

〔1〕　1384 年 3 月 24 日，在意大利比萨签订的一份运送货物的保险单上明确写着，凡"海上灾害、天灾、火灾、抛弃、王子的拘禁、捕捉"均属承保危险，具有现代海上保险单的基本内容。这张印有老虎标志的"老虎"保险单，是迄今发现的最早的现代意义上的海上保险单。转引自司玉琢主编：《海商法》，法律出版社 2003 年版，第 364 页。

〔2〕　吴焕宁主编：《海商法学》，法律出版社 1996 年版，第 312 页。

司，1949 年 10 月，中国人民保险公司成立，开始经营国内外保险业务。随着改革开放的不断深入，在我国又出现了多家保险公司。太平洋保险公司、平安保险公司等一些新成立的保险公司目前也开始发展海上保险业务。保险的范围不断扩大，从运输货物保险和船舶保险，发展到海上石油勘探开发保险，从一般的财产保险发展到责任保险，以致海上活动中的人身保险。

现在我国的《海商法》《保险法》[1] 已经颁布，比较完整的海上保险体系也正在逐渐形成。

二、海上保险的种类

海上保险属于财产保险的范畴，是对自然灾害和意外事故所造成的财产损失的一种补偿方法。随着海上保险业的迅速发展，海上保险的范围日益广泛，一般来说，凡可能遭受海上风险的财产（如船舶、货物）、期得收入（如运费、佣金）及对第三方的所负的责任（如船舶碰撞责任、油污责任），都可以作为保险标的向保险人投保，以便在保险标的因发生承保范围内的危险而遭受损失时，从保险公司得到经济上的补偿。

海上保险的种类很多，从不同的角度可作不同的分类：

（一）按保险标的分类，可分为船舶保险、货物保险、运费保险和责任保险

1. 船舶险（Hull Insurance）。船舶保险中的船舶，指船壳、船机和船舶属具。在国际保险市场上，船壳和船机是可以分别投保的，但我国，各航运公司投保船舶险，习惯把船壳、船机和属具作为一个保险标的来投保。

船舶保险包括正在营运的船舶保险、在修船舶的保险、停泊船舶保险和在建船舶的保险。根据船舶保险的期限不同，船舶保险可分为定期保险和航程保险。定期保险通常指某一特定时期的保险和航程保险，大多为一年。航程船舶保险指某一个或几个特定航次的保险。

2. 货物保险（Cargo Insurance）。货物运输保险是国际贸易中一项重要的内容，其保险费往往是商品价格中的一个组成部分。这里的货物，系指船舶

---

〔1〕《海商法》于 1992 年 11 月 7 日由第七届全国人民代表大会常务委员会第二十八次会议通过，1993 年 7 月 1 日正式施行。《保险法》于 1995 年 6 月 30 日由第八届全国人民代表大会常务委员会第十四次会议通过，自 1995 年 10 月 1 日施行。2002 年 10 月，针对我国加入世贸组织承诺对保险业的要求，全国人大常委会对保险法进行了修正，修正内容重在保险业法部分。这是保险法的第一次修改，修改后的保险法从 2003 年 1 月 1 日起正式实施。2002 年修法基本未涉及保险合同法部分，而这部分内容却是目前保险法律关系中产生纠纷最多的领域。2004 年 10 月，中国保监会会同有关部门正式启动保险法第二次的修订工作。2009 年 2 月 28 日，审议通过了第二次修订的保险法，并已于 2009 年 10 月 1 日施行。本书所称《保险法》均指 2009 年修订后的保险法。

上所运输的商品、物品或其他可以计价的有形财产。旅客行李若经特别约定，也可包括在内。

海上货物保险，一般为航程保险。其保险期间，依保险条款而定，如"仓至仓"条款规定从起运地仓库至收货人仓库。另依货主投保的范围，可分为：平安险、水渍险、一切险等。

3. 运费和其他期得利益保险。货物运费，是承运人完成运输行为后应得的报酬，运费的支付条件分为预付和到付两种。习惯上，无论货物是否运达目的地，预付运费一般不予退还，所以承运人一般对预付运费无可保利益，这一部分运费或由货主单独投保，或直接作为货价之一部分投保。到付运费的收取以货物送达目的地为条件，这一部分运费面临航程中的风险，承运人可就其向保险人投保航程险。根据惯例，保险人仅承保"全损"，即当载货船舶或货物全部灭失，运费收取权全部丧失时，保险人方负责赔偿。

除运费外，还有其他期得利益也可以作为保险的标的。它包括船舶租金、船员的工资和其他报酬，货物到达目的地的预期利润、旅客票款、船舶和货物的增值、保险费等。这些期得利益分别由各受益人安排保险，或单独投保，或列入其他保险标的保险合同中。

4. 责任保险。所谓责任，系指船东、货主或其他利害关系人在海上航行、生产作业过程中因发生海损或其他事故造成的对第三者的赔偿责任，或根据合同应负的赔偿责任。如船舶碰撞中的损害赔偿责任、海洋污染责任等。这些第三者责任，或由利害关系人单独投保，或在其他保险合同中加列条款投保。在我国长期的保险实践中，对第三人的责任险是作为有形保险标的附加险的，如碰撞责任险作为船舶保险的附加险。因此，对第三人的责任险能否单独投保，将取决于保险人是否开设此项保险业务而定。

（二）按保险价值分类，可分为定值保险和不定值保险

1. 定值保险。定值保险是指当事人事先确定保险标的的价值，并在合同中载明。保险人按照该约定的价值确定保险金额作为收取保险费和赔偿计算的依据。当保险标的遭受损失时，不论保险标的的实际价值如何，保险人只按定值保险合同上确定的固定保险金额作为最高限额。

2. 不定值保险。不定值保险是指保险人和被保险人双方对保险标的事先不约定保险价值，当保险标的遭受损失时，以保险标的的当时的实际价格作为计算赔偿的金额基础。由于海上保险标的具有流动性的特点，不同的地点出险可能核定出不同的价值。因此，货物保险均采用定值保险，船舶保险则采用不定值保险。

（三）按保险期限分类，可分为航程保险、定期保险和混合保险

1. 航程保险是指保险人根据合同规定，承保约定的港口之间的一次航程、往返航程或多次航程为保险责任起止期间。如"自天津港货物装上船舶时起，至船舶抵达英国伦敦货物卸离船舶时止"。在海上保险实践中，货物运输保险使用这种合同较为常见。

2. 定期保险合同。定期保险是指保险人和被保险人约定一段时间，作为保险的期限。如"2010年1月1日至2011年1月1日"。定期保险不能笼统地写明保险期为"半年或1年"，而应写明具体的起止时间，否则容易产生争议。保险合同一般写明"自中午12时起至中午12时止"，如不写明，则以当天的零时为准。

3. 混合保险，即将上述两种方式同时使用，例如，保险合同规定"从天津至伦敦及抵达后30天"。

（四）按承保方式分类，可分为流动保险、预约保险

1. 流动保险。流动保险是保险人和被保险人约定一个总的保险额度，用以承保多次运输的货物。因为流动保险的保险总金额是固定的，是按照保险人与被保险人在签订流动保单时双方约定的固定费率表估算的，并在签订合同时预付，待保单终止时最后结算。被保险人将每次出运货物的详细情况向保险人申报，并从总的保险金额中减去每批发运货物的保险金额，直到总的保险额度用完为止。当保险额度用完时，保险人的保险责任也就终止了。这种保险在某种程度上方便了货物的被保险人，他可以就需要长期分批运送的同类货物一次投保，而不必逐笔投保。在使用流动保险时，保险人为了保护自己的利益，通常在流动保单中规定"单船限额""地点限额""船级条款"和"保单注销条款"。使用流动保单，被保险人和他的经纪人需要特别小心，注意保险人的责任是在不断减少，超过流动保单规定保险金额的货物可能会因疏漏而得不到保障。[1]

2. 预约保险。它是保险人与被保险人事先签订一个保险合同，规定在约定的范围内的风险，均由保险人自动承保，最后进行结算的保险。这种保险主要适用于货物运输保险，而且是可以适用长期的、大量投保的被保险人使用的合同。预约保险合同通常是以原始承保的形式签订的。根据合同约定投保人将保险标的逐笔向保险人申请，保险人再根据投保人的需要分别签发保险单。

预约保险中，如果延迟或者因疏忽而遗漏通知，被保险人仍需补办，即

---

［1］ 魏润泉、陈欣：《海上保险的法律与实务》，中国金融出版社2001年版，第59~60页。

使在补办当时保险标的已经受损，保险人仍予负责。同样地，保险人事后发现被保险人疏漏通知，即使发现时，保险标的已安全抵达目的地，被保险人仍需缴付保险费。对于经常有货物运输的公司采用此形式，一可防止漏保，二能方便客户，不必逐笔谈保险条件。

预约保险与流动保险的区别在于：流动保险实际上是被保险人买入了一张定时又定值的保险单，每批出运金额加起来的总和达到总保险金额时，保险人的责任即告终止。而预约保险的保险责任是由双方在协议中约定的范围来规定的，只要一方不通知对方终止合同，对于协议范围内的保险责任，保险人均负责赔偿。

■第二节　海上保险合同订立的基本原则

一、最大诚信原则（Utmost Good Faith）

缔结和履行合同应出于诚实信用，这是一项基本的准则。对于一般的商业行为而言，在契约自由的原则下买方自己也须当心，所以说这里的诚实信用是相对的。

海上保险合同则不同，海上保险合同所要求的不是一般的相对的诚实信用，而是最大限度的诚实信用，即最大诚信或绝对诚信。因为在海上保险中，保险人主要听凭被保险人的介绍，而后决定是否接受保险及决定保险费率的高低，被保险人交纳少量的保险费就可能获得巨额的赔偿。这种合同的不平等性、履约的或然性和风险性质使保险人处于不利的境地，最大诚信是保证公平交易的需要。

最大诚信原则（Utmost Good Faith）最早出现在英国 Mansfield 法官对于 Carter v. Boehm[1] 一案的判决中，此后一直为英国司法实践所援用，后作为海上保险合同的基本原则，为英国《1906 年海上保险法》所确立。最大诚信原则体现于海上保险合同签订、履行的全过程中，该原则主要约束被保险人，但同样适用于保险人。

根据我国《保险法》第 16 条、《海商法》第 222 条、英国《1906 年海上保险法》第 18~20 条的规定，被保险人在洽谈签订保险合同的过程中，必须就保险标的的重要情况向保险人或其代理人如实告知，正确陈述，并遵守自己所作的保证。

---

〔1〕 Carter v. Boehm (1766) 3 Burr 1905.

（一）如实告知

如实告知，是指被保险人在订约时应将所了解的有关保险标的的重要事实或情况主动、明白地告诉保险人。何谓重要事实，根据1906年英国海上保险法的规定，是指一个谨慎的保险人在决定承保与否或确定保险费率时可能依据的事实。即判定重要事实的标准有两个：①是否会对保险人接受投保，即与被保险人达成保险合同产生影响；②是否会对保险人按何种费率收取保费产生影响。只要满足其中之一，该事实即为重要事实。

世界各国保险法在决定一个事实是否属于重要事实时，基本上都采用了与1906年英国海上保险法相同的标准。例如，我国《海商法》第22条规定：重要事实是指"有关影响保险人据以确定保险费率或是否同意承保的重要情况"。强调被保险人应将保险标的的重要事实告知保险人就在于，海上保险的主要保险标的是船舶或货物，在投保时可能已经离开了港口，或者保险人无法对其进行控制。保险标的的危险状况，也只有投保人或被保险人最了解，保险人只能依赖投保人或被保险人的正确陈述，这是保险人据以估计、判断保险标的发生危险的程度，以及是否愿意承保和收取保险费率高低的基础。

由于各国在关于保险人未作询问时，被保险人是否仍负有告知义务规定不一，所以有"无限告知义务"和"询问告知义务"的区分。从我国法律规定来看，一般保险合同中的告知义务和海上保险合同中的告知义务是不同的。在一般保险合同中，投保人承担的是"询问告知义务"，即保险人如果就保险标的或者被保险人的有关情况提出询问，投保人才必须如实告知[1]。而在海上保险合同中，投保人的告知是主动性义务，无需保险人提出询问。

当投保人或者被保险人违反如实告知义务时，其应当承担下列法律后果："投保人故意或者重大过失未履行前款规定的如实告知义务，足以影响保险人决定是否同意承保或者提高保险费率的，保险人有权解除合同"；"投保人故意不履行如实告知义务的，保险人对于合同解除前发生的保险事故，不承担赔偿或者给付保险金的责任，并不退还保险费"；"投保人因重大过失未履行如实告知义务，对保险事故的发生有严重影响的，保险人对于合同解除前发生的保险事故，不承担赔偿或者给付保险金的责任，但应当退还保险费。"

可见，2009年《保险法》对于投保人或被保险人未履行告知义务，保险人的合同解除权有了明确细致的规定：首先，对投保人未如实告知的原因从

---

〔1〕《保险法》第16条第1、2款规定：订立保险合同，保险人就保险标的或者被保险人的有关情况提出询问的，投保人应当如实告知。投保人故意或者因重大过失未履行前款规定的如实告知义务，足以影响保险人决定是否同意承保或者提高保险费率的，保险人有权解除合同。

"过失"改为"重大过失";其次,增加了合同解除权的行使期限,保险人的合同解除权"自保险人知道有解除事由之日起,超过 30 日不行使而消灭";最后,根据弃权和禁止反言[1]原则,增加了"保险人在合同订立时已经知道投保人未如实告知的情况的,保险人不得解除合同;发生保险事故的,保险人应当承担赔偿或者给付保险金的责任"[2]。既然保险公司或其代理人在合同订立时已经知道投保人未如实告知的情况,或者投保人在合同订立时已告知保险公司或代理人足以影响承保或提高费率的情况,保险公司仍决意承保,则意味着其放弃了合同解除权。既然已经放弃该合同解除权,根据诚实信用原则,应适用禁止反言原则,保险公司不得解除合同。这些变化或新增的规定,在最大诚信原则的基础上平衡了保险合同双方的利益。

2009 年《保险法》对保险人的告知义务也进行了强化,该法第 17 条第 1 款规定:"订立保险合同,采用保险人提供的格式条款的,保险人向投保人提供的投保单应当附格式条款,保险人应当向投保人说明合同的内容。"特别是针对保险合同中出现免责条款的情况,该条特别强调"保险人在订立合同时应当在投保单、保险单或者其他保险凭证上作出足以引起投保人注意的提示,并对该条款的内容以书面或者口头形式向投保人作出明确说明;未作提示或者明确说明的,该条款不产生效力"。此处修改将"明确说明"与一般的保险凭证上的提示语相区别,要求保险人以书面或口头为投保人进行有效说明,捍卫投保人的知情权,有利于最大诚信原则的贯彻。

(二) 履行保证

履行保证,最大诚信原则还要求投保人不得违反其所作的担保。也就是说,在订立保险合同时,被保险人必须信守其对保险人所作的明示的或默示的承诺。如果被保险人违反这一担保,保险人对保险标的遭受的损失也将不负责任。以船舶保险为例,一般投保人必须对航行区域、船级、船舶适航性等作出保证,而且不得违反。例如,被保险人保的是太平洋航线,但后来去了大西洋、印度洋等作环球航行,如果在英国的海区出事了,这时被保险人就已经破坏了保证条款,保险人有权拒赔[3]。

保证作为普通法系国家海上保险法中的一个重要概念,是保险合同订立的前提或者条件。英国《1906 年海上保险法》在第 33 条第 1 款和第 2 款涉及

---

〔1〕 "弃权"是保险合同一方当事人放弃他在保险合同中可以主张的某种权利,通常是指保险人放弃合同解除权与抗辩权。"禁止反言"是指保险合同一方既然已放弃他在合同中的某种权利,以后就不得再向他方主张这种权利。2009 年《保险法》借鉴了英美保险法上的弃权与禁止反言制度。

〔2〕《保险法》第 16 条第 6 款。

〔3〕 管敏正:《国际货运与海商法》,上海译文出版社 1996 年版,第 141 页。

保证的认定。第1款给出保证的概念：保证是指被保险人所做出的承诺性保证（promissory warranty），即被保险人承诺去做或者不做某一特定事项，或者承诺履行某一条件，或者是肯定或者否定某特定事实状态的存在。保险人要求被保险人承诺某种保证的主要原因在于，使被保险人能确保良好的管理状态，确保未经保险人同意不得从事超过约定风险的活动。在保险合同的履行过程中，被保险人不能破坏保证，一旦破坏保证，就会导致保险单失效。

保证条款有明示保证（express warranty）与默示保证（implied warranty）之分[1]。明示保证表现为合同条款。《1906年海上保险法》第35条第1款明确规定：明示保证无需采用正式或者技术性的文字形式，只要求条款本身能反映出当事人双方希望将其作为保证的意图，并不要求一定适用"warranty"或者"warranted"的文字，在JKirkaldy & Sons Ltd V. Walker[2]一案中，法官在合同条款中没有使用任何"warranted"措词的情况下，仍然认定明示保证的存在，要求被保险船舶拖带检验。虽说明示保证没有具体内容上的要求，但是《1906年海上保险法》第35条第2款对形式提出要求：明示保证应当列入或者写进保险单，或者列入保险单所附的文件中。

默示保证是一个争议不断的问题。对于何种内容应该纳入默示保证的范围，各国的法律和学界的观点并不一致。一般认为英国《1906年海上保险法》规定了两种默示保证：适航保证和合法性保证。也有学者认为第46条规定的航程保险中不得绕航的保证也属于默示保证的一种。

英国《1906年海上保险法》第33条第3款规定：……除保单中另有明文规定外，从被保险人违反保证之日起，保险人解除责任，但不妨碍在违反保证之前产生的任何责任。这一立法确立了违反保证将使保险人对违反保证后发生的风险损失不负赔偿责任的后果，但它没有对解除责任的方式作出明确规定，这使实践中是否需要保险人解除后果的意思表示才能解除赔偿责任存在着不同的理解，这一问题在1991年的"The Good Luck"[3]案中得到明确的解释。

【案例研习】"The Good Luck"

"The Good Luck"号和其他几条船的船东用从原告银行借来的钱购买了船舶，每条船都有保险，其条款规定，除另有规定之外，船东在没有通知保险人及银行之前，应担保它免遭各种风险，包括战争险，不做任何可能损害保

---

〔1〕　MIA1906 s 33（2）："A warranty may be express or implied."

〔2〕　[1999] Lloyd's Rep. 1R 410.

〔3〕　[1991] 2 Lloyd's Rep. 191.

险的事，特别是不允许船舶进入战争区。所有保险利益被指定给银行。通过与被告保险人（"保赔协会"）订立海上保险合同，对每一艘船的船体、机械等进行了投保。第 20 条赋予保赔协会具体解释"额外增加保费区域"的权利，第 25 条规定，保赔协会应有权禁止船舶去往指定的地方（"禁区"），并且每个保险应被视为包含船东的保证，所有的禁止条款应得到遵守。原告银行取得了抵押人的利益保险。根据保险合同中的"损失支付条款"和合同的第三段，如果保赔协会停止保险，应立即告知银行。在 1981 年 11 月，保赔协会开始注意到，船东在没有通知保赔协会或银行的情况下，故意把他们的船开到其他额外收费区和禁区（additional premium areas and prohibited zone）。保赔协会没有采取任何措施说服船东立即停止他们的活动或遵守规则，或通知银行船东的行为。在 1982 年 4 月，船东要求其重新安排贷款并从银行增加贷款。在 1982 年 5 月和 6 月，"The Good Luck"进入额外保费区域，然后去了禁止的区域阿拉伯海湾地区，在 6 月 6 日被伊拉克导弹击中，构成推定全损。

　　由于违反保证，保险人拒绝赔偿。银行以保险人没能迅速通知其已停止承保致使其继续向被保险人贷款为由起诉保险人。本案争论的焦点在于"保赔协会从何时起停止承保该船。银行认为，保赔协会在违反保证之时即在银行追加贷款之前便停止承保该船；而保赔协会则认为，保赔协会是在由于船舶所有人违反保证而决定解除保险合同之时即在银行追加贷款之后才停止承保该船"[1]。在本案中，如果将违反保证作为一般合同法中的违反合同对待，则正如保赔协会所认为，违反保证仅赋予保险人解除合同的权利。如果保险人仅享有违反保证而解除合同的权利，那么由于保赔协会在银行进行贷款时尚未选择解除合同，致使合同仍然有效即船舶仍在承保，则银行进行追加贷款之前，保赔协会并未违反其通知银行的义务。上述"违反保证仅赋予保险人解除合同权利的观点曾被英国上诉法院所接受，但没有被上议院所采纳"[2]。在本案中，上议院 Goff 勋爵在判词中分析了英国 MAI 1906 的规定后指出，"这些话很明了，他们表明保险人解除责任是自动的，且并不依赖保险人所做出的任何终止合同的决定，尽管根据第 34 条第 3 款，保险人可以就违反保证弃权"。从此，正式确立了违反保证之日起保险人的赔偿责任自动解除的规则。

---

　　〔1〕　王欣："论违反海上保险合同中的保证的法律后果"，载中国海商法协会主办：《中国海商法年刊》，大连海事大学出版社 2001 年版，第 66~67 页。

　　〔2〕　J. Milier，"Continuing Warranties-Court Reviews Nature of Contract Terms"，Insurance Day 2000.

《海商法》第235条规定："被保险人违反合同约定的保证条款时，应当立即书面通知保险人。保险人收到通知后，可以解除合同，也可以要求修改承保条件、增加保险费。"此外，《保险若干规定》第6条规定："保险人以被保险人违反合同约定的保证条款未立即书面通知保险人为由，要求从违反保证条款之日起解除保险合同的，人民法院应予支持。"第7条规定："保险人收到被保险人违反合同约定的保证条款的书面通知后仍支付保险赔偿，又以被保险人违反合同约定的保证条款为由请求解除合同的，人民法院不予支持。"第8条规定："保险人收到被保险人违反合同约定的保证条款的书面通知后，就修改承保条件、增加保险费等事项与被保险人协商未能达成一致的，保险合同于违反保证条款之日解除。"

二、保险利益原则（Principle of Insurable Interest）

在有关海上保险的经典判例 Lucena V. Craufurd 案[1]中，Lord Eldon 认为，可保利益是"保险财产中的权利，或从有关该财产的合同中延伸出来的权利。这种权利将会因为影响被保险人占有或使用该财产的某些事项的发生而丧失"。英国《1906年海上保险法》（MIA 1906）确认了这一概念及相关原则和制度。MIA 1906 关于可保利益原则和制度的规定被绝大多数国家的保险法律所接受。

保险利益，又称为可保利益。我国《保险法》第12条规定："……财产保险的被保险人在保险事故发生时，对保险标的应当具有保险利益。……保险利益是指投保人或者被保险人对保险标的具有的法律上承认的利益。"法律上承认的利益，是指根据法律规定以及合法有效的合同而产生的利益。在财产保险合同中，投保人或被保险人对保险标的因保险事故的发生以致保险标的受到损害的利害关系，或因保险事故的不发生而免受损害的利害关系，均可成立保险利益。《海商法》虽未对保险利益原则作出规定，但不可否认，保险利益原则对于海上保险合同同样起着指导性的作用。

设立保险利益原则的主要功能在于：①排除利用保险进行赌博；②防止道德风险的发生。保险利益具有以下特点：①保险利益必须是合法的利益。不合法的利益，为法律所禁止的事项所产生的利益，保险公司不应予以承保。例如，对盗窃的海上财产投保，即使保险公司不知情予以承保，了解实际情况后有权解除保险合同或拒绝赔偿损失。②保险利益必须是一种确定的、可实现的利益。保险利益无论是既得利益或是预期利益，都必须是可以确定的、客观存在的、能够实现的利益，而不是仅凭主观臆测或推断可能获得的利益。

---

〔1〕 (1806) 2 B& PNR 269.

例如，船东对船舶具有所有权和使用权等，其利益随物权的存在而产生。若是预期利益，虽然在签订合同时尚不存在，但只要它是客观上可以实现的，并且在保险事故发生前或发生时是可以确定的，则可以成为保险利益，如承运人对运费的利益。③保险利益必须是可以计算的经济利益。财产保险以补偿损失为主要目的，而不是恢复原状或物质补偿，即保险人保障的是被保险人在经济利益上的损失，如果损失不是经济上的利益，不能用金钱来计算，则损失无法填补。

近年来，各国关于保险利益的规定出现了从法律上可保利益向经济上可保利益的转化。如果强调保险标的跟被保险人之间必须具有法律上的利益关系，会制约保险功能的发挥，不能适应现实经济的需要。突出的例子是 FOB、CFR 装船前货物保险面临的困境。在 FOB、CFR 贸易条件下的买方可以在货物装船前进行投保，但如果货损发生于货物在装货港越过船舷之前，则虽然持有保单，且保单含有仓至仓条款，买方不能从保险公司取得赔款，因为货物在装港越过船舷前风险与所有权均属卖方，买方无利害关系，因而无可保利益。为此，在一些国家，它已经或正在被经济可保利益所替代[1]。

【案例研习】FOB 下买方对货物的保险利益

2000 年 11 月 15 日，湖北省技术进出口公司（以下简称技术进出口公司）委托大通国际运输有限公司湖北分公司（以下简称大通公司），向湖北财产保险公司（以下简称保险公司）为技术进出口公司在加拿大购买的一套数字数据网络设备（FOB 坎拿他）办理运输保险。16 日 8 时，被保险货物在加拿大渥太华市被盗。12 月 21 日，技术进出口公司向保险公司提出索赔请求，遭拒成讼[2]。

武汉中院一审判决：技术进出口公司作为基础合同的买方，作为服务合同的投保人与作为保险标的的数字数据网络设备之间存在利益关系，表现为技术进出口公司的利益因保险事故发生而受到损害，因保险事故不发生而得以保全。技术进出口公司对保险标的所享有的保险利益是一种可以确定的经济利益。保险公司赔偿原告技术进出口公司经济损失。

保险公司不服，向湖北省高院提起上诉。湖北省高院认为：《中华人民共和国保险法》（未修正）第 11 条第 2 款规定："投保人对保险标的的不具有保险利益的，保险合同无效。"（现已被修正）这一规定为法律的强制性规定。本

〔1〕 邢海宝："经济可保利益研究"，载《现代法学》2005 年第 3 期。

〔2〕 中国人民保险公司湖北省分公司与湖北省技术进出口公司保险索赔纠纷案，湖北省高级人民法院民事判决书，[2002] 鄂民四终字第 11 号。

案中，技术进出口公司是否具有保险利益取决于其对买卖合同项下货物承担的风险，而承担的风险及其起始时间又取决于买卖合同约定的价格条件。买卖合同约定，价格条件是 FOB 加拿大 Kanata，该条款的相关解释适用《国际商会贸易术语解释通则》（INCOTERMS 1990）。根据该通则，FOB 仅适用于海运或内河运输。鉴于二审庭审中保险公司和技术进出口公司均陈述加拿大 Kanata 既非海港亦非空港，故买卖合同项下的货物不可能在加拿大 Kanata 装上海轮或飞机。根据意思自治原则，合同有约定的以合同约定为准。因此，确认本案中 FOB 加拿大 Kanata 价格条件的真实意思应结合买卖双方在合同中选择的货物公路、航空联合运输方式及凭空运提单和其他单据结汇的付款方式，从整体上予以判断。同时，不论保险合同的条款作何约定，均不能改变买卖合同双方对权利义务的约定。故保险合同载明的工厂交货对确定投保人对保险标的物是否具有保险利益没有法律意义。判决：撤销一审判决；判定被上诉人技术进出口公司与上诉人保险公司签订的保险合同无效；保险公司退还技术进出口公司保险费；驳回技术进出口公司的诉讼请求。

再审法院认为，本案中，二审以航空运输和卖方持有空运提单及信用证结汇方式作为判断的依据，并结合双方的举证及实际履行情况，认定本案诉争的保险标的物在灭失前，其风险并未转移给技术进出口公司，即技术进出口公司在保险标的物灭失时不具有保险利益并无不当。

对于被保险人不具有保险利益的法律后果，《保险法》第48条规定："保险事故发生时，被保险人对保险标的不具有保险利益的，不得向保险人请求赔偿保险金。"可见，按《保险法》的规定，被保险人不具有保险利益的，并不当然导致保险合同无效，只是不能向保险人请求赔偿保险金。

三、损失补偿原则（Principle of Indemnity）

英国《1906年海上保险法》第1条和我国《海商法》第216条都明确地将海上保险合同确认为赔偿合同。在英国判例法上，还将赔偿原则当作海上保险合同的首要原则。赔偿原则具有明确的内容，主要有以下三个方面：

（一）及时赔偿

及时赔偿是保险人的一项法定义务，《海商法》第237条对及时赔偿作了原则性规定，而《保险法》第23、25条则有具体的规定。据此，保险人必须在与被保险人达成赔偿协议后10日内支付保险赔款。在遇到复杂情况不能在以上时间内赔付的，应在被保险人提出赔偿后60日内，根据被保险人提供的证据、材料可以确定的最低数额先予支付，待最终确定赔偿数额后，应当支付相应的差额。如果保险人未能在以上期限内履行赔付义务的，除支付赔偿金外，还应当赔偿被保险人因此受到的损失。

及时赔偿不仅是对保险人的要求，同时也约束被保险人。及时赔偿的前提是被保险人及时通知并提供全部证据和材料，否则，保险人可以不负赔偿责任。伦敦保险人协会 1995 年《船舶定期保险条款》第 13 条第 1 款即是关于被保险人索赔期限的规定，它要求被保险人应当在知道损失发生的当天立即通知保险人，如果被保险人未在损失发生后 12 个月内通知保险人，除非保险人有相反的书面意见，保险人对于根据该保险或该事故引起的灭失或损害的赔偿责任自动免除。中国人民保险公司 1988 年《国内船舶保险条款》也曾作类似的规定。

（二）全部赔偿

保险人对被保险人因保险事故造成的损失，应给予全部赔偿，而不能作任何扣减。但是，全部赔偿是以被保险人足额投保为前提的，因此，"不足额保险"和海上保险合同中订立"免赔额"条款的情况除外。

全部赔偿是指对被保险人损失的全部赔偿，不包括被保险人为防止或减少损失而支付的必要的合理费用。为确定保险事故的性质、程度而支出的检验、估价的合理费用，以及为执行保险人的特别通知而支出的费用，是由保险人另行支付的。

（三）赔偿实际损失

由于海上保险合同是一种补偿性合同，因此，被保险人获得的保险赔偿当然不得超过其实际损失，但法律特别认可的除外，如"定值保险"。全部赔偿与赔偿实际损失虽然都以保险金额为限，但前者强调的是"不得少赔"，而后者强调"不得多赔"。因为少赔与多赔都与赔偿原则不相吻合。所以，保险人只有按全部赔偿和赔偿实际损失原则给予赔偿，才能真正使被保险人恢复到损失发生前的经济状况。[1]

四、近因原则（Principle of Proximate Cause）

近因原则是指保险人赔偿的损失应该是保险事故直接的，为主要原因所造成的损失。

在海上保险中，损失原因的确定对于决定保险人是否应当承担海上保险合同所规定的保险责任是至关重要的。保险人对海上保险合同项下赔付责任的履行，既不完全取决于是否发生了承保风险，也不完全取决于是否产生了承保损失，而是取决于在符合海上保险合同规定的前提下，承保风险与承保损失之间的因果关系。英国《1906 年海上保险法》规定：保险人对以承保危险为近因的损失承担赔偿责任，对承保危险非近因所造成的损失不承担赔偿

---

〔1〕 沈木珠：《海商法比较研究》，中国政法大学出版社 1998 年版，第 387 页。

责任。近因原则并不是海上保险所专有的原则，但它却是海上保险中一个十分重要的基本原则。

在实践中，常常遇到的损失是由多种原因造成的，这时，以何种标准作为确定某项原因与损失具有最直接的因果关系，也即损失的主要原因则是问题的关键。

明确近因概念的重要海上保险案例是 1918 年 Leyland Shipping Co. Ltd. v. Norwich Union Fire Insurance Society Ltd.[1]。在这个案例中，一艘叫做"艾丽亚号（Ikaria）"的船于 1915 年 1 月 30 日被敌人潜艇的鱼雷击中。该船的水险保单承保了海上危险，但把"一切敌对行为或类似战争行为的后果"作为除外责任。该船在拖轮的协助下抵达了法国勒阿弗尔港（Le Havre）并靠泊，如果一直在此靠泊，该轮本来可以获救。但港口当局担心该船会沉没以致堵塞港口，强令其移至港外或防波堤旁。船长只能服从命令将船停靠在防波堤外，由于海床不平及该轮前半部被鱼雷击伤，每次低潮时均被搁浅，两天后该船沉没了。保险人认为损失的近因是鱼雷，属于除外责任。被保险人则主张，时间上最后造成损失的原因才是近因（时间标准），认为船舶的沉没是由于停靠在防波堤边反复搁浅造成的，因而属于承保范围。

上议院否定了以时间先后来判定近因的"时间标准"，并进而提出了效力上占主导地位者为近因的"效力标准"。上议院大法官 Lord Shaw 在该案中对近因原则作了精辟的论述。他说：什么是近因？近因不是指时间上的接近，真正的近因是指效果上的接近，是导致承保损失的真正有效的原因。近因所表示的是对结果产生作用最有效的因素。如果各种因素或原因同时存在，要选择一个作为近因，必须选择可以将损失归因于那个具有现实性、决定性和有效性的原因。在此，近因原则中"时间"概念被"有效性"概念所取代。[2]

■第三节　海上保险合同

一、海上保险合同的定义和性质

《海商法》第 216 条第 1 款规定："海上保险合同，是指保险人按照约定，对被保险人遭受保险事故造成保险标的的损失和产生的责任负责赔偿，而由被保险人支付保险费的合同。"

---

〔1〕　1918, A. C. 350；（1918~1919）All E. R. Rep. 443.
〔2〕　沈木珠：《海商法比较研究》，中国政法大学出版社 1998 年版，第 382 页。

英国《1906年海上保险法》第1条也规定：海上保险合同是指保险人按照约定的承保范围和险别，对被保险人的损失，即海上风险所致的损失负责赔偿的合同。从上述定义，我们可以看出，海上保险合同具有如下性质：

（一）海上保险合同是一种典型的射幸合同（Contract Upon Speculation）

射幸合同是一种碰运气的机会性合同。保险合同的射幸性即机会性这一特征，是由保险事故的偶然性决定的。因为保险人所承担的危险发生与否是不能确定的，即存在某种危险因素，可能发生危险。不可能发生或肯定要发生的危险，不能构成保险危险。保险费与赔偿金额的关系是依据概率计算出来的，投保人交付的保险费与将来保险人的赔偿责任之间不可能像买卖合同那样等价交换。在保险期间内如果保险标的发生损失，投保人（被保险人）从保险人那里就可以得到远远超过其所支付的保险费的赔偿金额；反之，如无保险事故发生，则投保人只付保险费而无任何收入。保险人的情况正好与此相反：当发生保险事故时，它所赔偿的金额必然大于其所收取的保险费；如无事故发生，则只享有收取保险费的权利，而无赔付的义务。

（二）海上保险合同是补偿性合同（Contract of Indemnity）

这是财产保险合同的一项重要特征，即合同双方权利义务关系主要是指向对于被保险人可能遭遇危险的财产利益进行保险保障。区别买卖合同以转移标的物所有权为目的，运输合同以承运方完成运输劳务为目的，海上保险的目的是补偿被保险人的经济损失，即表现为把被保险人的损失转嫁给保险人，使被保险人恢复到未受损前的经济地位。

（三）海上保险合同是一种双务有偿合同

海上保险合同是双务的和有偿性质的。被保险人的义务是给付保险费，保险人的义务是对约定的损失、损害或责任予以赔偿。

（四）海上保险合同是绝对诚信合同（Contract of Utmost Faith）

民事活动应遵循诚实信用原则，鉴于保险关系的特殊性，法律对于诚实信用的要求程度远远大于其他民事活动。因为保险人主要依据投保人对保险标的的告知来决定是否承保和保险费率的高低。如果投保人欺诈或隐瞒，就很可能导致保险人判断失误和上当受骗。所以保险合同又被称为绝对诚信合同，或最大诚信合同。

（五）海上保险合同是附意合同（Contract of Adhesion）

海上保险合同的保险一般是保险人单方拟就和预先印制的，投保人签订保险时，通常按照保险人事先制定好的格式条款为条件，投保人只能就这些条款所规定的条件表示愿意与否，而不能提出修改意见（特约承保除外），即没有讨价还价的余地。

二、海上保险合同的主要内容

海上保险合同，是指保险人按照约定，对被保险人遭受保险事故造成保险标的的损失和产生的责任负责赔偿，而由被保险人支付保险费的合同（《海商法》第216条）。其主要内容包括：

（一）保险人名称（Insurer or Underwriter）

保险人即为保险合同中收取保险费，并依合同约定，承担赔偿责任的一方当事人。保险人有多种形式，包括保险公司、互助协会和保险个体，其中保险公司的数量最多，保险个体仅存在于英国。在中国承担海上货物运输保险的公司有中国人民保险公司及其分公司、太平洋保险公司和平安保险公司等。

（二）被保险人名称（Insured Assured）

被保险人是在保险事故发生造成财产损失时有权依保险合同取得赔偿的人。在国际货物运输中，被保险人一般是货物所有人或收货人。

（三）保险标的（Subject-Matter Insured）

这指保险合同中载明的投保对象，包括凡是可能遭受海上风险的财产，如船舶、船舶属具、货物或其他财产、期得的收入及对第三方所应负的责任都可以作为标的向保险公司投保。我国《海商法》第218条规定，下列各项可以作为保险标的：①船舶；②货物；③船舶营运收入，包括运费、租金、旅客票款；④货物预期利润；⑤船员工资和其他报酬；⑥对第三人的责任；⑦由于发生保险事故可能受到损失的其他财产和产生的责任、费用。

（四）保险价值（Insurable Value）

这是被保险人投保的财产的实际价值。投保人在投保时需要说明所要投保的标的的价值，而准确确定标的的实际价值是很困难的，因此，保险价值通常是由被保险人与保险人协商确定的。它可能是也可能不是保险标的的实际价值。

保险价值可分为定值保险和不定值保险，不定值保险指保险人与被保险人不约定保险价值，在保险合同中载明保险金额，出险后再核定保险标的的实际价值，并据以赔偿被保险人的损失的保险。定值保险指保险人与被保险人约定保险标的的价值，并依该价值确定保险金额，收取保险费的保险。

依照《海商法》第219条的规定，保险标的的保险价值由保险人与被保险人约定。双方未约定的，应按照下列规定计算：

1. 船舶的保险价值，是保险责任开始时船舶的价值，包括船壳、机器、设备的价值，以及船上燃料、物料、索具、给养、淡水的价值和保险费的总和。

2. 货物的保险价值，是保险责任开始时货物在起运地的发票价格或者非贸易商品在起运地的实际价值及运费和保险费的总和。

3. 运费的保险价值，是保险责任开始时承运人应收运费总额和保险费的总和。

4. 其他保险标的的保险价值，是保险责任开始时保险标的的实际价值和保险费的总和。

（五）保险金额（Insured Amount）

这指保险人与被保险人商定的保险人承担损失补偿的最高责任限额。如果保险价值等于保险金额则称为足额保险（Full Insurance）。足额保险的情况下，保险人对于标的部分损失足额补偿。如保险价值与保险金额均为100万，发生承保风险引起的部分损失30万，扣除免赔额后足额赔付。如果保险金额低于保险价值则称为不足额保险（Under Insurance）。不足额保险保险单，保险标的发生全损时，赔偿保险金额，部分损失比例赔付。如果保险价值100万，保险金额80万，发生30万的部分损失，保险人赔偿30万的4/5，另外扣减免赔额。

保险金额不能高于保险价值，否则无效。

（六）保险费（Premium）

保险费是被保险人向保险人缴付的费用，保险费的计算是以保险金额乘以保险费率。下面，我们以CIF价格为例看保险费的计算方法：

（成本+运费）×保险费率=保险费（1）

由于保险费（1）也要保险，使该笔保险费在货物受损时也能得到补偿，因此：

保险费（1）×保险费率=保险费（2）

应收的保险费=保险费（1）+保险费（2）

为了使预期的利润在标的出险时也能得到补偿，因此，一般均允许对此部分利润进行加成保险，但此项加成一般不应超过110%，经保险加成后，实收的保险费为：

应收保险费×保险加成（一般为110%）＝实收保险费

（七）保险责任和除外责任（Risks Covered and Exclusions）

保险责任是指保险合同规定的保险人承保的风险范围。它明确了保险人的赔偿责任。保险人承保的风险可以分为保险单上所列举的风险和附加条款加保的风险两大类，前者为主要险别承保的风险，后者为附加险别承保的风险。在主要险别承保的风险中，从内容上又可将其分为海上风险和人为因素造成的风险。海上风险包括自然灾害和意外事故。前者指由于台风、雷电、海啸、地震等自然原因引起的灾害。后者指船舶碰撞、触礁、沉没、搁浅等意外事故。人为因素造成的风险如盗窃、投弃、罢工、船员的不法行为等。附加条款加保的风险是须经特别约定保险人才承保的风险，此类风险不能单独承保，必须附在主要险别的项下。海洋运输货物保险的附加风险有一般附加险、特别附加险和特殊附加险三类。

除外责任是指依法律规定或合同规定，保险人不负赔偿责任的风险范围。所谓风险就是可能发生，也可能不发生。如果该风险必然发生则保险人是不承保的，因此，自然损耗这种必然发生的风险，保险人通常会约定不予承保。市价跌落引起的损失属于间接损失，保险人也往往将其列入除外责任的范围。此外，被保险人的故意行为或者过失造成的损失，属于发货人责任引起的损失等不是由于自然灾害、意外事故或者约定的人为风险引起的损失，保险人也不予承保。

（八）保险期间（Duration of Insurance Coverage）

保险期间，又称保险责任的责任起讫，指保险人承担保险责任的存续期间。在此期间发生保险事故致保险标的损害的，保险人承担保险责任，否则保险人不予赔偿。我国的船舶保险有定期保险和航次保险两种，定期保险期限最长为1年，起止时间以保险单上注明的日期为准，一般从起保日的零时起至终保日的午夜24时止；航次保险的期限以保险单订明的航次为准，不载货船舶的起止时间自起运港解缆、起锚时起至目的港抛锚或系缆完毕时止，载货船舶的起止时间自起运港装货时起至目的港卸货完毕时止，但自船舶抵达目的港当日零时起最多不得超过30日。我国的货物保险是航次保险，即用航次来规定保险期限，中国人民保险公司1981年《海洋运输货物保险条款》订明保险公司承担责任的起止时间为"仓至仓"。

三、海上保险合同的订立、解除、转让和终止

（一）海上保险合同的订立

在英美等国，保险合同由被保险人通过保险经纪人作为代理人来签订。保险经纪人出具承保单，保险人在承保单上签字，保险合同即告成立。保险经纪人缴纳保险费并从保险人处收取佣金。我国《保险法》也规定了保险经纪人制度。但是在我国保险实务当中，海上保险合同大多由被保险人直接向保险人提出保险要求，经保险人同意承保，并就海上保险合同的条款达成协议后，合同即告成立。保险人应当及时向被保险人签发保险单或者其他保险单证，并在保险单或者其他保险单证中载明当事人双方约定的合同内容。

（二）海上保险合同的转让

海上保险合同的转让，是指被保险人将其合同让与给第三人，而由受让

人取代被保险人地位的法律行为。因此，海上保险合同的转让是合同主体的变更。

我国《海商法》第229条和第230条分别规定了海上货物运输保险合同和船舶保险合同的转让条件。

1. 海上货物运输保险合同的转让。由于海上货物运输范围广，流动性强，货物在运输中物权转让经常发生，被保险人的变更对运输途中的损失风险不具有实质性的影响。因此货物运输保险合同的转让无须经保险人同意。如果是记名保险单，可经被保险人背书转让；如果是不记名保险单，则自被保险人交付受让人之时转让。保险合同转让后，权利义务随之转移。合同转让时尚未支付保险费的，被保险人和合同受让人负连带支付责任。

2. 船舶保险合同的转让。一般来说，保险单不能随意转让，保险单的转让必须征得保险人的同意才能生效，因为保险人承保标的的风险程度与被保险人的个人因素有关。不同的被保险人，保险合同约定的承保条件常常不同。特别是在船舶保险合同中，船舶所有权移转可能改变船舶管理状况，从而影响到承保风险及保险费用，因此这类保险合同的转让须经保险人同意。因此，《海商法》第230条规定，因船舶转让而转让船舶保险合同的，应当取得保险人同意。未经保险人同意，船舶保险合同从船舶转让时起解除；船舶转让发生在航次之中的，船舶保险合同至航次终了时解除。

（三）海上保险合同的变更

投保人和保险人可以协商变更合同内容。变更保险合同的，应当由保险人在保险单或者其他保险凭证上批注或者附贴批单，或者由投保人和保险人订立变更的书面协议。[1]

（四）海上保险合同的解除

海上保险合同，除经当事人协商一致可以解除外，保险人或者被保险人还可以依法单方解除合同。

保险人可以依法单方解除海上保险合同的情形有：①被保险人违反告知义务（见《海商法》第223条）；②被保险人违反保证条款（见《海商法》第235条）；③被保险人谎称发生了保险事故或故意制造保险事故（见《保险法》第27条）；④投保人、被保险人未按照约定履行其对保险标的的安全应尽的责任（见《保险法》第52条）；⑤被保险人未按照合同约定及时通知保险人保险标的的危险增加的情况（见《保险法》第49、52条）；⑥未经保险人同意，转让船舶保险合同（见《海商法》第230条）。

[1]《保险法》第20条。

保险责任开始前，投保人要求解除合同的，应当按照合同约定向保险人支付手续费，保险人应当退还保险费。保险责任开始后，投保人要求解除合同的，保险人应当将已收取的保险费，按照合同约定扣除自保险责任开始之日起至合同解除 3 日上应收的部分后，退还投保人。（《保险法》第 54 条）

四、海上保险合同双方当事人的权利和义务

（一）被保险人的义务

1. 支付保险费。这是被保险人的最主要义务，他必须按保险合同的规定，交纳保险费。按照《海商法》第 234 条的规定："……被保险人支付保险费前，保险人可以拒绝签发保险单证。"

2. 据实陈述。订立保险合同时，被保险人应主动、诚实地将保险标的情况，以及所面临的风险如实告知保险人，当保险人询问时，应据实陈述不得遗漏和隐瞒，以便保险人决定是否承保并确定保险费之费率。若有违反，保险人可以解除合同，而不承担保赔责任。

3. 危险通知和尽力施救。被保险人应恪尽职责，尽力保证保险标的物的安全，当知道保险标的物遭受保险事故后，应当尽快通知保险人，并且采取必要的合理措施，尽力施救，避免损失扩大。被保险人若收到保险人有关施救的通知，应当按照通知执行。若保险标的物的损失应由第三者负责，被保险人应立即向该第三者进行索赔，否则，保险人可免除赔偿责任。

4. 请求赔偿。保险合同成立后，被保险人的保险利益就有了保障，一旦发生危险事故，并导致保险标的物损害，被保险人便可请求赔偿，除获得保险标的物损害的赔偿外，被保险人对保险标的物进行施救和按照保险人指示行事所支付的合理费用，以及向第三者追偿的费用，均可向保险人索赔，取得赔偿后，应将向第三者追偿的权利和必要文件转让给保险人。

（二）保险人的主要义务

1. 签发保险单。保险单是保险人已接受保险的书面承诺，也是被保险人据以索赔的凭证。保险人在保险合同成立之时或之后须及时签发保险单。

2. 支付赔偿金。保险人对被保险人的保险标的在承保期间和范围内因承保的海上危险或事故所造成的损害负责赔偿，是保险人的主要义务。

保险人赔偿保险事故造成的损失，以保险金额为限。保险金额低于保险价值的，在保险标的发生部分损失时，保险人按照保险金额与保险价值的比例负赔偿责任。

为了维护社会的公共秩序和公平交易的基本原则，法律和合同一般规定了若干保险人免除赔偿责任的事项：

（1）被保险人故意造成的损失。例如，货物保险、托运人、收货人故意造成的损失。

（2）由于航行迟延、交货迟延或者行市变化，或货物的自然损耗、本身的缺陷和自然特性，以及包装不当造成的货物损失，保险人不负赔偿责任。

（3）因船舶开航时不适航，但是在船舶定期保险中被保险人不知道的除外，以及船舶自然磨损或者锈蚀等原因造成保险船舶损失的，保险人不负赔偿责任。

■第四节　海洋货物运输保险险别

一、海洋货物运输保险的主要险别

主要险别指可以独立承保，不必附加在其他险别项下的险别。中国人民保险公司海洋运输货物保险的主要险别有三种，即平安险、水渍险和一切险。

（一）平安险

平安险一词是我国保险业的习惯用语，来源于国际保险市场的" Free From Particular Average（F. P. A.）"，原意是"不负责单独海损"，即保险人只对因海损事故和自然灾害造成的货物全部损失承担赔偿责任，而不负责单独海损。但是在今天的海上保险实务中，平安险不负单独海损责任的原则已经有所改变。保险人对于特定意外事故（如搁浅、触礁、沉没、焚毁等）所引起的单独海损亦予以承保。

该险别的责任范围包括：

1. 被保险货物在运输途中由于恶劣气候、雷电、海啸、地震、洪水等自然灾害造成整批货物的全部损失或推定损失。根据这项规定，保险人所负的保险责任是指被保险货物在运输途中由于恶劣气候、雷电、海啸、地震、洪水这5种自然灾害造成整批货物的全部损失或推定损失，除此之外的其他灾害如霜冻等，造成被保险货物的损失，保险人概不负责。

这里所说的恶劣气候是一种自然灾害，它不是一般的、常见的、可预测的气候条件，而是船舶在海上偶然遭遇的不常见的、未能预测的、不可抗拒的气候条件，它足以使船舶破裂、倾覆、浸水，使货物潮淋、倒垛、散包。另外，在不同时间、不同地点，恶劣气候的构成标准也有所不同。例如，在冬季的太平洋水域航线上，气候条件一般均为风力8级以上，浪高10米，此时的气候条件虽然恶劣，但确是可以预防的，所以不构成该条款中所指的恶劣气候。如果保险货物因此受损，则保险人不负责赔偿。而在春季的太平洋水域航线上，气候条件一般均为风力2~3级，浪高2~3米，如果船舶在海上突然遭遇风力8级、浪高10米的气候条件，则构成本条款所指的恶劣气候，因此造成被保险货物的损失，保险人应负赔偿责任。

全部损失指保险标的的完全灭失。全部损失的含义可以理解为：一张保险单上的货物全部损失；一张提单上的货物全部损失；一条驳船上的货物全部灭失。例如，一张保险单承保的货物分三张提单出运，如一张提单项下的货物全部损失，保险公司按全损赔偿。如一张提单上的货物分四批驳运，一条驳船上的货物全部损失即视为全损，保险公司也按全损赔偿。

而对整批被保险货物的部分损失，即整批被保险货物的一部分而非全部发生损失，保险人不负责赔偿责任。

2. 由于运输工具遭受搁浅、触礁、沉没、互碰、与流冰或其他物体碰撞及失火、爆炸等意外事故造成货物的全部或部分损失。意外事故指运输工具遭遇的外来的、不可预料的事故。可以看出，与第 1 项相比，在发生"自然灾害"时，保险人只赔偿全部损失，而在发生"意外事故"时，保险人既赔偿全部损失又赔偿部分损失。此点已突破了传统的平安险只赔偿全部损失的范围。平安险在这一点上的让步实际上与出险率有关。在发生自然灾害时，灾害对保险标的的破坏程度高，所以，只有在发生全损时才予以赔偿，如被保险人希望在发生部分损失时也能得到赔偿，应当多交一些保险费，投保对自然灾害引起的"部分损失"承担赔偿责任的水渍险。但在发生意外事故的情况下，如平安险也规定只有在发生全损时才赔偿，则对被保险人就显得不公平，因为在发生意外事故时出现全损的情况远远少于发生自然灾害的情况，因此，现在的平安险还只是在意外事故的部分损失上退了一步，对于自然灾害造成的部分损失仍然不予赔偿。

3. 在运输工具已经发生搁浅、触礁、沉没、焚毁等意外事故的情况下，货物在此前后又在海上遭受恶劣气候、雷电、海啸等自然灾害所造成的部分损失。如果货物致损的原因中既有自然灾害，又有意外事故，则保险人对因此而造成的部分损失承担赔偿责任。

4. 在装卸或转运时由于一件或数件整件货物落海造成的全部或部分损失。这是为了鼓励被保险人积极施救被保险货物而作出的规定。平安险对于此项整件落海的损失予以赔偿是视其为一个全损。以前，保险公司在对此项整件落海的损失进行理赔时需要认定货物确实全部损失了才进行赔偿。后来为了防止被保险人不积极地对保险标的进行抢救，保险公司又退了一步，只要发生了整件落海的事实，不论该保险标的是否发生了全损，保险人均承担赔偿责任。例如，棉纱整件落入海中，根据以前的理赔方法，如将其捞上来了即不认为是发生了全损，保险人不予赔偿。于是在发生此种情况时，被保险人往往不愿打捞落海的棉纱。而依据现在的做法，保险公司不论该保险标的是否打捞并得到了保全，只要发生了整件落海的事实，保险人就予以赔偿。

5. 被保险人对遭受承保责任内危险的货物采取抢救、防止或减少货损的措施而支付的合理费用，但以不超过该批货物的保险金额为限。为了避免或减少应由保险人赔偿的损失而由被保险人、其雇佣人员或代理人采取必要措施而合理支付的费用，保险人负责赔偿。但为了被保险人自己的方便或本身的利益，或为了避免或减少并非由保险人承保的风险所引起的被保险货物的损失所采取的措施而支出的费用，保险人不负赔偿责任。

保险人赔付费用的最高限额为被保险货物的保险金额，但这是由保险人在被保险货物的保险金额之外另行支付的费用。如果保险金额低于保险价值，即在不足额保险的情况下，除保险合同另有规定外，保险人应按保险金额与保险价值的比例支付。

6. 运输工具遭受海难后，在避难港由于卸货所引起的损失，以及在中途港、避难港由于卸货、存仓及运送货物所产生的特别费用。第6项所称的特别费用，与第5项所述的施救费用是有区别的，它是指运输工具遭受海难后，为了货物安全或续运，在中途港、避难港卸货、存仓、转运所产生的直接、合理的费用，如雇佣工人的费用等，保险人负责赔偿。

海难是海上风险的一种，它是海上固有的风险，但并非包括航海所发生的一切灾难或意外事故。海难仅指与海洋有关的意外事故或者自然灾害，这种意外事故或者自然灾害不仅要发生在海上，而且还须由于海洋的原因而发生。如沉没、碰撞、触礁、飓风及一般偶发的灾难，而火灾、爆炸、战争、海盗、抢劫、盗窃、抛弃、船长和船员的不法行为等均不是海难。

7. 共同海损的牺牲、分摊和救助费用。共同海损的牺牲、分摊和救助费用均属于部分损失，这些损失应当由各受益方来分担。被保险人的此项分摊额可以从平安险中得到补偿。

8. 运输合同订有"船舶互撞责任"条款，根据该条款规定，应由货方偿还船方的损失。在双方均有责任的碰撞中，船上所载货物的货主向本船承运人要求赔偿的成功率不高，因为货物运输合同往往规定承运人对于航行过失有免责的权利。于是货主往往依据连带侵权的理论向对方船东请求100%的赔偿。对方船东在赔偿之后，就会向本船船东要求偿还本应由本船船东承担的那部分赔偿。这样，本船船东就间接地赔偿了本船的货主。为了符合货物运输合同的规定，在提单中常常加入"船舶互撞责任"条款，规定货主应将通过对方船的船东取得的那部分赔偿还给本船船东。这样，货主无论是通过合同关系，还是通过侵权关系均不能取得全额的损失补偿。

第8项规定的内容就是将这部分货方无法从船方取得的补偿转由保险人

来承担，但在不足额保险的情况下，保险人则按承保比例承担。

由于平安险是海上货物运输保险中责任最小的一种险别，其保险费率也最低，一般适用低值、粗糙、无包装的大宗货物，如木材、矿砂、废钢材等的海上运输。

（二）水渍险（With Particular Average，简称 W. P. A）

水渍险即负责单独海损的赔偿。水渍险的责任范围包括平安险承保的全部责任，还包括被保险货物在运输过程中，由于恶劣气候、雷电、海啸、洪水以及地震等自然灾害造成的部分损失。

水渍险是一种习惯叫法，并非是被保险货物遭受到水渍损失，保险人都负责赔偿。事实上，该险种的责任范围除包括平安险的各项责任外，还包括被保险货物由于恶劣气候、雷电、海啸、地震、洪水这 5 种自然灾害所造成的部分损失。这项损失在平安险下保险人是不负责赔偿的，而在水渍险项下，保险人负责赔偿。

水渍险一般适用于不易损坏或不因生锈而影响使用的货物，如五金材料、旧的汽车、机械、机床、散装金属原料等。

（三）一切险（All Risks，A. R.）

一切险承保的责任范围除包括平安险和水渍险的全部责任外，还负责被保险货物在运输中由于外来原因所致的全部或部分损失。它是海上货物运输保险中承保范围最大的一种基本险别。

要注意的是，一切险并非承保一切风险所致的被保险货物的损失，而只是承保列明的 11 种外来原因所致的全部或部分损失。这 11 种外来原因是指偷窃提货不着、淡水雨淋、短量、混杂玷污、渗漏、碰损破碎、串味、受潮受热、钩损、包装破裂、锈损等。

在实践中，由于保险人和被保险人对 PICC "一切险"承保范围的认识不一致，常常引起争议。

例如，在海南丰海粮油工业有限公司（以下称粮油公司）诉中保财产保险有限公司海南省分公司（以下称中保海南公司）一案中，粮油公司向中保海南公司投保了由"哈卡"轮所运载的由印度尼西亚杜迈港至中国洋浦港的4999.85 吨四海牌桶装棕榈油，投保险别为"一切险"。"哈卡"轮自杜迈港开出后却失去音讯。其船东承运上述货物后，以未收到租金为由将船上的一部分货物转运销售，对其余 3688.93 吨货物在将船名改为"伊莉莎 2 号"后，走私到中国广东汕尾，后被广东省边防局以走私为由予以没收。中保海南公司以出险货物不在一切险的承保范围为由拒赔，原因是走私货物被没收是政府行为，属于战争险的承保范围之内，显然是除外责任；其他货物是交货不到所致，属于特别附加险之承保范围。粮油公司遭拒赔后向海口海事法院提起诉讼。海口海事法院判决：保险标的的损失是由于"哈卡"轮船东的盗卖和走私行为造成的，属于原告所不能预测和控制的"外来原因"，属于原告所投保的"一切险"的承保条件，因此判决保险人承担保险责任。中保海南公司不服且上诉至海南省高级法院。海南省高级法院认定一切险的承保范围包括平安险、水渍险和普通附加险（即偷窃提货不着险、淡水雨淋险、短量险、玷污险、渗漏险、碰损破碎险、串味险、受潮受热险、钩损险、包装破裂险、锈损险），从而判令中保海南公司胜诉，推翻了原审判决。[1]

二、海上保险合同的附加险和特别附加险

海洋运输货物的附加险是投保人在投保主要险时，为保障主要险范围以外可能发生的某些危险所附加的保险。附加险又可分为一般附加险、特别附加险和特殊附加险三大类。

（一）一般附加险

一般附加险承保各种外来原因造成的货物全部损失或部分损失，是保险人在主要责任范围基础上扩展的责任。外来原因指不必与自然因素或运输工具联系起来的原因。附加险别不能单独承保，它必须附于主险项下。如果已经投了一切险，就不必再加保一般附加险，因为一切险已包括了所有附加险承保的责任。在投保平安险和水渍险时，可依货物的具体情况加保附加险。例如，在运输茶叶时，即可在投保水渍险的基础上，加保串味异味险。

一般附加险包括：

1. 偷窃、提货不着险（Theft Pilferage and Non Delivery，简称 T. P. N. D.）。在保险有效期间，保险货物遭到偷窃或者运输工具抵达目的地后，对于整件货物短交的损失，保险人负赔偿责任。提货不着是指货物的全部或整件未能交付给收货人。整件提货不着必须是不明原因、不明踪迹的提货不着。为了便于确定责任，对于因偷窃引起的损失，被保险人应在及时提货后 10 日内申请检验。对于提货不着的损失，被保险人应向责任方索取短交证明，否则，保险人不负责任。

2. 淡水雨淋险（Fresh Water and/or Rain Damage，简称 F. W. R. D.）。承保直接由于淡水或雨水所致货物的损失，包括船汗、船上淡水舱、水管漏水等。由于海洋运输货物保险的平安险、水渍险只负责海水不负责淡水所致的损失，因此，淡水雨淋是扩展平安险和水渍险的附加责任。

〔1〕 张贤伟、吕越瑾、李昕："论 PICC 货物'一切险'条款的承保范围"，载《中国海商法年刊》1998 年第 9 卷。

　　为了区分责任，在请求赔偿时，应有确定淡水所致损失的证明，如化验是否有盐的成分等。该附加险要求被保险人及时提货，并在提货后 10 日内申请检验，否则，保险公司不负赔偿责任。

　　3. 短量险（Risk of Shortage）。承保货物数量短少的损失。对有包装的货物必须有外包装发生破裂等异常现象，以识别是否是外来因素所造成的。散装货物则以装船重量和卸船重量的差额作为损失依据，但不包括正常途耗。

　　4. 混杂沾污险（Risk of Intermixture and Contamination）。承保货物在运输途中，由于混进杂质或其他物质相接触而被沾污所引起的损失。例如，矿砂、滑石粉等混进泥土、碎石而影响质量，布匹、纸张等接触油脂、带色物质引起沾污等损失。

　　5. 渗漏险（Risk of Leakage）。承保流质、半流质、油类货物在运输过程中因容器损坏而引起渗漏的损失，或是用液体贮存的货物因液体渗漏而使货物发生变质、腐烂等损失。用液体储装的货物如湿肠衣、酱渍菜、腌制食品等，一旦发生储液渗漏就会造成损失，如果加保了渗漏险，保险人负赔偿责任。

　　6. 碰损破碎险（Risk of Clash and Breakage）。承保货物在运输途中因震动、碰撞、受压造成的破碎和碰撞损失。碰损主要指金属器皿、搪瓷品等受到震动、挤压、碰击等造成货物本身的凹痕、划痕、脱瓷等损失。破碎主要针对易碎品而言，如玻璃、陶器因震动、颠簸等造成的破碎。

　　7. 串味险（Risk of Odour）。承保货物在运输过程中因受其他带有异味物品的影响所造成的损失。一般食品、中药材、香料最易发生这种损失，例如，茶叶和皮张堆放在一起，皮张中的畜味或者保护皮张的樟脑味串及茶叶。

　　8. 受潮受热险（Damage Caused by Sweating and Heating）。承保货物在运输过程中，由于气候突然变化或船上通风设备失灵，使船舱内的水汽凝结而引起货物受潮或发热而变质的损失。

　　9. 钩损险（Hook Damage）。承保袋装、捆装货物在运输过程中，由于装卸或搬运工人操作不当，使用钩子将货物钩破造成的损失，包括对包装进行调换所支付的费用。常发生这类损失的货物有捆装棉布、卷筒纸、袋装粮食等。

　　10. 包装破裂险（Loss for Damage Caused by Breakage of Packing）。承保货物在运输过程中，因搬运或装卸不慎、包装破裂造成短少、沾污、受潮等损失。此外，为了运输安全需要而产生的修补或调换包装所支付的费用也予负责。

　　11. 锈损险（Risk of Rusting）。承保金属或金属制品在运输过程中，因生锈而造成的损失。但对运输过程中很容易自然生锈的物质，如铁丝、钢绳、水管零件等，以及必然会生锈的裸装金属板、块、条等，保险人一般不保此险。

（二）特别附加险

特别附加险必须附属于主要险别项下，该险对因特殊风险造成的保险标的的损失负赔偿责任。特别附加险与一般附加险的区别在于，一般附加险属于一切险的范围，保了一切险，就不必再附加任何一般附加险；而特别附加险承保的责任已超出了一切险的范围，其致损原因往往与政治、行政等人为因素联系在一起。特别附加险包括：

1. 交货不到险（Failure to Deliver）。承保被保险货物从装上船时起6个月内不能运抵原定目的港交货的损失。这种交货不到与提货不着险是不同的。它往往不是运输上的原因而是政治上的因素所造成的。例如，禁运、在中途港被另一国家强迫卸货等。该险要求被保险人要获得进口货物所需要的一切许可证，保险公司才予以赔偿。交货不到险是一种特别附加险，对运输或战争险项下可以赔付的损失，不予负责。例如，货物因捕获、拘留等原因不能运抵目的港，这种损失由保险公司在战争险中负责赔偿，不应包括在本险责任范围内。由于交货不到很可能是所保货物并未实际遭受损失，所以特别要求被保险人在索赔时应将货物的全部权益转移给保险人。

2. 进口关税险（Import Duty Risk）。进口关税险是指被保险货物到达目的港后，因遭受保险单（主险）责任范围以内的损失，而被保险人仍须按完好货物完税时，保险公司对该项货物损失部分的进口关税负赔偿责任。对于受损货物的进口关税，有些国家规定可以按其价值减税或者免税，例如，《中华人民共和国进出口关税条例》第45条规定，对在境外运输途中或者起卸时，遭受损坏或者损失的进口货物，海关可以酌情减免税。但也有些国家规定对受损或者短少的货物仍需要按完好价值完税。在货物运往的目的国法律规定对受损货物的关税不予减免时，应加保进口关税险。

3. 舱面险（On Deck Risk）。承保被保险货物存放舱面时因被抛弃或者冲击落水造成的损失。有些货物由于体积大、有毒或根据航运习惯，只能装载于舱面，"舱面险"就是为解决这部分货物的保险需要。由于装载于舱面的货物极易受损，遭受海水浸湿、雨淋的情况更是经常发生，因此，保险人只愿意在平安险的基础上加保舱面险，以免责任过大。

4. 拒收险（Rejection Risk）。承保货物在进口时，不论何种原因在进口港被进口国的政府或有关当局拒绝进口或没收所造成的损失。保险人一般按货物的保险价值赔偿。如果货物在起运后，进口国宣布实行任何禁运或禁止命令，保险人则负责赔偿运回到出口国或转口到其他目的地而增加的运费，最多不得超过该批货物的保险价值。如果在货物发运前，进口国已宣布禁运或禁止，保险人则不承担责任。

在投保该险时，被保险人应保证：①被保险货物的生产、质量、包装和商品检验必须符合产地国和进口国的有关规定；②被保险货物应具备进口所需要的一切特许证或者许可证。否则，货物遭拒收就是必然的了。为了避免保险公司的责任过大，保险人对于被保险货物由于市价跌落、记载的错误、商标或标的错误、贸易合同或其他文件错误或遗漏所造成的被拒绝进口或没收，不负赔偿责任。

5. 黄曲霉素险（Aflatoxin Risk）。承保某些含有黄曲霉素食物因超过进口国对该毒素的限制标准而被拒绝进口、没收或强制改变用途而遭受的损失。黄曲霉素是一种致癌毒素，发霉的花生、油籽、大米里往往含有这种毒素。各国一般规定了进口这类货物中黄曲霉素的限制标准，一旦超标，就会拒绝进口，或没收或强制改变用途。被保险人若加保了这种附加险，保险人就会按照被拒绝进口或被没收的部分货物的保险价值或改变用途所造成的损失负责赔偿。实际上这是一种专门原因的拒收险。

6. 出口货物到香港或澳门存仓火险（Fire Risk Extension Clause for Storage of Cargo at Destination Hong Kong, including Kowloon or Macao）。这是一种扩展存仓火险责任的保险，主要承保出口到香港（包括九龙在内）或澳门的货物，自卸离运输工具后，如直接存放在保险单所载明的过户银行指定的仓库时，可延长保险单对存仓火险的责任。

该期限自运输责任终止时开始，直至银行收回押款解除对货物的权益后终止，或自运输责任终止时起满 30 天为止，以首先发生者为准。如所保货物，卸离运输工具后没有存放于保险单载明的过户银行所指定的仓库，而存入其他仓库，保险公司不负责任。

（三）特殊附加险

特殊附加险包括海洋运输货物战争险和货物运输罢工险。

1. 海洋运输货物战争险。该险不能独立承保，必须附加于主险项下，该险负责赔偿下列损失：

（1）直接由于战争、类似战争行为和敌对行为、武装冲突或海盗行为所致的损失。

（2）由于战争等上述行为引起的捕获、拘留、扣留、禁制、扣押所造成的损失。

（3）各种常规武器，包括水雷、鱼雷、炸弹所致的损失。

（4）战争险责任范围引起的共同海损的牺牲、分摊和救助费用。

战争险的除外责任有：①由于敌对行为使用原子或热核制造的武器所致的损失和费用；②根据执政者、当权者或者其他武装集团的扣押、拘留引起的承保航程的丧失和挫折而提出的任何索赔。

战争险的保险期限与运输险不同，运输险的保险期限为"仓至仓"，而战争险的保险期限限于水上危险或运输工具上的危险。这是为了避免当某地发生战争时，保险货物在该地仓库的积累数额过大，保险公司的风险过于集中。

2. 货物运输罢工险。该险可以附加于各种货物运输保险项下，例如，海洋运输货物保险、陆上运输货物保险、航空运输货物保险等。其责任范围为：负责对被保险货物由于罢工者、被迫停工工人或参加工潮、暴动、聚众斗争的人员的行动，或任何人的恶意行为所造成的直接损失和上述行为所引起的共同海损的牺牲、分摊和救助费用进行赔偿，但对于间接损失不负责赔偿。例如，在罢工期间由于劳动力短缺或无法使用等原因所致的保险货物损失，包括因此而引起的动力或燃料缺乏使冷藏机停止工作所致的冷藏货物的损失，不承担赔偿责任。

三、基本险别的除外责任

基本险别的除外责任主要有以下五项：

1. 被保险人的故意行为或过失造成的损失。被保险人故意造成的损失较少见，偶尔有被保险人明知货物禁止运往某一国家等情况。对被保险人的过失，似应解释为限于重大过失，如在装载时明知船舶不适航或不适于装运该货物。

2. 属于发货人责任所引起的损失，如发货人租用不适航船舶致货物受损；发货人提供的货物品质不良、申报不实、包装不善、标志不清、货物原装短少、原装短量及发货人未履行买卖合同的有关规定而引起的货损等。

3. 在保险责任开始前，被保险货物已存在的品质不良或数量短差所造成的损失，这在实务中称为"原残"，如粮食产品含水量过高，有虫蚀，钢铁露天堆放已生锈，实际装船重量不足等情况。

4. 被保险货物的自然损耗、本质缺陷及市价跌落，运输延迟所引起的损失或费用。"自然损耗"是指货物蒸发、液体粘附容器等原因造成的损失。"本质缺陷"是指货物内在原有的缺陷，如玻璃、陶瓷等制品的瑕疵、裂纹等。"市价跌落"指外界市场因素导致货物价格的跌落。"运输延迟"是指承运人因不可抗力、运输调度等原因不能正常发送货物，而推迟、延长运输期限。上述原因造成货物的损失及产生的费用不属保险责任。

5. 战争险和罢工险条款规定的责任及除外责任。

四、海洋货物运输保险的责任期间

海洋货物运输保险的责任期间是指保险人根据保险合同规定，承担保险责任的开始和终止，也叫保险有效期。中国人民保险公司海洋货物保险条款主要以"仓至仓条款""扩展责任条款""航程终止条款"和"驳运条款"来确定保险人的责任起讫。分述如下：

（一）仓至仓条款（Warehouse to Warehouse）

该条款规定保险人的责任自被保险货物运离保险单所载明的起运地仓库开始，到货物运达保险单载明的目的地收货人的最后仓库时为止。为防止货物抵达目的港后，耽搁过长而不运入保险单所载明的收货人仓库，使保险人的责任过大，仓至仓条款一般都附有时间的限制，规定如货物未抵达收货人的仓库或者储存处所，则保险人的责任以被保险货物在最后卸货港全部卸离海轮后满60日为止。保险人的责任具体应在哪一点终止，应当根据实际情况而定：

1. 当保险单载明的目的地是卸货港时，如收货人提货后运进其仓库，保险责任终止。如收货人提货后未运进其仓库，而是对货物进行分配、分派或者分散转运，保险责任从分配时终止。

2. 当保险单载明的目的地为内陆仓库时，保险责任应于货物运抵内陆仓库终止。

3. 保险单载明的目的地为内陆仓库，而收货人在提货后并未运往仓库，而是在中途进行分配、分派或者分散转运，则保险责任从分配时终止。

【案例研习】保证责任期间——仓至仓条款

某船从美国休斯敦装运501吨油脂到汉堡，保险期间亦订明由休斯敦到汉堡，这些油脂是从一个贮藏罐通过泵打入船舱的。船到了卸货港，却只卸下了375吨货。经过调查发现，货物短少的原因是由于贮存油脂的罐与另外两个贮存罐是相通的，装船时一部分油脂打入了船舱，另一部分却打入了另外相通的两个贮存罐。买方遂向保险公司索赔货损。[1]

双方争议的焦点在于保险责任期间是否已开始起算？买方认为，因为货物已离开了贮存罐，保险期间应开始起算。而保险公司认为，货物从未开始运输，保险责任尚未开始。

根据"仓至仓"条款的含义，保险人的责任从货物运离保险单载明地点的仓库或储存处所并开始运送时开始（from the goods leave the warehouse or

---

[1] Plata American Tranding Inc. v. Lancashire [1957], See 21H N. Y. S 2d 43, 1958 AMC 2329 (N. Y. 1958).

place of storage at the place named for the commencement of the transit）。纽约州最高法院判这一部分货物并未离开储存处所开始运送，因此，这部分货物保险期间也未开始，保险公司亦无须负赔偿责任。法院的解释是，油脂只有在经过泵并离开泵准备装上船时，才算开始运送了。仅仅是离开贮存罐不能算作开始运输了，只有在离开泵以后才可以算，打到其他贮存罐上的油脂也就不能算开始运送之后的风险损失，保险人不必赔偿。

（二）扩展责任条款

该条款规定由于被保险人无法控制的原因而使船舶延迟、绕道、被迫卸下、重新装载、"转运"，或者承运人依据运输合同所赋予的权限而改变航程，保险仍然有效。"仓至仓"条款规定的有效期间只包括正常运输过程中的海上、陆上、内河运输，并不包括绕道、转运、变更航程等情况。为了保障被保险人在无法控制的原因下产生绕道等情况时的货物利益，保险人采用了扩展责任条款。

（三）航程终止条款

航程终止条款是指被保险人无法控制的情况下，保险货物在运抵保险单载明的目的地之前，运输契约在其他港口或地方终止，或者由于其他原因航程在保险责任截止期以前先告终止，保险继续有效，直到保险货物在这卸载的港口或地方送交或卖出时为止。但是，最长期限不能超过条款规定的货物在卸离运输工具后的期限。这两种情况保险期限终止以先发生的为准。如果在条款规定的期限内或在约定的任何扩展期限内，保险货物仍旧运到原来保险单所载明的目的地，或者运到其他目的地，保险继续有效。由于被保险人在无法控制的情况下，发生运输契约终止，致使保险货物无法运往原定卸载地在途中被迫卸货、重装转载，以及由于非正常情况而发生运输延迟、绕道等，按照国际惯例，被保险人一经获知这一情况后，应立即通知保险人，保险公司根据具体情况酌加收费后，原保险才继续有效。

（四）驳运条款

该条款规定保险人对被保险货物在驳运过程中的损失负责。海轮在卸货时，有时需要依靠驳船，驳船并非保险单上所载明的海轮，所以，在驳船上发生的货物损失，保险公司不予赔偿。加入该条款，就可以使驳运中的货物也有了保险的保障。

五、英国伦敦保险协会货物保险（A）（B）（C）条款

英国的海上保险二百多年来一直采用的是以 S. G. 保单格式，即劳氏船货（Ship and Goods）保险单。随着海上运输业的不断发展，原来的 S. G. 保单已经不能适应客观的要求，为了适应发展的需要，同时又保持 S. G. 保单的权威性，实践中在不断地补充条款或者修改原保单的内容。尽管在 1963 年这些补充的分散的条款正式形成了一套完整的伦敦协会货物保险条款，但该保单文字晦涩难懂、格式陈旧，遭到许多发展中国家、甚至发达国家的反对。为了争取主动，伦敦保险市场同意从 1982 年 1 月 1 日开始鼓励承保人、经纪人使用新保单，允许保留一段过渡时期，从 1983 年 3 月 31 日开始强制性地要求使用新保单。新保单将原来的"一切险""水渍险"和"平安险"分别命名为（A）险、（B）险、（C）险。下面简要介绍（A）、（B）、（C）三种条款的内容。

（一）伦敦保险协会货物保险（A）条款

依照新条款，（A）条款承保除外责任以外的一切风险导致的保险标的的损失或者损坏，其所承保的风险在实质内容上与旧条款的一切险大致相同。（A）条款与（B）条款和（C）条款的区别是在第 1 条承保范围上，（A）条款采用的是概括的陈述方式，（B）条款和（C）条款采用的是"列明风险"的陈述方式。在承保（A）条款的风险的情况下，如承保货物发生损失，应由保险人证明此项损失不是其承保范围的损失才能免除赔偿责任，因而举证责任在保险人。而在承保（B）条款的风险和（C）条款的风险的情况下，应由被保险人证明所发生的损失是保险人在"列明风险"中承保的损失，因而举证责任在被保险人。此外，在（B）条款和（C）条款的除外责任中多了一项"恶意损坏条款"，规定保险人对由于任何个人或者数人非法行动故意破坏保险标的或其任何部分而引起的损失不予赔偿，因而只有（A）条款承担因恶意损坏而造成的损失。

（二）伦敦保险协会货物保险（B）条款

与旧条款"水渍险"相对应的（B）条款没有采用水渍险的概括责任法，而是采用了逐个列举承保风险的"列明风险"法，只要是所列原因造成的损失均予赔偿，而无须区别损失形态是全损，还是部分损失。从内容上看，（B）条款与水渍险没有实质上的区别，只是（B）条款在文字上更加明确，使被保险人更容易理解。该险保险人负责赔偿的列明风险为：

1. 保险标的的损失可合理地归因于下列原因：①火灾或爆炸；②船舶或驳船遭受搁浅、触礁、沉没或倾覆；③陆上运输工具的倾覆或出轨；④船舶、驳船或运输工具同除水以外的任何外界物体碰撞；⑤在避难港卸货；⑥地震、火山爆发或雷电。

2. 由于下列原因引起的保险标的的损失：①共同海损的牺牲；②抛货或浪击落海；③海水、湖水或河水进入船舶、驳船、运输工具、集装箱、大型海运箱或贮存处所。

3. 货物在船舶或驳船装卸时落海或跌落造成任何整件的全损。

（三）伦敦保险协会货物保险（C）条款

（C）条款与原平安险的内容基本一致，前者的承保内容略少于后者。原平安险条款在文字上前后相互有些冲突，被保险人很难一目了然。例如，原平安险先明确只保保险标的的全损，后又规定搁浅、触礁、沉没、焚毁的单独海损也予以赔偿，随后又规定对火灾、爆炸、碰撞和避难港卸货的损失，不论全损还是部分损失均予以赔偿。（C）条款也采用了"列明风险"的方法来明确保险人的承保范围，规定除外责任外，（C）条款负责赔偿：

1. 可合理地归因于下列原因的保险标的的损失：①火灾或爆炸；②船舶或驳船遭受搁浅、触礁、沉没或者倾覆；③陆上运输工具的倾覆或者出轨；④船舶、驳船或者运输工具同除水以外的任何外界物体碰撞；⑤在避难港卸货。

2. 由于下列原因引起的保险标的的损失：①共同海损的牺牲；②抛货。

■第五节　船舶保险

船舶保险是以各类船舶为保险标的的保险。"各类船舶"包括各种运输用船，各种生产、生活用船，建造中的船舶以及海上钻井平台等。海上船舶保险的标的可以分为三大类：①船舶；②与船舶有关的利益，主要指船舶的租金，船舶抵押贷款等的利益；③与船舶有关的责任，例如船舶的碰撞责任等。船舶保险合同的订立与货物保险合同的订立一样需要经过要约和承诺两个阶段，但这两类合同在转让上有很大的不同，运输货物保险单的转让不需要经过保险人的同意，而船舶保险单的转让必须经过保险人的同意。因为船舶所有人的经营对被保险船舶的安全有着直接的影响。不同的船舶所有人经营的船舶，其保险费率及其他保险条件均有可能不同。

船舶保险从不同的角度可以进行不同的分类：按承保的风险范围可将其分为船舶保险、船舶战争险和船舶建造险。按保险的期限可将其分为定期保险和航次保险。

一、船舶保险

（一）全损险（Total Loss Only）

全损险承保由于下列原因造成被保险船舶的全部损失。

1. 自然灾害或意外事故。"自然灾害"，指人力不能控制的、不能合理的预见并有效地预防的海上灾难，如海啸、暴风、洪水等。自然灾害不仅包括海上的灾害，也包括一些诸如地震、火山、闪电等可能引起船舶损失的陆上灾害，例如，闪电可能导致油轮的爆炸。"意外事故"，指船舶所遭遇的外来的、不能预料的海上事故，如船舶搁浅、碰撞等事故。当船舶碰撞时，该险只负责赔偿本船的损失，船舶碰撞造成的码头的损失由互保协会负责赔偿。

2. 船壳和船舶机件的潜在缺陷。"潜在缺陷"，指具有熟练技术的人员以通常的注意及周到的检查仍不能发现的瑕疵。该险所承保的是潜在缺陷引起的后果，而不是潜在缺陷本身。

3. 船长、船员、引水人员或修船人员的疏忽。"疏忽"，指因责任者主观上的认识或者判断的错误，致使采取的行为不当。

全损险承担的是由于上述原因造成的全部损失，全部损失包括实际损失和推定损失两种形式。实际全损指船舶在物质上的灭失；推定全损，是指船舶发生保险事故后，认为实际全损已经不可避免，或者为避免发生实际全损所需要支付的费用超过保险价值的损失状态。

（二）一切险（All Risks）

船舶一切险除承保全损险责任范围内的风险所造成被保险船舶的全部损失外，还负责这些风险给船舶造成的部分损失以及碰撞责任，共同海损分摊、救助费用和施救费用。一切险承保的风险与全损险相同，但其承保的责任范围要比全损险大得多。

从损失形态上，一切险既赔偿全部损失，又赔偿部分损失。保险人在赔偿部分损失时，应按每一航次扣除保险单规定的免赔额。免赔额只发生在部分损失的情况下，免赔额（Deductible）是指被保险船舶发生承保风险事故时，保险合同双方约定在发生部分损失的情况下，当损失小于约定的百分比（例如3%）时，保险人不予赔偿的数额。免赔额的作用是为了减少在发生轻微的损失时所引起的麻烦及不必要的开支。因为不论损失的数额大小，均需要经过理算，在发生的损失轻微的情况下，有时理算的费用甚至会超过损失的数额。免赔额有两种形式，一种是绝对免赔额，即在免赔额限度以下绝对不赔。例如，保险金额为100万美元，免赔额为3万美元，保险人对3万美元以上的损失负责赔偿，如损失是5万美元，则扣除3万美元，只赔付被保险人2万美元。另一种为相对免赔额，即损失在免赔限度以下不予赔偿，超过免赔限度时全部予以赔偿。例如，免赔额3万美元，损失为2.5万美元不予赔偿，损失为5万美元时，予以5万美元全部赔偿。采用此种免赔额时，船舶所有人有时会在其修理费达不到约定的免赔百分比时，千方百计地提高修理费，以便得到全额的赔偿。中国人民保险公司船舶保险的免赔额采用的是绝对的免赔额。

国际上的船舶保险人对于海损事故扣减免赔额是按航次还是按事故、是按风险分类还是仅做某种风险的扣除，办法均不统一。如果是按事故扣减，即一次事故一个免赔额，这对被保险人是很不利的，因为船舶在一个航次中可能发生多起意外事故，如果每一次的损失不足免赔额，被保险人就不能得到赔偿，有时几次事故的损失加在一起已经超过了免赔额，但被保险人仍得不到赔偿。如果是按航次扣减，即以一个航次发生的意外所引起的总的损失算做一个免赔额，只要在该航次的损失总额超过了免赔额，被保险人就能获得赔偿。

中国人民保险公司船舶保险的免赔额采用的是航次免赔额，但同时规定，由于恶劣气候所造成两个连续港口之间单独航程的损失作为一次事故，只扣一个免赔额。这就是说，两个连续港口之间的航程中，如果损失是由于恶劣气候造成的均定为一次事故，例如：被保险船舶自汉堡港到中国，根据该航程规定，船舶的第一个停靠港是阿姆斯特丹港。船舶在汉堡和阿姆斯特丹之间遭遇了台风的袭击，桅杆折断，随后，船舶进入台风圈内无风区水域，后在驶出台风圈时又碰到了台风第二次袭击造成船体其他部位损坏，在这种情况下，赔偿损失时，视为一次事故，保险人仅扣一个免赔额。

（三）航区保证

规定被保险船舶如果驶出保险单规定的航行区域，应当事先征得保险人的同意，保险人在必要时可以加收保险费。如被保险人破坏了该明示的保险，保险人可以不负赔偿责任。

中国人民保险公司船舶保险单上规定的航行区域为世界各地，但被保险船舶在冰冻季节进入冰区时应当事先通知保险人。"冰冻季节"，一般指每年11月15日起至次年的5月5日止的一段时间。"冰冻区"，指北纬56度以北的波罗的海斯德哥尔摩以及塔林一线以北的港口和海域。保险人如认为必要可以加收保险费。被保险人如未经通知即驶入上述地区，所受的损失保险人可以不负责任赔偿。

（四）除外责任

无论是全损险还是一切险，保险人不负责下列原因所造成的损失、责任和费用：

1. 被保险船舶不适航，包括人员配备不当、装备或装载不妥，但以被保险人在船舶开航时知道或应该知道此种不适航为限。船舶作为运输工具在海上航行，必须具有适航性，对于因船舶不具备适航条件引起的损失，保险人不负赔偿责任。但考虑到海上运输的复杂性和管理的特殊性，保险人将此种不适航限定在一定范围内，即"以被保险人在船舶开航时，知道或应该知道此种不适航为限"。例如，船舶开航前缺少大副，船东明知此事而同意开航，则由此发生的损失，保险人不予负责。又如船舶在外装货，由于船长配载不当而使船舶受损，因船东不能知道配载情况，虽然船舶在开航时已不适航，但由于船东不知道，因此保险人应负赔偿责任。

2. 被保险人及其代表的疏忽或故意行为。被保险人一般是指船东，但是按照我国具体情况，凡实际行使船东权利、有权调动和使用船舶的人，可视为船东。至于船东代表，主要是指行使管理专门业务、指挥生产的人，如航运、调度、船技、海监部门的负责工作人员。由于他们的疏忽造成的船舶损失，保险人不负赔偿责任。例如，船长发现主机运转有轻微异常现象，对船技部门提出检修，而船技部门认为该船刚大修不久，主机不会发生大问题，决定再跑第二个航次后进行检修，结果，在第二个航次航行途中主机烧坏。对这种损失，保险人是不予赔偿的。

3. 被保险人恪尽职责应予发现的正常磨损、锈蚀、腐烂或保养不周，或材料缺陷包括不良状态部件的更换或修理。由于船舶在营运过程中船壳、机件磨损、锈蚀、磨烂是必然现象，为了维护船舶安全，被保险人有义务按计划及时地对船舶进行保养、更换或修理，因此而发生的费用属于正常的损耗，是必然发生的，因此保险人不予负责。

4. 清除障碍物、残骸及清除航道费用。被保险船舶在航道上发生事故并导致沉没时，港口当局一般会强制被保险人清理航道。在船舶沉没的情况下，保险人会对被保险人按全损进行赔付，因此，不应由其承担清理航道的义务。清理航道的费用一般是由船舶所有人从其参加的船东互保协会得到补偿。

5. 中国人民保险公司战争险和罢工险条款承保和除外的责任范围。一般财产保险单都把这类由于政治原因造成的损失排除在外，除非保险双方当事人同意按战争险、罢工险条款规定在支付额外保险费条件下，给予承保。

（五）船舶保险的保险期限

船舶保险分为定期保险和航次保险。定期保险的保险期限最长为 1 年，起止时间以保险单上注明的日期为准。保险到期时，如被保险船舶尚在航行中或处于危险中或在避难港或中途港停靠，经被保险人事先通知保险人并按日比例加付保险费后，本保险继续负责到船舶抵达目的港为止。保险船舶在延长时间内发生全损，被保险人需加交 6 个月保险费。

航次保险以保险单订明的航次为准，起止时间按下列规定：①不载货船舶，自起运港解缆或起锚时开始至目的港抛锚或系缆完毕时终止；②载货船舶，自起运港装货时开始至目的港卸货完毕时终止。但自船舶抵达目的港当日午夜零时起最多不得超过 30 天，这是为了防止由于港口拥挤等原因无法卸货，造成保险人的责任过大。

（六）退费

船舶保险合同的转让是需要经过保险人的同意的，因此，在保险期限内，如船舶的所有权发生变更，船舶保险合同原则上自船舶转让之日起失效。被保险人已经交付的全额保险费就需要按日比例计算进行退还。如果船舶的所有权转让时，船舶尚在海上航行，则停保的日期可以推迟到船舶抵达最后目的港卸完货物时止。

由于船舶在停航期间的风险远远地小于在航行中的风险，因此，停航期间船舶的保险费一般为连续航行的船舶的一半。为此，船舶保险单规定，如被保险船舶在港口内连续停泊达 30 日以上，不论船舶在此段时间内有无装卸作业，是否进行修理或者港内移泊航行，均可视为停泊，停泊期间的保险费以 50%退还给被保险人。航次保险则自保险责任开始一律不退保。

二、船舶战争险

船舶战争险承保因战争和敌对行为及各种常规武器等造成的被保险船舶的损失、费用和责任。船舶战争险是船舶保险的一种附加险。

（一）船舶战争、罢工险的承保责任范围

中国人民保险公司船舶战争、罢工险是船舶保险的附加险。船舶战争、罢工险承保由于下述原因造成被保险船舶的损毁、灭失及碰撞责任及共同海损、救助和施助费用：①战争、内战、革命、叛乱或由此引起的内乱或敌对行为；②捕获、扣押、扣留、羁押、没收或封锁，但这种赔偿必须从发生日起满 6 个月才能受理；③各种战争武器，包括水雷、鱼雷、炸弹；④罢工、被迫停工或其他类似事件；⑤民变、暴动或其他类似事件；⑥任何人怀有政治动机的恶意行为。

由于战争、罢工造成被保险船舶的损失，是指战争、罢工行动直接造成的全部损失或部分损失。例如，保险船舶被炸弹击沉，保险人可按全损赔付；被炮火击伤或从战争地区开出来修理，保险人可赔付合理的修理费用以及共同海损损失费用、救助费用等。由于间接原因造成的损失和修理费用等，保险人不予负责。

战争、罢工险条款规定负责的碰撞责任，主要是指被保险船舶遭受战争敌对行为、武装冲突或罢工工人的直接威胁而采取紧急避难行动时碰撞第三者，依法由被保险人应负的责任。

中国人民保险公司船舶战争、罢工险条款规定，由于战争、敌对行为或武装冲突引起的捕获、扣押、扣留、羁押、没收或封锁，但这种赔案必须从发生起满 6 个月才能受理。扣押、扣留与没收的区别在于：前者被保险人暂时对保险船舶丧失了使用权与支配权，但还有所有权；没收则是指保险人完全丧失了被保险船舶的所有权。封锁是指由于交战双方或一方对港口、航道、河道实行战时封锁，船舶在封锁区内可以移动，但不能离开封锁区。封锁与扣留、扣押、没收不同，宣布封锁令的国家对被封锁的船舶不行使管辖权，船东并没有被剥夺看管权和所有权，只是暂时被剥夺了使用权。

伦敦的船舶战争、罢工险条款不承保封锁的风险。

（二）船舶战争险的除外责任

1. 被保险人的国家政府对保险船舶的征用、征购、扣留或者没收。"征用"，实际上是国家对船舶强行雇用的一种行为，即被保险人国家依其目的对被保险船舶的营运进行控制的行为。船舶在征用期间一般能得到政府的经营损失补偿。因此，不应再通过保险人取得补偿。"征购"，是政府通过行政命令对被保险船舶进行的强行购买行为。本国政府的"扣留"或者"没收"一般均有一定的依据，是一种战时的法律行为，如前所述，保险中的可保利益必须是一种合法的利益，扣留或者没收通常是由于违反本国法律产生的结果，因此不能得到保险的赔偿。

2. 原子、氢弹或者核武器。原子、氢弹或者核武器等非常规武器对世界安全的影响极大，这类武器可能产生的赔偿责任也将是巨大的，已经超出了保险人所能承受的范围，因此，保险人是不予赔偿的。

（三）船舶战争险的保险期限

船舶战争险的保险期限与船舶保险相同，只是在定期保险的情况下，战争险的保险单一般有经通知终止战争险责任的规定。例如，中国人民保险公司的战争险保险单规定，对于定期保险，本公司有权在任何时候向被保险人发出注销战争险责任的通知，在发出通知后 14 日期满时终止战争险责任。

三、船舶建造险

依据一般的船舶建造合同，船舶建造人需要承担船舶从建造开始至交付使用时止的所有风险。在船舶试航时，建造人也可能因船舶碰撞或者其他事故而产生对第三者的责任。因此，船舶建造险所承保的是一种综合的风险，既有财产上的风险，又有责任上的风险。船舶建造险的被保险人通常为船舶建造人。船舶建造险承保船舶在船厂建造、试航和交船过程中因自然灾害、意外事故、工人或者技术人员的疏忽等原因造成的损失和费用。

（一）船舶建造险的责任范围

1. 保险人对被保险船舶在船厂建造、试航和交船过程中由于下列原因造成的损失和费用负责赔偿：①自然灾害或者意外事故；②工人、技术人员、船长、船员及引水人员的疏忽、过失和缺乏经验；③船壳和设备机件的潜在缺陷；④因船台、支架和其他类似设备的损坏或者故障；⑤因被保险船舶设计上的错误引起的损失；⑥船舶下水失败后重新下水产生的费用；⑦为确定保险责任范围内损失支付的合理费用以及检查搁浅船舶船底的费用。

2. 保险人对下列责任和费用也予以赔偿：①共同海损牺牲和分摊；②救助费用；③在发生碰撞事故时，被保险船舶应负的碰撞责任；④清除被保险船舶残骸的费用、对第三者人身伤亡的赔偿责任；⑤在发生碰撞或者其他事故时，在征得保险人书面同意后，为争取限制赔偿责任支付的诉讼费用。

（二）承保航区

由于该险所承保的是建造期间船舶的损失，而不是船舶在航行中的损失，因此，其保险条款明确规定了所承保的航区，如被保险船舶超出了承保区域，必须事先通知保险人，并交付规定的保险费，只有这样，在出险时保险人才负赔偿责任。承保区域在船舶建造期间限于造船厂范围内。在试航、交船期间，区分不同吨位的船舶采用不同的承保区域，2 万吨以上的船舶限于 500 海里以内；1000 总吨至 2 万吨的船舶限于 250 海里以内；1000 总吨以下船舶限于 100 海里以内。

（三）船舶建造险的责任期间

船舶建造险责任自船舶建造开始至被保险船舶建成交付时或者保险期限届满时止，两者以先发生者为准。

由于该险在投保时，被保险船舶尚未建造出来，因此，船舶建造险条款规定保险价值为船舶的建造价格或者最后合同价格。保险金额应按保险价值确定。在出现部分损失时，保险人负责赔偿合理的配件和修理费用，且不扣除以新代旧的折扣，因为建造险所保的是新建船，几乎没有以新代旧的问题。在船舶失踪或者推定全损的情况下，均被视为全部损失予以赔偿。在被保险船舶受损后未及时修理而又遭受全部损失时，保险人只赔一个全部损失。船舶建造险的索赔期限为自交船后 3 个月以内。

■第六节 海上保险的赔付

一、海上保险标的的损失

当保险标的物因承保范围内的风险而遭受损失时，保险人应负责给予赔偿。保险标的物所遭受的损失可以分为全部损失和部分损失两种。

（一）全部损失

全部损失（Total Loss）包括实际全损（Actual Total Loss）和推定全损（Constructive Total Loss）两种。

1. 实际全损。根据我国《海商法》第 245 条的规定："保险标的发生保险事故后灭失，或者受到严重损坏完全失去原有形体、效用，或者不能再归被保险人拥有的，为实际全损。"从实际全损的定义分析，保险标的遭遇下列事故会引起实际全损：

（1）保险标的完全灭失，如船舶在航行途中遇到风险沉没、货物被火烧毁等。

（2）保险标的已丧失原有形态、效用、价值，如茶叶串味不能食用、食糖溶化无法使用等。

（3）被保险人对丧失的标的无法收回，如船舶被敌国捕获、货物被没收等。

（4）被保险人的承保标的失踪达到法定时间。英国《1906 年海上保险法》第 58 条规定，有关冒险船舶形迹，经过相当时间，仍无消息者，应推定为实际全损。

保险标的发生实际全损后，保险人应办理索赔通知，索赔金额主要是依据保险合同来衡量的。

当保险标的承保的是定值保险合同时，该标的发生事故后，保险人应当按照保险合同约定的保险价值作为计算保险赔偿金额的基础。保险标的被确定为实际全损，保险人和被保险人不必对保险标的重新估价，只要按保险合同载明的保险金额全部赔偿即可。当保险标的承保的是不定值保险合同时，保险人对实际全损的标的赔偿，应根据合同规定的保险金额与实际损失价值相比。如果实际价值低于保险金额，保险人按实际价值赔付于被保险人。如果实际价值超过保险金额，根据补偿原则，被保险人可以获得等于其实际损失的保险补偿，这种补偿通常以当地保险标的的市场价格为准。

2. 推定全损。推定全损是指保险标的在保险事故发生以后，受损程度虽未完全损毁，但已无法补救，故按完全损失处理的情况。推定全损是海上保险特有的概念，《海商法》第 246 条详细规定了船舶和货物的推定全损。

船舶的推定全损是指船舶发生保险事故后，认为实际全损已经不可避免，或者为避免发生实际全损所需支付的费用超过保险价值的情形。货物的推定全损是指货物发生保险事故后，认为实际全损已经不可避免，或者为避免发生实际全损所需支付的费用与继续将货物运抵目的地的费用之和超过保险价值的情形。

对于保险标的的推定全损，被保险人可以按全部损失或部分损失要求赔偿。但是，要求按全损赔偿的，被保险人须向保险人发出委付通知，经保险人接受的，才能获取全损赔偿。

（二）部分损失

部分损失是指保险标的发生保险事故后造成部分损坏，受损价值没有达到保险金额，也即实质上保险标的损失没有构成实际全损或推定全损，即为部分损失。海上保险标的产生部分损失的原因，可以分共同海损和单独海损。被保险人就保险标的遭受的部分损失可以向保险人提起索赔，保险人会根据保险标的实际损失数额予以赔偿。这种赔偿只能限于保险金额范围内。

凡由于自然灾害、意外事故或特殊情况直接造成的船舶或货物的损害，属于单独海损（Particular Average，P. A.），单独海损应由各受害方自行承担，或按海上货物运输合同的有关规定处理。但是为了摆脱自然灾害、意外事故和特殊情况对船舶和货物所造成的威胁，由船长自愿采取的合理措施所造成的船舶和货物的损害，或由此而产生的合理的额外费用，属于共同海损。共同海损与单独海损经常交织在一起，二者均系航海贸易中所遭受的部分损失，这种损失来自海上危险，都属于可保范围，这是二者的共同点。同时，二者也有很大区别，详见本书"共同海损"一章。

二、委付（Abandoment）

（一）委付的概念和适用范围

委付是在保险标的发生推定全损时，由被保险人把保险标的的一切权利和义务转让给保险人，而向保险人请求赔付全部保险金额的法律制度。

委付制度由来已久，最初表现为海上保险合同的一个条款，即"船舶航行方向不明而无任何消息时，视同丧失"[1]。此后，为适应航海贸易的特殊需要，逐步发展成为有条件的委付，即在保险标的可能遭受推定全损时，被保险人即可索赔全损。如果保险标的于其后委付被保险人的，由被保险人将保险金退还保险人。最后，其发展成为被保险人让渡保险标的物而取得保险赔偿的制度。至15~16世纪，委付已为海上保险所广泛采用。现在，基于航海的特异性及使用保险的海上企业的合理要求，各国法律也普遍确认了委付制度。

（二）委付的成立条件

委付制度在海上保险中，既是被保险人处理保险标的损失的一种手段，又是保险人进行保险赔偿的具体方式，它关系到各方当事人的经济利益，因此，必须具备法定条件，才能有效成立。

1. 委付以保险标的的推定全损为条件。由于委付包含着全额赔偿和转移保

---

〔1〕 贾林青：《海商法》，中国人民大学出版社2000年版，第299页。

险标的的一切权利的两重内容，所以，委付必须是在保险标的推定全损时才能适用。如果保险标的只是部分损失或者发生的是实际全损，均不能成立委付。

2. 委付必须适用于保险标的的整体，具有不可分性。这就是说被保险人要求委付，必须是针对推定全损的保险标的的整体，例如，推定全损的一艘船舶、一批货物，不得仅就保险标的的一部分（受损部分）申请委付，而对另一部分不适用委付。这样既能防止将保险人和被保险人的关系复杂化，又能防范被保险人仅委付对其不利的保险标的，从而导致显失公平的后果。

当然，如果同一保险单上载有若干种保险标的，其中之一产生委付原因时，得就该种保险标的适用委付。

3. 被保险人应当在法定时间内向保险人提出书面的委付申请。这一条件要求保险人要进行委付，必须提出申请，即向保险人发出委付书。按照海上保险的惯例，委付可以是书面的或口头的，应向保险人或其授权的保险经纪人提出。而在我国海上保险实践中，则必须用书面形式，直接向保险人提出，并且是在法定时间内。对此，有的法律规定为 3 个月（日本《商法典》第836 条），有的法律规定为"在得知受损的可靠情报后的适当期限内"（英国《1906 年海上保险法》第 62 条第 3 款）。我国《海商法》对此未作明确规定。

如果被保险人不在法定时间内提出委付申请，则保险人对于推定全损的保险标的按部分损失赔付。

4. 被保险人必须将保险标的的一切权利转移给保险人，并且不得附加条件。在保险标的推定全损的情况下，被保险人要获取全额赔偿的对价条件，就是转移保险标的的一切权利归保险人。而且，被保险人不得附加任何条件。例如，被保险人对船舶失踪申请委付，但要求船舶有着落时返归其所有，这是法律所禁止的。

5. 委付必须经保险人承诺接受才能生效。委付是否成立和履行，还取决于保险人的意志。我国《海商法》第 249 条第 1 款规定："保险人可以接受委付，也可以不接受委付。"

如果保险人接受委付，则委付成立。我国《海商法》第 249 条第 2 款规定："委付一经保险人接受，不得撤回。"如果保险人不接受委付，则委付不成立，但这并不影响被保险人的其他权利。

保险人承诺接受委付的方式，在国际保险市场中包括书面形式，或用行动来表明，或默示接受。我国《海商法》规定：保险人应当在合理的时间内将接受委付或者不接受委付的决定通知被保险人，不承认默示方式。

关于委付的法律性质，目前理论界存在四种不同的理解[1]：①委付是单方法律行为，这种观点认为委付无须保险人同意，即生效力。②委付是双方法律行为，这种观点认为被保险人发出委付通知后，委付并不当即成立生效。委付必须得到保险人的同意才能成立，才能发生效力。保险人可以接受保险委付，保险人接受委付后产生相应的法律后果。③委付是经法院判决生效的法律行为，我国台湾地区现行"海商法"第146条规定，委付经承诺或判决生效。④委付是要约，这种观点认为被保险人提出委付请求，保险人有权决定是否承诺，保险人如拒绝委付，并不影响其履行赔偿义务。委付一经保险人承诺，即告成立，双方不能因其他原因而反悔，解除委付。

（三）委付的法律效力

委付依法成立，即对保险人和被保险人产生法律约束力。这一效力表现在两个方面：

1. 被保险人必须将保险标的的一切权利、义务转移给保险人。委付成立后，保险标的上的一切权利（如所有权、担保物权、债权等）以及保险人处理保险标的的所得的利益（不论是否超过全额赔偿数额）均归保险人享有。同时，有关保险标的的义务也由保险人承担。例如，打捞沉船、清除油污、向救助人支付救助报酬等。这些费用往往是巨大的，所以在实践中，保险人为避免接受委付后产生的法律责任，往往拒绝接受委付，甚至在被保险人尚未宣布推定全损前，就赔付全部保险金额，以解除保险合同的一切责任。《海商法》第250条规定："保险人接受委付的，被保险人对委付财产的全部权利和义务转移给保险人。"

2. 被保险人在委付成立时，有权要求保险人按照海上保险合同约定的保险金额向其全额赔偿。这是适用委付的根本目的。

三、代位求偿（Subrogation）

（一）代位求偿权的概念和成立要件

代位求偿权指如果保险标的的损失是由于第三者的疏忽或过失造成的，在保险人依保险合同向被保险人支付了约定的赔偿后，即取得由被保险人转让的对第三者的损害赔偿请求的权利。代位求偿权在法律上分为物上代位和权利代位。[2]

物上代位是保险人履行保险合同约定的支付保险赔款的义务后，对具有

---

[1] 张桂红："海上保险中的委付问题研究"，载《法商研究》2002年第4期。

[2] 司玉琢主编：《海商法大辞典》，人民交通出版社1998年版，第2000页。

残余利益的保险标的的拥有所有权。权利代位是指保险人承保的保险标的所发生的保险事故是由第三人造成的，根据法律规定，保险人赔偿被保险人的损失后，可以代位行使被保险人对第三人请求的赔偿的权利。代位求偿权的实质在于被保险人取得保险赔款后将残余利益转让给保险人。

代位求偿权的取得应满足下列条件：

1. 保险人在依据保险合同给付保险赔偿后方可行使代位求偿权。《保险法》和《海商法》都规定，保险标的发生保险责任范围内的损失是由第三人造成的，被保险人向第三人要求赔偿的权利，自保险人支付赔偿之日起，相应转移给保险人。据此规定，保险人依据保险合同履行了保险赔偿义务是保险人代位取得被保险人享有的赔偿请求权的前提。保险人在实际履行了保险合同后，就依法取得了向第三人要求赔偿的权利。因此，保险人惟有在向被保险人给付保险金后，对第三人的代位权转化为既得权，才能行使代位权。

2. 被保险人对第三人享有赔偿请求权，即保险标的的损毁，根据法律或合同的规定，应当由该第三人负赔偿责任。保险人的代位求偿权是继受取得的，是以法定转让的形式取得被保险人对第三方的债权（追偿权）。因此，被保险人债权的有效存在是权益转让的基本前提。保险人取得的权利限于被保险人原应享有的权利，不可能也不应该得到被保险人本没有的权利。

3. 保险人取得的代位求偿权限于保险人支付的保险赔偿范围内。保险人只能在保险赔偿范围内行使代位求偿权，其不能因行使代位求偿权获取额外利益，代位求偿权仅限于保险人实际赔付的数额。对这一问题，《海事诉讼特别程序法》第93条和《保险法》第60条均作了明确的规定。

应当注意的是：在这一点上，代位求偿权与委付不同。委付转让的是保险标的的所有权，即使委付的保险标的的价值高于保险人付出的保险赔偿，保险人也无须将超出部分退还被保险人。而在代位求偿的情况下，当保险人向第三人的追偿所得大于其赔付给被保险人的金额时，应将超出的部分归还被保险人。例如，在1961年约克郡保险公司诉尼斯比特航运公司一案中[1]，保险人在赔付了被保险人碰撞造成的损失共计72 000英镑后取得了向第三人求偿的代位求偿权，由于英镑对加拿大元的比价下跌，保险公司所得到的损害赔偿竟达127 000英镑。被保险人要求保险人退还多出的5万多英镑，保险人则认为超出部分不是不当得利，而是货币贬值的结果。法院判决认为多出的5万英镑应由被保险人获得。

---

〔1〕 Yorkshire Insurance Company, Ltd. v. Nisbet Shipping Company, 〔1961〕1 Lloyd's Rep. 479.

（二）代位求偿权的行使

各国对行使代位求偿权的名义的法律规定不尽相同。原因在于各国民商法及诉讼制度的不同。主要有三种观点：

1. 以被保险人的名义行使。英国海上保险法即采用该观点，依英国的有关判例和立法，代位求偿权是一项诉讼上的权利，并非一项实体权利。代位求偿并未给保险人创造一个新的诉因，即使在被保险人全部收到保险赔偿以后，就保险标的的损失向第三人索赔的权利依旧属于被保险人，而保险人仅能替代被保险人的位置来行使这些权利。在代位求偿中，保险人享有的权利不应超过被保险人固有的权利。在法律性质上，以被保险人的名义行使，实际上是认为保险人与第三人间不存在着直接的法律关系，不能就特定的债向第三人主张权利，保险人追偿的依据来源于被保险人的委托授权。

2. 以保险人的名义行使。我国《海事诉讼特别程序法》采用此观点[1]，《海诉法司法解释》第 65 条进一步规定："……以他人名义提起诉讼的，海事法院应不予受理或者驳回起诉。"该观点认为保险人通过支付保险金成了新的债权人，从而取得来自于被保险人的追偿权。以保险人自己的名义行使代位求偿权的理论依据是民法的债权让与理论。债权让与是指债的内容或标的不变，债权人将其债权移转于受让人的民事法律行为。债权让与后，保险人成为新的债权人，被保险人则退出原有的债的关系。第三人应当向保险人履行债务，如果第三人仍向被保险人履行债务，此种行为不能解除第三人承担的向保险人履行债务的义务。

3. 既可以用被保险人的名义，也可以用保险人的名义行使。美国采取该观点，认为保险人向被保险人支付保险金额后，在保险人、被保险人和第三人三者中，保险人暂时处于一种弱者地位。出于对其权利的保护，美国采纳了第三种观点，即只要保险人能获得赔偿，以其自己的名义或以被保险人的名义均可。[2]

（三）代位求偿与委付的区别

代位求偿权与委付有如下区别：

1. 委付是被保险人的权利；代位求偿是保险人的权利。

2. 委付只能用于推定全损；代位求偿能用于所有因第三人造成的损失。

3. 委付所转让的是保险标的物的所有权和相关权利义务；代位求偿转让的是向第三人索赔的权利。

---

〔1〕　《海事诉讼特别程序法》第 94~95 条。

〔2〕　张丽英主编：《国际贸易法律实务》，中国政法大学出版社 2002 年版，第 270 页。

4. 委付以保险人接受为成立条件；代位求偿权的成立以保险赔款的支付为条件。

5. 保险人从委付中的保险标的获得的利益无限制；保险人从代位求偿权中获得的利益以支付的保险赔款为限。

四、海上保险的索赔和理赔

（一）索赔

索赔是指在保险事故发生后，投保人或被保险人按照保险合同的约定，向保险人要求履行赔偿责任的行为。

1. 损失通知。当被保险人获悉或发现保险货物已经遭损，应该马上通知保险公司。因为一经通知，表示索赔行为已经开始，不再受索赔时效的限制，保险公司在接到损失通知后即能采取相应的措施，如检验损失、提出施救意见、确定保险责任、查核发货人或承运方责任等。

出口货物运输保险，由国外代理人或者其他公证机构出具的检验报告都应视作一种公证证明，但并不最后决定保险责任。因此，在检验报告中往往注明本检验报告并不影响保险公司的权利，也就是说赔不赔还取决于保险公司。进口货物运输保险在我国较多地采取联合检验报告的形式，由收货人会同当地保险公司对现场检验情况进行记录，最后由承保公司或港口公司进行核赔，国内货物运输保险同样应由保险公司及其代理人进行检验，然后再来核定赔款。

2. 向承运人等有关方提出索赔。被保险人或其代理人在提货时发现货物的包装有明显的受损痕迹，或者整件短少，或者散舱货物已经残损，除按上面说的向保险公司报损外，还应该立即向承运方、受托人及海关、港务当局等索取货损货差证明。特别是这些货损货差是涉及承运方、受托人或其他有关方面，如码头、装卸公司的责任，应该立即以书面向他们提出索赔，并保留追偿权利，有的时候还要申请延长索赔时效。因为，按照运输契约等有关规定，如果不在当时提出索赔，等于收货人承认提货完好，事后不能再提出索赔。保险公司对丧失追偿权利部分的损失，可以拒绝赔偿。这就要求被保险人包括收货人及其代表要了解和掌握承运方、港口、车站、航空港等有关货物提取和赔偿的有关规章，以免受到不应有的损失。

3. 采取合理的施救、整理措施。保险货物受损后，作为货方的被保险人应该对受损货物采取应该采取的施救、整理措施，以防止损失的扩大，不能因为保了险完全把责任转嫁给保险公司。特别是对受损货物，被保险人仍有处理的义务，如对受损货物的转售、修理、改变用途等。这是因为被保险人对于货物的性能、用途比保险公司更为熟悉，能更好地利用物质。在我国，无论是进口货物或国内运输的货物受损后，原则上都应由货方自行处理。

4. 备全必要的索赔单证。保险货物的损失经过检验，向承运人等第三者的追偿手续办妥后，就应向保险公司或者他的代理人提请赔偿。提赔时应将有关的单证附上。通常应提供：

（1）保险单或保险凭证正本。这是向保险公司索赔的基本证件，可证明保险公司承担保险责任及其范围。

（2）运输契约。包括海运提单、陆空运单、邮单等运输单证。这些单证证明保险货物承运的状况，如承运的件数、运输的路线、交运时货物的状态，以确定受损货物是否为保险所承保的以及在保险责任开始前的货物情况。

（3）发票。这是计算保险赔款时的数额依据。

（4）装箱单、磅码单。证明保险货物装运时件数和重量的细节，是核对损失数量的依据。

（5）向承运人等第三者责任方请求赔偿的函电或其他单证和文件。这些文件中往往应包括第三者责任方的答复文件，这是证明被保险人已经履行了他应该办的追偿手续，即维护了保险公司的追偿权利。至于第三者是否承担责任则不属被保险人决定的范畴。

（6）检验报告。这是证明损失原因、损失程度、损失金额、残余物资的价值以及受损货物处理经过的证明，是确定保险责任和应赔金额的主要证件。

（7）海事报告摘录或海事申明书。当船舶在航行途中遭遇海事，即属于人力不可抗拒性的事故。船长要在海事日志中记录下来，同时他要申明船方不承担因此而造成的损失。这些证明，与保险公司确定海事责任直接有关，碰到一些与海难有关的较大损失的案件，保险公司将要求提供此种证件。

（8）货损货差证明。当货物抵达目的地发现残损或短少时，要由承运人或其代理人签发货损、货差证明，既作为向保险公司索赔的有力证明，又是日后向承运方追偿的根据。特别是整件短少的，更应要求承运方签具短缺证明。

（9）索赔清单。这是被保险人要求保险公司给付赔款的详细清单，主要写明索赔款数字的计算依据以及有关费用的项目和用途。

（二）理赔

保险理赔是指保险人处理保险索赔案的过程。保险的理赔包括保险人根据保险合同的约定，对保险标的的损失情况进行现场勘查、审核保险责任和赔偿范围，并履行赔偿或支付保险金的义务等。

1. 损失检验。货损发生后，及时检验至关重要。通常保险单会指定目的港或目的地的检验和理赔代理人。因此，货物运抵目的港或目的地发现货损时，收货人及其代表应立即向保险公司或其指定的代理人申请检验。如果收货人延误了检验，保险人有权对于损失或扩大的损失拒赔或减赔。

2. 确定货损原因。损失发生后，仅就损失的现象还很难判定损失的确切原因。只有通过检验并综合分析各种因素确定损失的原因后，才能确定保险人是否应当承担赔偿责任。如果货损的原因有多个，还需要确定损失的近因。例如，被保险人投保了水渍险，其货物遭受了湿损，保险人并非一定赔付。保险公司会进一步查明湿损是由于海水造成的还是由于淡水造成的。如果致损原因是海水，保险公司才赔偿；如果是淡水，由于水渍险的承保风险中没有淡水这一项，保险公司不予赔偿，只有在加保淡水雨淋险的情况下，保险公司才负责赔偿。在确定了保险人应承担赔偿责任后，就应依全部损失和部分损失等不同情况对赔偿金额进行计算。在部分损失时，还应依约定扣除免赔额，保险公司只对超过免赔额的部分给予赔偿。

3. 保险期限的审核。审核货损发生的时间，以便确定损失是否发生在保险单承保的责任期限内，同时应注意保险期限与可保利益之间的关系。根据保险单的规定，即使货损发生在保险责任期限内，但如发生损失时被保险人尚无可保利益，保险人无须承担保险赔偿责任。当然，如果保险单基于"灭失或不灭失"承保，应另当别论。

4. 赔款的计算。货损发生后，保险人应当赔付货物的直接损失及因修复、施救而发生的施救、整理、检验费用和代理费用。

如果货物发生全损，保险人应当赔付保险标的的保险金额。如系部分损失，可按下列方式计算损失：

①数量损失计算公式：保险赔款＝保险金额×受损货物件数（或重要）/承保货物总件数（或重要）

如棉纱10包，每包400市斤，保险金额为10 000元，承保短量险，如短缺1400市斤，保险赔款应为10 000×1400/400×10＝3500元。

②质量损失计算公式：保险赔款＝保险金额×（货物完好价值－受损后价值）/货物完好价值

如一批丝绸承保水渍险，保险金额为10 000元。运输途中受海水浸蚀，目的地完好价值为15 000元，受损后的价值为7500元，则赔款为10 000×（15 000－7500）/15 000＝5000元。

一经确定货损货差属于保险单的承保范围并确定了损失的金额，保险人应尽快支付保险赔款。

5. 审核货损的追偿情况。在理赔的同时，保险人应审核被保险人是否已经及时向承运人或其他的第三方或者受托人履行了追偿所必要的手续，如因被保险人的原因而使保险人丧失追偿的权益，保险人可以适当减少保险赔款。

■第七节　保赔保险

一、船东互保协会

"船东保赔协会"全称为"船东保障与赔偿协会"（Shipowners' Protection and Indemnity Association），又称"船东互保协会"（Shipowners' Mutual Insurance Association），是船东们自己的组织，其目的是共同承担属于船东责任的损害赔偿。与传统的保险公司不同，船东保赔协会是一种非营利性的组织，没有外来资金。协会的每个成员（船东）既是投保人，又是保险人，其责任得到承保，不是基于保险合同，而是基于船东承认协会的章程并缴纳保险费和加入协会成为协会的成员。它承保的风险都是保险公司不承保的，尤其是因船舶碰撞引起的保险公司不负责赔偿的那部分风险。它的实质是船东们自己组织起来，靠他们自己的共同力量，分摊保险公司不承保的责任。

二、保赔保险所承保的风险

1. 人身伤亡和疾病（Personal Injury or Death，Illness）。由于入会船舶或与入会船舶营运有关的任何人员的疏忽而导致船东对于人员伤亡、疾病而承担的责任或支付的费用。人命伤亡的责任包括船员、船上人员及为船舶提供劳务或相关人员的人身伤害。船东会员对于人命伤亡的赔偿责任可以是侵权责任、契约责任，或者是雇主责任。保赔协会对于船东的人身伤亡赔偿责任的补偿均受协会章程规定的限额的限制。

2. 1/4 的碰撞责任。为了使船舶所有人对其所有的船舶加强管理，保险人一般在碰撞责任上只保 3/4 的碰撞责任，其余的 1/4 的碰撞责任由船舶所有人自负。而船舶所有人往往将这 1/4 的责任向保赔协会投保。另外，船东还可就一般船舶保险人不予承保的超额碰撞责任向协会投保。所谓超额碰撞责任（Excess Collision Liability），是指超过了保单承保的船舶的保险金额或 3/4 的保险价值的责任。

3. 码头及其他固定或浮动建筑物的损坏赔偿责任（Damage to Fixed or Floating Objects）。由于船舶保险承保的碰撞责任严格限于船舶间的碰撞，因此，为了与这种普通碰撞责任条款相衔接，保赔协会承保因入会船舶与非船舶的任何固定物、浮动物碰撞而引起的法律赔偿责任。这些固定或浮动物包括港口设备、码头、栈桥、防波堤、浮筒、浮标、潜水艇、海底电缆、水上飞机等。

4. 清除残骸的费用（Liabilities Relating to the Wreck of the Entered Ves-

sel)。入会船舶在承保期间因海事而成为残骸，船舶保险人拒绝接收委付，会员因法律的强制规定而不得不处理残骸而发生的费用。这些费用包括对残骸强制施行起浮、移动、清除、拆毁及设置照明、标记等所支出的费用，或由此而产生的责任，也包括残骸的存在或漂移而引起船东的法律责任。这些费用可能很高，且根据某些国家的法律，不能享受责任限制。

保赔协会承保的这种残骸责任也包括船舶所载的货物或财产，但通常不允许转让残骸的利益，而且残值的价值应归属于协会或从应支付的赔款中予以扣除。

5. 油污赔偿费用以及罚款。油污损害所引起的赔偿可能是巨大的，因此，对此部分赔偿保险公司是不负责任的。此费用及罚款由保赔保险承担。协会承担的赔偿责任通常是无限的，但油污损害赔偿责任除外，油污损害赔偿责任限制在 5 亿美元之内。然而，自 1996 年 2 月 20 日起，某些保赔协会已为其会员提供了每次风险为 20 亿美元责任限额的保险。

6. 共同海损的货物分摊额。共同海损的牺牲和费用应由受益的各方共同分摊，当货物承运人由于违反了《海牙规则》的规定不能从货主那里取得共同海损的分摊时，此笔共同海损的牺牲和费用可以由保赔保险负责承担。另一种情况是由于被保险船舶的分担价值高于保险价值而不能在船舶险保单下获得赔偿的共同海损分担，保赔保险可以进行赔偿。

7. 为处理难民及偷渡者所支出的费用（Liabilities in Respect of Stowaways or Persons Saved at Seas）。当船上发现难民或者偷渡者时，如继续航行，到达目的港后会引起很多麻烦，例如，港口会对此进行罚款。此外，由于偷渡者无旅行证件，不能上岸，所以需要支出费用派当地的警察 24 小时看管。如将其送回起运港又会构成不合理的绕航。对于因偷渡者引起的损失，船东互保协会可以负责赔偿。

8. 对于财产损害的赔偿责任（Damages in Respect of Damage to or Loss of Property）。船东保赔协会通常还协议承保入会船舶所承担的对于任何第三方的财产赔偿责任，这包括入会船舶营运过程中所导致财产和私人物品的损失，也包括入会船舶所载的任何非属于会员船东的任何集装箱、设备、燃料、物料或其他财产的灭失。对于私人物品中的现金、饰品、贵重物品一般不予赔偿。

9. 各种罚款。由于下列原因引起船东受到各种罚款的处罚时，这些费用可向保赔协会索赔，例如，违反有关船舶安全的法律规定，未能在船上保持安全的工作条件；船舶所载的货物情况与单证上列明的不一致，或短卸、溢卸；船舶违反海关和移民法则的规定；油污罚款或危险品排放而引起的罚款；船员或船舶代理在履行职务中的疏忽或错误；等等。

10. 诉讼费用。诉讼费用包括律师的费用，被保险船舶由于进行海事调查和被政府港口有关当局扣留引起的费用等。

11. 检疫费用。保赔协会对于入会船因发生传染病而产生的额外费用予以赔偿。这些费用包括检疫、消毒费用和其他额外的燃油、物料、伙食、保险、船员工资、津贴、港口费等。

三、除外责任

船东保赔协会对下列损失和责任一般不予承保：

1. 入会船舶进行非法营运。任何由于入会船舶违法进行营运而发生费用与责任，协会概不负责。违反营运包括承运违禁品、偷越封锁线、从事非法贸易或任何其他不安全、不适当、不合法的贸易和运输。

2. 双重保险。入会船东就保赔协会承保的风险向其他保赔协会或保险人进行重复保险从而构成双重保险的，保赔协议不予赔偿，但协会经理协议同意的不在此限。

3. 船舶保险人可以承保的风险。即从船舶保险单已经获得保障，或可以获得承保的风险，保赔保险人不承担赔偿责任。船舶保险单包括通常船壳水险保单以及战争、罢工保单。

4. 船东的故意或恶意行为。被保险人故意行为所引起的损失，任何保险人均不承担责任。保赔保险也不例外。

5. 任何由于延迟所引起的营运损失。包括利息和船期损失、租金损失、运费与滞期费的损失等。

6. 船东故意或重大过失地违反运输合同而产生的责任和发生的费用。

四、保险费的确定与调整

保赔协会会员向协会缴纳的保险费是由协会根据该会员保的险别、船型、船级、航区、前5年的赔款记录、管理水平及会员自己承担的免赔额多少等因素与会员船东分别议定的。协会根据每个会员上一年的赔偿记录进行检查分析，并对下一年的保费进行相应的调整。

每一保险年度计收两次保费。年初计收一次，按约定的费率计收100%，称为预收保费。财务年度结束前再根据总平均赔付率计收一次，增收保费的百分之几或退还部分保费。每个会员所分摊的预收费率不一定相同，但增收部分的费率全部一样。

五、责任的终止

保赔协会是由船东们自愿参加的，因此会员船东可随时退出。如果会员在保险年度结束前中途要求将其部分或全部船舶退出协会，应增付一定百分比的保费，作为解除船东付费责任的追加保费。这项保费是根据该船东过去几年的赔付记录确定的。退出后所保船舶的责任自然终止。此外，在船舶发生全损或者转让时，保赔责任自然终止。如果所保船舶被本国或外国政府征用，保赔合同即行中止，待征用结束后再继续生效。

【本章小结】

海上保险是在各类保险中发展最早的一种，这是同海上贸易发展和海上风险较大分不开的。订立海上保险合同必须遵循最大诚信、具有可保利益、损失赔偿和近因原则等四项基本原则。海上保险合同的订立是由投保人以填制投保单的形式向保险人提出保险要求，经保险人同意承保，并就海上货物运输保险合同的条款达成协议后，保险合同即成立。中国人民保险公司海洋货物运输保险包括平安险、水渍险、一切险三种主险，分别与英国伦敦保险协会货物运输保险的 C 条款、B 条款和 A 条款相对应。附加险包括一般附加险、特殊附加险和特别附加险。船舶保险从不同的角度可以进行不同的分类：按承保的风险范围可将其分为船舶保险、船舶战争险和船舶建造险。按保险的期限可将其分为定期保险和航次保险。

【思考及练习】

1. 订立海上保险合同应遵循哪些基本原则？

2. 海上保险可分为哪些种类？

3. 海上保险合同有哪些特点？

4. 如何签订、转让、解除海上保险合同？

5. 海上保险合同当事人有哪些权利和义务？

6. 简述中国人民保险公司海洋运输货物保险的基本险别。

7. 试分析海上保险合同的保险标的损失的含义和分类。

8. 什么是委付？什么是代位求偿？

【拓展阅读书目】

1. 初北平：《海上保险法》，法律出版社 2020 年版。

2. 初北平、王欣编著：《海上保险实务与法律》，大连海事大学出版社 2020 年版。

3. 王海波：《海上保险法与保险法之协调研究》，法律出版社 2019 年版。

4. 汪鹏南：《海上保险合同法详论》，大连海事大学出版社 2017 年版。

5. 郑睿："论英国海上保险法之历史流变：与普通商业保险的趋同——以'最大诚信原则'为视角"，载《浙江海洋大学学报（人文科学版）》2020 年第 2 期。

6. 巴里斯·索耶："英国保险法改革对《1906 年海上保险法》的影响"，载《中国海商法研究》2014 年第 4 期。

第十二章

第十三章

海事诉讼法

本章学习目的与要求

本章的教学目的是使学生了解有关海事法院的管辖权、海事请求保全、海事强制令、海事证据保全和海事担保等方面的内容。特别要掌握 1999 年通过的《海诉法》及其相关司法解释中的相关规定。通过学习使学生能够基本了解海事诉讼的基本程序，及其与民诉的一些不同规定。

本章关键词

海事法院管辖权　海事请求保全　船舶扣押　海事强制令
海事证据保全　海事担保

海事诉讼是有权审理海事案件的法院在海事争议当事人和其他诉讼参与人的参加下，依法审理和解决海事争议案件的全部活动过程。海事诉讼是解决海事争议最有效的方式之一。1999 年以前，我国虽然有专门的海事法院处理海事纠纷，但适用的程序法是一般的民事诉讼法。由于海事纠纷特有的一些问题在民事诉讼法中或者没有规定，或者规定得不够细致，引起了法律适用中的诸多问题，也破坏了我国通过海商法实体法的制定和实施而达到的海商法的国际统一程度。鉴于海事诉讼具有许多不同于一般民事、经济诉讼的特点，全国人大常委会于 1999 年 12 月 25 日通过了《海诉法》，该法于 2000 年 7 月 1 日起施行。《海诉法》是适用于海事诉讼的特别程序法，与《民诉法》是特别法与一般法的关系，是《民诉法》的补充而非替代，对《民诉法》不适应于海事诉讼的部分作了补充性规定，建立了一些符合海事诉讼实践的特殊规则。《海诉法》增设了三种审判程序，即船舶碰撞案件的审理程序、共同海损案件的审理程序及海上保险人行使代位求偿的审理程序。其还建立了海事强制令、船舶碰撞证据保密制度等独特的诉讼制度。此外，《海诉法》制定时借鉴了许多国外立法和国际公约的最新成果，例如，在扣押船舶及船载货物方面，参照了《1999年国际扣船公约》；在海事强制令方面，参照了富有特色的英国玛瑞瓦禁令，充分体现了海商法的国际性。为了使海事诉讼程序更具可操作性，最高人民法院审判委员会通过了《海诉法司法解释》，并于2003年2月1日起开始实施。

■第一节　海事诉讼管辖

《海诉法》在管辖上采取的是补充《民诉法》的体例，即《民诉法》的规定能够用于海事诉讼的，《海诉法》则不再规定；《民诉法》没有规定或规定不全面的，《海诉法》加以规定。《海诉法司法解释》对《民诉法》与《海诉法》在衔接上的问题，又进行了明确和补充。

一、海事案件的专门管辖

由于海事、海商案件具有专业技术性强的特点，我国法律规定在中国领域内的海事、海商案件由中国的海事法院专门管辖，海事法院是审理海事、海商案件的专门法院。1984年11月28日，最高人民法院发布的《关于设立海事法院几个问题的决定》中首次就海事法院收案范围作出了规定。1989年5月13日，最高人民法院又发布了《关于海事法院收案范围的规定》，进一步明确了海事法院的收案范围。《海诉法》第4条规定："海事法院受理当事人因海事侵权纠纷、海商合同纠纷以及法律规定的其他海事纠纷提起的诉讼。"根据这一原则性规定，最高人民法院审判委员会于2001年8月9日第1187次会议通过了《最高人民法院关于海事法院受理案件范围的若干规定》，自2001年9月18日起施行。依该规定，海事法院管辖的海事案件分为海事侵权纠纷案件、海商合同纠纷案件、海洋及通海可航水域开发利用与环境保护相关纠纷案件、其他海事海商纠纷案件、海事行政案件以及海事特别程序案件。

其中，海事侵权纠纷案件包括船舶碰撞损害赔偿案件、船舶倾倒油类损害案件、船舶航行侵害他人人身权益的责任纠纷案件等；海商合同纠纷案件包括船舶买卖合同纠纷案件、船舶抵押合同纠纷、船舶融资租赁合同纠纷案件等；海洋及通海可航水域开发利用与环境保护相关纠纷案件包括海水淡化和综合利用纠纷案件、海洋科学考察相关纠纷案件、海岸带开发利用相关纠纷案件等；其他海事海商纠纷案件包括船舶物权纠纷案件、海难救助纠纷案件、共同海损纠纷案件等；海事行政案件包括因不服海事行政机关作出的行政行为而提起的行政诉讼案件、请求有关行政机关承担国家赔偿责任的案件、请求有关行政机关承担国家补偿责任的案件等；海事特别程序案件包括申请认定海事仲裁协议效力的案件、申请海事强制令案件、申请海事证据保全案件等。《海诉法司法解释》第 1 条进一步明确规定："在海上或者通海水域发生的与船舶或者运输、生产、作业相关的海事侵权纠纷、海商合同纠纷，以及法律或者相关司法解释规定的其他海事纠纷案件由海事法院及其上级人民法院专门管辖。"

例如，在上海佳豪船舶工程设计股份有限公司（下称佳豪公司）与宁波鼎祥进出口贸易有限公司等船舶建造合同纠纷管辖权异议一案中，佳豪公司在提交答辩状期间内，对管辖权提出异议。它认为当事人在合同中约定"在本合同履行过程中发生任何争议，应及时协商解决或者请求合同履行地工商部门调解解决，若任何一方不愿通过协商、调解解决或者协商、调解不成，可依据《中华人民共和国合同法》第八章的规定提交上海仲裁委员会仲裁"，所以本案应提交仲裁解决，上海海事法院对本案没有管辖权。但是上海海事法院在一审过程中，认为上述仲裁条款约定"可依据……的规定提供上海仲裁委员会仲裁"表明仲裁是可选择的纠纷解决方式之一，并未排除诉讼，该合同的当事人亦可以选择诉讼作为解决纠纷的途径。本案系因船舶设计产生的纠纷，应由海事法院专门管辖。且佳豪公司住所地在中国上海，因此一审法院依法对本案享有管辖权。二审法院和再审法院在本案中均认定上海海事法院具有管辖权。

二、海事诉讼的地域管辖

海事诉讼的地域管辖依照我国《民诉法》的有关规定确定，但下列海事诉讼的地域管辖，依照以下规定：

1. 因海事侵权行为提起的诉讼，除依照《民诉法》第 29~31 条的规定以外，还可以由船籍港所在地海事法院管辖。《民诉法》第 30 条规定："因船舶碰撞或者其他海事损害事故请求损害赔偿提起的诉讼，由碰撞发生地、碰撞船舶最先到达地、加害船舶被扣留地或者被告住所地人民法院管辖。"《海诉法》第 6 条第 2 款第 1 项又增加了船籍港所在地作为连接点。船籍港是原告船舶的船籍港还是被告船舶的船籍港，在实践中理解不同。《海诉法司法解释》第 4 条依《民诉法》原告就被告的原则，强调船籍港指被告船舶的船籍港。被告船舶的船籍港不在中国领域内的，再依在我国领域内的原告船舶船籍港确定管辖的连接点。

2. 因海上运输合同纠纷提起的诉讼，除依照《民诉法》第 28 条的规定以外，还可以由转运港所在地海事法院管辖。关于"转运港所在地"，《海诉法司法解释》第 5 条规定，起运港、转运港和到达港是指合同约定的或者实际履行的起运港、转运港和到达港。合同约定的起运港、转运港和到达港与

第十三章

实际履行的起运港、转运港和到达港不一致的，以实际履行的地点确定案件管辖。在涉外海事侵权纠纷案件和海上运输合同纠纷案件的管辖上，《海诉法司法解释》采取对《民诉法》补充适用的规定，《海诉法司法解释》第 2 条规定这两类案件首先适用《民诉法》第 24 章的规定；《民诉法》第 24 章没有规定的，适用海事诉讼特别程序法第 6 条第 2 款第 1、2 项的规定和民事诉讼法的其他有关规定。

3. 因海船租用合同纠纷提起的诉讼，由交船港、还船港、船籍港所在地、被告住所地海事法院管辖。"海船"依《海诉法司法解释》第 3 条的规定是指适合航行于海上或者通海水域的船舶。

4. 因海上保赔合同纠纷提起的诉讼，由保赔标的物所在地、事故发生地、被告住所地海事法院管辖。关于"保赔标的物所在地"，《海诉法司法解释》第 6 条明确规定其是指保赔船舶的所在地。

5. 因海船的船员劳务合同纠纷提起的诉讼，由原告住所地、合同签订地、船员登船港或者离船港所在地、被告住所地海事法院管辖。涉及船员劳动合同的纠纷是否必须先经劳动仲裁是有争论的，原因在于劳动合同与劳务合同在我国法律中是有区别的，但是我国早期海事立法并没有严格区分劳务合同与劳动合同，存在相互混淆的问题。例如，《海商法》第 22 条第 1 款第 1 项在规定船员劳动报酬请求作为船舶优先权时仅提到了"劳动合同"，而未提及"劳务合同"。[1] 有观点认为，与其他劳动合同一样，依最高人民法院 1998 年 24 号文规定，劳动争议经劳动争议仲裁委员会仲裁是提起诉讼的必经程序。但考虑到船员劳务合同纠纷的特点，《海诉法司法解释》明确规定船员劳动合同不应受上述规定的限制，因船员劳务合同纠纷直接向海事法院提起的诉讼，海事法院应当受理。在广东省高级人民法院《关于涉及船舶优先权的海员劳务报酬纠纷案件是否由海事法院受理的批复》中，也明确了船员劳务报酬纠纷案件不适用仲裁前置程序，有管辖权的海事法院可以直接受理。[2]

6. 因海事担保纠纷提起的诉讼，由担保物所在地、被告住所地海事法院管辖；因船舶抵押纠纷提起的诉讼，还可以由船籍港所在地海事法院管辖。《海诉法司法解释》第 10 条进一步明确规定，与船舶担保或者船舶优先权有关的借款合同纠纷，由被告住所地、合同履行地、船舶的船籍港、船舶所在

---

〔1〕 王彦君、王淑梅、余晓汉、万鄂湘："最高人民法院海事海商审判综述（2010 年至 2011 年）"，载《武大国际法评论》2012 年第 2 期。

〔2〕《广东省高级人民法院关于涉及船舶优先权的海员劳务报酬纠纷案件是否由海事法院受理的批复》（〔2001〕粤高法民四他字第 1 号）。

地的海事法院管辖。

7. 因海船的船舶所有权、占有权、使用权、优先权纠纷提起的诉讼，由船舶所在地、船籍港所在地、被告住所地海事法院管辖。《海诉法司法解释》第 7 条明确规定"船舶所在地"指起诉时船舶的停泊地或者船舶被扣押地。

8. 海难救助纠纷案件，《民诉法》第 31 条规定救助地和被救助船舶最先到达地的法院具有管辖权。但是在救助作业中，被救助的对象除船舶外，还包括货物等其他财产。例如，救助地在公海，且救助的对象是货物，则很难确定此类案件的管辖。为此，《海诉法司法解释》第 9 条规定，明确除依照《民诉法》第 32 条的规定外，还可以由被救助的船舶以外的其他获救财产所在地的海事法院管辖。

三、海事诉讼的专属管辖

所谓专属管辖，是指法律强制规定某类案件必须由特定法院管辖，其他法院不能管辖，当事人也不能协议变更管辖法院的管辖制度。根据《海诉法》，以下案件由特定海事法院专属管辖：①因沿海港口作业纠纷提起的诉讼，由港口所在地海事法院专属管辖；②因船舶排放、泄漏、倾倒油类或者其他有害物质，海上生产、作业或者拆船、修船作业造成海域污染损害提起的诉讼，由污染发生地、损害结果地或者采取预防污染措施地海事法院管辖；③因在我国领域和有管辖权的海域履行的海洋勘探开发合同纠纷提起的诉讼，由合同履行地海事法院管辖。

上述第 2 项表明陆源污染物和海上污染物对海洋自然资源与生态环境造成损害所引起的索赔诉讼，由损害发生地、损害结果地或者采取预防措施地海事法院管辖。该条款中的管辖连接点并不包括被告住所地，即排除被告住所地法院管辖。2018 年 1 月 15 日起施行的《关于审理海洋自然资源与生态环境损害赔偿纠纷案件若干问题的规定》第 2 条确定损害行为发生地、损害结果地、采取预防措施地三个管辖连接因素，目的是尽可能将所有实际影响或者潜在影响我国管辖海域行为的相关纠纷均纳入我国海事司法管辖范围。[1]

在陈某诉新韩投资有限公司船舶污染损害赔偿一案中，原告陈某认为被告的"宙斯"轮在广东省合山曰岛东面海域受台风"黑格比"影响触礁，船体断裂，燃油大量泄漏，造成严重污染损害，要求被告赔偿因污染造成的养殖损失。广东省广州海事法院经审理认为本案系船舶污染损害赔偿纠纷，属于海事法院管辖专属管辖的范围。

---

〔1〕 王淑梅、余晓汉："《关于审理海洋自然资源与生态环境损害赔偿纠纷案件若干问题的规定》的理解与适用"，载《人民司法·应用》2018 年第 7 期。

《海诉法》关于上述所称的"有管辖权的海域"指的是什么并不明确，为此，《海诉法司法解释》第11条规定，"有管辖权的海域"指中华人民共和国的毗连区、专属经济区、大陆架及有管辖权的其他海域。《海诉法司法解释》第12条还明确了上述的"合同履行地"指合同的实际履行地；合同未实际履行的，为合同约定的履行地。

四、海事诉讼的协议管辖

协议管辖是指法律规定允许当事人以协议方式约定管辖法院的管辖制度。《海诉法》中的协议管辖与《民诉法》中的协议管辖存在差异。依《民诉法》第34条，合同的双方当事人可以在书面合同中协议选择被告住所地、合同履行地、合同签订地、原告住所地、标的物所在地人民法院管辖，但不得违反本法对级别管辖和专属管辖的规定。可见，《民诉法》的协议管辖选择的地点是有限的，即管辖法院与合同需有某种联系。而《海诉法》中的协议管辖不要求管辖法院与有关争议有任何联系，依《海诉法》第8条的规定，海事纠纷的当事人都是外国人、无国籍人、外国企业或组织，当事人书面协议选择中国海事法院管辖的，即使与纠纷有实际联系的地点不在中国领域内，中国海事法院对该纠纷也具有管辖权。据此，就海商合同纠纷而言，其本身未必与中国有实际联系，但当事人可以通过书面协议选择中国海事法院管辖。[1] 协议管辖优先于一般的地域管辖。但海事请求保全、海事强制令、海事证据保全等不受当事人之间关于该海事请求的诉讼管辖协议或仲裁协议的约束。

在朝鲜豆满江船舶会社与 C. S. 海运株式会社船舶碰撞损害责任纠纷一案中，原告所有的朝鲜籍船舶"秃鲁峰3"轮在朝鲜东海岸水域与韩国籍船舶"海霓"轮发生碰撞，致使"秃鲁峰3"轮遭受重大损失。原告认为"海霓"轮存在未使用安全航速、没有保持谨慎瞭望及对碰撞危险未及时采取避免碰撞的行为等一系列过错，应对碰撞事故的发生承担全部责任。在本案中，原告与被告达成了管辖权协议，约定向上海海事法院提起诉讼。上海海事法院认为本案系船舶碰撞损害责任纠纷，碰撞事故发生在朝鲜半岛东部海域，原告和被告均系外国法人，本案具有涉外因素，鉴于双方当事人在诉前订有管辖权协议，合意选择本院行使涉案纠纷管辖权，所以上海海事法院根据《海诉法》第8条对本案享有管辖权。

■第二节　海事请求保全

---

〔1〕 吕岩峰："关于涉外合同法律适用问题的法律实践"，载《法治研究》2013年第11期。

一、海事请求保全的概念和特点

(一) 海事请求保全的概念

海事请求保全是指海事法院根据海事请求人的申请或者仲裁委员会的提交，为保全请求人的海事请求，对被请求人的财产所采取的民事强制措施，又被称为"海事财产保全"。海事请求保全是海事法院在司法实践中经常采取的一种强制措施。实践中常见的海事请求保全措施有：扣押船舶；扣押船载货物；冻结转租运费、租金；查封银行账号；冻结银行存款；冻结信用证；查封房地产；扣押车辆；截留保险赔款；截留货款，等等。而其中最有特色和最重要的是扣押船舶和扣押船载货物。海事保全的财产是特定的，非《海诉法》规定的财产，不能依《海诉法》的规定采取海事请求保全措施。对于船载货物，应限定为处于承运人掌管之下的货物。尽管可能货物尚未装船或已卸离船舶，只要仍在承运人的掌管之下，即应属于《海诉法》规定的"船载货物"。为此，《海诉法司法解释》第19条明确规定，海诉法规定的船载货物指处于承运人掌管之下，尚未装船或者已经装载于船上及已经卸载的货物。拍卖被扣押的船舶从本质上讲是扣押船舶的延续，也是一种保全措施，因此《海诉法》也将其纳入海事请求保全一章中加以规定。

根据《海诉法》的规定，当事人申请法院对船舶采取诉前海事请求保全的，应当符合下列条件：①应当向被保全的财产所在地海事法院提出；②应当向海事法院提交书面申请，申请书应当载明海事请求事项、申请理由、保全的标的物以及要求提供担保的数额，并附有关证据。需要注意的是，如果当事人想要向法院申请对外籍船舶采取诉前海事请求保全，只有当被请求的外籍船舶进入我国领域时，我国法院才有管辖权。

(二) 海事请求保全的管辖法院

依《海诉法》第13条的规定，当事人在起诉前申请海事请求保全，应当向被保全的财产所在地海事法院提出。这里的"被保全的财产所在地"并不明确，应指"船舶所在地"或"货物所在地"。在多式联运的情况下，对于已卸离船舶尚未交付的货物请求保全的，而该货物所在地并无海事法院，是否可以向该货物所在地的地方人民法院提出并不明确。为此，《海诉法司法解释》第20条明确"被保全的财产所在地"指船舶的所在地或者货物的所在地。当事人在诉讼前对已经卸载但在承运人掌管之下的货物申请海事请求保全，如果货物所在地不在海事法院管辖区域的，可以向卸货港所在地的海事法院提出，也可以向货物所在地的地方人民法院提出。但是当事人之间的实体纠纷仍应由海事法院依《海诉法》和相关司法解释行使管辖权。

在普通的民事诉讼中，当事人的起诉应由有管辖权的法院受理，其他法院，包括被保全财产所在地的法院，若无管辖权，应将案件移送有管辖权的法院。《海诉法》第13条的规定与财产保全制度有较大的不同。《海诉法》的规定体现出对"对物诉讼"制度的借鉴。根据《海诉法》第13条，法院可依法定程序对辖区内的财产进行保全，保全后即取得对该案的管辖权。这其实是"对物诉讼"中"有效控制原则"的变通形态。

（三）海事请求保全的特点

海事请求保全是《海诉法》新创立的一项制度，其与《民诉法》规定的财产保全制度的关系是有争议的。一种观点认为海事请求保全是与一般财产保全制度完全不同的制度，另一种观点认为海事请求保全是财产保全的一种特殊种类。海事请求保全与一般财产保全相比，存在以下区别：①管辖不同。海事请求保全由海事法院专门管辖，财产保全由普通人民法院管辖。②保全的对象不同。海事请求保全海上财产，尤其以船舶、船载货物等为主要的保全对象，并由于这些海上财产的特殊性质而形成特殊的做法。财产保全以债务人所有的财产为保全对象。③依据不同。海事请求保全只能依据海事请求人的申请，海事法院不依职权实施。财产保全不仅可以依据当事人的申请，法院认为必要时也可以依职权裁定实施。海事请求保全和财产保全虽然存在以上差异，但这些差异不是根本性的，从本质上看，两者都是为保护债权人的利益对债务人的财产采取的强制措施，因此，将海事请求保全视为财产保全的特殊种类更为合理。

二、船舶的扣押与拍卖

船舶扣押是海事请求保全制度中的一种，是海事诉讼中最重要也最有特色的一种诉讼程序。我国关于扣船的法律规定，主要参照《1999年国际扣船公约》的规定。海商法中的扣船主要是指为了取得担保而进行的船舶扣押。司法实践中，也可能为了执行判决和其他法律文书而扣押船舶，这两种扣船有很大不同，为执行而扣船与一般执行财产的法律基本一致，不适用扣船的一般规定。根据《海诉法》，我国目前的船舶扣押制度主要包括以下几方面的内容：

（一）可以申请扣船的海事请求

申请人具有特定的海事请求是申请扣押船舶的首要条件。我国《海诉法》第21条规定了22项可以据以申请扣押船舶的海事请求：①船舶营运造成的财产灭失或损坏；②与船舶营运直接有关的人身伤亡；③海难救助；④船舶对环境、海岸或有关利益方造成的损害或损害威胁；为预防、减少或消除此种损害而采取的措施；为此种损害而支付的赔偿；为恢复环境而实际采取或准备采取的合理措施的费用；第三方因此种损害而蒙受或可能蒙受的损失；

以及与本项所指的性质类似的损害、费用或损失；⑤与起浮、消除、回收或摧毁沉船、残骸、搁浅船、被弃船或使其无害有关的费用，包括与起浮、清除、回收或摧毁仍在或曾在该船上的物件或使其无害的费用，以及与维护放弃的船舶和维持其船员有关的费用；⑥船舶的使用或租用的协议；⑦货物运输或旅客运输的协议；⑧船载货物（包括行李）或与其有关的灭失或损坏；⑨共同海损；⑩拖航；⑪引航；⑫为船舶营运、管理、维护、维修提供物资或服务；⑬船舶的建造、改建、修理、改装或装备；⑭港口、运河、码头、港湾及其他水道规费和费用；⑮船员的工资和其他款项，包括应当为船员支付的遣返费和社会保险费；⑯为船舶或船舶所有人支付的费用；⑰船舶所有人或光船承租人应当支付或他人为其支付的船舶保险费（包括互保会费）；⑱船舶所有人或光船承租人应当支付或他人为其支付的与船舶有关的佣金、经纪费或代理费；⑲有关船舶所有权或者占有的纠纷；⑳船舶共有人之间有关船舶的使用或者收益的纠纷；㉑船舶抵押权或者同样性质的权利；㉒因船舶买卖合同产生的纠纷。非因这二十二项海事请求不得申请扣押船舶。但如果是为了执行判决而扣船，则不受以上规定的限制。

（二）可以扣押的船舶

根据《海诉法》的规定，可以扣押的船舶主要是两种：当事船和姐妹船。《海诉法》明确规定，从事军事和政府公务的船舶不得被扣押。

1. 当事船。当事船指导致申请扣船的海事请求发生的船舶。如两船相撞，碰撞的船舶即是当事船。又如海难救助，导致救助人的救助报酬请求权发生的遇难船即是当事船。根据《海诉法》第 23 条第 1 款的规定："有下列情形之一的，海事法院可以扣押当事船舶：①船舶所有人对海事请求负有责任，并且在实施扣押时是该船的光船承租人或者所有人；②船舶的光船承租人对海事请求负有责任，并且在实施扣押时是该船的光船承租人或者所有人；③具有船舶抵押权或者同样性质的权利的海事请求；④有关船舶所有权或者占有的海事请求；⑤具有船舶优先权的海事请求。"第①、②项规定的是一般情况，即扣押当事船，需要海事请求发生时和实施扣船时该船舶都是由同一人所有或者光船租用，并且对海事请求的发生负有责任。第③~⑤项规定的是例外情况，即具有船舶抵押权、船舶优先权，或者有关船舶所有或占有的海事请求这三种情况下，即使在申请扣船时肇事船舶的所有权已经发生了转移，新的船舶所有人或光船承租人对海事请求的发生毫无关系和责任，但其新取得的肇事船舶仍可被扣押。之所以如此，是因为：对船舶优先权而言，其本身的特点之一即是其附着性，即它一经产生就附着在船舶上，不因船舶的转让而灭失；对船舶抵押权而言，《海商法》第 17 条明确规定："船舶抵押权设定后，未经抵押权人同意，抵押人不得将被抵押船舶转让给他人。"而船舶所有权和占有，则是基于物权的追及力。

2. 姐妹船。姐妹船为同一船舶所有人所有的不同船舶。《海诉法》第23条第2款规定："海事法院可以扣押对海事请求负有责任的船舶所有人、光船承租人、定期租船人或者航次租船人在实施扣押时所有的其他船舶，但与船舶所有或者占有有关的请求除外。"扣押姐妹船只适用于责任人所有的船舶。责任人只是租赁、经营而不拥有所有权的船舶不在被扣押的范围以内。与船舶所有或者占有有关的海事请求被排除在可以申请扣押姐妹船的理由之外，这是因为关于船舶所有或者占有的海事请求是针对特定船舶的，如果要扣押，只能扣押该特定船舶。

（三）申请的审查

法院收到扣押船舶的申请以后，应当进行审查。审查的主要内容包括：申请人申请扣押船舶的主体资格；申请扣押船舶的海事请求；申请扣押船舶的事实与理由；申请扣押船舶的必要性；要求提供担保的情况，等等。经法院审查，认为申请人的申请符合扣押船舶的条件的，法院应向申请人发出《准许扣押船舶申请通知书》，通知申请人交纳申请费。如果认为应责令申请人提供担保的，通知其提供担保。申请人依照通知交纳申请费、提供担保的，法院依法作出扣押船舶的裁定。由于扣船往往是时间性要求较强的工作，如不能及时采取扣船措施，船舶离港后就很难再实施扣押，因此《海诉法》规定海事法院接受申请后，应当在48小时内作出裁定。

（四）扣船的担保

1. 海事请求人提供的担保。按《海诉法》的规定，无论是诉讼前还是诉讼中扣船，均"可以责令海事请求人提供担保"。由于扣船本身就是一种保全手段，其目的在于迫使被申请人提供担保，以保全申请人的海事请求。因此，对海事请求人在申请扣船时提供的担保，一般称为"反担保"，其与扣船后船方提供的担保相区别。由于是"可以"而不是"应该"责令提供担保，是否责令海事请求人提供反担保，由法院视情况自由裁量。实践中，我国海事法院一般都要求扣船申请人提供反担保。关于担保的方式和金额，由海事法院决定。《1999年国际扣船公约》规定，为释放被扣押船舶提供的担保金额不能超过船舶价值，这一规定有利于防止不合理的担保要求，得到了高度评价。我国《海诉法》对担保金额没有作任何限制性规定，原则上，海事请求人申请海事请求保全时提供担保的数额，应相当于因其申请可能给被申请人造成的损失。法院在实践中一般要求申请人提供扣船30天的有关费用，因此申请人提供的可能是限额担保。[1]　当扣船时间因海事请求人提起诉讼而超过 30 天时，会出现被扣押船舶处于无申请人担保的状态。海事法院为避免当事人之间因扣押船舶错误产生纠纷，会要求申请人追加担保的数额。为此，《海诉法司法解释》第 26 条规定："申请人为申请扣押船舶提供限额担保，在扣押船舶期限届满时，未按照海事法院的通知追加担保的，海事法院可以解除扣押。"

2. 被请求人的担保。在诉前扣押船舶的情况下，扣押船舶的期限为 30 天，被申请人依海事法院的裁定提供担保，经海事法院审查认为符合要求的，可以解除船舶扣押。被申请人的担保可以向海事法院提供，也可以向申请人提供。例如，"科罗"轮案中的被扣船舶即在被申请人向法院交保后得以释放，[2]　该案海事法院在 1995 年 11 月 14 日作出了扣船的裁定，同日，执行人员登轮向船长宣读并送达了民事裁定书和扣押船舶命令。11 月 19 日，被申请人向海事法院提供了担保函。11 月 20 日 10 时，海事法院即解除了对"科罗"轮的扣押。

（五）扣船的方式

扣押船舶的具体方式有两种：①"即地扣押"或"死扣押"。它是指将被扣押的船舶即地扣住，使船舶不能驶离港口，不能投入营运，更不能处分或者设置抵押权，即严格限制船舶使用和处分的扣押方法。这是一种传统的扣船方式，也是法定的扣押方式。其优点是保全效果佳，可以迫使船主尽快提供担保；缺点是在扣押期间，不仅不能发挥船舶的使用价值，而且要产生很高的维持费用，成本过高。②"活扣押"。它是指仅限制被扣押船舶的处分权和抵押权，不限制被扣押船舶的使用权而允许该船舶继续营运的扣押方式。《海诉法》第 27 条规定："海事法院裁定对船舶实施保全后，经海事请求人同意，可以采取限制船舶处分或者抵押等方式允许该船舶继续营运。""活扣押"的优点是成本较低，不影响船舶作为生产工具继续创造价值的功能，有利于提高债务人的偿债能力；缺点是当事人可能利用"活扣"逃避债务，或继续营运的"活扣"船舶发生海事事故，产生了新的债务，或"活扣"的船舶灭失，造成法院无法执行等。因此，有必要进一步强调严格掌握"活扣"的标准，除《海诉法》规定的需要经海事请求人同意外，《海诉法司法解释》进一

---

[1]　王淑梅："《关于适用海事诉讼特别程序法若干问题的解释》的理解与适用"，载《人民司法》2003 年第 3 期。

[2]　"诉讼前扣押 CORAL 轮案"，载国际海事信息网，http://www.simic.net.cn/news_show.php? id=14937，最后访问时间：2021 年 1 月 5 日。

步限定"活扣"一般仅限于航行于国内航线上的船舶完成本航次。

在 2019 年海事审判典型案例之一的"尼莉莎"轮扣押案中,青岛海事法院成功地运用《海诉法》第 27 条解决了纠纷。在该案中,新加坡船东违约一船两卖,利比里亚申请人向青岛海事法院申请扣押马绍尔群岛籍油轮"尼莉莎"轮。该轮原定计划于青岛卸下 13 万吨原油后,继续前往天津卸载剩余的 17 万吨,如无法如期前往天津卸货,将产生 3 万美元/天的滞期费,并且将导致交付迟延、工厂停产。为避免损失扩大,防止引发连环纠纷,青岛海事法院的法官四次登轮,远隔重洋多方协调,成功促成当事人和解。"尼莉莎"轮被允许前往天津卸货。该案的成功处理使得来自希腊、新加坡、印度、迪拜、巴西、中国等国的当事人和货主、租船人、抵押人等利害关系人避免了巨额的损失,化解了连环诉讼的风险。

（六）重复扣船与多次扣船

重复扣船,是指基于同一海事请求,两次或多次扣押同一船舶,或者被申请人所有或光租的其他船舶的行为。其特点表现为:扣船所依据的海事请求相同,所扣押的船舶相同,属同一船舶所有人或者被申请人所有或者光租的其他船舶。重复扣押船舶,法律原则上是禁止的,1952 年扣船公约和 1999 年国际扣船公约都有禁止重复扣船的规定,我国《海诉法》第 24 条也明确规定,海事请求人不得因同一海事请求申请扣押已被扣押过的船舶,但有下列情形之一的除外:①被请求人未提供充分的担保;②担保人有可能不能全部或部分履行担保义务;③海事请求人因合理的原因同意释放被扣押的船舶或者返还了已提供的担保,或者不能通过合理措施阻止释放被扣押的船舶或者返还已提供的担保。根据以上规定,如果船舶被扣押后,被申请人尚未提供担保使船舶获释,申请人就已经发现其原来的扣船申请中所要求提供的担保金额不足,则仍然可以再次提出扣船申请,要求法院责令被申请人提供合适的担保。

多次扣船,是指基于不同的海事请求,两次或多次扣押同一船舶或同一被申请人所有或者光船租赁的其他船舶的行为。有关扣船的国际公约和我国相关规定均未就多次扣船的问题作出明确规定。而从理论上讲,各个不同的海事请求既为相对独立的,故只要符合扣押船舶的条件,不同的申请人基于各自不同的海事请求均可以申请扣押船舶,即使各个申请都是针对同一船舶的。另外,因船舶一般价值较大,故同一船舶在一般情况下亦可起到保全数海事请求的作用。多次扣船的情况在实践中并不多见,就其具体的程序,实践中有不同的做法。早期的做法是参照诉讼案件合并审理的模式,将两个以上的扣船申请作为一案处理,以一个裁定、一个扣押命令扣押。后期的做法是将数个扣船申请分别单独处理（裁定、扣押）。当然，为尽量缩短扣押船舶时间，可考虑在第一次扣船期间，第二级以后的申请人提出扣船申请的，可先裁定责令被申请人提供担保而不执行扣押。被申请人对第二级以后的申请人不提供担保时，当先前的扣押解除时，立即执行第二级以后的申请人的扣押申请。

（七）扣押管辖与实体管辖的关系

船舶的扣押与拍卖应由海事法院管辖，对于地方法院为执行生效法律文需要扣押和拍卖船舶的，依《海诉法司法解释》第 15 条的规定，除海事法院及其上级人民法院外，地方人民法院对当事人提出的船舶保全申请应不予受理；地方人民法院为执行生效法律文书需要扣押和拍卖船舶的，应当委托船籍港所在地或者船舶所在地的海事法院执行。扣押船舶的法院可以取得对案件的管辖权。因扣押取得的管辖与实体海事纠纷的其他法定管辖、协议管辖、仲裁管辖等可能发生冲突，对此，《海诉法》第 19 条明确规定："海事请求保全执行后，有关海事纠纷未进入诉讼或者仲裁程序的，当事人就该海事请求，可以向采取海事请求保全的海事法院或者其他有管辖权的海事法院提起诉讼，但当事人之间订有诉讼管辖协议或者有仲裁协议的除外。"在船舶扣押后，海事请求人依据《海诉法》第 19 条的规定，向其他有管辖权的海事法院提起诉讼的，可以由扣押船舶的海事法院继续实施保全措施。申请人在诉前保全期限内提起诉讼或申请仲裁，扣押船舶由诉讼前保全转为诉讼保全。

关于扣押船舶的期限，《海诉法》第 28 条规定："海事请求保全扣押船舶的期限为 30 日。海事请求人在 30 日内提起诉讼或者申请仲裁以及在诉讼或者仲裁过程中申请扣押船舶的，扣押船舶不受前款规定期限的限制。"其将涉外与非涉外诉前扣船的保全期间均限定为 30 日。申请人在扣押船舶期限内没有提起诉讼或者申请仲裁，扣船法院应释放被扣押的船舶。

（八）拍卖被扣押的船舶

扣押船舶后，有两种可能的后果：①船舶所有人提供担保或在其他法定条件满足后，法院释放船舶。被申请人为使船舶获释而提供担保，并不等于承认其对海事请求负有责任或者放弃其所享有的责任限制的权利。②船舶所有人不提供担保，法院在满足法定条件时强制拍卖船舶。船舶扣押期间，被请求人不提供担保，而且船舶不宜继续扣押的，海事请求人可以在提起诉讼或者申请仲裁后，向扣押船舶的海事法院申请拍卖船舶。所谓船舶不宜继续扣押，是指船体本身存在缺陷，如果继续扣押可能导致船舶毁损；或者船舶监管费用过高，继续扣押可能丧失担保价值等情况。

拍卖船舶只能是应海事请求人申请，法院不能依职权自行决定拍卖船舶。

第
十
三
章

拍卖船舶的法定程序是：当事人申请；法院审查裁定；通过报纸或其他新闻媒体发布公告，公告期不少于 30 日；法院在拍卖船舶 30 日前，向被拍卖船舶登记国的登记机关和已知的船舶优先权人、抵押权人和船舶所有人发出将拍卖船舶的通知；组成拍卖船舶委员会；对船舶进行鉴定、估价和确定拍卖底价；竞买人登记；公开拍卖；移交船舶。

关于申请人以外的人申请拍卖船舶的问题，《海诉法》没有明确规定。实践中，如海事请求人的请求权为一般债权，在船舶被拍卖后，一般债权人依法定的清偿顺序也可能得不到受偿。如扣船申请人在船舶扣押后，虽提起诉讼但不申请拍卖船舶，船舶所有人又无力提供适当的担保的，船舶长期扣押下去，船舶所有人和债权人的利益均得不到保护。此时，应允许被申请人申请拍卖自己的船舶以减少损失。为此，《海诉法司法解释》第 30 条规定，申请扣押船舶的海事请求人在提起诉讼或者申请仲裁后，不申请拍卖被扣押船舶的，海事法院可以根据被申请人的申请拍卖船舶。拍卖所得价款由海事法院提存。此外，《海诉法司法解释》第 31~33 条还明确了涉及船舶拍卖的一些具体程序，规定海事法院裁定拍卖船舶，应当通过报纸或者其他新闻媒体连续公告 3 日。利害关系人请求终止拍卖被扣押船舶的，海事法院应当作出是否准许的裁定；海事法院裁定终止拍卖船舶的，为准备拍卖船舶所发生的费用由利害关系人承担。拍卖船舶申请人或者利害关系人申请终止拍卖船舶的，应当在公告确定的拍卖船舶日期届满 7 日前提出。

三、扣押船载货物

扣押船载货物是另一种典型的海事请求保全措施。实践中，海事请求人常为请求海运运费、请求定期租船合同租金、请求滞期费等原因而申请扣押船载货物。根据《海诉法》的规定，扣押船载货物可以在诉讼前或诉讼中采取。但无论是诉讼前还是诉讼中采取这种保全措施，都必须是根据当事人申请而采取，法院不应依职权作出决定。海事请求人申请扣押船载货物的价值，应当与其债权数额相当。

申请扣押的船载货物，应当属于被请求人所有。曾经有一种观点认为，诉前扣货无须以货物所有人对海事请求负有责任为条件。只要是因承运的货物产生的海事请求，无论与其签订合同的是不是货物所有人，也无论货物所有人是否应对海事请求承担责任，承运人均有权申请扣押。[1] 但这种观点已经被《海诉法》否定了。对什么是"船载"货物，《海诉法》没有明确规定，对此司法界有不同看法：一种观点认为，船载货物是指装载在船上的货物，

---

〔1〕 参见金正佳、翁子明：《中国海事审判的理论与实践》，海天出版社 1993 年版，第 413 页。

货物一经卸离船舶，承运人就失去对货物的实际占有，也就不能申请扣押了；另一种观点认为，船载货物是指装载在船上或虽然已经卸离船舶但仍在承运人控制之下的货物，只要还未交付，就可以申请扣押；第三种观点则认为，船载货物是指经过船舶载运的货物，只要经过船舶载运，不管是否还在船上，也不管货物是否已经交付，都是"船载货物"，都可以申请扣押。[1] 对此，《海诉法司法解释》第 19 条明确规定，"船载货物"应限定为处于承运人掌管之下的货物。尽管可能货物尚未装船或已卸离船舶，只要仍在承运人的掌管之下，均可适用《海诉法》关于船载货物的规定。

　　扣押船载货物的程序主要是：首先由申请人提出书面申请；海事法院受理申请后，可以责令申请人提供担保。海事请求人不提供担保的，驳回申请；对申请人的扣押申请，法院应当进行审查，审查合格的，发出"准许扣押货物申请通知书"，作出扣押船载货物的裁定。无论是诉前扣押还是诉讼中扣押，裁定一经作出，便应立即执行。海事请求保全扣押船载货物的期限为 15日。但海事请求人在 15 日以内提起诉讼或申请仲裁以及在诉讼或者仲裁过程中申请扣押船载货物的，不受这一期限的限制。

　　船载货物扣押期间届满，被请求人不提供担保，而且货物不宜继续扣押的，海事请求人可以在提起诉讼或者申请仲裁后，向扣押船载货物的海事法院申请拍卖货物。对无法保管、不易保管或保管费用可能超过货价的物品，海事请求人可以申请提前拍卖。海事法院收到申请后，应当进行审查，在 7日内作出准予或者不准予拍卖的裁定。当事人对裁定可以申请复议一次。船载货物的拍卖由海事法院指定的本院执行人员和聘请的拍卖师组成的拍卖组织实施，或者由海事法院委托的机构实施。具体方式可以参照拍卖船舶的有关规定。

■第三节　其他海事诉讼制度

一、海事强制令制度

　　在海事诉讼中，经常会发生需要当事人一方为或不为特定行为的情况。我国《民诉法》虽然有先予执行、诉讼保全等措施，但都是针对财产而非行为的。为适应海事诉讼中的特殊需要，《海诉法》规定了"海事强制令"制度，即海事法院根据海事请求人的申请，为使其合法权益免受侵害，采取责令被请求人作为或者不作为的强制措施。由于这种强制措施针对的对象不是

---

〔1〕　参见李守芹、李洪积：《中国的海事审判》，法律出版社 2002 年版，第 189 页。

特定的财产而是特定的行为，因此有人又将其称为"海事行为保全"制度。

海事请求人申请海事强制令，应当向海事法院提交书面申请。申请书应当载明申请理由，并附有关证据。海事法院可以责令海事请求人提供担保，不提供担保的驳回其申请。作出海事强制令，应当具备下列条件：①请求人有具体的海事请求；②需要纠正被请求人违反法律规定或者合同约定的行为；③情况紧急，不立即作出海事强制令将造成损害或者使损害扩大。海事法院接受申请后，应当在48小时内作出裁定，即作出或不作出海事强制令。

需要海事强制令的情况在海事诉讼中是常见的，例如，承运人已经接受货物或将货物装上船，但是以上一航次运费未付、货物有瑕疵等理由拒绝向托运人签发提单，托运人就可以向法院申请海事强制令，强制承运人签发提单；或者是货物已经运到目的地，但收货人因为与托运人之间的买卖合同纠纷等原因，拒绝接受货物，造成承运人的船期损失，承运人可以向法院申请海事强制令，强制收货人接受货物。又如，定期租船合同下，合同已经到期，但承租人继续占有船舶，使出租人无法使用船舶，出租人可以要求法院强制承租人交还船舶。如果当事人拒不执行法院的强制令，海事法院可以根据情节轻重处以罚款、拘留；构成犯罪的，还应依法追究刑事责任。海事请求人申请海事强制令错误的，应当赔偿被请求人或利害关系人因此所遭受的损失。

海事强制令是《海诉法》新设的一项制度，它在立法思路上借鉴了英国"马瑞瓦禁令"制度中的某些内容。"马瑞瓦禁令"是英国的一项较新的诉讼制度，其主要内容是通过限制债务人转移财产的行为或其他行为，保证将来裁判的执行。海事强制令借鉴了"马瑞瓦禁令"以限制或约束债务人行为为主要措施的思想。海事强制令将保全指向的对象由财产扩及到"行为"，其优点是更有利于及时有效保护海事请求权人的合法利益，避免不应有的损失等，其缺点是适用范围广、执行前置、执行回转困难等。海事强制令与海事请求保全的主要区别是，前者针对的对象是行为，后者针对的对象则是财产。民事诉讼中的先予执行制度也是法院强制被请求人履行一定的行为，其与海事强制令的主要区别是：①性质不同。前者是一种保全措施，目的是保全请求人的海事请求；而后者是一种执行措施，把将来判决的全部或部分提前在判决前执行。②范围不同。《民诉法》规定先予执行仅适用于三类案件：追索赡养费、抚养费、抚育费、抚恤金、医疗费用的案件；追索劳动报酬的案件；因情况紧急需要先予执行的案件。而海事强制令在所有条件符合的海事案件中都可适用。③条件不同。先予执行必须满足两个法定条件：当事人之间权利义务关系明确，不先予执行将严重影响申请人的生活或生产经营；被申请人有履行能力。而海事强制令没有这方面的要求。④适用的阶段不同。先予执行只能在诉讼中进行；而海事强制令既可以在诉讼中进行，也可以在诉讼前进行。

海事强制令和财产保全都是保全措施，但是两者有所不同。其一，从适用的事由来看，海事强制令适用于申请人与被申请人之间存在非金钱之债的场合，海事法院根据海事请求人的申请，责令被申请人实施特定的作为或不作为；而财产保全只适用于当事人或利害关系人之间存在金钱之债的场合。其二，从适用的客体来看，海事强制令的客体是行为，即海事法院责令被申请人实施特定的作为或不作为；而财产保全的客体是财产，即法院查封、扣押、冻结的当事人或利害关系人的财产。其三，从采取的方法来看，海事强制令采取的方法是海事法院责令被申请人实施特定的作为或不作为，而财产保全所采取的方法是查封、扣押、冻结或法律规定的其他方法。[1]

二、海事证据保全制度

海事证据保全指海事法院根据海事请求人的申请，依法对有关海事请求的证据予以提取、保存或者封存的强制措施。申请海事证据保全需要具备以下几个条件：①请求人是海事请求的当事人；②请求保全的证据对该海事请求具有证明作用；③被请求人是与请求保全的证据有关的人；④情况紧急，不立即采取证据保全就会使该海事请求的证据灭失或者难以取得。

我国《民诉法》第81条第1款规定："在证据可能灭失或者以后难以取得的情况下，当事人可以在诉讼过程中向人民法院申请保全证据，人民法院也可以主动采取保全措施。"即将证据保全限定在诉讼证据保全的范围内。两者的不同在于海事证据保全只能依海事请求人的申请，海事法院不能依职权采取海事证据保全措施。海事证据保全不仅限于诉讼中证据保全，而且包含诉讼前的证据保全。实践中多数的证据保全申请是在诉讼前提出的，如对船舶有关航行文件或船舶碰撞后对有关船舶碰撞痕迹的保全等。

在海事证据保全程序中，主要问题是证据的使用。为此，《海诉法司法解释》第49条规定，在证据保全后，申请人可以申请复制保全的证据材料。由于纠纷不在中国领域内的证据的使用会涉及司法协助问题，因此，该条规定相关海事纠纷在中国"领域内"的其他海事法院或者仲裁机构受理的，受诉法院或者仲裁机构应海事请求人的申请可以申请复制保全的证据材料。

三、海事担保制度

1. 担保的适用范围。海事担保包括海事请求保全、海事强制令、海事证据保全等程序中所涉及的担保。另外，设立海事赔偿责任限制基金和先予执

---

[1] 谭岳奇："中国海事诉讼发展的里程碑"，载《法学评论》2000年第5期。

行等程序中涉及的担保，也可以参照海事担保的相关规定执行。海事请求人提供的担保，其方式、数额由海事法院决定。被请求人提供的担保，其方式、数额由海事请求人和被请求人协商；协商不成的，由海事法院决定。

2. 担保的方式。海事担保的方式包括现金担保、保证、设置质押或抵押。①现金担保即以现钞或可流通的有价证券为表现形式的担保，是最可靠的担保种类。然而，实务中，当事人一般不能或不愿提供该种担保。②保证即第三人以其商业信誉为被担保人提供担保，保证当被担保人所负担的债务明确而又不履行债务时，由其代为履行债务。这是海事诉讼实践中最常用的一种担保方式，无论申请人或被申请人都乐于使用。信誉担保的担保人必须具有相当的担保能力和担保资格，通常要求银行或其他金融机构、保险机构、船东互保协会或资产比较雄厚的企业出具。境外担保人出具的信誉担保一般还应由国内担保人加保。③设置抵押或质押是一种实物担保。担保是不动产或特定的动产的，应设置抵押权，并依法登记。担保物是动产的，交债权人或法院质押，担保人丧失使用权。除《海诉法》所规定的海事担保方式外，根据《中华人民共和国担保法》（以下简称《担保法》）的规定，担保人还可以以土地使用权、票据权利、知识产权等作为担保物设置担保。这些担保方式在海事诉讼中也应该承认。

3. 担保的数额。《海诉法》第 76 条第 1 款规定："海事请求人提供担保的数额，应相当于因其申请可能给被请求人造成的损失，具体数额由法院决定。海事请求人要求被请求人提供担保的数额，应当与其债权数额相当，但不得超过被保全的财产价值。"《最高人民法院关于扣押与拍卖船舶适用法律若干问题的规定》第 5 条规定，《海诉法》第 76 条第 2 款规定的海事请求人提供担保的具体数额，应当相当于船舶扣押期间可能产生的各项维持费用与支出、因扣押造成的船期损失和被请求人为使船舶解除扣押而提供担保所支出的费用。船舶扣押后，海事请求人提供的担保不足以赔偿可能给被请求人造成损失的，海事法院应责令其追加担保。

又依《海诉法》第 77 条的规定，担保提供后，提供担保的人有正当理由的，可以向海事法院申请减少、变更或者取消该担保。对于什么是"正当理由"是一个需要明确的问题。为此，《海诉法司法解释》在总结审判实践上，采取了开放式的方法予以规定，其第 52 条规定"正当理由"指：①海事请求人请求担保的数额过高；②被请求人已采取其他有效的担保方式；③海事请求人的请求权消灭。该规定将确定的最终裁量权留给了法官。海事请求人的担保应当提交给法院；被请求人的担保可以提交给法院，也可以提供给海事请求人。提供给法院的担保，其方式、数额由法院决定；提供给海事请求人的担保，由海事请求人和被请求人协商。协商不成的，由法院裁定。

4. 担保的执行与返还。担保的执行是指实体案件经审理并作出裁判后，债务人到期不履行债务，而以担保的财产或担保人的财产清偿债务的程序。并不是每个担保都存在执行的问题，只有在法院裁判被担保人承担责任，且被担保人到期不履行其责任的情况下，才须执行担保。被申请人没有对申请人提起诉讼，或者虽提起诉讼但被驳回的，法院应当将担保返还申请人或担保人，申请人就扣船所依据的海事请求对被申请人提起诉讼，法院经审理判决申请人败诉的，法院或申请人应将被申请人的担保返还被申请人或担保人。关于被请求人提供担保的返还，《海诉法》第 18 条作出了规定，如海事请求人未在规定的期间内起诉或申请仲裁的，应及时解除保全或返还担保。但其没有规定具体的内容，为此，《海诉法司法解释》第 25 条明确："海事请求保全扣押船舶超过三十日、扣押货物或者其他财产超过十五日，海事请求人未提起诉讼或者未按照仲裁协议申请仲裁的，海事法院应当及时解除保全或者返还担保。"《海诉法司法解释》第 27 条针对提供给海事请求人的担保，规定除被请求人和海事请求人有约定的外，海事请求人应当返还；海事请求人不返还担保的，该担保至海事请求保全期间届满之次日失效。《海诉法司法解释》第 45 条针对海事强制令的担保返还，规定海事强制令发布后 15 日内，被请求人未提出异议，也未就相关的海事纠纷提起诉讼或者申请仲裁的，海事法院可以应申请人的请求返还其提供的担保。

■第四节　海事审判特殊程序

一、送达

海事诉讼法律文书的送达，除依照《民诉法》规定的方式进行外，可以采用以下特殊方式：①向受送达人委托的诉讼代理人送达；②向受送达人在我国设立的代表机构、分支机构或者业务代办人送达；③通过能够确认收悉的其他适当方式送达。有关扣押船舶的法律文书也可以向当事船舶的船长送达。有义务接受法律文书的人拒绝签收，送达人在送达回证上记明情况，经送达人、见证人签名或者盖章，将法律文书留在其住所或者办公处所的，视为送达。

虽然《海诉法》中增加了"扣押船舶的法律文书"向船长直接送达的办法，但忽略了扣押船舶以外的诉前程序中法律文书送达问题。因此，《海诉法司法解释》第 53 条规定，海事强制令、海事证据保全的法律文书也可以向当事船舶的船长送达。《海诉法司法解释》第 54 条又规定，应当向被告送达的开庭传票等法律文书，可以向被扣押的被告船舶的船长送达，但船长作为原告的除外。《海诉法司法解释》第 55 条对送达的"其他适当方式"作出了解释，规定包括传真、电子邮件（包括受送达人的专门网址）等送达方式。并进一步指出，通过以上方式送达的，应确认受送达人确已收悉。

二、审理船舶碰撞案件的特别规定

船舶碰撞案件是最典型的海事案件之一。针对这种案件中取证困难、存在作伪证的便利条件等具体情况，《海诉法》规定在审理船舶碰撞案件时，采用证据保密制度。海事法院审理船舶碰撞案件，应当在立案后 1 年内审结，有特殊情况需要延长的，由本院院长批准。船舶碰撞案件的证据保密制度包括以下几个方面的内容[1]：

1. 要求原告在起诉时、被告在答辩时，都应如实填写《海事事故调查表》。这种调查表中的内容非常详实，既包括发生碰撞时的天气、海流等自然现象，也包括碰撞船舶在碰撞当时的操纵和运动状况，以及值班人员对态势的分析和采取的措施。当事人如果不填写调查表，将被视为未能完成举证责任，应当承担相应的法律后果。填写完毕的调查表将由海事法院密封并保存。当事人不能推翻其在《海事事故调查表》中陈述和已经完成的举证，但有新的证据，并有充分的理由说明该证据不能在举证期间内提交的除外。依《民诉法》的证据原则，当事人所填定的海事事故调查表本身不是原始证据，而是当事人对基本事实的陈述。实践中很少有未经港务监督进行过海事调查取证，当事人直接诉讼到海事法院的船舶碰撞纠纷案件。经过港监调查处理后，当事人在诉讼时向法院提交所填定的《海事事故调查表》，应当与港务监督调查的基础事实一致。因此，《海诉法司法解释》第 57 条规定，《海事事故调查表》属于当事人对发生船舶碰撞基本事实的陈述。经对方当事人认可或者经法院查证属实，可以作为认定事实的依据。

2. 海事法院向当事人送达起诉状或者答辩状时，不附送有关证据材料。这就要求当事人在不了解对方所举证事实的情况下，完全依赖自己掌握的证据提出自己的主张和要求，这样各方对事实的陈述可能更加客观和真实。

3. 当事人应当在开庭审理前完成举证。针对船舶碰撞案件证据对诉讼相对方有一定期间保密性的特点，《海诉法》规定了举证期间，规定当事人应在一审开庭前举证完毕。这种对举证时限的规定突破了《民诉法》对举证时间不作限制的规定，可防止当事人在开庭后了解了对方证据之后再举证带来的

---

〔1〕 参见冯立奇："中国《海事诉讼特别程序法》的特点（一）"，载北京大学法学院海商法研究中心：《海商法研究》，法律出版社 2000 年版。

时间延迟和伪造证据的可能性。只有当事人双方完成了各自的举证责任后，海事法院才允许互相查阅对方提供的有关船舶碰撞的事实材料。《海诉法司法解释》进一步规定：当事人应当在一审开庭前向海事法院提供有关船舶碰撞的事实证据材料，即二审法院仅审理法律适用等问题，有关事实问题，应当在一审中审理完毕。除非这些证据材料不是当事人自己所有的，因而在开庭前不能举证的。《海诉法司法解释》明确规定"事实证据材料"是指涉及船舶碰撞的经过、碰撞原因等方面的证据材料，不包括碰撞造成的损失和费用的证据材料。因此，这些证据材料是当事人可以在开庭前完成举证的。

三、审理共同海损案件的特别规定

共同海损案件也是一种非常有特色的海事案件。《海诉法》对共同海损案件的审理作了如下一些特别规定：

1. 关于共同海损理算与共同海损案件审理的关系。依《海诉法》第88条的规定，当事人就共同海损的纠纷，可以协议委托理算机构理算，也可直接向海事法院提起诉讼，没有要求必须先理算后起诉。依该规定，海事法院受理未经理算的共同海损纠纷，可委托理算机构理算。但《海诉法》并没有明确委托理算的主体是谁，对此，《海诉法司法解释》明确规定，未经理算的共同海损纠纷，由当事人自行委托共同海损理算。确有必要的，由海事法院委托理算，但是委托理算的费用由主张共同海损的当事人垫付。关于共同海损理算报告的法律地位，依《海诉法》第89条的规定，理算机构做出的理算报告，当事人没有提出异议的，可作为分摊责任的依据；当事人提出异议的，由海事法院决定是否采纳。理算报告属于证明材料，依法应经质证程序，只有当事人无异议或虽有异议但不成立时，才可作为证据使用。

2. 当事人可以不受因同一海损事故提起的共同海损诉讼程序的影响，就非共同海损损失向责任人提起诉讼。当事人就同一海损事故向受理共同海损案件的海事法院提起非共同海损的诉讼，以及对共同海损分摊向责任人提起追偿诉讼的，海事法院可以合并审理。海事法院审理共同海损案件，应当在立案后1年内审结。有特殊情况需要延长的，由本院院长批准。

四、海上保险人行使代位请求赔偿权利的特别规定

《海商法》对海上保险人的代位求偿权进行了明确规定，但如何行使这种权利，却没有具体程序上的规定，以至于司法实践中，对保险人应以自己的还是以被保险人的名义行使代位求偿权、代位求偿权的时效如何计算等问题产生很多争议。《海诉法》明确了这一问题，规定行使代位请求权时，保险人应当以自己的名义向第三人提起诉讼。如果被保险人已经向第三人提起诉讼，保险人可以请求变更当事人。如果被保险人取得的保险赔偿不能弥补第三人

造成的全部损失的，保险人和被保险人可以作为共同原告起诉。保险人提起或参加诉讼，应当向受理案件的海事法院提交保险人支付保险赔偿的凭据，以及参加诉讼应当提交的其他文件。因被保险人提起诉讼而中断的时效，对保险人同样有效。

保险人已对被保险人实际支付了保险赔偿是行使代位求偿的条件之一。保险人只有在依保险合同赔付了保险赔偿金后，才能行使代位求偿权。依《海诉法》第96条的规定，保险人行使代位权时，应向法院提交支付保险赔偿的凭证。又依2006年最高人民法院《保险若干规定》第13条的规定，保险人在行使代位请求赔偿权利时，未依《海诉法》的规定，向人民法院提交其已向被保险人实际支付保险赔偿凭证的，人民法院不予受理。实践中，为了避免争议，保险人在赔付时，通常会要求被保险人签署该保险标的的"权益转让书"以证明向第三方索赔权的转让。因此，也有人认为《海诉法》没有明确对"权益转让证书"进行规定是立法的疏忽，这样的理解违背了《海商法》的有关规定，因为实践中有保险人不实际赔付，只是取得被保险人签署的权益转让书就向法院提起诉讼的情况。[1] 为此，《海诉法司法解释》规定"支付保险赔偿的凭证"是指赔偿金收据、银行支付单据或其他支付凭证。这表明，仅有被保险人出具的权利转让书但不能出具实际支付证明的，不能作为保险人行使代位权请求赔偿的依据。

实践中，还常出现法院审理保险人行使代位求偿案件时，造成保险事故的第三人对保险人与被保险人之间的保险合同的效力提出异议，认为该保险合同无效，保险人不应对被保险人进行保险赔付。法院在审理代位求偿的案件时是否也应审理保险合同是否有效的争议？对此，有不同的观点：一种认为应当审理，另一种认为不应当审理。对此，《保险若干规定》第14条明确规定，法院应仅就造成保险事故的第三人与被保险人之间的法律关系进行审理。因为，这是两个不同的法律关系，如果允许第三人对保险合同提出异议，等于允许合同外的人对合同效力提出异议。

五、几种特殊程序

（一）简易程序、督促程序、公示催告程序

海事法院审理海事诉讼案件，除普遍适用第一审普通程序外，对于特定的案件可以适用一些特殊程序。在简单的海事案件中，海事法院可以适用简易程序，由一位法官独任审理，并且在3个月内结案。海事诉讼中也可以适

---

[1] 王淑梅："《关于适用海事诉讼特别程序法若干问题的解释》的理解与适用"，载《人民司法》2003年第3期。

用督促程序。根据《海诉法》的规定，债权人基于海事事由请求债务人给付金钱或者有价证券，符合《民诉法》的有关规定的，可以向有管辖权的海事法院申请支付令。债务人是外国人、无国籍人、外国企业或者组织，但在中华人民共和国领域内有住所、代表机构或者分支机构并能够送达支付令的，债权人可以向有管辖权的海事法院申请支付令。海事诉讼中也适用公示催告程序。提单等提货凭证持有人，因提货凭证毁损或者灭失，可以向货物所在地海事法院申请公示催告。

《海诉法》规定了提单等提货凭证持有人，因提货凭证毁损或灭失，可向货物所在地海事法院申请公示催告，但对于具体的程序并未规定。提单不同于票据，不能完全依《民诉法》规定的公告催告程序。因此，《海诉法司法解释》对具体公示催告程序作了详细的规定，并依提单等提货凭证与票据的属性不同，规定了不同于《民诉法》规定的公示催告期间。依《海诉法司法解释》第 72 条的规定，海诉中公示催告的期间可以由海事法院依情况决定，但不得少于 30 日。

（二）设立海事赔偿责任限制基金程序

海事赔偿责任限制是《海商法》中的一项重要制度。我国《海商法》虽然规定了海事赔偿责任限制制度，但没有规定具体的程序，因此缺乏可操作性。《海诉法》为弥补这一不足，特设第九章专章对这一问题进行了规定。该章规定对普通的海事赔偿责任限制和油污损害的责任限制都适用。

1. 申请。设立责任限制基金的申请可以在起诉前或者诉讼中提出，但最迟应当在一审判决作出之前提出。当事人在起诉前申请设立海事赔偿责任限制基金的，应当向事故发生地、合同履行地或者船舶扣押地海事法院提出。对于当事故发生在境外时，何为"事故发生地"，《海诉法司法解释》第 80 条明确规定，海事事故发生在中国领域外的，船舶发生事故后进入中国领域内的"第一到达港"视为《海诉法》第 102 条规定的"事故发生地"。关于诉讼中申请责任限制的，《海诉法司法解释》第 81 条明确规定，应当向受理相关海事纠纷案件的海事法院提出，但当事人之间订有有效诉讼管辖协议或者仲裁协议的除外。关于申请人，《海诉法司法解释》第 79 条明确规定，《海诉法》中的"船舶所有人"指有关船舶证书上载明的船舶所有人。

2. 异议和审查。法院受理申请后，应当在 7 日内向已知的利害关系人发出通知，同时通过报纸或者其他新闻媒体发布公告。利害关系人如有异议，应当在收到通知之日起 7 日内或未收到通知的在公告之日起 30 日内，以书面形式向海事法院提出。法院收到异议后，应当进行审查，在 15 日之内作出异议成立或不成立的裁定。针对利害关系人的异议，海事法院应当在什么范围审查，《海诉法》并不明确，为此，《海诉法司法解释》第 83 条规定，利害关系人依《海诉法》第 106 条的规定对申请人设立海事赔偿责任限制基金提出异议的，海事法院应当对设立基金申请人的主体资格、事故所涉及的债权性质和申请设立基金的数额进行审查。"申请人的主体资格"指符合《海商法》第 204 条规定的主体。"申请人的债权性质"指应属于《海商法》规定的限制性债权。"设立基金的数额"应分别为《海商法》第 210、211 条规定的限额，加上自责任产生之日的相应利息。对于超过 20 总吨但不满 300 总吨的船舶，依交通部颁布的《关于不满 300 总吨船舶及沿海运输、沿海作业船舶海事赔偿限额的规定》确定基金的数额。满足了上述条件，申请人设立海事赔偿责任限制基金的申请才可以被允许。

3. 设立基金。申请获准后，申请人应当在海事法院设立海事赔偿责任限制基金。但《海诉法》并没有具体规定基金设立的时间，为此，《海诉法司法解释》第 84 条规定，准予申请人设立海事赔偿责任限制基金的裁定生效后，申请人应当在 3 日内在海事法院设立海事赔偿责任限制基金。申请人逾期未设立基金的，按自动撤回申请处理。依《海诉法》第 108 条第 2 款的规定，基金可以用现金提供，也可以用海事法院认可的担保提供。这里指的"担保"，依《海诉法司法解释》第 85 条的规定，指中国境内的银行或者其他金融机构所出具的担保，即不接受境外机构的担保。依《海诉法司法解释》第 82 条的规定，设立海事赔偿责任限制基金应当通过报纸或者其他新闻媒体连续公告 3 日。如果涉及的船舶是可以航行于国际航线的，应当通过对外发行的报纸或者其他新闻媒体发布公告。

4. 审理和赔偿。基金设立后，当事人就有关海事纠纷应当向设立基金的法院提起诉讼。但当事人之间订有诉讼管辖协议或者仲裁协议的除外。申请人申请设立基金错误的，应当赔偿利害关系人因此遭受的损失。

（三）债权登记

1. 债权登记。两种情况下需要进行债权登记：①在强制拍卖船舶的情况下，依《海诉法》第 111 条的规定，海事法院裁定强制拍卖船舶的公告发布后，债权人应在公告期间，就与被拍卖船舶有关的债权申请登记。公告期间届满不登记的，视为放弃在本次拍卖船舶价款中受偿的权利。《最高人民法院关于扣押与拍卖船舶适用法律若干问题的规定》第 16 条规定，《海诉法》第 111 条规定的申请债权登记期间的届满之日，为拍卖船舶公告最后一次发布之日起第 60 日，所指公告为第一次拍卖时的拍卖船舶公告。这里的"与被拍卖船舶有关的债权"为何意是有争议的，有观点认为，与"拍卖船舶有关的债权"应限定为以船舶为担保物的债权；如果让被拍卖船舶的所有债权或者全部海事债权登记如同破产程序一样去分配，势必导致船舶拍卖过程中的债权登记和受偿程序与破产程序一样复杂。考虑到登记与受偿是两个程序，登记未必可以参加清偿，限制除以船舶为担保物的债权以外的一般债权登记是没有依据的。[1] 为此，《海诉法司法解释》第 87 条细化为："《海诉法》第 110 条规定的与被拍卖船舶有关的债权是指与被拍卖船舶有关的海事债权，即因《海诉法》第 21 条规定的海事请求引起的债权。②在设立责任限制基金的情况下，依《海诉法》第 112 条的规定："海事法院受理设立海事赔偿责任限制基金的公告发布后，债权人应当在公告期间就与特定场合发生的海事事故有关的债权申请登记。公告期间届满不登记的，视为放弃债权。"

2. 登记文书。债权登记的文书，《海诉法》第 113 条规定的可以申请登记的债权文书，仅适用于债权人提供的国内法院作出的裁判文书、国内仲裁机关作出的裁决书、调解书，未涉及境外的此类文书。为此，《海诉法司法解释》第 88 条规定，对于债权人提供的非国内有关机构作出的证明债权的裁判文书和仲裁裁决书等，应按《民诉法》第 266 条和第 267 条规定的程序进行审查。关于确权诉讼，依《海诉法》第 116 条的规定，债权人申请登记时提交未经确权的债权证据的，在办理债权登记后，应当向办理债权登记的法院提起诉讼。但该法并没有规定提起确权之诉的时间，为了尽量缩短时间，《海诉法司法解释》第 90 条明确确权之诉应当在办理债权登记后 7 日内提起。

（四）船舶优先权催告程序

船舶优先权是《海商法》中特有的一种担保物权。由于该种权利不需登记，并随船转移，具有隐蔽性和附着性，对船舶的受让人可能构成很大的威胁。为了促使船舶优先权人尽快行使其海事请求权，使船舶无辜买方免受船舶上可能存在的船舶优先权的困扰，《海诉法》规定船舶转让时，受让人可向海事法院申请船舶优先权催告，以催促船舶优先权人及时主张权利。但实践中如均要求受让人在完成船舶买卖后提出优先权催告申请，会使船舶优先权催告程序的实际意义受到影响，造成船舶交易出现障碍。为使船舶优先权催告程序的法律意义更加明确，《海诉法司法解释》第 92 条规定，船舶转让合同中的受让人，在合同订立后船舶实际交付前，即可以向海事法院提出船舶优先权催告申请，以鼓励船舶买卖市场的发展。但第 93 条要求受让人申请法院作出除权判决时，必须提交其已经实际受让船舶的有关证明，以防当事人滥用该程序。《海诉法》规定了船舶优先权的公示催告程序。它既是民事诉讼

---

〔1〕 王淑梅："《关于适用海事诉讼特别程序法若干问题的解释》的理解与适用"，载《人民司法》2003 年第 3 期。

法中公示催告程序的延伸，也有别于普通的公示催告程序。根据《海诉法》的规定，船舶转让时，受让人可以向海事法院申请船舶优先权催告，催告应当向转让船舶交付地或者受让人住所地海事法院提出。催告期间为60日，期间内船舶优先权人主张权利的，应当在海事法院办理登记；不主张权利的，视为放弃船舶优先权。催告期间届满，无人主张船舶优先权的，海事法院应当根据当事人的申请作出判决，宣告该转让船舶不附有船舶优先权。判决内容应当公告。船舶优先权催告程序属非诉讼程序，这类案件没有明确的被告，没有权益争议。该程序仅限于清理海商法规定的船舶优先权，因此，不属海商法调整的船舶不适用该程序清理船舶优先权的问题。

（五）基金的分配

法院审理并确认债权后，应当向债权人发出通知，组织召开债权人会议。债权人会议可以协商船舶价款或海事赔偿责任限制基金的分配方案，并进行分配。如有余款，应退回。依《海诉法司法解释》第91条的规定，《海诉法》第119条第2款规定的三项费用按顺序拨付。这"三项费用"为：①拍卖船舶所得价款及其利息，或者海事赔偿责任限制基金及利息，应当一并予以分配。②分配船舶价款时，应当由责任人承担的诉讼费用，为保存、拍卖船舶和分配船舶价款产生的费用，以及为债权人的共同利益支付的其他费用，应当从船舶价款中先行拨付。③清偿债务后的余款，应当退还船舶原所有人或者海事赔偿责任限制基金设立人。

【本章小结】

海事诉讼是海事法院在海事争议当事人以及其他诉讼参与人的参加下，在审理海事案件过程中所进行的各种诉讼活动以及所产生的各种诉讼关系的总和。海事法院的管辖属于专门管辖，其管辖原则涉及地域管辖原则、专属管辖原则和协议管辖原则。《海诉法》是适用于海事诉讼的特别程序法，与《民诉法》是特别法与一般法的关系，是《民诉法》的补充而非替代，对《民诉法》不适用于海事诉讼的部分作了补充性规定，建立了一些符合海事诉讼实践的特殊规则。《海诉法》增设了三种审判程序，即船舶碰撞案件的审理程序、共同海损案件的审理程序及海上保险人行使代位求偿案件的审理程序。除此之外，其还建立了海事强制令、船舶碰撞证据保密制度等独特的诉讼制度。

【思考及练习】

1. 《海诉法》在专属管辖、协议管辖、地域管辖方面与我国《民诉法》有什么不同？

2. 试比较我国海商法在海上货物运输的赔偿请求和追偿请求的时效上与

《维斯比规则》和《汉堡规则》的有关规定有什么不同。

3. 海事强制措施有哪几种？

4. 船舶碰撞案件在审理程序上有什么特别？

5. 保险人在行使代位求偿权时应以什么名义？

6. 涉及共同海损的诉讼，是否必须先理算才诉讼？

【拓展阅读】

1. 张念宏：《海上运输索赔与取证实务研究》，法律出版社 2019 年版。

2. 袁雪主编：《海事诉讼与仲裁法》，科学出版社 2018 年版。

3. 张可心："跨国海事破产程序的法律救济问题研究"，载《中国海商法研究》2018 年第 2 期。

4. 韩立新、袁绍春、尹伟民：《海事诉讼与仲裁》，大连海事大学出版社 2016 年版。

5. 金彭年、董玉鹏：《海事诉讼特别程序与海事仲裁规则》，法律出版社 2015 年版。

6. 司玉琢："保障海洋发展战略 改革完善中国特色的海事司法管辖制度"，载《中国海商法研究》2015 年第 2 期。

7. 孙光：《海事诉讼典型热点案件与审判方法》，法律出版社 2014 年版。

8. 袁发强：《海事诉讼法学》，北京大学出版社 2014 年版。

9. 司玉琢、曹兴国："海洋强国战略下中国海事司法的职能"，载《中国海商法研究》2014 年第 3 期。

10. 张丽英：《船舶扣押及相关法律问题研究》，法律出版社 2009 年版。

11. 关正义：《扣押船舶法律制度研究》，法律出版社 2007 年版。

12. 李守芹：《海事诉讼与海事（商）法》，人民法院出版社 2007 年版。

13. 金正佳主编：《海事诉讼法论》，大连海事大学出版社 2001 年版。

14. 冯立奇："《中国海事诉讼特别程序法》的特点（一）"，载《海商法研究》第 1 辑，法律出版社 2000 年版。

15. Christopher Hill, *Maritime Law*, London：Lloyd's Press, 1998.

16. Q. C. William Tetley, *Maritime Liens and Claims*, BLAIS, International Shipping Publications, 1998.